国家出版基金项目
NATIONAL PUBLICATION FOUNDATION

国家重大出版工程项目
"十二五"国家重点图书

中国古建筑丛书

◎徐宗威 主编

西藏古建筑

U0366193

中国建筑工业出版社

审图号：GS（2015）2780号

图书在版编目（CIP）数据

西藏古建筑/徐宗威主编.—北京：中国建筑工业
出版社，2015.12
（中国古建筑丛书）
ISBN 978-7-112-18526-9

Ⅰ.①西… Ⅱ.①徐… Ⅲ.①古建筑—介绍—西藏
Ⅳ.①K928.71

中国版本图书馆CIP数据核字（2015）第233705号

责任编辑：唐　旭　李东禧　杨　晓　吴　绫
书籍设计：康　羽
责任校对：姜小莲　刘　钰

中国古建筑丛书

西藏古建筑

徐宗威　主编
*
中国建筑工业出版社出版、发行（北京西郊百万庄）
各地新华书店、建筑书店经销
北京锋尚制版有限公司制版
北京顺诚彩色印刷有限公司印刷
*
开本：880×1230毫米　1/16　印张：27¾　字数：733千字
2015年12月第一版　2015年12月第一次印刷
定价：398.00元
ISBN 978-7-112-18526-9
　　　（25828）

《中国古建筑丛书》总编委会

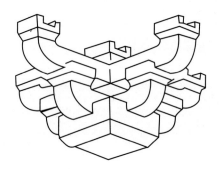

《西藏古建筑》

编委会主任：徐宗威
编委会成员：（按姓氏笔画排序）

毛中华　邓传力　田　凯　吕俊杰　陈　颖　高宜生　徐宗威

黄凌江　强巴次仁　蒙乃庆　熊　瑛　魏　伟

审　稿　人：柳　肃

总　序

中国历史悠久，地大物博，人口众多，是一个多民族的国家，文化遗产极为丰富。中国古建筑是世界建筑史上的四大体系之一，五千年来，光辉灿烂，独特发展，一脉相传，自成体系。在建筑历史发展过程中，从来都没有中断过，因而，积累了大量的极为丰富的优秀建筑文化遗产。中国古代建筑的实践经验、创作理论、工艺技术和艺术精华值得总结、传承和发扬。

中国古代建筑具有强大的生命力，首先是独特的地理环境。中国位于亚洲东方，北部有长白山、乌苏里江高山河流阻挡，西有天山、喀喇昆仑山脉和沙漠横贯，西南有喜马拉雅山脉，东南则沿海，形成封闭与外界隔绝的地域，加上地处热带、温带和寒带，宽阔的地理和悬殊的气候，促进建筑与环境的巧妙和谐结合。

其次，独特的民族性格。中国是以汉族为主的多民族所组成。以中原文化为主的汉族人民团结、凝聚着居住和生活在各地的少数民族。由于各民族的历史、文化、宗教信仰、生活习俗与审美爱好的不同，以及他们所处地区的自然条件和地理环境的差异，长期的劳动实践，形成了各民族独特的性格和绚丽灿烂的建筑风貌。

其三，文化的独特体系。中国文化是以黄河流域中原文化为中心，周围有燕赵文化、晋文化、齐鲁文化、吴越文化、楚文化、秦文化和巴蜀文化所烘托，具有历史渊源长久、人类智慧集中、思想资源丰富的特点。中国传统文化思想的集中表现是以儒学、道学为代表，其后，佛教的传入与中国传统文化的结合，形成以儒学为主的儒、道、释三者合一的中国传统文化思想。归纳起来，就是天人合一的宇宙观念，以人为本、和为贵的人文思想，整体直觉的思维方式，真善美相结合的美学观念。

封闭而独特的地理环境，团结凝聚而又富于创造的民族性格，以儒学为主的文化独特体系，创造了中华民族的雄伟壮丽的建筑工程。长期的经验积累，独树一帜，虽经战争的炮火，民族之间的斗争与融合，外来文化之传入及本土化，但中华民族建筑始终一脉相传，傲然生存下来，顽强发展，独树一帜而不倒，在世界建筑史发展中是罕见的、独有的。

中国古代建筑发展经历了原始社会、奴隶社会和封建社会三个历史阶段。

旧石器时代，原始人群利用天然崖洞作为居住场所。南方湿热多雨，虫害兽多，出现巢居。1973年，在浙江余姚河姆渡村发现大约建于6000～7000多年前的、长约23米、进深约8米的木构架建筑遗址，推测是一座长方形、体量相当大的干阑式建筑，这是我国最早采用榫卯技术构筑房屋的一个实例。

原始社会晚期，黄河流域有广阔而丰厚的黄土层，土质均匀，含有石灰质。黄河中游的氏族部落，在利用黄土层作为壁体的土穴上，用木架和草泥建造简单的穴居，逐步发展到浅穴居，再到地面上的房屋，形成聚落。

奴隶社会，夯土技术逐步成熟，宫室建于高大的夯土台上，木构建筑逐步成为中国古代建筑的主要结构方式。等级制度出现。工程管理有了专职的"司空"，以后各朝代沿袭发展成为中国特有的工官制度。

封建社会初期，高台建筑盛行，修建了长城、驰道和水利工程。东汉时代，建筑中已大量使用成组的斗栱，木构楼阁增多，城市和建筑类型扩充，中国古代独特的木构建筑体系基本形成。

两晋南北朝是我国历史上充满着民族斗争和民族融合的时期，佛教的传入，宗教建筑大量兴建，高大的寺庙、壮丽的塔幢，石窟中精美的雕塑和壁画，这是我国古建筑吸收外来文化使之本土化的创造时期。

隋、唐统一全国，开凿贯通南北的大运河，促进了我国南北物资和文化的交流和发展。唐代的长安、洛阳成为世界上最大的城市。木构建筑的宫殿、楼阁和石窟、塔、桥，无论布局或造型都具有较高艺术和技术水平，唐代建筑已发展到成熟的阶段。

宋、辽、金时期，南方在经济和文化方面居于先进地位。由于手工业分工更加细致，国内商业和国际贸易活跃，城市逐渐开放，改变了汉以来历代都城采用的封闭式里坊制度，形成沿街设店的方式。建筑的设计和施工达到一定程度的规格化、制度化，公元12世纪初在总结经验的基础上编写了《营造法式》这一部重要文献。

元代大都建立，喇嘛教和伊斯兰教建筑影响到各地。明、清时期官式建筑已经达到完全程式化、定型化阶段。明代后期出现资本主义萌芽，清代在城市规划上、建筑群体布局和建筑艺术形象上有所发展，例如北京城、故宫、天坛等。民居、园林和民族建筑遍布各地，呈现一片繁荣景象。

中国古建筑有明显的特征。在城市规划上，严谨规整、对称宏伟，表现出庄重威武的中华民族性格。单体建筑中，雄伟的飞檐屋宇、大红的排列柱廊、高大的汉白玉台基，呈现出崇高壮丽又稳定的形象。黄河流域盛产的木材资源，形成了中国古建筑木构架体系的特色。室外装饰的富丽堂皇、金碧辉煌，室内陈设装修的华丽多样、细腻雕饰，体现了中国古建筑绚丽多彩的民族风格。

聚居建筑方面，包含民居、祠堂、家庙、书院等遍布全国各地，它们与人民生活息息相关。各地各族人民根据自己的生活习俗、生产需要、经济能力、民族爱好和审美观念，结合本地的自然条件和材料，因地制宜、因材致用地进行设计与营造。他们既是设计者，又是营建者、使用者，可以说设计、施工、使用三位一体，因而，这种建造方式所形成的民宅民间建筑，既实用简朴，又经久美观，并富有民族风格和地方特色。

中国古园林的特征。以自然山水即中国山水画为蓝本，并以景区、景物和建筑、山水、花木为构件，由景生情，产生意境联想，达到艺术感受。皇家园林因其规模大、范围广，其园林布局自秦、汉时期的一池三岛，到唐、宋以山水画为蓝本，明、清仍沿袭池中置岛古制，但采用人工造山置水的方法。

明、清私家园林因属民间，士大夫文人常在宅后设园休闲宴客，吟诗享乐，其特点是以最小的场所造成无限的景色为目的。因其规模小，常以叠石或池水为主，峰峦洞壑、峭壁危径或曲径通幽取胜。在情景中则采用巧于因借、精在体宜的手法。

我国是一个人口众多的多民族国家。相传秦汉以前，中华大地上主要生存着华夏、东夷、苗蛮三大文化集团，经过连年不断的战争，最终华夏集团取得了胜利，上古三大文化集团基本融为一体，历史上称为华夏族。春秋、战国时期，东南地区古老的部族称为"越"，逐渐为华夏族所兼并而融入华夏族之中。秦统一各国后，到汉代都用汉人、汉民这个称呼，直到隋、唐，汉族这个名称才固定下来。

由于各民族的历史文化、宗教信仰、生活生产、习俗性格的不同，又由于各族人民所处地区的自然条件和环境的不同，导致他们各自产生了富有特色的建筑和民宅，如宏伟壮丽的藏族布达拉宫，遍布各族聚居地的寺院庙宇、寨堡围村、楼阁宅居，反映了绮丽多彩的民族风貌。

中国传统文化渗透了中国古建筑，中国古建筑深刻地体现了中国文化。

新中国成立后，作为全国性有领导有组织地编写中国古代建筑史，第一次是1959年，由原建筑科学研究院组织"编写三史"开始。当时集中了全国高等院校、科研部门分工编写，1962年由中国工业出版社出版《中国建筑简史》第一册（古代部分）。随后，又组织有关院校、文化、历史、考古等单位对古代建筑史有研究的人员，经多次修改，由刘敦桢教授执笔主编的《中国古代建筑史》，于1966年完成。由于"文化大革命"，未能出版，1980年才由中国建筑工业出版社正式出版。作为高等院校的中国建筑史教材则由全国高校教师编写，参考了上述专著，由中国建筑工业出版社1982年出版。

作为系统的、全面的、编写中国古建筑丛书是从1984年开始，当时作为《中国美术全集》中的一个门类——建筑艺术，称为《中国美术全集·建筑艺术编》，共6辑，包含宫殿、坛庙、陵墓、宗教建筑、民居、园林，1988年完成出版。

第二次编写从1992年开始，编写的原因是《中国美术全集·建筑艺术编》6辑出版后，各界反映良好，但感到篇幅不够，它与我国极为丰富的建筑文化遗产大国不相适应。于是，再次组织编写《中国建筑艺术全集》丛书30辑，其中古建筑24辑，近现代建筑6辑。古建筑部分仍按类型编写。该丛书中的24辑于1999年5月出版。

由于这两次丛书都是全国性编写，按类型写，又着重在艺术，因此，一些地方特色和民族特色的、中型的优秀古建筑就难于入选。为了弘扬和传承优秀传统建筑文化体系，总结经验和规律，保护我国优秀传统建筑文化遗产，因此，全面地、系统地、按省（区）来编写古建筑丛书是非常必要的、合时宜的。

本丛书编写的主要特点是：其一，强调本省（区）古建筑的民族特色和地方特色；其二，编写不限于建筑艺术，而是对本省（区）古建筑的全面叙述，着重在成就、价值、特色、技术和经验、规律等各个方面，这是我国民族和地区的资料比较全面和丰富的传统建筑文化丛书。

陆元鼎

2015年1月10日

前　言

西藏古建筑是中华民族宝贵的历史文化遗产，承载着西藏地区神秘和悠久的历史，演绎着佛教在西藏的传播和发展，凝聚着地区文化交流和藏汉友谊，成为西藏地区古代物质文明和精神文明的骄傲和象征。

研究西藏古建筑，始终感觉有太多的内容，深邃神秘；有太多的建筑现象，还不能揭开其背后的建造思想和精神真谛。虽然我们对西藏古建筑作了功能上的分类，归纳了古代西藏建筑思想，介绍了宫殿、寺院、庄园、民居、林卡、桥梁等各类建筑的成因、发展和建筑特点，但这些分析和介绍，仍然是初步的、表面的，还有太多的内容需要深入研究和归纳整理。

一、关于建筑分期的研究

自吐蕃兴起至20世纪民主改革，西藏地区曾经历了吐蕃、分裂、萨迦、帕竹、甘丹等五个大的历史时期，前后跨度有1500年。但很难将这1500年划分为建筑上的若干时期。除了建筑规模和建筑数量有所变化之外，建筑形式、建筑结构、建筑用材、建造方法等没有本质上的变化。很难说吐蕃时期建筑形式、建筑结构是什么特征，萨迦时期建筑形式、建筑结构发生了哪些大的变化，形成了哪些新的特征。我们试图找到并区分这1500年当中西藏古建筑的变化，以此划定并介绍不同时期建筑的主要发展和特征。但很遗憾，我们的研究工作没有找到那些质的飞跃和变化。这或许是西藏古建筑实践的客观事实，和西藏经济社会停滞和缓慢发展的真实反映。抑或是我们的研究工作不够深入并有待进一步研究的无奈。

二、关于寺院建筑的研究

寺院建筑是西藏古建筑中数量最大的建筑类型，也是藏传佛教的净土圣地。虽然我们从萌芽期、形成期、成熟期对寺院建筑作了介绍，但这更多的还是讲了佛教在西藏的发展。寺院建筑的选址、功能、结构、装饰，以及建造技术在萌芽期、形成期、成熟期到底有哪些区别和发展，并没有深入地分析和总结。仅从建筑功能角度看，从萌芽期到形成期、再到成熟期，从供佛到佛法僧三宝俱全，再到社会政治经济生活，寺院功能是逐步扩大和丰富的。功能的变化带来寺院建筑的规模从小到大，从一座建筑发展到一座寺城。纵观西藏各主要教派寺院的建筑选址、建筑功能、建筑装饰等建筑现象，虽然存在一定的区别和变化，但整体上本质上是一致的。这反映了苯教、佛教和藏传佛教主要教派的核心思想是一致的，是一脉相承的。对藏传佛教主要教派寺院建筑在选址、功能、结构、装饰，以及建造技术上的区别和发展，都需要作更深入、更详尽的研究。

三、关于地区建筑的研究

西藏有7个地区，如果拉萨也算一个地区，还有日喀则、山南、林芝、昌都、那曲、阿里。西藏地域辽阔，高山峡谷纵横，河流湖泊密布。每个地区地理气候条件不同，地方文化存在较大差异，表现在建筑形式和营造方法上各有千秋，具有鲜明的地域特色。西藏古建筑研究工作涉及7个地区，但对7个地区各类古建筑的地域差异和共性特征没有专门的分析和介绍，这不能不讲是个遗憾。因为凝聚在当地历史建筑上的千百年延续的农牧民生活习俗和原始信仰，在迅速的城镇化进程中将很快逝去。这是十分宝贵的人类文化遗产。期待热爱西藏建筑文化的专家学者通过专题研究对西藏7个地区古建筑提出系统和全面的研究报告，以便今天的西藏城乡建设能够更好地去记录和传承那些优秀的建筑文化。

四、关于建筑思想的研究

实践滋生思想，思想决定实践。西藏特殊的自然环境、历史文化、藏传佛教共同孕育和形成了古代西藏建筑思想。古代西藏建筑思想归纳为天梯说、女魔说、中心说、金刚说、来世说5个方面。这些思想对西藏古建筑的实践和发展始终发挥着重要的作用和影响，并决定着西藏古建筑的形式和风格。我们对古代西藏建筑思想的认识和理解仍然是肤浅的和片面的，需要进一步从西藏地区历史文化和藏传佛教思想中去寻找和提炼这些思想。藏传佛教和西藏习俗对建筑选址和朝向、对建筑平面与功能的规划设计、对房屋营造中的施工技术和方法、对建筑装饰和艺术表现等诸多建筑现象都有着广泛和深刻的影响，需要我们作更深入、更系统的研究，进一步归纳和总结古代西藏建筑思想。不讲唯心主义和宿命论，但很多古代西藏建筑思想对今天人类的建筑实践仍有积极的意义，对今天平抚人们在市场条件下无限的物质追求仍有积极的意义。

五、关于建筑建制的研究

封建奴隶制社会的一个重要特征就是社会等级制度，并比较多地表现在建筑形式和装饰上。西藏古建筑在建筑选址、建筑高度、建筑体量、建筑装饰上都反映了西藏地区不同社会等级在建筑上的不同建制。金顶是在五世达赖喇嘛圆寂后在安放其灵塔的房屋上修建的。这是西藏地区金顶之始。五世达赖喇嘛曾受清朝中央政府册封，与驻藏大臣同为西藏地区最高统治者，他为西藏的稳定和发展、为藏传佛教的繁荣和发展作出过巨大贡献。这个贡献可谓前无古人、后无来者。故此金顶成为西藏古建筑最高等级的象征。之后有些寺院建筑也做了金顶，从建筑建制角度看，有牵强做作之感。因为金顶下灵塔中的真身嗽嘛与五世达赖喇嘛那样的社会影响和社会地位是不可同日而语的。建筑的建制是西藏古建筑研究的重要内容。今天在建筑实践中抄袭和滥用传统的建筑建制，是对社会资源的巨大浪费。西藏古建筑的建制内容很多没有成文规定，这需要我们作更深入更系统的调查研究。

中国建筑工业出版社编辑出版"中国古建筑丛书"包括《西藏古建筑》，对保护中国建筑遗产，传承和弘扬中国优秀建筑文化作出了实实在在的努力，对迅速发展的西藏城乡建设更具有重要的现实意义。虽然编写工作存在着很多不足和遗憾，但我仍觉得这个工作是正面和积极的。

期望借《西藏古建筑》研究，来表达我们对西藏高原先人的追思和礼拜，对保护和传承西藏建筑文化，对建设美丽西藏的真诚祝福和良好愿望。

徐宗威

2015年5月6日

目　录

第三章　宫殿建筑

西藏古建筑

西藏古建筑

第一章 总论

图1-1-1　西藏自治区措美县，表现了青藏高原的基本地形地貌

西藏古建筑是西藏各族人民因地制宜、艰苦劳动、长期奋斗的伟大创作，是雪域高原物质文明和精神文明的结晶，是绽放在世界屋脊的一朵朵建筑艺术的奇葩，是中华民族建筑文化宝库中的重要组成部分，是千百年来藏汉友谊和交流的历史见证，本书将系统整理和全面总结西藏古建筑，这对保护西藏建筑遗产，传承西藏建筑文化，指导西藏城乡建设具有重要的历史和现实意义。

第一节　自然环境

一、地理

西藏地处青藏高原，平均海拔高度4200米，素有世界屋脊之称。青藏高原的地貌可以分为藏北高原区、藏南谷地、喜马拉雅高山区和藏东高山峡谷区。

喜马拉雅山脉位于青藏高原的南缘，东西横跨1600余公里，平均海拔高度超过6000米，构成了阻挡印度洋暖流的屏障，也形成了喜马拉雅高山区。

这里山顶终年积雪，山脉之间又形成了峡谷、深壑，山脉南北两侧气候与地貌差别巨大，随着海拔高度的变化，气候变化明显，甚至在同一山岭的不同高度上同时呈现出四季景观，表现出极为丰富的生物多样性（图1-1-1）。

藏北高原，被昆仑山、唐古拉山和冈底斯山、念青唐古拉山环绕，其地理特征由大量相对平缓的山丘和其间的盆地构成，西藏的大部分地区位于这一区域内。藏北高原的植被表现为高原草甸的特征，这种自然环境有利于畜牧业的发展。

藏南谷地，被冈底斯山脉和喜马拉雅山脉环抱，雅鲁藏布江及其支流在这里形成了许多河谷平地和湖盆谷地，地形相对平坦，土质肥沃，物产丰饶，成为西藏地区的粮仓。

藏东高山峡谷区，这里东西向的山脉与南北向的横断山脉相遇，形成险峻的高山深谷，怒江、澜沧江、金沙江从这些深谷中流出，形成了三江并流的独特自然景观。

图1-1-2　西藏自治区措美县，表现了西藏村落的自然环境

图1-2-1　琼结县的吐蕃王朝青瓦达孜宫遗址

二、气候

由于地形、地貌和大气环流的影响，西藏的气候独特而且复杂多样。气候总体上具有西北严寒干燥，东南温暖湿润的特点。高寒缺氧、气压偏低。气候类型自东南向西北依次有：热带、亚热带、高原温带、高原亚寒带，高原寒带等各种类型。在藏东南和喜马拉雅山南坡高山峡谷地区，由于地势迭次升高，气温逐渐下降，气候发生从热带或亚热带气候到温带、寒温带和寒带气候的垂直变化（图1-1-2）。

在冬季西风和夏季西南季风的交替影响下，西藏干季和雨季的分期非常明显，一般每年10月至下一年4月为干季；5月至9月为雨季，雨量一般占全年降水量的90%左右。各地降水量也严重不均，年降水量自东南低地的5000毫米，逐渐向西北递减到50毫米。

藏南和藏北气候差异很大。藏南谷地受印度洋暖湿气流的影响，温和多雨，年平均气温8℃，最低月均气温－16℃，最高月均气温16℃以上。藏北高原为典型的大陆性气候，年平均气温0℃以下，冰冻期长达半年，最高的7月不超过10℃，由于海拔高度和喜马拉雅山脉阻隔了来自印度洋的暖湿气流，使西藏地区的太阳辐射远超过同纬度的平原地区；日照时间也是全国最长的。与内地相比，西藏多数地区气温偏低，拉萨、日喀则的年平均气温比相近纬度的重庆、武汉、上海低10～15℃。阿里地区海拔5000米以上的地方，盛夏8月白天气温仅为10℃左右，夜间气温甚至会降至0℃以下。

青藏高原的高耸群山，纵横河流，造成历史上的西藏交通不便、经济落后。但青藏高原特有的地理环境和气候条件又形成了西藏壮美、绚丽的自然风光，培育了不同形式和风格的西藏古建筑，造就了鲜明和独特的西藏建筑文化。

第二节　历史演变

一、历史沿革

吐蕃王朝是西藏历史上第一个统一的地方王朝，它的历史可以追溯到西藏的传说时代。根据西藏的传说，大约在公元前2世纪，雅鲁藏布江流域的几位苯教领袖，拥戴聂赤赞普为首领。后来的吐蕃王朝的赞普们都宣称自己是聂赤赞普的后代。

7世纪初，松赞干布兼并12个部落，实现了西藏地区的统一，定都逻娑，即今日的拉萨所在地。在松赞干布的统治下，吐蕃王朝迅速崛起，成为区域内强大的政治、军事力量（图1-2-1、图1-2-2）。松赞干布建立了与唐王朝和印度次大陆之间密切的政治、经济、文化的交流，与唐王朝结盟，同唐王朝建立了"甥舅关系"，先后迎娶了尼泊尔的赤尊公主和唐朝的文成公主，并支持佛教在西藏地区的发展。

图1-2-2　拉萨市布达拉宫前广场东北角，建于公元8世纪吐蕃晚期的恩
兰－达札路纪功碑

图1-2-3　普兰县的吐蕃后裔在阿里地区建立的普兰王宫遗址

　　吐蕃后期，佛教在西藏地区的发展带来佛教与传统苯教之间激烈的冲突，也引发了吐蕃王室、贵族之间信仰及利益的强烈对抗，导致了吐蕃宫廷的矛盾和动荡，最终使西藏地区再次陷于分裂的状态，出现众多的地方割据势力。在这些割据势力之间互不统属，互相征伐，在之后的400年中，割据势力之间的战争几乎从未停顿（图1-2-3）。

　　13世纪初期，成吉思汗建立了蒙古汗国。1247年，西藏萨迦派高僧班智达·贡嘎坚赞与蒙古汗国皇子阔端议定了西藏归属蒙古汗国并接受所规定的地方行政制度，建立起萨迦地方政权。1271年，蒙古汗国定国号为元，并于1279年统一全中国，建立统一的元朝中央政权。西藏成为元朝中央政府直接治理下的一个行政区域，正式纳入中国版图。1260年，元朝皇帝忽必烈即蒙古汗王继位后，封贡嘎坚赞的侄子、萨迦派法王八思巴为国师。1264年，忽必烈设释教总制院，命八思巴以国师身份兼领院事。在总制院（后改宣政院）下，设有"宣慰使司都元帅府"，负责处理和管辖现今西藏大部分地区的军政事务。宣慰使司下面辖有管理民政的万户府、千户所。1265年，忽必烈封八思巴为大宝法王、帝师，并根据八思巴的建议，任命了总管西藏事务的行政长官和13个万户府的万户长。1268年、

1287年和1334年，元朝中央曾三次派官员在西藏清查户口，还在西藏地区设立了15个驿站，连成通往大都（今北京）的交通线，推行并确立了西藏地方的"乌拉"（意为徭役、差役）制度。

　　八思巴不仅促进了国家的统一，同时也对元朝文化的发展作出了重要的贡献，创造了八思巴蒙古文字，使藏传体系的佛教成为元朝影响最大的宗教，而他对藏传佛教的贡献也更深刻地影响了西藏地区社会、文化的发展。

　　14世纪中叶，萨迦地方政权逐渐衰落。1354年，以绛曲坚赞为首的帕竹噶举派成为西藏大部分地区的统治者，形成了政教合一的帕竹地方政权。元朝封绛曲坚赞为大司徒。

　　1368年明朝建立后，采取了普遍封赐的政策，对具有政治实力的地方诸教派首领均赐加以"王"、"法王"、"灌顶国师"等名号；王位的继承必须经皇帝批准，遣使册封。明朝中央对西藏地方的治理，沿袭了元朝的办法，先后设置乌思藏、朵甘两个"卫指挥使司"和"俄力思军民元帅府"，分别管理前后藏、昌都和阿里地区的军政事务。其间，帕竹地方政权在西藏部分地区建立了宗本制度，所任各宗的行政首脑，明朝皆授以官职，使其既为宗本（相当于县长）又为中央命官（图1-2-4）。帕

图1-2-4　琼结县的琼结宗建筑遗址

木竹巴地方政权中后期，由宗喀巴创立的藏传佛教格鲁派兴起，三世达赖喇嘛索南嘉措向明廷入贡，获得明朝中央封赐的"朵儿只唱"名号。

17世纪中叶，1644年清朝取代明朝，中央政府在西藏行使主权管辖的施政进一步制度化、法律化。1652年，五世达赖进京觐见清顺治皇帝。1653年，顺治皇帝颁赐金册、金印，敕封五世达赖，正式确定了达赖喇嘛的封号。1713年，清康熙皇帝册封五世班禅罗桑益西为"班禅额尔德尼"，正式确定了班禅喇嘛的名号。自此，达赖喇嘛在拉萨统治西藏的大部分地区，班禅额尔德尼在日喀则统治西藏的另一部分地区。

1721年，清朝中央政府在西藏建立噶伦制度；1727年，清朝设立驻藏大臣，代表中央监督西藏地方行政；1750年，废除郡王制度，建立西藏地方政府（即"噶厦"），规定了驻藏大臣与达赖喇嘛共同掌握西藏事务的体制；1793年，清朝政府就驻藏大臣的职权、达赖与班禅及其他大活佛转世、边界军事防务、对外交涉、财政税收、货币铸造与管理，以及寺院的供养和管理等，颁布了著名的《钦定藏内善后章程》，共29条。此后100余年，29条章程确定的基本原则一直是西藏地方行政体制和法治的规范。

20世纪初期，1911年，辛亥革命后，中华民国政府实行对西藏地方的治理。1912年中央政府设蒙藏事务局，主管西藏地方事务，并任命了中央驻藏办事长官。1929年中央政府设立蒙藏委员会，主管藏族、蒙古族等民族地区行政事宜。1940年，国民政府在拉萨设立蒙藏委员会驻藏办事处，作为中央政府在西藏的常设机构。西藏地方政府多次选派官员参加国民代表大会。民国期间，外患不已，内乱频仍，中央政府屡弱，而达赖喇嘛、班禅额尔德尼继续接受中央政府册封，获得在西藏地方的政治、宗教上的合法地位。

1949年，中华人民共和国成立。中央人民政府根据西藏的历史和现实情况，决定采取和平解放的方针。1951年5月23日，中央人民政府和西藏地方政府的代表就西藏和平解放的一系列问题达成协议，签订了《中央人民政府和西藏地方政府关于和平解放西藏办法的协议》，从此，西藏历史翻开了新的一页。1958年十四世达赖喇嘛叛逃国外后，中央政府决定在西藏地区实行民主改革。

二、藏汉交流

从松赞干布建立起统一的吐蕃王朝开始，西藏历史就是一部藏汉交流和藏汉友谊的历史。松赞干布建立起了与唐王朝之间密切的政治联系，派遣贵族子弟到长安学习诗书，聘汉族文人入蕃代典表疏，与唐朝在政治、经济、文化等方面保持着频繁的交流和往来。公元638年，松赞干布迎娶了唐王朝的文成公主（图1-2-5）。唐王以释迦牟尼像、珍宝、经书、经典360卷作为嫁妆，并给以多种食物、饮料、宝器，以及卜筮典籍300种、营造与工技著作60种、能治400种疾病的医方100种，还赠送了大批丝绸、衣物和农作物种子，派遣了各类工匠，传入了造酒、碾磨、纸墨等生产技术。这次联姻，无疑对吐蕃经济、文化的发展产生了巨大和深远的影响。松赞干布被唐朝封为"驸马都尉"、"西海郡王"，后又晋封为"宾王"。

文成公主进藏对"唐蕃古道"的开辟有重要的

意义。"唐蕃古道"的开辟，不仅使吐蕃与唐朝的使节往来不绝于途，更形成了一条从长安到拉萨，再到西亚和南亚的"丝绸麝香之路"，唐朝使节也经过吐蕃往返于天竺、尼泊尔和长安之间。唐人的丝绸、瓷器、茶叶等商品流入吐蕃，青藏高原的麝香、熊胆、牛黄、鹿茸、沙金、黄铜矿，以及从吐蕃转口贩运的香料、藏红花等药材也流入内地。自公元634年开始，至公元846年吐蕃王朝瓦解，在这213年间，据不完全统计，使臣来往共191次，蕃使来唐125次，唐使入藏66次，这种频繁的交往，也推动了唐蕃经济文化的交流，密切了相互之间的关系（图1-2-6、图1-2-7）。

公元710年，赤德祖赞迎娶唐朝金城公主。金城公主携带绣花锦缎数万匹，工技书籍多种和一应

图1-2-6　昌珠寺中文成公主与松赞干布使用过的炉灶

图1-2-5　松赞干布、文成公主、赤尊公主等人的塑像（徐宗威摄于乃东昌珠寺）

图1-2-7　文成公主在琼结都城时用珍珠编绣的观音唐卡

使用器物入蕃。金城公主入蕃后曾资助于田（今新疆境内）等地佛教僧人入蕃建寺译经，并向唐朝求得《毛诗》、《礼记》、《左传》、《文选》等典籍。

公元821年，吐蕃王赤热巴巾三次派员到长安请求会盟。唐穆宗命宰相等官员与吐蕃会盟官员在长安西郊举行了隆重的会盟仪式。次年，唐朝派刘元鼎等人到吐蕃续盟，与吐蕃僧相钵阐布和大相尚绮心儿等人结盟于拉萨东郊。此次会盟，时在唐长庆元年（公元822年）和二年（公元823年），史称"长庆会盟"。会盟双方重申了历史上"和同为一家"的甥舅亲谊，商议今后"社稷如一"。记载这次会盟内容的石刻"唐蕃会盟碑"共有三块，其中一块如今仍立于拉萨大昭寺前。

13世纪后，元朝先后在西藏设立了15个驿站，并有专人负责驿站交通事宜，规定驿道沿途居民负责传送公文，供给马匹，供应来往官员食宿。西藏地方的乌拉制度，即由此形成，一直延续到西藏民主改革前。驿站的建立，使西藏的驿道更加畅通和完善，更加密切了西藏与内地的经济文化联系。

伴随着西藏与内地关系的日益密切，汉藏两族的茶马交易逐渐繁荣起来。明朝在陕西和四川等地设立茶马司，以茶、布、丝绸等物向藏族交易马匹。明初，这种交易即呈现出繁荣景象。整个明代，茶马交易始终不断，成为藏汉经济生活中不可缺少的一环。

藏汉建筑文化有着深入和广泛的交流，大昭寺、布达拉宫、桑耶寺、夏鲁寺、罗布林卡等成为藏汉建筑文化交流的典型代表。从吐蕃时期，汉族地区的斗栱、砖瓦、歇山式屋架等建筑构件和建筑技艺就传入西藏地区。柱网结构是西藏古建筑最主要的和最普遍的结构形式，其中的柱和梁之间使用斗栱，形成的柱栱梁形式有效地扩大了建筑内部空间，也成为藏汉建筑文化交流和结合的最巧妙和最完美的典范。

桑耶寺乌孜大殿是吸收和融合汉族地区和其他地区建筑文化的杰作。其大殿上部、中部和底部的建造做法具有明显的汉地、藏地和尼婆罗三种不同

地区的建筑风格。五世达赖喇嘛在重建布达拉宫的过程中，曾有来自中原地区和周边地区的大批工匠参加工程建设。在西藏昌都察雅县的仁达摩崖造像上还刻有汉族、纳西族工匠领头和总仆的名字。藏汉建筑文化交流促进了西藏地区建筑技艺的进步，并逐步形成了适合当地情况的建造法式和灿烂的建筑文化。

第三节　建筑思想

一、藏传佛教

历史上藏族群众信奉着一种古老的传统宗教，"苯波教"。苯波教的产生与西藏社会的各个方面以及地理环境有着十分密切的关系。西藏地区对神灵的崇拜，可以追溯到原始社会末期。《柱间史》记载：赛·苯波、玛·苯波、东·苯波、奥·苯波等12名智者负责祭献神灵。当时的苯波相当于巫师或祭司，根据大量有关藏文史料，以上12名苯波是集巫师与酋长于一身的特殊人物，既是当时总管一切精神文化的巫师，又为当时藏族12小邦之行政酋长。

随着藏族社会的进一步发展，大约公元前2世纪，有文字记载的藏族古代历史上的第一个赞普（部落首领）诞生了。他们的出现标志着旧的分散的原始社会解体，新的统一的奴隶社会开始形成，同时神权和政权分离。拥有酋长地位的巫师们专司巫术活动，使巫术活动具有更明显的宗教性。

公元7世纪，吐蕃社会得到空前发展，佛教开始传入吐蕃。松赞干布从唐朝和尼泊尔请入释迦牟尼佛像进行供奉（图1-3-1），还迎请佛教高僧进入西藏地区传法，开始翻译佛经。佛教在吸收、融合西藏地区原本存在的苯波教的大量元素之后，开始呈现出独特的面貌并获得较快的发展。文成公主对雪域大地卜算，提出镇压罗刹女魔的对策，规划建设了大量的佛教殿堂，拉萨的红山被认定为观世音菩萨的道场，并取名为布达拉。根据《当藏史集》等藏文史料记载，松赞干布时期，在吐蕃创建

图1-3-1 供养于拉萨大昭寺的佛教始祖释迦牟尼塑像

图1-3-2 始建于7世纪吐蕃时期的洛扎县卓瓦寺

了108座佛寺（图1-3-2），其中包括当时最著名的拉萨大昭寺和小昭寺，以及山南地区的昌珠寺。

公元8世纪中叶，吐蕃赞普赤松德赞时期开始，藏传佛教开始形成。赤松德赞于公元774年动工兴建桑耶寺，经5年于公元778年竣工。桑耶寺根据早期佛教宇宙观对世界的认识，特别是依据世界中心说的思想而建造。

赤祖德赞对于佛教的过分推崇，引起许多臣民的不满，最终导致了吐蕃时期最后一位赞普朗达玛的灭佛事件。此次灭佛运动，不仅取消了昔日由吐蕃王室保护广大僧众的一切法令，而且剥夺了寺院及僧众的所有财产和享有的一切政治特权。朗达玛

的灭佛事件，在藏传佛教史上是一个具有划时代的历史事件。后来史家以此为界，将藏传佛教通史分为两个截然不同的断代史。即"前弘期"和"后弘期"。"前弘期"是指公元7世纪中叶（从松赞干布算起）至9世纪中叶（朗达玛灭法为止），这段时期长达200年之久。

朗达玛灭佛事件发生后，吐蕃王朝的统一局面开始全面崩溃。朗达玛被刺杀后，吐蕃王朝很快被推翻，吐蕃地区进入地方势力割据时代。藏传佛教并没有因朗达玛的禁废而消失，反之，吐蕃王室的覆灭及社会的大动荡给以后藏传佛教的复兴和发展创造了良好的外部条件。

公元10世纪，在藏族地区又开始出现大批出家僧侣和重建寺院的热潮。主要从东部安多地区和西部阿里地区率先掀起复兴藏传佛教的运动，在藏传佛教史上称其为下路和上路点燃弘法之火。从此藏传佛教"后弘期"开始。

在"后弘期"，藏传佛教无论在传教的范围上，还是在信教群众的信仰程度上，都远远超过"前弘期"。后弘期的藏传佛教，在兴佛规模上是空前的，并经历了一段比较漫长的时期。从10世纪算起，至15世纪初格鲁派创立为止，将近500年之久。从宗教发展史的角度看，后弘期是藏传佛教的繁荣时期，不仅产生了许多互不隶属的宗派，而且形成了独特的宗教文化特色，出现了活佛转世制度，修建了更多的寺院，产生了更多的藏传佛教著作。

藏传佛教的绝大多数宗派，是从1057至1293年间相继产生的，这说明11世纪至13世纪是藏传佛教后弘期中的一段大发展时期。出现这种宗教上的繁荣时期，主要是由于这一时期藏族地区的社会相对稳定、经济相对兴旺，而且在藏传佛教界人才辈出，宗教活动十分活跃。在这些宗派中，有宁玛派、噶当派、萨迦派、噶举派、觉囊派等。

格鲁派是藏传佛教诸多宗派中最后形成的一个重要宗派。宗喀巴·洛桑札巴（1357~1419年），不仅是藏传佛教格鲁派的创立者，而且是佛学家、哲学家、思想家和宗教改革家。

1409年，宗喀巴得到帕竹地方政权属下的贵族仁青贝和仁青隆布父子的赞助和支持，在拉萨以东偏北约30公里处的卓日窝切山腰创建了甘丹寺。之后，宗喀巴就在该寺推行他的严守佛教戒律、遵循学经次第、提倡先显后密即显密相融的佛学体系，并建立完善的寺院机构和僧侣教育制度。从此，以甘丹寺为主道场的新宗派——格鲁派开始形成，并逐渐成为藏传佛教中最具影响的宗派。1416年，宗喀巴的弟子降央曲杰在拉萨西郊修建哲蚌寺（图1-3-3）；1418年，宗喀巴的弟子强钦曲杰在拉萨北郊修建色拉寺，拉萨三大寺的建立奠定了格鲁派发展的基础。

继拉萨三大寺之后，宗喀巴的弟子根敦珠巴于1447年在后藏日喀则修建扎什伦布寺。不久，下喜饶桑布在康区建昌都寺，上喜饶桑布在西部阿里建达摩寺。1642年五世达赖得到清朝中央政府的册封和支持，这使得格鲁派在西藏地区得到迅速发展，许多不同宗派的寺院改宗格鲁派。格鲁派在中国西藏和蒙古等少数民族地区发挥着重要的作用，并产生了深远的影响。

二、建筑思想

西藏古代建筑思想在建筑实践中发挥着重要的和决定性作用。西藏古代建筑思想的产生，源自西藏特殊的自然环境、藏传佛教、历史演变和西藏人民的生活习俗，特别是源自在西藏长期占有统治地位的藏传佛教的思想意识。

在西藏的历史上，宗教既是寺院的哲学，更是西藏地方普遍存在的生活方式，藏传佛教的思想和仪轨不仅渗透到西藏社会、政治、经济、生活的各个领域和各个层面，包括群众日常的生产和生活活动，并且对西藏古代建筑的建筑形式和建筑空间、营造方法、建筑装饰、建筑色彩等建筑实践活动，都产生了重要的和深远的影响，并逐步形成了西藏古代建筑的设计思想和建造理念。这些设计思想和建造理念对西藏古代建筑的实践和发展，对西藏的城镇布局和城乡建设都产生过长期的和重要的影响和作用。概括这些西藏古代建筑思想可以归纳为五个方面。

（一）天梯说

西藏有一个神奇的建筑现象，很多西藏古建筑都建在不同地区的高山之巅（图1-3-4）。西藏自然环境和气候条件十分恶劣，建筑建在河谷平川已经实为不易，而选择建在高山之巅，主要原因是受到西藏古代天梯说思想影响。西藏古代原始宗教为苯教。苯教充满对天地神灵和世界万物的崇拜。君权神授是人类社会初期普遍的信仰，君主通过这一思想使自身权力获得合法的地位，人民通过这一思想获得精神和信仰的安全感，并形成人类社会的等级和秩序，天梯说本身是这种早期人类信仰的一种表现方式，也反映了古代先人普遍存在的高山崇拜，它在西藏独特的自然环境中又造就了西藏独特的建筑形式。

图1-3-3　始建于1416年的哲蚌寺，西藏和平解放前该寺僧众超过一万人，拥有141个庄园与540多个牧场，是藏传佛教最大的寺院

图1-3-4　在天梯说影响下建于江孜县山顶上的江孜宗古建筑

在吐蕃政权建立的早期，高原先人对天界的崇拜和向往是今天的人们难以理解的。那时的人们认为天界是非常美好的境界，到处是阳光、鲜花，神仙住持，鼓乐升平，金童玉女，轻歌曼舞，充满了喜悦、充满了和谐，是一个非常安宁和祥和的世界。由此，高原先人对天界充满期盼、眷恋和向往，人们把能够生活在天界作为人生最高的和最神圣的追求。

西藏地方政权——吐蕃政权是在公元前200年左右建立的。吐蕃政权的第一代王，也称为西藏地区的第一代藏王，叫聂赤赞普。聂赤赞普的产生直接受到天梯说思想的影响。西藏的史书《西藏王统记》记载，在西藏山南地区，在雅砻河谷的一个高山的缓坡上，有一天，突然几位牧人看到一个人来到这个山坡上。这几位牧人十分惊奇，便问这个人从何而来。这个人只是用手指了指头上的天空，指了指天界，一句话都没有说，那意思他是从天界来到人间的，是天神之子。于是几位牧人就把这个从天界派来的人拥立为第一代藏王，并让他骑在他们的脖子上，把他隆重地迎回了部落。聂赤赞普藏语的意思是骑在脖子上的藏王。从第一个藏王算起，加上之后的6个藏王，一共是7个藏王，西藏的历史上有"天赤七王"之说。据西藏史书记载，"天赤七王"在西藏是没有陵墓的，他们死后都顺利地返回了天界，没有遗骨留在西藏。

天赤七王回到天界需要依靠天梯和光绳，高山就是天梯，彩虹就是光绳，站在天梯上、站在高山之巅，可以方便地抓住彩虹、抓住光绳，顺利地返回天界。"天赤七王"都顺利地返回了天界，但是从第八代藏王止贡赞普起，吐蕃藏王再没有回到天界。西藏史书上讲，在一次决斗的过程中，由于止贡赞普的疏忽，返回天界的光绳被他自己割断了。止贡赞普的陵墓建在山南地区的青孜达瓦，也成为西藏的第一个藏王墓。

由于古代高原先人对天界的向往和眷恋，由于高山作为天梯可以方便地抓住彩虹返回天界，西藏历史上的很多宫殿建筑都建在高山之巅。西藏的第

图1-3-5　在天梯说影响下建于札达县的古格王宫古建筑遗址

一个宫殿——雍布拉康，以及之后的青孜达瓦宫、古格王宫、普兰王宫、西拉里王宫、布达拉宫等都建在了高山之巅。《西藏文明》也描述了西藏的宫殿建在高山之巅这样一个事实："在所有的山岭和陡峭的山崖之上几乎都建有大型的宫殿。"这样的描述有夸张之处，但记录了当时的宫殿建筑的盛况。在今天的西藏地区的很多高山之巅，仍然可以看到这些宫殿的遗存（图1-3-5）。

在西藏地区的很多山崖上面，还可以看到画有天梯这样的图腾。在很多神山的山口，可以看到很多做成独木梯样子的木棍。人们把独木梯放在神山的山口，把天梯的图腾画在高山的崖壁上，表达了人们祈求登天的道路，希望能够顺畅地到达天界。如今，藏族同胞仍采取天葬形式，其中一个重要的心理诉求，仍是期望在自己死后通过苍鹰能够把自己带入天界。

天梯说反映了古代吐蕃人认为人（藏王）死后是要回到天界的。彩虹是登天的光绳，山体是抓住彩虹的天梯。为了便于到达天界，人们把宫殿等建筑在高山之巅。天梯说为西藏高原地区，早期高原人在十分恶劣的自然环境条件，将建筑建在高山之巅找到了最合理的原始宗教的神学理论基础，也为日后西藏地区依山建筑的创立和实践，提供了重要的神学理论依据。

（二）女魔说

松赞干布统一吐蕃后，悉补野部落所在地琼结

已不适应发展的需要，迁都势在必行。公元638年，松赞干布迎请文成公主的请婚队伍返回吐蕃，大唐的文成公主住在逻娑，也就是今天的拉萨地区。文成公主熟知星算之学，掌握80种博唐数理和五行算图，占卜之术极高。在松赞干布的授意下，文成公主为吐蕃迁都，造就千年福祉等事项作了详尽卜算，对吐蕃大地提出了4条卜算结论。

1. 有雪藏地为女魔仰卧之相（图1-3-6）。揭示了蕃地雪国的地形是一个仰卧的罗刹魔女，吐蕃地方所以战争连续、病疫频发、灾难不断，百姓众生困苦不堪，是因为罗刹女魔毫无羁绊，兴风作怪。这一仰卧的罗刹女魔横卧雪域高原，上身在卫藏地区，双脚伸到了阿里和拉达克（今克什米尔地区），而两只手一只在康区，一只在今天的不丹国境内。

2. 逻些三山为女魔心窍脉络。揭示了逻娑即今天的拉萨地方，在拉萨河谷平原上有三座山峰突起，实为罗刹女魔身上的血管青筋。这三座山为现在拉萨的红山、药王山和磨盘山。女魔青筋外露，反映了她身壮粗野，力大无比。

3. 逻娑窝汤为女魔心血所在。揭示了罗刹女魔心脏的位置，即拉萨河谷平原上的窝汤措地方（湖泊）。女魔心脏是女魔身体的要害部位，卜算结论找到女魔心脏位置，为镇服女魔找到了关键部位，也奠定了镇服女魔的理论基础。

4. 逻娑地区位于女魔心上。揭示了罗刹女魔的存在和女魔心脏等要害部位，之后进一步提示了逻娑地区包括桑耶寺所在地都是女魔的心脏部分。斩蛇斩七寸，杀虎穿心过。女魔说为吐蕃都城从琼结迁往拉萨（古称逻娑）提供了原始神学理论的支撑。

文成公主提出4条卜算结论后，又提出了降服罗刹女魔，福佑吐蕃一方平安的镇服之策。谋划构建了消除魔患、镇压地煞、具足功德、修建魔胜的营造思想。主张在罗刹女魔的左右臂、胯、肘、膝、手掌、脚掌修建12座寺院，以镇魔力。文成公主曾约定，如来不及修建这12座寺院，也要先在这些地方打入地钉，以保平安。

图1-3-6　拍摄于西藏博物馆的罗刹女魔图

具体镇服之策分为四个步骤：

1．镇心之策。选择在罗刹魔女心脏的地方——涡汤措，用白山羊驮土填湖建起西藏著名的大昭寺。镇服女魔首先是从镇压女魔的心脏开始的，直指女魔命脉。事实上，大昭寺成为拉萨河谷地区和西藏地区的第一个佛堂。

2．镇体之策。为镇压罗刹女魔的身体，在左肩头——在约茹建昌珠寺（古名扎西降宁，在乃东县南10里），位于前藏，分寺赞塘寺；在右肩头——在补茹建噶泽寺（在默竹工卡县），位于前藏，分寺赛塘格底寺；在右胯骨——在叶茹建藏昌寺（降曲格乃寺，在南木林县），位于后藏，分寺格仲寺；在左胯骨——在藏地建仲巴江寺（古名支马郎达，在拉孜县），位于后藏，分寺哲寺。

3．镇肢之策。为镇压罗刹女魔的四肢，在右肘——在工布建步曲寺（在工布江达县）；在左肘——在昆廷建塞寺（在今洛扎，靠近不丹）；在右膝——在降振建格吉寺（在今吉隆县，靠近尼泊尔）；在左膝——在午顿建孜寺（在今天萨迦县仲巴地区）。

4．镇边之策。为镇压罗刹女魔的手脚，在右掌心——在康地建隆塘卓玛寺（在朵康，甘孜地区过去的邓柯县）；在左掌心——在朋塘建吉曲寺（今不丹境内）；在右脚心——在蔡日建喜饶卓玛寺（拉达克，今在境外，克什米尔地区）；在左脚心——在仓巴建仓巴隆伦寺（在藏北草原，在那曲，也有说在曲水）。

文成公主提出卜算结论和镇服之策，松赞干布亲自组织和参加了营建工程，女魔说提出的寺院建设之策得到了积极和有效的实施，女魔的12关节点修建了寺院，以后又陆续建起了108座寺院，女魔被完全降服，吐蕃地方出现了平安吉祥征兆。《西藏王统记》讲，从此，雪域高原出现天现八辐轮、地呈八瓣莲，外无怨敌，内护属民，悉获富裕，受用康乐。女魔说反映了中国周易风水思想对西藏地区的影响，与中国文化中的天地人世界既相互联系又相互作用的思想同属一个思想体系，在与西藏地区原始宗教信仰结合后，形成了独特的环境观及对西藏整体环境的判断，实际上是对中原地区天人合一思想的不同的表达形式。

女魔说对吐蕃政权在拉萨河谷地区的大规模开发建设曾发挥过重要影响，也为日后西藏城镇体系的形成和建设奠定了重要的基础。经过千百年的努力，前藏以拉萨为中心，后藏以日喀则、江孜古城为中心，西藏地区形成了前藏31城、后藏17城的西藏城镇体系布局。文成公主进藏带来了中原地区先进的生产技术和中原文化。女魔说的提出和中原先进技术在西藏地区的推广，树立了文成公主在西藏人民心目中的崇高地位。

（三）中心说

古代佛教宇宙观认为，世界的中心在须弥山，以须弥山为中心，取5万由旬为半径画圆，再取2.5万由旬画圆，形成了宇宙的四大部洲和八小部洲。世界中心是佛教关于世界的一个重要概念。沿着这个中心，世界被分为三界，向上是神灵生活的天界，佛教称无色界；向下是鬼怪生活的地界，是地狱，佛教称为欲界；而中间是人类和动物植物生活的中界，佛教称色界。随着藏传佛教在西藏地区的广泛传播，世界中心说的思想深刻地影响着西藏的建筑实践和人民生活，西藏地区的宫殿、寺院、民居，以至每一栋建筑，包括牧人的帐篷都可以被理解为是一个世界的缩影。

帐篷，中间是一根木柱撑起篷布，并在篷布中间留一个洞口可以看到天空。这个帐篷可以理解为是世界的一个缩影，这个木柱就是世界的中心。因为沿着这个木柱向上就是明媚的神灵生活的天界；向下就是黑暗的鬼怪存在的地界；而木柱自身平行的方向是人和生物生活的中界。正因为在西藏地区建筑被理解为是一个世界的缩影，房子中间的立柱被理解为是世界的中心，建筑内部的很多木柱被系上了洁白的哈达，以表达人们对世界中心的敬仰和对生活的祈福。

坛城，亦称曼陀罗，是藏传佛教修习的重要手段和形式，成为西藏艺术中最重要的表现主题，在与藏传佛教相关的壁画、唐卡中有极为丰富和千变

图1-3-7　壁画中的坛城（曼陀罗）

图1-3-8　在中心说思想影响下，始建于8世纪的扎囊县桑耶寺

万化的表现形式。但无论坛城有多少变化的表现形式，其核心思想仍是在表达着古代佛教宇宙观和世界中心的思想。无论在何地寺院的坛城中，也无论在何种形式的坛城中，都可以清楚地找到世界的中心、四大部洲和八小部洲，以及生活在世界中心的佛的形象（图1-3-7）。

坛城是一种修习的方式，更是一种对世界和世界中心认识和崇拜。因此，以不同形式制作的坛城又成为一种重要的供奉对象，在许多寺院不仅有坛城壁画，还有坛城的模型。坛城作为藏传佛教的理想世界的模型，在西藏建筑，特别是与佛教相关的建筑中也得到了充分的反映和表现，形成了一种相对对称，同时又极富变化的中心构图的建筑群布局和规划方式。由于对世界四大部洲、八小部洲，通常采用不同的几何形式的平面表达，这也在一定程度上形成了西藏建筑更为自由、丰富的形体变化。西藏的大多数佛教寺院，甚至一些体现政教合一功能的建筑群也都遵循了这一布局和规划原则。这种坛城的平面布局方式也成为一种区别于中原地区中轴线对称布局形式的地方性特征，出现在北京、承德等清代皇家藏传佛教的寺院当中。

西藏早期寺院桑耶寺的平面布局和建造形式充分体现了中心说思想。其主殿乌孜大殿代表须弥山，位于整个寺院的中心，也是寺院最高的建筑。

寺院围墙所构成的圆形范围内有代表四大部洲、八小部洲及日、月等殿堂建筑。桑耶寺的建设被完完全全构建为一个佛教理想中的世界的缩影，成为西藏地区最大的实物坛城和最大的坛城模型，桑耶寺、托林寺和西藏其他寺院的建设，可以讲是把佛教的虚幻境界移入了现实的人间，把心造的宇宙构想变成了可以感觉的可视的建筑空间（图1-3-8）。

中心说及其实践，为古代西藏地区建筑的建造、形式和功能，找到了早期佛教宇宙观的理论依据，为西藏地区建筑的形制和建制，提供了早期佛教世界空间的理论基础和实践规范。

（四）金刚说

藏传佛教属于大乘佛教，是在金刚乘基础上融合西藏当地原始宗教苯波教发展起来的，并形成了一个纷繁、复杂、深奥的宗教体系。在这个体系中，有浩如烟海的宗教典籍所阐述的宗教思想，有数不清的神秘莫测的宗教仪轨，还有无所不包的神力无边的众神谱系。金刚是藏传佛教中具有强大护法力量的神灵，它体现着藏传佛教对坚定信仰、强大力量的推崇和赞美。

释迦牟尼创立了佛教，成为佛教的始祖和神灵。藏传佛教还创造和确立了许多神的形象。天王、观音、罗汉、菩萨、度母、金刚都是神灵，还有更多的说不清名字的神灵。这些神灵在佛教信徒

心目中占据着至高无上的地位。他们有不同的修行、造化、功德，但他们也有相同的造化，这就是不朽之身、不灭之身、金刚之身。由此，金刚说中的金刚代表了众神，成为众神的象征和代名词。

要求僧众对众神顶礼膜拜和转经朝圣是藏传佛教的基本仪轨，并把僧众对这些仪轨的尊崇当作表达信仰、进行修行的重要的、甚至是必不可少的形式和过程（图1-3-9）。

藏传佛教体系中的神灵，在西藏的宗教信仰中占据着极为重要的地位，在嘎当、嘎玛、萨迦、宁玛、格鲁等教派的寺院中，都会供奉众多神灵的塑像，披护洁白的哈达，点亮不灭的油灯，供信徒三叩九拜，诵经祈愿。

由于对拥有金刚之身的众神施以顶礼膜拜和转经朝圣等藏传佛教的基本仪轨的需要，西藏地区寺院殿堂的平面布局多为回字形。回字形的中央供奉众神之像。僧人和信徒诵经呢喃，俯身叩拜，环绕周围。回字形的布置，比较好地解决了僧众对众神顶礼膜拜在心理上和建筑空间上的要求。大昭寺主殿供奉着释迦牟尼12岁等身像。这尊等身像是文成公主与松赞干布和亲时，从大唐长安带进西藏的。在藏传佛教信众心目中这尊像就是释迦牟尼。因

图1-3-9　八角街转经朝佛图反映了人们对具有金刚之身的佛陀和众神的顶礼膜拜（摹自布达拉宫壁画）

此，各地前来朝拜的信徒络绎不绝。在狭小的堂室内，释迦牟尼像占据了主要的室内空间，虽然周围留给朝拜者的转经道路十分狭窄，但由于回字形路线布置仍使朝拜的人流进出通畅。

建筑内部回字形的布置和形成的转经甬路，发展到建筑外部，便形成了更多的和不同的转经路线，有转山、转湖、转寺、转塔等转经路线。事实上，千百年来信徒对大昭寺的朝圣转经形成了囊廓、八廓和林廓三条转经道路。拉萨著名的商业街八廓街就是由围绕大昭寺的转经道路逐步形成的，而部分北京路和外环路又是大昭寺转经路线林廓的主要路段。

同样出于对拥有金刚之身的众神的崇敬和膜拜，西藏地区出现了高柱擎窗这样的建筑形式。寺院主殿及重要神殿内的释迦牟尼像或其他神像，因为神像体形高大，上身部分接近堂室的顶部。殿堂两侧及山墙往往采用不开窗的实墙，靠近殿堂顶部的位置光线昏暗。而殿堂主立面墙体采用高大的木柱，有十多米或更高的木柱，并在墙体靠上位置开窗，比较好地解决了室内光线不足的问题，阳光穿透外窗，光线可以直接照耀在神像的面部，增强了神灵给予信徒应有的或祥和或恐惧的心理感受，使得神灵达到了超凡和神圣的效果。

（五）来世说

藏传佛教宣传四谛、五明、六道轮回。今世修行，只为来世。人是有来世的，人的来世如何，取决于人在今世的修行表现。今世修行，指人活着的意义就是学习佛法和实践佛法。因而藏传佛教要求人们追求精神和思想的净化、解脱和升华，不追求个人和社会的物质生产和物质丰富。甚至认为人今生受到的苦难越多，修行才会越深刻，修行越深刻也才会有比较好的来世。

藏传佛教的价值取向是思想性的而非经济性的。物质增长和生活富足对僧人和信徒不是目的，人格净化和思想升华才是人一生的追求。既然人的存在是为了学习和实践佛法、是为了来世，今世所依的房屋不过是修行的道场或道具。家和财产的概

图1-3-10 2012年9月22日，作者在下乡调研时拍摄的当地农牧民用就地挖起方块形的草皮砌筑的住房，应当在林周县附近

念是淡薄的。高德大僧的寺院仅被称为其驻锡地。房屋只是被当作一个生命或灵魂暂时的栖居之所，房子盖起来能遮风避雨即可。历史上拉萨、山南、日喀则、阿里等地区的民居建筑大多是使用碎石、砸土等当地材料建造的，低矮、狭小、简朴，充分反映了来世说在民居建设中的影响（图1-3-10）。

在来世说思想的影响下，过去藏族群众更乐于把自己一年的收获或生活中仅有的财物奉献于寺院和神灵，以表达他们对信仰的虔诚和对来世的追求。而他们阴暗、狭小、简陋的居住条件，却长期得不到改善（图1-3-11）。过去西藏农牧奴的住房和寺院僧奴的住房，多依附在主建筑周围而建，或寄住在主建筑一层的低矮房屋，很多时候与牲畜同住，即使是独立的住房，如1柱间或2柱间建筑，也都十分狭小、昏暗。

来世说，对藏传佛教信徒具有修行和从善的人生导向作用。这一思想直接的反映或者结果，就是

图1-3-11 拉萨市郊的农民住房

信徒对居住建筑的追求表现得随意和简单，甚至可以把居住建筑视为修行的一部分或是修行的一个道场。但来世说并不适用于藏传佛教中的众神和活佛，因为他们已经脱离了苦海六根，他们处在佛教的天界（无色界）。他们居住的寺院建筑建设得金碧辉煌，活佛和众神在其中尽享"天界"的生活。

历史上西藏寺院拥有寺院所属的庄园和寺奴，

集中了当地大量的财富，活佛圆寂后仅修建灵塔，就要消耗大量的黄金和珠宝。寺院建筑使用大量珍贵材料进行装饰，金色的佛像、彩色的泥塑、五彩缤纷的壁画、做工精美的唐卡、金光闪烁的镏金屋顶，寺院成为一个地区最富丽堂皇的建筑。而大多数民居低矮、简陋，仅有的局部装饰也往往集中于住房中体现宗教信仰的佛龛部分，农（牧）奴住房与寺院建筑形成强烈的对比和反差。

西藏地区寺院中的主要殿堂、活佛拉章等核心建筑，实际上是佛教宣传的世界中心和天界的现实代表。人们修习和追求来世的主要期盼，就是希望自己的来世能够生活在这些核心建筑所代表的天界或天堂。围绕这些核心建筑有众多僧人住宅建筑和其他建筑，并形成了庞大的寺院建筑群。而在寺院周围的数里或数十公里地区则是简陋的村落。这似乎成了今世和来世的鲜明比照，人们希望向寺院奉献自己的财富，是希望通过因果报应能够求得自己的好的来世。人们希望成为僧人，是希望自己也能够成佛而生活在美好的天界。在来世说的影响下，历史上的西藏地区寺院建筑金碧辉煌，流光溢彩，生活富足；而民居建筑狭小简陋。形成这样一种今生和来世的独特社会景象。

来世说，为过去西藏地区广大农（牧）奴住房表现出简陋和粗犷，而寺院金碧辉煌，活佛拉章富丽堂皇，找到了宗教思想的理论依据。

限于历史条件，西藏传统建筑思想是唯心主义的，但它仍反映出古代高原先人对世界和生活的某种良好的愿望。在很长一段时间里，西藏地区的建筑语言表达着宗教思想，宗教思想成了建筑的灵魂。这些重要的建筑思想对西藏城乡建设和建筑实践，以及吐蕃早期的城镇布局和西藏建筑形式的发展都发挥过重要的作用，其中某些积极的因素，仍然值得今天我们去借鉴。

第四节 建筑类型

西藏地区由于其独特和多样的地理、气候环境，以及多民族文化的交融，特别是藏传佛教在社会生产和生活中的深刻影响，西藏古建筑具有丰富的文化多样性和独特的形式风格。在西藏的高山之巅、河谷之上，散落着不同时期的雄伟壮丽的西藏古建筑，有宫殿建筑、寺院建筑、宗山建筑、庄园建筑、民居建筑等。在长期的实践中，西藏人民发明和积累了十分宝贵的建造技术和建筑经验，形成了独特的建筑形式和建筑风格（图1-4-1）。

西藏的建筑类型丰富，从文化的角度，宗教建筑是西藏最重要、内容最丰富和最具代表性的建筑类型。世俗建筑从古代藏王的宫殿到20世纪中叶贵族的庄园，再到普通民众的民居，这些建筑反映出西藏社会发展和演化的过程。从技术的角度，无论是木结构、石结构、石木混合结构、土木混合结构等都反映出西藏古建筑在利用自然资源，适应自然环境，满足社会生活方面所取得的巨大成就（图1-4-2）。

图1-4-1 大昭寺壁画反映了西藏古建筑丰富的建筑形式和风格

图1-4-2 桑耶寺壁画反映了吐蕃时期已经可以建造9层楼房

图1-4-3 拉萨的布达拉宫

一、宫殿建筑

宫殿，在藏语中被称为颇章。吐蕃时期的宫殿在琼结、扎达等地仍有大量的建筑遗存，考古遗迹仍可以大致辨别其形制特点。今天西藏地区保留下来的宫殿建筑主要是17世纪以后，西藏地区活佛、贵族和官府所建造的宫殿。由于西藏政教合一的政治体系，西藏地区的宫殿建筑具有极为鲜明的宗教特征（图1-4-3）。无论是建筑的选址、功能、布局、装饰都反映了藏传佛教的影响。这是西藏地区宫殿建筑与其他地区宫殿建筑的显著区别。西藏宫殿建筑的主要特点：

一是历史悠久。坐落于西藏山南地区的雍布拉康是西藏地区的第一个宫殿，距今已经有2200多年的历史。据西藏史籍《西藏王统记》记载，第九至第十五代赞普先后在今琼结县兴建了达孜、桂孜、扬孜、赤孜、孜母琼结、赤孜邦都6座宫殿，松赞干布为文成公主在拉萨修建了布达拉宫；赤德祖赞为金成公主在乃东修建了傍唐宫。西藏宫殿成为西藏悠久历史的象征。

二是地形险要。西藏宫殿建筑大多选址在高山之上，反映了天梯说的久远影响，表现出居高临下、雄踞险要、自成体系、易守难攻的特点。布达拉宫高大的宫墙和坚固的城门使敌人难以攻克，为维系地方统治，保障政权安全发挥了重要作用。

三是技艺高超。吐蕃早期的宫殿建筑以二三层为主，兴盛时期有9层的建筑。拉萨北面山坡上的波隆卡有松赞干布为其造字大臣吞米·桑布扎修建的9层宫殿。西藏古建筑中的宫殿建筑体量高大，建造技艺高超，装饰精美，气势雄伟，集中代表了西藏建筑的最高成就（图1-4-4）。

四是使用地材。历史上西藏宫殿建筑只是使用了当地的碎石、砸土、木材等建筑材料。建筑施工没有现代意义的施工设备和机械等手段，完全靠人力和手工营造，实现了建筑生态及与自然的和谐。

五是政教合一。宫殿建筑的功能，除了满足统治者的生活起居需要，同时还满足了商议政务、讲经弘法等政治和宗教活动的需要。宫殿建筑内部都会设有行政管理和宗教事务的殿堂。自元朝萨迦寺建成，基本形成了寺中有宫，宫中有寺的建筑格局。

六是形成聚落。宫殿建筑多选址在高山之上，在其周围的山脚下会聚集贵族和平民的住宅，以及营房、仓库、马厩、茶馆等其他建筑，从而形成大小不一的人类聚落。青孜达瓦宫、古格王宫、布达拉宫等宫殿周边都形成了称为"雪"的人类聚落。

吐蕃兴盛时期，公元7世纪中叶布达拉宫开始兴建。但由于历史上长期战乱，布达拉宫损毁严重。在清朝中央政府的支持下，藏传佛教格鲁派迅速崛起，在西藏地区占据了统治地位。五世达赖在西藏地区建立了嘎丹颇章政权，并对布达拉宫进行了大规模的修缮和建造。现存布达拉宫建筑基本上是那个时期完成的。目前布达拉宫是西藏地区最著名和最重要的宫殿建筑，也是历代达赖喇嘛处理政教事务的主要场所。在布达拉宫中，最重要的建筑是历代达赖喇嘛的灵塔殿，以及供奉佛像及圣物的殿宇。这使得布达拉宫本身反映出极强的宗教和行政特征。布达拉宫建筑群还包括了为其服务的"雪"村。布达拉宫的雪村位于布达拉宫所在的红山脚下，由城墙围合而成，包括各种服务性建筑和

部分行政、军事管理等建筑，以及部分贵族、工匠和奴隶的居住建筑等。

二、寺院建筑

由于历史上藏传佛教在西藏地区所具有的至高无上的地位，佛教寺院通常是西藏城乡聚落中的标志性建筑（图1-4-5）。西藏佛教寺院的历史可以上溯到松赞干布建造大、小昭寺。公元779年赤松德赞建造的桑耶寺，是西藏地区第一座佛、法、僧俱全的寺院。15世纪以后随着藏传佛教格鲁派的兴起，西藏进入大规模建造寺院的鼎盛时期，僧侣阶层成为西藏社会最重要的组成部分。西藏寺院建筑的主要特点是：

（一）体系复杂

从寺院的组织体系和建筑功能划分，寺院建筑主要分为：弘法建筑、护法建筑、传法建筑、祈法建筑等众多不同建筑，形成了一个比较庞大的建筑体系。历史上藏传佛教的重要寺院，如桑耶、甘丹、哲邦、色拉等都建有相对独立的这四类建筑。附属寺院或规模较小寺院通常没有明确的分类，这四类建筑的功能通常会集中在某一建筑内。

1. 弘法建筑

弘法建筑是寺院中的主体建筑（图1-4-6），通常体量高大，其主要功能是供奉神灵、讲经弘法和受戒、藏经、典礼等功能，依寺院组织体系一般

图1-4-4　日喀则的德庆格桑颇章宫

图1-4-5　康尔东嘎扎仓，位于哲蚌寺院内东南则

分为四级，弘法建筑有：

（1）措钦大殿，是寺院建筑中的主殿，用于供养寺院的主供佛和进行重大的法事活动，一般位于寺院居中的位置，建筑体量较大，高度最高。

（2）札仓大殿，由研修内容、修习方法等不同而形成的藏传佛教修行团体的讲经弘法的主要建筑。一般坐落在措钦大殿周围，建筑体量和高度都在措钦大殿之下。

（3）康村殿，是寺院中的重要建筑，主要用于札仓之下僧人团队的修习，由于僧人相对集中地来自某一地区，寺院内会有多个康村殿并伴有不同的建筑风格。

（4）米村屋，米村隶属于某一康村的基层僧人团体，建筑规模较小，屋堂内讲经、学经、起居等功能兼而有之。

2．护法建筑

护法神殿，是寺院中的重要建筑，可以是独立建筑，也可以在经堂建筑中辟设一个殿堂，其主要功能为专门供奉藏传佛教中具有护持、降魔力量的神灵。护法神殿屋内光线昏暗，室外墙面多涂以带有杀戮气氛的赭红色。殿中的护法神灵具有威猛、凶狠、怪异形象，以护佑佛法和信众。护法建筑还有灵塔殿建筑和各类佛塔。寺院出于护法的需要，还建有院墙和门楼建筑，也可列入护法建筑。

图1-4-6 提吉寺，吐蕃时期修建，位于洛扎县边巴乡

3．传法建筑

传法建筑是寺院中的附属建筑，建筑体量较小，其主要功能在于向广大僧众传播佛教，引导僧众步入佛门。

转经亭，亭（屋）内设转经筒，多为人力转动，也有靠水流等转动的。转经筒上多刻藏传佛教的六字真言"唵嘛呢叭咪吽"，历史上主要供不识字的信众通过转动经筒代替诵经讲经，使佛法在广大信众中间传播教化。

转经廊，是专门为装置若干个转经筒而在寺院内外设置的一排或沿院落围合的通廊。信众沿顺时针方向行走并转动廊内的经筒，咏经祈祷，传播佛法。

经幡柱，是悬挂印有经文和神灵图腾的五色经幡的旗柱，寺院内主要大殿（措钦）前和寺院大门前通常会埋置高大的粗壮的旗柱，这些旗柱高的可达十余米，矮的也有七八米高。五色经幡在旗柱上飘扬，预示着佛法向人间的传播。

香炉，是寺院内附属建筑，高度在1～3米之间，一般用当地碎石和渣土砌筑成宝瓶状。燃焚香草，烟雾飘浮而上可达天界，预示焚草之人将自己的虔诚和祈祷传递给天界的神灵。

弘法建筑主要功能是修习佛法和供奉佛陀及众神。虽然这些功能也是传法，但弘法建筑还具有受戒、藏经、典礼等更多的功能，本书将弘法建筑与传法建筑作了区别。

4．祈法建筑

祈法建筑是寺院中的现世生活建筑，属配套设施或生活设施，数量众多、体量不大，其主要功能为佛教事业提供日常生活和管理服务。祈法建筑包括管理用房、颇章、拉章、僧舍、牢房、厨房、库房等。

（二）规模巨大

西藏的寺院建筑，特别是一些重要的寺院往往规模巨大，除了最重要的供奉佛像的主殿（措钦大殿）之外，重要寺院还设有僧侣修行的札仓、康村等经学院，僧侣的住宅则环绕这些学院布局，加之

过去的寺院还拥有自己的庄园和寺奴等，整座寺院宛若一座城镇，形成了西藏地区特有的人类聚落形式，聚落人口从几十人、几百人到几千人、上万人。这是西藏寺院的一个极为鲜明的特征。西藏的大型藏传佛教寺院受"中心说"思想的影响，大多把坛城作为规划布局的理念，以重要大殿或佛塔为核心，以各学院为次中心来布局整个寺院。有些寺院还分为上、下寺或南、北寺，如萨迦寺。寺院周边的山上往往还分布有喇嘛静修的洞窟，这些建筑一起构成了西藏寺院巨大的建筑群。

（三）功能综合

政教合一曾是西藏历史上长期实行的社会制度。西藏寺院的功能则以宗教、政治功能为主，兼有生产、经营、社会管理、军事防御等综合功能。寺院建筑正是为了满足和服务这些功能而建造的。

寺院的宗教功能，主要表现在弘法传法、供养神灵、加持超度、宗教典礼活动等。

寺院的政治功能，主要表现在商议和办理土地划转、封赐，官员的任免等重大事项，制定税赋、差役制度等。

寺院的经济功能，主要表现在寺院所属庄园的耕种、牧养、收获、贸易；信徒捐献给寺院的粮食、茶叶、银两等财物的管理；僧众日常起居茶点、斋饭以及重大庆典活动的物资筹备和发放。

寺院的社会功能，主要表现在重大节日传统歌舞的表演和活动的组织筹备；为消除雪灾、干旱、洪水、瘟疫、战争等自然和人类灾害而组织的祈福驱魔活动；对刑事案件的审理，关押和处决罪犯。

寺院的防御功能，作为一个地区重要的政治、经济中心，防御是寺院建筑的基本功能。高大的院墙，竖固的山门，射箭和投石的垛口构成寺院强大的防御体系。寺院中还有僧兵的营房和存放武器的库房。

（四）是装饰精美

寺院建筑是西藏地区物质文明和精神文明的结晶，也是西藏地区结构质量、建造标准、建造技艺水平最高的建筑，成为当地规模巨大、气势恢宏、装饰精美的建筑。西藏寺院建筑装饰精美充分体现

在四个方面。

1．寺院建筑装饰采用了当时社会生产技术水平条件下的石刻、木雕、泥塑、铜雕、绘画等一切可能的装饰手段和装饰方法，可谓尽其所能。

2．寺院建筑装饰使用了大量的绿松石、珊瑚石、珍珠、黄金、白银等重金属和宝石，甚至是人的头骨和毛发，不惜重金和消耗社会大量财富。可谓倾其所有。

3．寺院建筑装饰由内而外，突出梁柱、精彩壁画，做到了对建筑内外和建筑环境的全面装修装饰，而非局部装饰。可谓无奇不有、无所不饰。

4．寺院建筑装饰的目的，是使寺院建筑实现至高无上、无与伦比、高不可攀的佛教思想境界，寺院建筑装饰达到了这样的效果。可谓无所不及。

三、宗山建筑

历史进入元朝，西藏正式纳入祖国版图。元朝中央政府设立了乌斯藏行政区，在西藏地方设立了十三万户制度，每个万户设万户长。到了明朝，西藏地方政权帕木竹巴在十三万户制度的基础上，建立了西藏"宗"基层管理政权，相当于县一级基层管理政权，"宗"设宗本。宗的办公和管理场所建在当地山坡之上或是建在当地的高山之巅，形成了西藏特有的建筑形式——宗山建筑（图1-4-7）。

宗山建筑有三个突出的特点，一是据守险要。宗山建筑大多建在高山之上，地理位置险要，易守难攻，对保卫西藏基层地方政权不受攻击，维持地方政权的稳定具有重要的作用。二是居高临下。因为宗山建筑大多建在高山之上，巍峨壮观，富丽堂皇，人们在仰视中充满了敬畏，充分体现着政教合一政权的神圣。三是综合功能。由于西藏实行政教合一政治体制，宗山建筑既是行政办公建筑，又有宗教弘法建筑。在宗山建筑中既有议事厅、牢房、仓库、兵营等行政司法建筑，又有佛堂、护法神殿、僧舍等宗教建筑，同时还有供宗本和家人起居的生活建筑。实际上宗山建筑是西藏宫殿建筑、寺院建筑、庄园建筑等建筑功能的综合和集中体现。

图1-4-7 西藏历史上的杰顿珠宗古建筑，位于现洛扎县境内

西藏和平解放前，西藏地区共形成了大大小小的宗山建筑共140余处。分布在卫藏、阿里、康区等地，在历史上发挥着西藏基层地方政教管理、收租纳税、维持地方稳定的作用。因历史变迁、年久失修，目前，西藏保存完好的宗山建筑有江孜宗山建筑和杰顿珠宗山建筑等，而更多的历史上的宗山建筑已经只有断墙或基础等遗存。

四、庄园建筑

庄园，通常是西藏贵族作为领主对其牧场、农场等领地进行统治、管理的场所，也是贵族实现富有和奢侈生活的重要手段和方式。庄园，藏语叫豀卡。在旧西藏，贵族、官府和寺院都有自己的庄园，叫格豀、却豀和雄豀。

西藏的庄园大约出现于10世纪后半期，阿里地区古格王朝的统治者，把部分土地封赐给仁钦桑布译师，作为供养庄园。到13世纪，庄园经济成为西藏经济的重要组成部分，庄园建筑得到迅速发展，出现了规模较大和著名的朗赛林、甲马赤康、庄孜等庄园建筑。

庄园建筑，既是贵族住宅，又是贵族庄园经济活动的管理中心。建筑布局和功能的设计明显地反映出封建农奴制时代社会生活的特点（图1-4-8）。

图1-4-8 帕拉庄园全称帕觉拉康，位于江孜县城西南约4公里的班觉伦布村，现存房屋57间，面积5357.5平方米，主体建筑高3层。1904年，被英国侵略军烧毁，1937年重建

第一，庄园建筑主要为贵族家庭和庄园主人生活服务。庄园建筑一般建有主体建筑、庭院和附属建筑，卧房、经房、会客等房间占据了庄园建筑中最好的位置和最好的朝向。庄园主体建筑内部陈设豪华，朗赛林、庄孜庄园的主楼都高达5层以上。内有华丽的居室和经堂。朗赛林庄园的南面，还有林卡别墅。

第二，庄园建筑兼有庄园事务管理和社会管理功能。庄园可以看作较官府、寺院低一个层级的乡村行政中心。"私设公堂"在庄园是合理合法的。庄园有行刑室和牢房，庄园还具有完备的防御性工程设施，例如朗赛林庄园有城墙两道，内外墙之间是宽5～6米、深3米左右的壕沟。甲马赤康庄园城堡的墙垣高三丈厚三尺。城楼上设射箭孔，悬"投石箱"，城外四周还有"陷马坑"等防御设施。

第三，庄园建筑还提供了比较多的集体劳动空间。比如集体纺线、打麦脱粒、制作家具等，庄园内，一般都有磨房、纺织机房等工场，供朗生和农奴们捻毛线、织氆氇、制作家具等生产活动，庄园建筑内还有库房，存放粮食、农具、武器，库房一般设在主楼的底层。

五、民居建筑

由于西藏古民居多为土木或石木结构，墙体和屋面多为砸土打压而成（藏语称阿嘎），防水和抗震性能较弱，加之长期风雨侵蚀和缺乏修缮，目前很难找到保存完整的西藏古代民居建筑，古代民居建筑的遗存已不多见。但西藏农牧区的民居建筑有相当大比例是在原址重新建设的，拉萨八角街古民居是在21世纪之初做了大规模的改造和修缮，但它们都比较好地传承了西藏古代民居建筑的建筑形式、当地用材、砌筑方法和装饰风格。本书介绍的西藏古建筑中的民居建筑多为这些传承了西藏古代民居建筑文化的近现代民居建筑（图1-4-9）。这虽属无奈，但这些近现代民居建筑比较完整地传承和表现了西藏古代民居建筑的形式风格和建造技艺。

其主要特点有：

图1-4-9　从山南乃东县到雪康庄园路上的民居

一是古朴简陋。由于来世说思想的影响，农牧区的民居建筑，主要使用当地的砸土、碎石、木材等建筑材料和手工工艺，墙面上贴晒的牛粪饼和屋顶上堆放的牛粪饼，低矮的木门、土黄色的墙体，几乎与当地的自然环境浑然一体。西藏民居建筑给人的感受十分简朴。

二是人畜混居。西藏历史上，实行封建农奴制，由于长期经济落后，农牧民社会地位低下、生活条件十分艰辛，为了解决过冬取暖问题，白天放牛放羊，晚上就和牛羊睡在一起。民居一层较矮、潮湿，通风和采光条件较差。

三是设置佛龛。藏传佛教在西藏地区有着广泛和深入的影响。广大农牧民对藏传佛教十分笃信和虔诚。在自家的住宅中一定会选择一处相当静谧的地方设置佛龛，以供家庭成员诵经拜佛使用。

四是中心布置。民居建筑中做饭、取暖多集中在居中的房屋内，古代西藏民居中并无床榻用具，而是使用一种比中原地区使用的床垫略小的垫子（卡垫）。日常坐卧和夜晚睡眠都是使用铺在房间内一圈的卡垫上。房屋的中央会放置炉子或火盆，燃烧牛粪饼或木柴取暖、做饭。有条件的家庭还会在房屋内放置木柜。房子中心是火盆，周围是卡垫，再外围有若干家具，是西藏民居比较典型的中心布置。

在西藏地区广阔的区域，散落着形式多样的民居建筑，藏北的帐房、卫藏南部谷地的"碉楼"、雅鲁藏布江流域林区的木构建筑，以及阿里高原的窑洞均具有浓厚的民族风格和地域特点。

西藏中南部，拉萨、日喀则等地民居，多为土、石木结构，俗称"碉房"。拉萨民居，一般为内院回廊形式，一层或二层，院内有水井，厕所设于院落的一角。城镇周围，多为手工业者、工匠、农民自建的独院平房住宅。山南地区农村民居，由于人们喜爱户外活动，常利用外廊设置开敞式起居空间。这些民居建筑的显著特征是：方形居室，功能家具和层高低。居室大多以2米×2米柱网为单元，组合成4米×4米的方形平面。建筑层高2.2～2.4米。家具主要有卡垫床、小方桌、藏柜，具有矮小、拼装、多用的特点。家具沿墙布置，充分利用室内边角面积，使得活动面积集中。

西藏东部，林芝、昌都民居，又另具一格。如林芝地区的民居，多独院式，由居室（兼厨房）、贮藏间、牲畜间和外廊、厕所等组成。居室平面以方形柱网组合成方形或长方形。室内以炉灶为中心，周围布置床和其他家具。建筑层高在2～2.3米。因林区多雨，屋面采用坡顶。山尖空间常被利用作阁楼贮存草料、杂物。建筑多采用木构架承屋结构系统，墙体材料除碎石、片石、卵石之外，木板、竹篱、柳条篱亦为多见。屋面密铺木瓦，上面压以石块稳定。

西藏西部，阿里地区的民居，河谷平川地带，多独立式村宅，土木结构，以二层居多。二层多作夏居，底层作冬居。靠山崖旁，有窑洞和房窑结合的民居。窑洞平面有方、圆、长方形等形状，以4米×4米方形窑洞为多。窑洞高2～2.2米，平顶拱。窑洞民居，是西藏高原上比较少见的一种民居类型。

西藏北部牧区，以帐篷为主。睡房的平面一般为圆形或长方形，用木棍支撑高约两米左右的框架，上覆黑色牦牛毡毯，四周用牛毛绳牵拉，固定在地上。帐篷正脊留有宽15厘米左右、长1.5米的缝隙，供采光和通风。帐房内部周围用草泥块或土坯垒成高约40～50厘米的矮墙，上面堆放青稞、酥油袋和牛粪。中间置火灶，灶后供佛。这种帐房适应逐水草而居的游牧生活方式。

图1-4-10 雪康庄园的林卡，位于山南乃东县附近

六、林卡建筑

园林在藏语中可称为林卡。但林卡在藏语中的含义比园林更为丰富、广泛。林卡并不单指人工规划建设的园林，它更多的时候是指一片自然风光优美、环境良好、可供人们休憩的场地，有时也指在自然界中娱乐的生活方式（图1-4-10）。在西藏地区，人们到风景秀丽的自然环境中野营、休憩也被称为过林卡。多数林卡园地依山面水，坐落在江河边、水溪旁的绿地上、树林中。西藏的贵族往往有自己经过人工改造的林卡园地，增加了人工种植的花木和供休憩的建筑。

西藏最著名的园林，是清朝中央政府为七世达赖喇嘛建造的罗布林卡。其中包括了三组宫殿建筑群和园林。整个罗布林卡在园林布局上更接近中原地区汉唐时期园林风格，园林部分除了人工种植的花木和放养的动物之外，较少人工干预，更多地保留了环境的自然特征。穿插其间的宫殿建筑和寺院建筑也是罗布林卡区别于其他林卡的重要特征。

七、碉楼建筑

《清史实录》讲，西藏地区的房屋叫碉房。其实是指当时西藏地区的房屋修建得像堡垒。因为战争不断，更因草寇猖獗，所以防守和安全是生产和生活首先要考虑和作出安排的事情，在旧西藏的一些地区，房子建得像碉堡也就不足为奇（图1-4-11）。

碉楼建筑多使用碎石和生土等当地建筑材料砌筑而成，小的碉楼有10多米高，分为3层空间；大的碉楼有20多米高，有6层空间。主要功能区分为底部为储物及牛羊圈，中部为生活起居，上部也包括中下部为防御功能空间，有投石窗和射箭孔等。

碉楼建筑主要分布在旧西藏的卫藏、安康等地区，川藏接壤及东南边境地区，以洛扎、措美县为最盛。碉楼分为风火碉、官府碉和民家碉三个主要类型。

风火碉，主要功能为战争信息传递，多坐落在村寨口的高山之上，体形高度有20多米高。有战事时风火碉点燃烟火，并可在风火碉之间传递烟火信号，通知官府和村寨做好战事准备。

官府碉，是当地官府为保护自身安全而修建的

碉楼，这种官府碉实际上把官府的相关建筑集中在一起建造，建筑整体形成了一个完整碉堡。在战时几个碉楼之间相互配合，共同完成防御的功能。在平时官府碉楼又发挥着收租纳税维持地方秩序等地方管理的功能。

民家碉，历史上西藏村落以家族生活为主。由于战事频发、草寇猖獗，出于对家族生计和安全的顾虑，把家族住房也建成碉楼形式。楼下养羊、养牛，中间住人、储物，再往上是投石放箭的战事空间，借以保护家族的生计和平安（图1-4-12）。

八、桥梁建筑

西藏崇山峻岭、沟壑纵横、山高水急、出行不便，修路架桥是西藏古建筑的宝贵部分。西藏史书《汤东杰布》记载，自汤东杰布起，筑铁索修路架桥，曾修建50多处桥梁，方便两岸，造福藏民（图1-4-13）。

西藏桥梁的形式很多，其中以索桥和悬桥颇有特色。索桥有藤索桥、铁索桥，多见于东南部门巴、珞巴地区。溜索常见于昌都一带，在江河两岸仅一索相连，行人坐在两端挂在滑轮的横杆上，飞驶过江。史料记载，15世纪中叶，宽阔的雅鲁藏布江上曾架起多座大型铁索桥，沟通两岸往来，成为15世纪西藏技术水平进步的标志。

悬桥，亦称挑桥、飞桥，多见于山高水深、不

图1-4-11 札美县碉楼古建筑

图1-4-12 洛扎县雪玛村碉楼古建筑

图1-4-13 拉萨市琉璃桥

易打桩的江河上，如阿里札达县象泉河上有一座悬桥，桥长约20米。两侧6米，用圆木分6层向河心悬挑，每层密铺圆木6根，宽1.7米。层与层之间铺垫横向圆木架空。中间8米跨，密铺6根圆木，宽1.7米，与两端悬挑部分连接。河的两岸，用石块砌筑桥墩，墩上建门洞，将挑木压实。遇到河道宽阔、水流比较平缓、河水不深的情况，则在河心建桥墩，建成多跨桥梁。悬桥，反映出工匠对悬臂结构的理解和西藏地区工匠在建造技术上的成就。

九、其他建筑

西藏古建筑的类型丰富，除宫殿、寺院、庄园等主要建筑类型外，还有陵墓、纪功碑、玛尼堆等其他类型建筑。本书其他章节对其他建筑略有介绍。

（一）陵墓

由于宗教信仰的缘故，西藏的丧葬习俗呈现出明显的特色，僧人、贵族或民众通常采用天葬的方式，并不保留遗体或建造坟墓。西藏现存的墓葬形式主要有两种，一种是吐蕃时期的藏王墓，另一种则是各大寺院的高僧、活佛采取的塔葬。

藏王墓，位于琼结县雅砻河畔。墓群背靠木惹山，是公元7～9世纪吐蕃王朝历代赞普、王子、后妃的墓葬群（图1-4-14）。现存明显封土有9处。吐蕃第五代赞普赤松德赞墓前，有纪功碑一方，碑宝珠顶盖，刻有流云浮雕，四角刻飞天，碑侧为龙纹。另一座墓前，有石狮一对，狮高1.65米。

灵塔为藏传佛教各派法王、活佛与高僧圆寂之后，建塔保存肉身或供奉骨灰的独特丧葬形式。五世达赖喇嘛的灵塔位于布达拉宫红宫内，建于公元1690年。灵塔分塔座、塔瓶、相轮三个部分，高14.85米，内部木构架，外表金皮包裹，耗金一万余两，塔身表面用大量珠宝镶嵌。

（二）玛尼堆

玛尼堆也是藏传佛教特有的一种宗教建筑。通常是在有神圣意义的场所，在石头上刻佛经或佛像进行供奉，这种石块或石片被称为玛尼石，来这里供奉、朝拜的人通常也会制作玛尼石摆放在这里，经过一定时间之后便会形成一个由玛尼石堆叠而成的玛尼堆，人们会在其上树立经幡，形成一个独特的建筑形态（图1-4-15）。

（三）水磨坊

每个村落都建有一个或数个水磨坊。通常建在河流旁或山涧的溪水边，利用水的流动转动磨盘，碾磨青稞、小麦等谷物。水磨坊始终保留着西藏古建筑最基本的一柱间建筑形式（图1-4-16）。

图1-4-15　玛尼石堆

图1-4-14　琼结县吐蕃时期藏王墓遗址

图1-4-16　水磨坊

第五节　建筑特点

　　建筑是由环境条件、资源状况、营造技术、文化精神、人类需求共同作用而形成的。西藏独特的自然环境和文化对西藏建筑产生了深刻的影响，形成了既具有极为丰富的多样性，又表现出强烈共性的风格特征。

　　在西藏古建筑中，宗教或信仰部分通常位于建筑的重要位置上，无论是在宫殿、庄园还是在民居都有充分的表现。西藏古建筑中的宫殿或寺院建筑上部使用的边玛草墙与建筑下部石砌墙体形成了致密、柔软的肌理与粗犷、坚硬质感之间的强烈对比，空灵、艳丽的门窗部分与大面积朴素的墙面之间的对比，都构成了西藏建筑独特的风格特征。

　　在建筑材料上多种材料的自由运用，反映了西藏地区独特的资源条件。从西藏现存的建筑不难看到，在砖石砌筑、木构体系、建筑装饰等方面，西藏古建筑有着极为辉煌的成就，布达拉宫巨大的墙体、极为复杂的地下基础处理、使用相对短小的木梁木柱支撑起相对巨大的建筑空间、丰富和极富变化的宗教装饰，都反映了西藏古建筑高超的建造技艺和建造成就。

　　西藏地区也是多种文化交流、碰撞、融合的地区，这种文化的融合在西藏古建筑中得到了充分反映。

一、平面

　　西藏古建筑平面有着鲜明的共性，也有着突出的个性。总体上西藏古建筑的平面以方形和长方形等矩形为主。由于受到柱网结构体系的限制，平面中间部分为主要的活动空间，大型建筑四周为排列的佛堂或其他神灵的经堂，小型建筑四周为布置卡垫或家具的地方。

　　西藏古建筑中的宫殿、寺院、庄园、民居等建筑平面又具有鲜明的个性。

　　宫殿主要建筑以多层为主，一层平面多安排存放粮食、柴草、武器等储物功能空间和监狱，二层以上安排会客、办公、会议等行政公务空间，佛堂等宗教功能多安排在宫殿居住空间以上或较高层次空间。家人卧室多安排在向南居中位置，常在建筑平面的东南角位置安排主人的卧室。

　　寺院主要建筑平面以矩形为主，平面前部有门廊，中部为经堂，后部有佛堂，以体现佛教的欲界、色界、无色界的世界三界说法。早期寺院建筑平面中的经堂和佛堂沿建筑内部四周布置，后期寺院建筑平面中的经堂和佛堂，多改在主要建筑外部（寺院内）单独建设各类殿堂。

　　相对寺院和宫殿建筑平面，庄园主要建筑的平面比较灵活。一层平面以饲养牛、羊等牲畜和存放粮草为主，兼有农牧业生产加工等功能。二层以主人生活起居、家庭聚会、处理庄园事务为主，兼有纺织、酿酒、制作器具等生产加工功能。庄园主要建筑的平面也有比较规整的，主要建筑为方形，而其前面的方形院落由三面建筑围合而成。院落围合建筑的一层多安排饲养牛、羊等牲畜和储物，二层为卫士住房、客人留宿或生产加工功能。

　　西藏民居建筑平面为宫殿建筑、寺院建筑、庄园建筑平面的缩影。从某种意义上讲，宫殿建筑、寺院建筑、庄园建筑平面布置是在民居建筑平面的基础上发展起来的。西藏民居建筑平面居中的地方放置火盆，而四周靠墙的地方放置卡垫，条件好的家庭在一面靠墙位置摆放家具。一家人围绕在火盆旁，白天做饭聚会、晚上取暖睡觉。二层楼房的民居平面，一层多为饲养牛、羊等牲畜的地方，二层为家人生活起居的地方。

　　由于西藏多山的环境，许多重要的建筑，特别是寺院建筑、宗山建筑等多依山而建，在整体布局上通常是把主体建筑建在较高的位置上，以突出这些重要的建筑，服务或次要的建筑放在较低的位置上。这种方式带有早期山岳崇拜的痕迹，在一定程度上呼应了天梯说信仰；另一方面则在不采用轴线对称等较为成熟的突出主体建筑的规划方式情况下，使建筑群中的重要建筑成为视觉中心。

二、立面

西藏古建筑由于多采用合院式布局，通常情况下，相对于外部则较为封闭，面向内院的各个立面相对开敞，往往采取连续和大面积的开窗，并有极为丰富的装饰。

在立面处理上，西藏古建筑又通常采用下部相对封闭，上部相对开敞的布局方式，下部往往两侧是封闭的墙体，中间是由木柱支撑的门廊，这里也是建筑的入口，上部则可能是与门廊同宽或更宽一些的大窗（图1-5-1）。

寺院、宫殿等高等级建筑中建筑上部使用的边玛草墙体是西藏建筑立面处理中最为独特的部分，装置在边玛草墙体上的镏金装饰件温暖、明亮的金色与边玛草墙体致密、柔软和暗红的色彩形成强烈的对比关系。灰白色的石砌墙体（或抹灰墙体），上部柔软暗红色的边玛草墙，顶部的镏金汉式屋顶，这种对比关系构成了西藏建筑最为鲜明的风格特征。

窗是建筑立面的主要组成部分。窗的大小和窗在墙面的位置，主要根据房间的功能而定。居室的窗比较大，而附属用房的窗就比较小，而且窗的排列不在一个水平线上。建筑立面上窗的大小和排列的高低所具有的不规则性和随意性，突出表现了西藏古建筑形式多样的特点。

由于西藏建筑大多采用外墙（石或土坯）和内柱承重的混合结构，建筑整体上呈现出强烈的封闭感，除了在建筑的主入口上采用大窗之外，建筑的开窗都很小，在形式上经常采取梯形外框。里面中部的包括入口在内的较为通透的部分，与两侧封闭的墙体形成建筑立面虚实对比的关系，这种两侧封闭、中部通透的形式构成了西藏建筑立面处理的一个基本特征。

三、结构

由于自然环境和生活习俗的影响，在西藏的七地市的不同区域，形成了各自特有的建筑形式和风

图1-5-1　拉萨市八角街建筑立面

格，如民居，拉萨有石墙围成的碉房，林芝有圆木做墙的井干式木屋，昌都有实木筑起的土楼，那曲有生土夯垒的平房。

西藏建筑的结构系统多为土木、石木混合结构，木构的梁柱部分形成建筑的主要使用空间，石砌或土坯墙为承重部分。土坯墙厚一般40～50厘米，毛石墙厚50～80厘米，冬暖夏凉，适应高原的气候特点。一般建筑屋面通常采用平屋顶，屋顶做法为在木檩上满铺栈棍，形成屋面层，再在其上用阿嘎土分层夯筑，并在表面涂刷酥油（或清油）而成。

柱网结构是西藏古建筑最主要的结构形式。由此，西藏古建筑又被称为"柱的艺术"（图1-5-2）。由于自然和历史等条件限制，西藏古建筑使用的木梁较短，在两个木梁接口下面用一个斗栱或替木，再用柱子支起斗栱（替木），连续使用多个柱栱梁构架，便形成了柱网结构。西藏古建筑使用柱网结构扩大了建筑空间，增强了建筑物的稳定性。

收分墙体是西藏古建筑结构形式的另一个重要特征。墙体的砌筑采用了两种方法，有效地提高了建筑的稳定性。一是收分墙体。墙体下面宽、上面窄，墙体收分角度一般在5度左右，建筑物重心下移，保证了建筑物的稳定性。二是做边玛墙。用当地生长的荆草，晾干、捆扎，编砌在女儿墙的部分既可减轻荷载又可增强装饰效果。收分墙体和柱网

图1-5-2 扎囊县桑耶寺乌孜大殿外廊的柱网结构形式

图1-5-3 洛扎县提吉寺石经板装饰围墙

结构是构成西藏古建筑在视觉和构造上坚固稳定的基本因素，在一定程度上提高了建筑物的安全性和抵御自然灾害的能力（图1-5-3）。

西藏古建筑的结构方式较为自由，但不注重结构的纵向连接，造成一些建筑纵向的拉结强度较弱。

四、材料

西藏古建筑使用的材料反映了西藏地区独特的环境条件，西藏不同地区在材料使用上有不同的偏重，林芝等木材资源丰富的地区在建筑上会更多地使用木材，在林区甚至会出现井干式结构的建筑；而其他地区则更多采用土坯、石材、木材、荆草等多种材料（图1-5-4）；阿里地区则还有窑洞类型的生土建筑。

图1-5-4 边玛墙檐口下使用的圆木

西藏古建筑中木材仍然是最为广泛使用的材料，通常用作建筑的柱、梁等结构构件以及一些重要的装饰构件。木构件之间的连接通常采用简单的榫卯结构。土坯和石材大量用作墙体的砌筑材料。由于西藏地区的墙体较厚，通常墙体表面由块石或土坯砌筑，内部则用杂土填充。墙体的砌筑以黄土浆草秆等为主要胶结材料。

边玛草是西藏独特的建筑材料，是当地的一种韧性高、不易腐朽的野生荆棘类的植物，采集后经修整、晾晒后用湿牛皮绳捆扎成束，成为重要建筑女儿墙的建筑材料。

阿嘎土是西藏地区另一种重要而特殊的建筑材料。这是一种有一定胶结性的风化岩石（硅棱土）材料，经过破碎后筛去粗渣用作屋顶和地面材料。在修筑地面和屋面的时候阿嘎土被逐层夯打密实，形成有一定强度的整体，表面刷清油进行保护。那些在室内得到良好养护的阿嘎土地面，会形成浅红色泛有美丽光泽的地面层。屋顶则需经常维护才能保证防雨性能。

镏金的铜饰也是西藏寺院等重要建筑上常用的材料，一些重要的建筑的屋顶更是由镏金的铜构件建筑而成的。

西藏古建筑的装饰大量采用矿物质材料进行彩绘，这些材料独特的色彩也形成了西藏建筑特有的风格。

五、装饰

西藏建筑装饰艺术是西藏地区宗教艺术、文化

图1-5-5 提吉寺主殿墙壁上镶嵌的佛像石雕

艺术和建筑艺术的综合体现。西藏古建筑装饰运用了平衡、对比、韵律、和谐和统一等构图规律，工艺技术达到了很高水平。

在西藏古建筑装饰中使用的主要艺术形式和手法，有铜雕、泥塑、石刻、木雕和绘画等（图1-5-5、图1-5-6）。室内柱头的装饰、室外屋顶的装饰和室内墙壁的装饰，是西藏古建筑装饰的主要精华部分，室内柱头多采用雕刻和彩绘，室外屋顶多悬挂五色经幡，装置法轮、经幢、宝伞等铜雕饰件。室内墙壁多装饰内容丰富的宗教题材的绘画。檐口以石材、荆草、黏土等不同用材装饰；门饰以如意头、角云子、铜门环和松格门框等装饰；窗饰以窗格、窗套和窗楣等装饰，都是西藏古建筑装饰艺术的集中表现。

许多今天看来是装饰做法的西藏古建筑装饰手法，有着明显的建筑功能作用，例如在墙体表面粉刷时用手划出的弧形纹饰，在大面积的实墙面上形成了极富特色的纹理，但其主要的功能则是在粗糙的墙面上形成有组织的排水纹路，减少雨水对墙面的冲刷和损害。

六、色彩

西藏古建筑的色彩构图以大色块为主，表现效果简洁明快。通常使用的色彩有白、黑、黄、红等。每一种色彩和不同的使用方法都被赋予某种宗教和民俗的含义。白色有吉祥之意，黑色有驱邪之意，黄色有脱俗之意，红色有护法之意……外墙的色彩，民居、庄园、宫殿以白色为主，寺院外墙以黄色和红色为主；而民居、庄园、宫殿、寺院的窗户一般都使用黑色窗套。门框、门楣、窗框、窗楣、墙面、

图1-5-6 提吉寺主殿里供奉的观音菩萨泥塑

图1-5-7 拉萨乃琼寺门前色彩艳丽的佛塔

图1-5-8 2013年6月工匠正在维修拉萨市乃琼寺屋顶

屋顶、过梁、柱头等则同时调绘多种色彩，使色彩的运用表现得十分细腻和艳丽（图1-5-7）。在西藏的7个地市，由于宗教和民俗的影响，对建筑墙面和建筑构件细部的色彩运用和处理，各地有着不同的做法。

七、工艺

西藏古建筑工艺呈现出粗犷大气和精致细腻两

个完全不同的特征。

粗犷大气表现在传统人工制作上。在西藏建筑结构的做法上，由于西藏的建筑大多就地取材，在建造时注重建筑的总体效果，并不注重对材料的精细加工，这造成了西藏建筑的粗犷大气的特点。形成这一特点的另一个原因是西藏寺院、宫殿等重要建筑的室内和屋顶上张挂织物，墙壁上绘制壁画或悬挂唐卡，柱子上包裹织物，相对粗糙的构件加工并不会影响建筑室内的效果。由于加工工具的相对简单，对中原地区使用的木结构中的榫卯体系，在西藏地区则变成了在两个相连接的构件上开洞中间插木销的做法。

精致细腻表现在建筑装饰构件的制作和雕刻上。西藏古建筑在某些特定部位会装饰有大量极为繁复的装饰，在布达拉宫和其他一些重要的寺院建筑中，这些装饰表现出极高的艺术水准，其雕刻技艺精致细腻，技法纯熟，反映了雕刻匠人高超的技术水平（图1-5-8）。

西藏古建筑是中国建筑宝库中极具特色的组成部分。西藏古建筑体现了西藏传统文化的独特魅力，适应了西藏独特的地理、气候条件，反映了西藏宗教信仰和不同地区多种文化的交流与结合。从现存的西藏古建筑中可以清楚地看到中原文化与西藏传统文化的密切关系，西藏寺院中重要殿堂采用了中原地区斗栱的做法，连续使用柱栱梁形式，实现了较大的建筑空间，布达拉宫中的历代达赖喇嘛灵塔殿也都采用了汉式的镏金铜瓦屋顶形式。西藏古建筑成为藏汉友谊和团结最好的历史见证。

西藏古建筑体现了西藏地区社会文化的独特性，"天梯说"对西藏依山建筑的形成和发展提供了神学理论的支撑，"女魔说"指导了西藏地区寺院建筑和城镇体系的发展，"中心说"形成的曼陀罗（坛城）形制影响了西藏建筑群的规划方式，"金刚说"背后对佛陀的崇拜造就了西藏古建筑和城市道路"回"字形平面，"来世说"约定了人今生的修行和善施的诉求且对今生的住房没有过多的期许。气候环境和当地独有的建筑材料的使用又形成了西藏古建筑独特的形式特征。西藏古建筑本身汇集了西藏艺术的多种形态，除了建筑本身之外，木雕、石刻、壁画、彩绘、金属工艺等多种艺术形式都在建筑中得到充分体现，集中反映了西藏地区社会文化的演化和发展过程，它们展现了西藏社会文化深厚的精神内涵和独特魅力。

总结和认识西藏古建筑，是了解和认识西藏社会文化的重要途径，为实现西藏经济社会跨越式发展提供积极的帮助。研究和保护西藏古建筑和文化遗存，并在此基础上探索新时期西藏建筑发展的形式和途径，对丰富我国民族建筑文化，贯彻文化强国战略，发展和繁荣中国建筑文化都具有重要的意义。

西藏古建筑

第二章 城乡聚落

西藏城乡聚落分布图

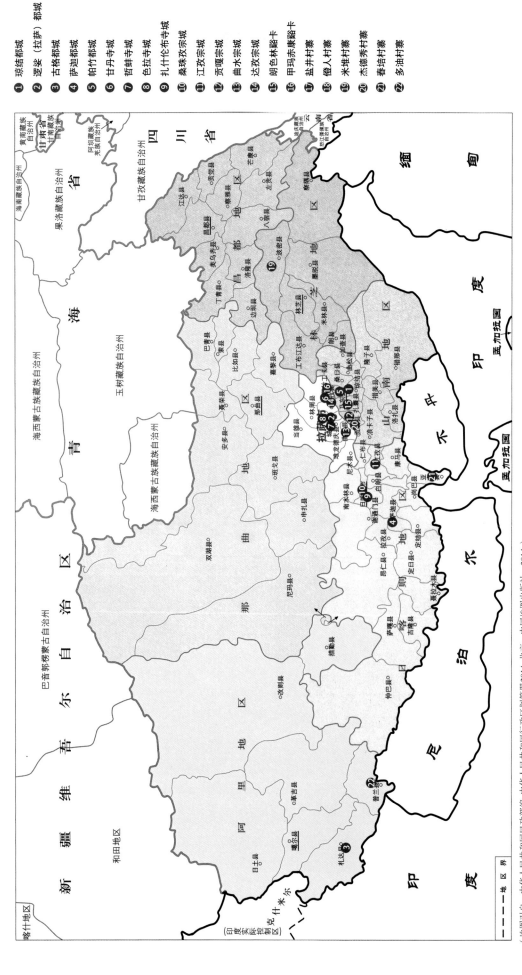

（地图引自：中华人民共和国民政部编. 中华人民共和国行政区划简册2014. 北京：中国地图出版社，2014.）

- - - - 地区界

图2-0-1 藏东南村寨聚落

聚落源于人类的聚居活动。西藏历史聚落的形成与演化，是西藏文明的重要体现；西藏的聚落类型，除城市、村落这种基本聚落类型之外，还有寺城、谿卡等极具西藏特色的聚落类型。

西藏古代的城乡聚落，既有区域范围内行政、商贸、交通中心作用的普遍意义，更突出其宗教、政教、军事的统辖意义，也有人口集聚的一般意义，形成了体系完整、特点鲜明的城乡聚落体系。

由于西藏所处的特殊地理环境和空间区位，使得这一地区的聚落营造思想，受到了来自周边各种文明的影响。而且不同文明在不同的历史阶段产生过不同的影响，如古印度佛教和汉地佛教对西藏本土宗教的影响以至贯穿至当时乃至后世城市的营建，再如元代以后中原地区的造城方法和建筑技艺对西藏城堡及建筑产生的巨大影响。西藏聚落与其他各个民族的聚落一样，都是在长期与外界沟通交融的历史演化中，不断完善自身的营造思想，形成了既区别于、又联系于周边城市思想的独特的营造体系，并最终形成以独特地理环境为背景、以藏传佛教思想为主旨、以政教合一统辖为目的的分布和规模不等的城乡聚落体系。

西藏城乡历史聚落的典型代表，可以分为都城、寺城、宗城、谿卡与村寨。

都城主要为各历史时期西藏地区的中心城市，具有当地都城的功能和影响力，成为西藏历史上城市营建的杰出代表，也是世界城市史中不可或缺的都城案例。

寺城是西藏宗教聚落的代表，特别是藏传佛教思想影响下形成的规模庞大、功能完善的各教派寺城，已超出普通寺院的规模和功能，具备庞大而完整的宗教、行政、经济、社会等综合职能；其选址、格局、功能、形态以及影响力，无不体现出寺城是西藏历史聚落中最具代表性的聚落。

宗城是西藏地方性城市聚落的代表，宗城以宗堡为核心，是政教制度下的地方行政中心，并与其周边的寺院、居民区等共同构成完整的城市型聚落；宗城既体现出一般城市的综合性和行政中心特征，又因其结合山体、重视防御、空间意向清晰等营造特征而极具西藏特色。

谿卡是在西藏政教制度之下组织生产、管理属民的聚落，是统治阶层联系农牧业生产的纽带；谿卡制度是西藏政教制度的农业经济基础，体现三大领主（地方政府、贵族、寺院）对土地及农奴的统辖；谿卡聚落是反映西藏古代农业经济制度的代表性聚落。

村寨是西藏分布最广泛、功能最清晰、形态最多样、留存最完整的农牧型聚落，最能体现西藏城乡聚落对自然环境的适应与改造，也是宗教信仰、文化习俗的根植之处（图2-0-1）。

第一节 都城

西藏历史上曾经有过多个以地方政权为中心而形成的重要人类聚落——都城（表2-1-1）。悉补野部落在雅砻河谷的政治经济中心琼结都城（今山南琼结县），吐蕃王朝的都城逻娑（今拉萨所在地），割据时期阿里王系古格王国的都城古格（今阿里札达县），13-14世纪萨迦政权作为西藏政教中心的萨迦都城（今日喀则萨迦县），帕竹政权的政教中心帕竹都城（今山南乃东县），甘丹颇章时期政教中心城市拉萨（原逻娑）。这些都城发挥着重要的政治、经济、宗教、军事、文化等作用，对西藏地区经济发展和政治稳定产生过深远的影响。本节对都城的兴衰成因、选址布局、功能性质和营造特点等作简要分析介绍。

一、兴衰成因

（一）琼结都城

悉补野部落发源于雅砻河流域，即今日山南地区的琼结、乃东境内，后世统治地域不断扩大，直至整个雅鲁藏布江中下游流域，从公元前254年第一代赞普聂赤赞普出生，至公元612年第三十二代赞普囊日松赞去世，在这860多年的历史中，其社会生产生活方式和政权组织方式发生了巨大变化：从早期"天赤七王"时期的奴隶社会初期到后期囊日松赞时期集权强大的奴隶制政权社会，从早期以牧业为主的生产方式向后期以农业为主的生产方式转变，从早期苯教神权在王权中的主导地位逐步朝后期引入佛教弱化苯教的方向转变——这种社会形态、经济、政治的转变成为推动西藏早期聚落发展的内因，而琼结都城正是早期西藏都城的代表（图2-1-1）。

聂赤赞普期间，修建了政治军事城堡雍布拉康宫；后世布德贡杰赞普在青瓦山顶建宫殿，名为"青瓦达孜宫"，此后的"地上六列王"也分别在此建堡寨，分别为达孜、高孜、阳孜、赤孜、孜默琼加、赤则本斗，形成宫堡群落，并称"青瓦六王宫"。悉补野部落以此地为统治中心，并不断扩

建，成为实际上悉补野部落的"都城"。汉文史书中称此城为"匹播城"，"匹播"是"青瓦"的对译名。《辞海·历史分册·历史地理》中对"匹播城"的记述为："古城名，故址在今西藏琼结。一作跋布川。"《新唐书·吐蕃传》："其赞普居跋布川或逻娑川。"

松赞干布建立的吐蕃政权，是建立在以悉补野部落为中心、不断向外扩张兼并诸如苏毗、森波、象雄、吐谷浑等部落联盟而形成的；随着吐蕃的军事扩张和内部政权的稳定，都城的中心职能部门迁往逻娑（拉萨），但当外部势力危及悉补野王室的时候，雅砻河谷中的青瓦达孜宫作为王室根据地，依然承担着吐蕃的政治中心作用。

（二）逻娑都城

吐蕃王朝初期，松赞干布先后统一了雅鲁藏布江中游地区，并向西、向北继续扩张吐蕃势力范围，以实现其祖辈的意愿，统一整个西藏高原。松赞干布将其军政中心从琼结迁往逻娑（今拉萨），此举的深刻原因在于：

其一，军事扩张的需求——吐蕃要想实现对整个西藏高原统治的宏图，逻娑是地理位置最佳的军事前沿中心选择地。松赞干布初建逻娑的时间大概在公元633年左右，此时他刚刚平定内乱，征服了雅鲁藏布江中游的广大地区；从军事区位的角度分析，逻娑处于吐蕃初期战略的前沿中心地位，是松赞干布实现统一西藏高原大业的绝佳位置。

其二，政治集权的需求——对于新生的吐蕃政权而言，逻娑相对简单的政治环境和政治地理的中

图2-1-1 琼结都城聚落遗址

历史时期	政权名称	中心城市	功能及地位	代表性建筑
公元前 5 世纪前后	小邦时代	—	分散的、互不统属的部落	不详
公元前 4 世纪以后	象雄部落	穹隆银城	象泉河流域为象雄部落的起源地，穹隆银城为其中心城市	银城宫堡、银城墓地、大石建筑
公元前 2 世纪以后	苏毗部落	玉树列城康延川	苏毗部落中心地带为怒江上游甲德地区，其属国西女国中心城市位于阿里地区，东女国中心城市先位于三江河谷地带，后迁移到大小金川地带	暂无考古遗迹
公元前 2 世纪以后	雅砻部落	琼结	雅砻河流域为雅砻部落的起源地，琼结后成为雅砻部落的中心城市	雍布拉宫，达孜、桂孜等六宫
633 ~ 842 年	吐蕃王朝	琼结逻娑桑耶	雅砻地区为吐蕃的王权统治中心；逻娑为吐蕃对外扩张的军政中心，吐蕃对外交流中心、商贸中心，佛教中心之一；桑耶为吐蕃中后期的佛教中心和政治统治中心	青瓦达孜宫布达拉宫，大昭寺，小昭寺桑耶寺
842 年至 13 世纪中叶（割据时期）	拉萨王系	拉萨	前藏地区地方性政权统治地	大昭寺、小昭寺
	拉达克王系	列城	阿里王系芒域一代的地方统治政权	德乌扎西韦戳、玛尔布寺
	古格王系	古格都城	阿里王系象泉河流域的地方统治政权	古格城堡
	亚泽王系	今尼泊尔西北部	阿里王系普兰南部的地方统治政权	不详
	普兰政权	普兰	阿里三围中心城市之一	普兰王宫遗址
	拉加里政权	曲松	山南地区地方性政权统治地	拉加里王宫
	贡塘王系	贡塘王城	贡塘王系吉隆地方政权	贡塘王城
	雅砻觉阿王系	恰萨	维德系统"雅砻觉阿王系"雅砻地方政权	基浦寺、勒琼宫城堡、宁玛宫城堡
	吉德王系	娘地方	吉德王系在日喀则地区的政权	夏鲁寺
13 世纪中叶至 1354 年	萨迦政权	萨迦故城	萨迦教派建立的地方政权中心城市	萨迦南寺
1354 ~ 1618 年	帕竹政权	帕竹故城	噶举教派建立的政教合一地方政权中心城市	乃东宫
1618 ~ 1642 年	藏巴汗政权	日喀则	推崇噶玛噶举派的地方统治中心城市	桑珠孜
1642 年至西藏和平解放	甘丹颇章政权	拉萨	格鲁教派建立的政教合一地方政权中心城市	布达拉宫，大昭寺，哲蚌寺，色拉寺、罗布林卡

城乡聚落

心位置有利于赞普建立集权统治。松赞干布需要设立一处能突出体现政治权威和军事强盛的中心，对内以服众臣，对外以慑强敌。逻娑所处的地理环境刚好可以满足这种需求：此处既没有雅砻王宫里悉补野旧贵族的势力盘结，又是先辈曾经留下过统治影响的地区，同时可以保障政令军令的快速下达与传递。

其三，发展农耕的需要——平坦而广阔的河谷，据而可守的山丘，便捷的四向交通联系，发达的农牧业，使得逻娑具备了成为新兴吐蕃王朝军政中心的地理环境和经济保障。在西藏高原中寻求这样的地理环境实属不易，基本上都集中在雅鲁藏布江流域的河谷之中，而逻娑在以上军事区位和政治区位占得先机的情况下，又具备了这种难得的地理环境，必然成为新兴的吐蕃王朝所期望的军政中心。

随着9世纪吐蕃王朝的瓦解，逻娑（今拉萨）

也在以后的战火和自然灾害中不断遭到毁坏，直到甘丹颇章时期再次成为历史上西藏的中心城市（图2-1-2）。

（三）古格都城

阿里王系吉德尼玛衮次子扎西德衮于10世纪建立了古格王系，它的统治中心在札达县象泉河（朗钦藏布）流域，北抵日土，最北界可达今克什米尔境内的斯诺乌山，南界印度，西邻拉达克，最东面其势力范围一度达到冈底斯山麓。其统治中心位于札不让，即古格都城（图2-1-3）。

古格都城兴建于10世纪，17世纪中叶被拉达克所灭，直接导火索便是天主教引入古格。1624年，西方传教士安德拉德扮成香客进入古格，开始向古格地方传教。这个全新的宗教可以作为打击日益强大的佛教僧侣集团的工具，于是古格王室开始接受天主教，修建西藏历史上第一座天主教堂，并贬低

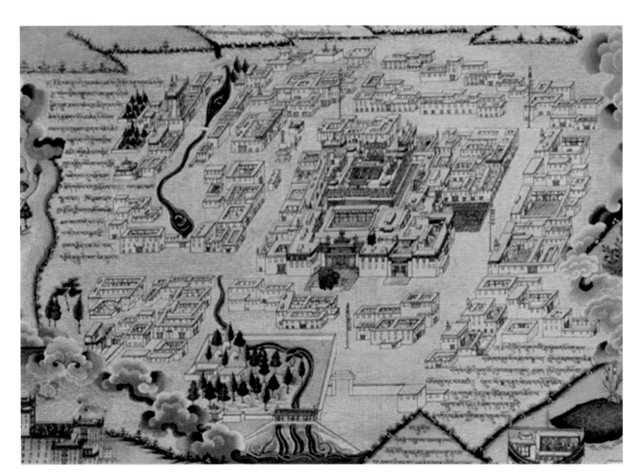

图2-1-2　逻娑都城聚落壁画记录的历史面貌

和打击藏传佛教，最终于1627年开始兴起"灭佛运动"——这就使得古格本来平稳的局势一下子变得动荡，绝望的僧人们和广大佛教信徒开始暴动，附近对古格觊觎已久的拉达克也乘势出兵，内忧外患的古格国王只落得困守孤城、难逃灭亡的悲剧。古格的灭亡，都城的毁坏，看似为外患，实为内部教权之争。天主教在西藏历史上的早期传教活动以失败告终。至今，曾经辉煌而庞大的古格都城，只留

下部分遗址（图2-1-3、图2-1-4）。

（四）萨迦都城

西藏地区于13世纪中叶正式纳入元朝版图，并首先建立了中央认可、萨迦派为领袖的萨迦地方政权。1260年，忽必烈册封八思巴为国师，赐给玉印，命他总管全国的佛教事务；1264年，忽必烈在中央政府中设立总制院（到1288年改名为宣政院），作为掌管全国佛教事务和藏族地区的行政事务的中

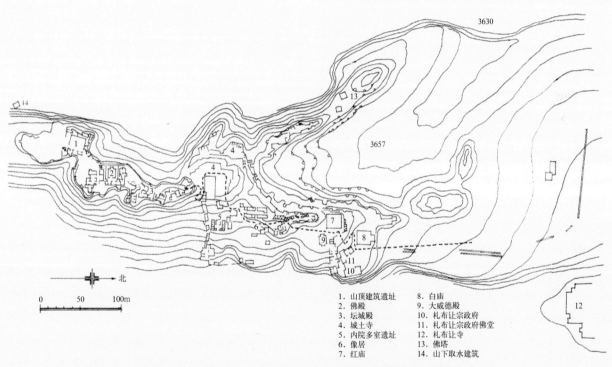

1. 山顶建筑遗址　　8. 白庙
2. 佛殿　　　　　　9. 大威德殿
3. 坛城殿　　　　　10. 札布让宗政府
4. 城土寺　　　　　11. 札布让宗政府佛堂
5. 内院多室遗址　　12. 札布让寺
6. 像居　　　　　　13. 佛塔
7. 红庙　　　　　　14. 山下取水建筑

图2-1-3　西藏札达古格遗址总平面示意（图片来源：陈耀东. 中国藏族建筑 [M]. 北京：中国建筑工业出版社，2007：62）

图2-1-4　西藏扎达古格遗址东立面及高程示意（图片来源：陈耀东. 中国藏族建筑 [M]. 北京：中国建筑工业出版社，2007：62.）

央机构，并命国师八思巴领总制院事，国师之下设总制院使掌管日常事务。

作为萨迦派的主寺，逐渐发展成为萨迦政权的政教中心所在地，也成为当时西藏地区的重要聚落。

萨迦寺位于后藏重堆本波山下，海拔4316米，仲曲河横贯其间，北寺坐落在北岸的本波山"灰白土"山岩下，南寺位于南岸的平坝上。1073年昆·贡却杰布建立了"萨迦北寺"，结构简陋，规模很小。后经萨迦历代法王在山坡上下不断扩建，加盖金顶，增加了许多建筑物，从而形成了逶迤重叠、规模宏大的建筑群。"萨迦南寺"是1268年八思巴委托萨迦本钦（萨迦本钦是元朝时西藏萨迦地方政权的首席官员）释迦桑布主持兴建的。当时，一些汉族工匠也参加了施工，后屡次扩建整修。经南北两寺的先后修建，最终形成了南北两寺政教合一的萨迦政权统治中心。

（五）帕竹都城

帕竹政权是基于帕竹万户和帕竹噶举派建立的政教合一政权，帕竹政权的政治中心在乃东，其宗教中心在距乃东不远的泽当寺。帕竹噶举原来的主寺丹萨替寺，位于山南桑日县，由于和帕竹万户的首邑乃东相隔较远，1351年，帕竹政权修建了泽当寺，替代了帕竹噶举派原来的主寺丹萨替寺，成为新的帕竹噶举派主寺，以及帕竹政权的政治宗教中心。一直到1618年，在长达200多年的时间里，泽当寺一直作为卫藏地区的政教中心，特别是1406年帕竹地方政权被明朝封为阐化王以来，泽当寺在帕竹政权中的中心地位也就决定了其在整个藏区宗教界的中心地位。

帕竹政权的首邑乃东，在绛曲坚赞时期得以重修，成为帕竹政权的王宫，"王城三围，内围俱守净戒，禁醇酒妇人；外围依十善律，悉守王法。司徒自奉亦甚谨严，过午不食，不饮酒，为僧俗之表率"。可见乃东宫在帕竹政权中充当了行政中心的地位，但却是依照佛教戒律进行管理的，也说明帕竹政权政教合一的特点。

二、选址布局

（一）琼结都城

悉补野部落前后两个统治中心雍不拉康宫和青瓦达孜宫均位于雅砻河谷中，距离不过15公里左右，属于同一地理单元。雅砻河谷的自然条件以及由此形成的生产方式，符合人类普遍的早期城市选址、发展的基本要求。

地理位置：雅砻河是雅鲁藏布江中游的支流，河水清澈平缓，两岸为宽阔的冲积平原，沟渠纵横；再加上雅砻河谷气候温和，土质肥沃，常年无大的自然灾害，使得这里成为整个西藏高原最为理想的人居场所之一。

经济生产方式：雅砻河谷可为悉补野部落从事农业生产提供自然保障——在西藏整体恶劣的自然环境中，从事稳定的农业耕作，再辅以必要的畜牧业，就显得尤为突出和珍贵。稳定的生产地域、粮食供给和畜力保障，促使人口集中、社会稳定、交通工具充足。

如今"青瓦达孜宫"堡寨宫殿遗址及连接几座古堡的古城墙遗址尚存，位于琼结县青瓦达孜山，延绵山顶及山腰间，面向琼结河谷地，扼守南北往来要冲，居高临下，易守难攻。由此也可见部落时代和吐蕃时期的西藏统治中心，其选址及布局，是对地理位置、农业生产以及军事防御综合考虑的结果。

（二）逻娑都城

除了具备上述优厚的地理区位和地缘关系之外，逻娑城的地形环境也利于在此建立中心城市。据《西藏王统记》和宗教史料记载，松赞干布委托文成公主对吐蕃大地的地形地貌进行卜算，发现逻娑地处罗刹女魔心脏之上，卫茹下部的中心卧塘湖边景致优雅，地势宽坦，中间有左右分离的小山，仿佛狮子跃空，立足于红山顶，周围景色尽收眼底，附近地方平如掌心，而且显示出制服外敌的善相。于是，决定在此地的红山上修建庄严宫殿，君臣、将士迁居这里，建立了吐蕃军政中心。

逻娑都城先是由红山宫、帕蚌卡、大昭寺、小昭寺等大型建筑聚落的营建，形成了比较集中的多个聚落点，但还是没有形成完整意义上的、具有综合职能的中心城市。后经人口的集聚、商业的兴起、佛教影响力的传播，吐蕃实力渐盛，再加上拉萨河大堤的修建，以及八廓街的形成，逻娑开始具备了都城的形态及功能。

逻娑虽不是整体规划而成，但随着逻娑都城功能的不断增强，其军事、政治、宗教、防灾、居住等设施不断完善，形成了西藏历史上最早、规模最大、功能最完善的都城，经过多个历史时期的修建，形成了以政治统治中心红山宫及宗教朝拜中心大昭寺为中心，这两大建筑群构成了逻娑城市的基本格局，而且这种格局在几百年来城市建设中依然得到完好保持。

（三）古格都城

古格都城位于象泉河南岸约2.5公里处，有东西两山沟夹持一南北走向四面突起的山体，四面悬崖，山顶地势平坦，平面呈弧形，北部海拔3829米，南部海拔3828米。从上至下山体共分为四级台地：山顶平台，北面悬崖之下山体余脉为二级台地，再往下东北西三面扇形缓坡为三级台地，再往北的缓坡为四级台地，台地之下为今日的札不让村。都城内地形复杂，有土山、梁峁、沟壑、缓坡、陡崖等，整个都城内的地形高差最大达175米。选址于地形如此复杂的地区，原因有二：其一，军事防御的考虑；其二，几百年不断营建的结果。

考古调查都城内有房屋遗迹445座、各类洞穴879孔、碉堡58座、佛塔28座、暗道4条、防卫墙10道，还有武器库、粮仓、洞窟、石锅库、墓葬等，各种建筑千余座，密布于一片东西宽600米、南北长1200米的复杂地形区域内。从建筑的建造年代和排列关系看，古格都城并不是事先一体规划、一体建设而成的；但从大的功能分区来看，古格都城的营建具有一定规律。

（四）萨迦都城

萨迦都城中的北寺先行建成，属于典型的藏传佛教"寺城型"聚落：依山而建，殿塔林立，僧舍密布，鳞次栉比。萨迦南寺是在萨迦派成为政教统治阶层后兴建的，明显吸纳了当时流行于汉地的"城池"营建方法：南寺位于仲曲河南岸的平地之上，整体平面呈正方形，分为"三重城"——外城、内城和羊马城。内城墙高8米，厚3米，高大雄伟，厚重坚实；外城城墙四角有3~4层高的角楼，四面中部建有高耸的敌楼；再外一层城墙称羊马城，为"回"字形土筑墙。城外更有护城河，护城河及羊马城拼线呈平面凹凸形状，离现墙约13米，护城河深3.3米，上宽6.2米，底宽3.25米，四周长约1000米，全用石砌成壕沟。城北、西、南三面无门，只有东面有门，门外筑墙，上建城楼，城门通道呈"凸"形，使入城者拐弯才能进入，起到瓮城的作用。整个萨迦南寺占地面积为44940平方米（东西长214米，南北宽210米），犹如一座防御功能完备的坚固城堡。

（五）帕竹都城

根据宿白先生的考察，泽当寺的主要建筑为白加衮巴和则措巴，至1980年时，泽当寺及寺北的宗山建筑都已经全部被毁坏。

乃东宫位于雅砻河东岸的山冈之上，山形如马蹄，在东南面开口，东北面有山脉相连。宫堡建在三面环山、一面开口、面对宽阔雅砻河谷的山冈上，有利于军事防御，也是西藏地方长久以来延续的宫堡营建之法，但从"王城三围"的描述来看，乃东宫应该学习了萨迦南寺的建造方法，同时具有政教中心的功能，并且强调军事防御。由于历经战火，特别是在与琼结第巴的战争中几近全部被毁，现在已经无法考证乃东宫堡的形制。现在遗址为三级土台，每台面积相当，均在3000平方米左右，呈梯形自南向北排列。据说原来颇章建在山顶，有暗道可通往山下，粮仓建在南面山麓。

三、功能性质

（一）琼结都城

悉补野的都城在具备政治中心的功能之外，突出其军事防御与交通要塞的主要功能。此时的堡寨

规模由早期部落小邦时代的山顶堡寨发展为"宫殿群"，功能也随之越加复杂，具备了军事堡垒、政治中心、宗教中心、经济中心、交通要塞、对外接见使臣等多重功能，如达布年赛赞普在征服森波杰之前，就曾在青瓦达孜宫多次接见森波杰的臣下娘氏、韦氏、农氏，密谋攻打之事并共同誓约。到了吐蕃时期，松赞干布在雅砻索卡召集悉补野王室治下的全体蕃人，规定青瓦达孜为王宫。而发生在松赞干布去世之后的"噶氏专权"以及"赞普平叛噶氏"的事件中，又突出显示了以雅砻河谷为中心的"悉补野王室统治"的正统性和重要性：雅砻河谷是王权中心，拉萨河流域是政治和军事调度中心，各司其职；一旦王权受到威胁，雅砻河谷就成为集王权和政权以及军事调度权力为一体的中心。

（二）逻娑都城

逻娑在吐蕃王朝处于蒸蒸日上之时，起到了军政中心的作用，同时也是整个吐蕃王朝的对外交流中心和商贸中心，也是重要的佛教中心之一。特别就对外交流而言，包括联姻、使盟、贸易、宗教传播等活动，逻娑始终代表着整个吐蕃王朝的"中心"。吐蕃的军事扩张、商业贸易、文化交流、宗教传播等都是以多条联系四方的通道作为基础，如唐蕃古道（逻娑至长安），由于大唐与吐蕃之间的两次联姻、多次会盟、频繁商贸而名垂青史；再如蕃尼古道（逻娑至尼婆罗，继而通往天竺），是佛教传入及复兴的主要通道，也是古印度及尼婆罗（今尼泊尔）的建筑、绘画、雕刻传入的通道；还

有联系吐蕃与中亚、西亚之间的文化及贸易往来的"麝香之路"，而都城逻娑正是这些关乎吐蕃昌盛的对外交通总汇之处。

逻娑都城在吐蕃时期成为集政治、军事、宗教、贸易、文化等功能为一体的重要都城。经过吐蕃王朝时期的初建，分裂割据时期的破坏，后弘期的逐步恢复和兴建，一直到甘丹颇章时期的全面营建、快速扩张和完善功能，逻娑（今拉萨）终于在17世纪初，真正成为西藏地区政治中心、宗教中心、文化中心、经济中心和军事防卫中心，也成为藏传佛教至高无上的"圣城"（图2-1-5）。

（三）古格都城

古格都城并无明确的功能分区，但从大的功能关系分析，都城的内部功能大概分为三个体系：第一体系，王宫区、居民区、粮仓和清政府时期修建的宗政府，这些区域属于"世俗体系"；第二体系，主要为大量佛教殿堂、佛塔，属于"宗教体系"；第三体系，军事城堡区、防卫墙等，属于"防卫体系"。另外，由于如此庞大的都城建造于山上，取水设施自然也就成为都城的"保障体系"，都城主要通过山下的取水建筑和通往山顶的暗道来实现整个都城的用水。这三大体系的建筑彼此混杂在一起，结合得非常紧凑。一些重要建筑的选址有别于其他一般建筑：如王宫区就位于都城南面最高的山顶之上，多个大型佛寺、佛塔也位于各个土山之顶，这些重要建筑占据着都城的制高点；而国王的臣仆居住在东面的山坡之上，居民区主要分布在北部、西北部的山麓和山坡上。

图2-1-5　拉萨全景图，J·克劳德·怀特（J·Claude White），于1904年8月3日拍摄，这是自20世纪初期以来在加布日山上拍摄的几幅全景图片之一（图片来源：《拉萨历史城市地图集》第22页）

在面对战争时，古格都城有"三个体系"、"三道防线"的军事防御设施，算得上是铜墙铁壁、固若金汤了。正是凭借都城坚固的防御体系，古格国王率众以一城抵御拉达克大军和已经暴动的古格民众达一年之久，几近成功，最终在诱降的计谋下才城池尽失。

（四）萨迦都城

萨迦都城是以藏传佛教萨迦派的中心寺院为中心形成的重要聚落。13世纪中叶后，由于萨迦教派在整个西藏地区处于至高无上的政教统治地位，也就使得萨迦寺在13世纪中叶到14世纪中叶期间，成为整个西藏的政治、文化、宗教中心。其政教影响力除了西藏地区外，还包括青海、甘肃、四川、云南等地区，以及不丹、尼泊尔等国，萨迦教派在各地的分寺有150余座。由于作为萨迦主寺的南寺和北寺建成时间及背景不同，自13世纪晚期以后，两寺功能逐渐区分：北寺佛殿虽多，但体量较小，且布置分散、结构零乱，逐渐成为地方行政机构所在地，即"萨迦北寺由原来的萨迦发祥地逐渐演变成为萨迦世俗官员集聚之地"；而萨迦南寺，佛殿规模宏大，城墙、城门、护城河一应俱全，自然成为萨迦教派的宗教中心。而萨迦教派政教合一的统治权力决定和形成了萨迦寺作为西藏地区历史上的都城地位。

（五）帕竹都城

从13世纪中叶萨迦政权建立，到后来的帕竹政权，其统治方式均为政教合一，其统治中心的基本格局也都具有相同的特点：宗教中心与行政中心共处一地，但宗教功能并不和政教统治功能混同，萨迦北寺、泽当寺都是这样的宗教中心；政教统治中心均为极其宏伟的宫堡式聚落，均为三围套城，强调其政教中心的神圣和坚固的军事防御。其主体建筑多为宗教殿堂，以佛教功能为主，行政功能分布于主体建筑周围。

四、营造特点

（一）琼结都城

琼结的早期建筑青瓦达孜宫，其营建更强调对山势地形的利用，以达到扼守要塞和军事防御的功能。同时，"青瓦达孜宫"六宫由城墙相连（城墙现仍残存），城墙上设有石砌碉堡，城墙碉堡相互衔接，既可守城，又可御敌，堪称战略重地。青瓦达孜宫这种形态上的变化与功能上的提升，综合反映了部落的强大及扩张，以及文化、宗教的文明进程，是西藏聚落发展史中的关键时期——随着悉补野部落最终发展为吐蕃王朝，它的聚落形态及都城营造就成为整个西藏地区聚落的代表及象征，也只有悉补野的"堡寨"逾越了早期遍及整个藏区的"堡寨"阶段，由功能单一的山顶堡寨发展为具有真正都城意义的"宫堡"。

（二）逻娑都城

逻娑都城发展到今天的拉萨城，其营造具有十分明显的特点：

其一，城市的"双极"空间格局：政治中心红山宫和宗教中心大昭寺，两处规模庞大的建筑群成为城市的中心，这种格局显示出吐蕃政治与宗教的紧密联系（图2-1-6）。

其二，在聚落平面塑造上，佛教"轮回"思想对城市道路和城市形态产生了重要影响。拉萨形成三条转经路线，这三个同心圆式的转经道，不但构成了整个城市的基本格局，而且深刻地影响了道路周边的建筑布局和城市肌理。

其三，在聚落空间构成上，从底层的"雪城"和聚落世俗建筑，到中间的现实佛教境地布达拉宫的"白宫"，再到布达拉宫顶层的代表宗教最高权力象征的天界"红宫"，充分体现了藏传佛教"欲界、色界、无色界"的"三界"思想。塑造了纵向布局的佛教美秩序，这完全是对于建筑的形制、体量、尺度、比例、层次和材料的质感、色彩的对比等手段巧于运用的结果。

其四，城市中多元文化的融合：逻娑都城中主要建筑的营建，体现出吐蕃王朝对周边发达文化的吸收。如红山宫是部落时期碉楼建筑的升华；大昭寺设计手法及建筑结构有大量唐代风格和尼婆罗元素，是一座典型的汉、藏、尼文化结合的建筑代

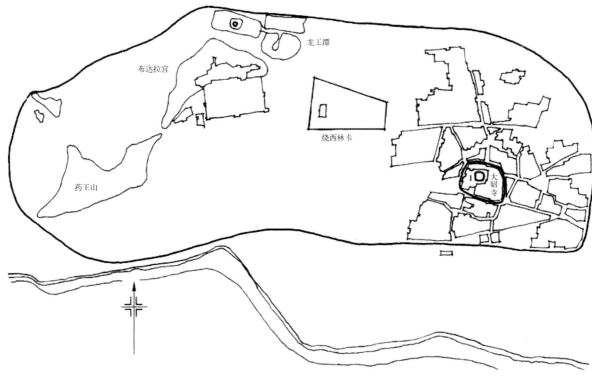

图2-1-6　围绕大昭寺等建筑早期拉萨城市形态

表；小昭寺是一座汉式风格的建筑；查拉路甫石窟有来自尼泊尔、印度，甚至中亚一带的艺术风格。

（三）古格都城

分析古格都城的格局，研究古格王朝在西藏历史上的兴衰起伏，并结合古格所在地象泉河流域早期辉煌的象雄文明，我们可以分析古格都城营造的主要特点为：

1．建筑规模之大，非强盛国力不可为。从现有的考古资料来看，古格都城占地达720000平方米，而且在此区域之中建筑密布、各种设施齐备、功能完善，如此规模宏大的城堡，是西藏自上古时期发展至中世纪时期最大规模的一座城堡。而且这座宏大的城堡并未出现在传统意义上的西藏发达地区——卫藏地区，而是出现在西藏最为高寒的阿里地区，这不得不说是一个奇迹。

2．建造水平之高，非发达之文化不可为。古格都城当世留给我们的虽然是一片历经战火和岁月冲刷的遗迹，但今人无不为古格都城的建造水平而叹为观止，与地形的完美结合，城堡内部功能的复

杂与高效，防御体系的完备，各类建筑的精工细作，雕塑、壁画的艺术成就——这对于10世纪的藏区而言，就是文化成就的最高代表。这种高水平城堡营建的背后，应该是古老象雄文化的延续，以及古格王国发达的文化所致。

3．加强周边联系，形成了完整的城堡体系。不仅体现在其庞大的规模和高超的营建水平，也体现在它与周边城堡之间的关系上。在象泉河流域，以古格城堡为核心，周边还有大量城堡遗迹：北面的香孜、香巴、东嘎、皮央遗址（图2-1-7），西面的多香遗址，南面的达巴、玛那、曲龙遗址，都具有一定的规模。如多香城堡位于古格以西20公里的多香河谷（象泉河支流），是一座明显带有军事性质的城堡，居高临下，扼险而守；城堡之中建有碉堡16座，防卫墙2道。达巴城堡位于古格以南90公里处，规模也颇为宏大，占地达15000平方米，城堡内有碉堡、佛殿、民居、防卫墙等建筑，有完备的军事设施。古格以北的香孜城堡，规模也十分宏大，也是一座具有复杂功能的城堡聚落。如此之

多的城堡分布于象泉河流域，形成了以古格为中心、以大量城堡为依附的城堡体系，又兼顾军事、交通、生产、生活，可见古格王国在大尺度营建聚落体系方面，创造了古格成熟的经验。

（四）萨迦都城

萨迦都城在历史、宗教、建筑、雕塑、美术等方面具有独特魅力和重要地位，被誉为我国的"第二敦煌"。萨迦寺南北两城的营建历程及其格局形成，处于西藏城市演化史中的关键时期——政教合一的统治模式正式建立，在城市布局中，宗教中心与政治中心各据其地但紧密联系，共同构成西藏城市营造中最重要的"双极"空间特征。这种营造方法不但在后来的都城建设中继续使用，而且在西藏各个管辖地区的中心城镇中广泛应用。

萨迦都城隔仲曲河南北相望，这种格局虽然不是整体规划而成，但其在营建上的思路则清晰地体现了此时西藏地区对于宗教、政治、政教合一的理解。先行建设的萨迦北寺，与此时其他藏传佛教的寺院没有区别，包括选址于山坡、背山面水、次第而建，其建筑的营建风格也无大异，虽然在大殿

的外墙面上涂有区别于其他教派的三色条纹，但建筑的格局及其功能大体相同，在宗教的功能上也都体现了藏传佛教修行、学习、传教、译经等作用。但萨迦南寺的营建则从本质上突破了延续400余年的藏传佛教寺院营建的模式，在元朝中央政府的支持下，南寺依照整体规划而建，一气呵成，规模宏大，这种整体营建模式在西藏的寺院营建中并不多见。

从萨迦南寺的布局来看，这是一座集宗教统治、政治统治、军事防御以及文化宣扬的"集大成"式聚落。康萨钦莫大殿是萨迦派的中心大佛殿，位于整个寺城的中心，其他拉康、经堂环绕而建；高大的城墙及城门则代表了该寺城的独立与威严，羊马城和护城河更是汲取了汉地军事城镇的营建方法，突出了寺城的政治统治和军事防卫功能；而整个寺城平面也具有曼陀罗（坛城）的特征，体现了藏传佛教萨迦派对来源于古印度的佛教的文化传承和对宇宙世界的理解。

（五）帕竹都城

帕竹都城延续了西藏自吐蕃以来的中心城市的营造特征，在政教合一的统治方式下，继承萨迦都

图2-1-7　古格地区皮央遗址窑洞群

城的营造方法，以空间"双极"——宗教中心泽当寺和政治中心乃东宫为中心营建城市，既体现出政教的密切联系，又显示出这种政教关系对城市建造的关键性决定因素；同时，注重对要塞的控制和军事防御的安全，也使其延续"宫堡"式的营造方法。

第二节　寺城

寺城主要是指那些具备了完整聚落功能的大型寺院，其规模宏大、僧人众多、建筑数以千计，宗教功能突出并辅以完善的生活、生产、交通、对外交流、公共活动等功能。

藏传佛教的形成与演化离不开世俗领主的经济支持与广大信徒的供奉，各大教派的主寺更需要保持与世俗的紧密联系，这既是主寺发挥其统领教派的要求，也是宣扬佛法教义普度众生的要求，更是维系庞大寺城经济运作的保障。寺城均拥有大量属寺和庄园，耕地、牧场、农奴众多，寺城为维系这些属地，设置相应的管理机构和人员。

从规模上讲，寺城的人口规模及占地规模在古代西藏实属庞大，远非普通城镇所能比，如格鲁派的哲蚌寺历史上人口规模曾达万人以上，占地20公顷以上；再如甘丹寺、色拉寺、扎什伦布寺、强巴林寺、止贡提寺、噶玛寺、白居寺等，在历史上其规模都在数千人以上，占地在数公顷以上。

从功能上讲，寺城不仅仅是各教派宗教中心，接受四方朝拜，教化僧俗，传播佛法；同时也有其大量的属地和属寺，兼领农奴，形成一定区域内的统治中心和经济管理中心；寺城内部也形成了以宗教功能为核心，辅以各种管理、教育、交流、生活、交通、展示等综合功能。

从空间格局上讲，上述严密的组织体系在寺城的布局上也极为严格地体现出宗教分工的等级性和层次性，构成了完整而有秩序的空间格局。藏语称为雪的村落散布其周围。

从文化系统上讲，寺城往往延续多年，教派属性清晰而具有特质，多位高僧大德传承佛法，以宗教空间为主，包含仪式、学习、交流、崇拜，密切联系着日常生活、经济活动、对外交流，形成完整而高度统一的精神特质。

由此可见，西藏寺城已经超越了普通寺院的功能，而具备了大型聚落的综合功能，这在世界聚落演化史中都属罕见（图2-2-1）。

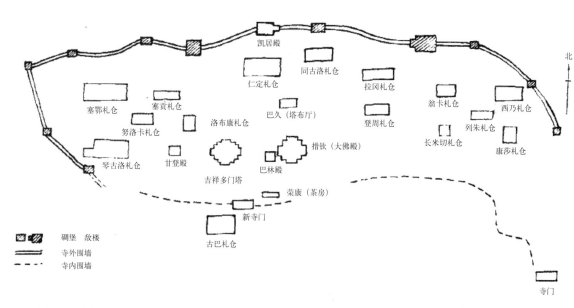

图2-2-1　白居寺寺城聚落平面

一、兴衰成因

寺城是西藏宗教聚落演化的最高阶段，这既是藏传佛教在西藏地区巨大影响力的体现，也是政教合一统治的内在要求，更是社会经济发展的必然结果。藏传佛教在形成和发展之时，均需依靠各处封建领主的经济支持，而领主也需藏传佛教的力量维系其稳固的统治，正是由于不同的封建势力的大力支持，才会有藏传佛教不同教派的形成，才产生了门户之见，才得以形成藏传佛教的不同教派；但当萨迦派、帕竹噶举派直至格鲁派在其宗教发展过程中逐步掌握了与政治结合的最佳方式与途径后，西藏地区"政教合一"的统治局面也就最终形成，寺城就是在这样的背景下形成的。格鲁派最终奠定在藏传佛教中的中心地位，其西藏四大寺以及各地区的主寺，地位远远高于一般寺院，规模更大，功能更完善，成为最具代表性的西藏宗教聚落；同时，在藏传佛教发展过程中一些地位崇高、历史悠久、统领各地的其他教派的主寺，如萨迦寺、白居寺、噶玛寺、止贡提寺等，逐渐发展成为寺城（图2-2-2）。

二、选址布局

寺城的选址在宗教上均有较为系统和完备的解释，佛教典籍中均详细记载了各主寺选址时高僧的指点，愿所选之地可弘扬佛法；同时，寺城多选址于环境宜人、水源充沛的山坡之上，与世俗保持一定的距离但又方便联系（图2-2-3）。寺城以宗教大殿为布局中心，形成空间层次丰富、功能完备齐全、道路织网穿梭、建筑鳞次栉比的聚落形态。这不仅和藏传佛教在藏族中至高无上的地位有关，也和寺城集聚了藏区"几乎全部的财富"和"最高等级的艺术体系"有关。

西藏寺城多选择在环境宜人的山坡或依山的丛

图2-2-2　扎什伦布寺寺城聚落鸟瞰

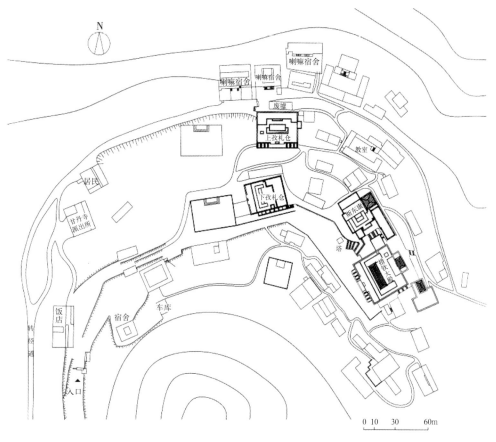

图2-2-3　甘丹寺寺城聚落平面

林之中修建，靠水邻壑。这种选址思路首先是来源于藏传佛教后弘期的形成特点——由于注重与民众的联系，同时又要选取山水俱佳的幽静之地作为修行场所，这就注定了藏传佛教的多数寺院在选址之时都会考虑"入世"与"脱俗"之间的关系，其地点的选取往往也要拿捏这种关系。从拉萨地区其他几个寺城来看，止贡替寺、德宗寺、楚布寺等，都建于山坡之上，布满大半个山坡和山顶，但又和河谷平原地区相隔不远，可一览其山下的自然景观和农田牧场。

三、功能性质

　　寺城以宗教功能为主，同时兼有经济、文化、社会等城镇综合功能。如哲蚌寺定额常住僧人为7700人，实际住寺僧人最多达万余人，在民主改革前占有谿卡185座、属寺众多、土地51000亩、牧场300处、牛40000头、农奴2000人，每年收取地租粮280万公斤、酥油13.3万公斤（图2-2-4）；色拉寺定额常住僧人为5500人，实际达到过9000人，根据1959年的调查：色拉寺占有谿卡81座，土地50673克[①]，农奴13042人，牧场81处，牛20771头，羊27587只，骡马1122匹，牧民12645人；高利贷粮食406102克，高利贷藏银491941秤，商业资本47352秤；色拉寺的属寺有338座，其中西藏地区223座，青海32座，四川42座，云南9个，内蒙古10座，地区不明的22座（图2-2-5）。

　　寺城中的的措钦大殿是主体建筑，佛殿、经堂、管理机构集中于此，安放主供佛，供僧侣集体诵经和举行宗教仪式；拉康即为佛堂，为供奉之用；拉让是堪布、高僧大德、活佛的公署；曾扎、扎仓是僧人学习及修法场所；扎康是一般僧侣的住所；另有佛塔供祭拜之用，展佛台为重大节日展佛之处，亦有天葬台为举行天葬仪式之地。

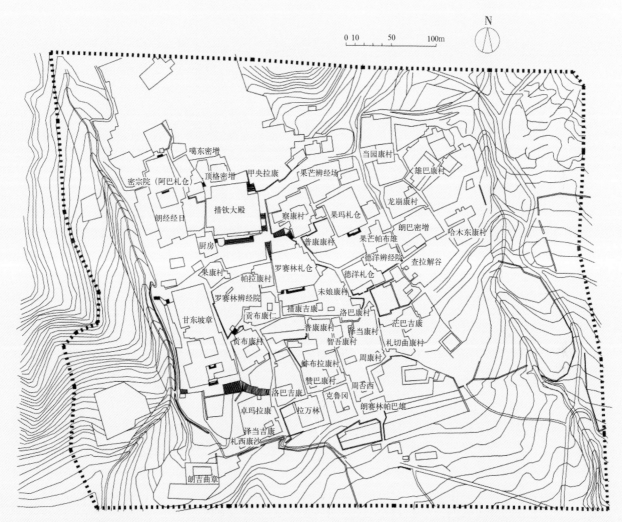

图2-2-4　哲蚌寺城聚落平面

N

0 10　　50　　100m

噶东密增
密宗院(阿巴札仓)　顶格密增　甲央拉康　果芒辨经场　当园康村
朗经经日　措钦大殿　　　寨康村　果玛札仓　　雄巴康村
　　　　　　　　　　普康康村　　　龙崩康村
厨房　　　　　　　　　　果芒帕布雄　朗巴密增
果康村　　罗赛林札仓　　　　　哈木东康村
帕拉康村　　　　　　德洋辨经院
　　　　　　未娘康村　德洋札仓　　查拉解谷
　　罗赛林辨经院　措康吉康
甘东坡章　贡布康仁　　洛巴康村
　　贡布康村　普康康村　泽当康村　茫巴吉康
　　　　　蚌布拉康村　智吾康村　札切曲康村
　　　　赞巴康村　周康村
　　　洛巴吉康　克鲁冈　周否西
卓玛拉康　拉万林　　　朗赛林帕巴雄
　泽当吉康
札西康沙
朗吉曲章

N

僧舍

哈木东康村

僧舍

恰札康村

阿巴札仓

查康村
(昌都)

吉札仓

藏巴古藏康村
(日瞎则)

德玛康村（北方）

藏巴康村
(日瞎则)

僧舍

拉娃康村
(昌都)

洛巴康村
(山南)

措钦大殿

地青康萨

甲荣康村
(昌都)

厨房

麦札仓

帮布日康村
(云南)

僧舍

渡康村
(林芝)

僧舍

查多拉康村
(青海)

巴地康村
(汉区)

比度康村
(昌都)

吉查娃康村

阿日康村
(拉萨)

僧舍

泽当康村

僧舍

也巴康村
(拉萨)

艾巴康村
(阿生)

策门林
(民管会办公室)

僧舍

雄巴康村
(拉萨)

贡布康村
(林芝)

森洛康村

知吴康村
(昌都)

曲宇村

广德康村
(昌都)

达布康村
(林芝)

0 4 10   20m

图2-2-5 色拉寺寺城聚落平面

四、营造特点

寺城平面布局复杂，各类建筑相得益彰，不同功能、不同体量的建筑混杂在一起。由于寺城的形成一般是在原有基础上不断兴建和扩展，经过历代才具有现在的规模，功能布局和建筑组合不可能有统一的规制。但是措钦大殿、拉康、灵塔、大型佛殿等重要建筑，则一定布局在可视条件最好的地段，空间上要体现其宏大的气势和精美的外观，交通上要能方便到达。而供不同等级僧人居住的拉让、扎康等，建筑的规模和外观也有明显的高低之分。拉让一般独立成院，除生活建筑之外，也有佛堂，其建筑规模与等级要按照寺院的规模以及居住者的身份而定；扎康一般为两层院落式，按照僧人籍贯安排康村和米村。

寺城内部的道路是形成寺城空间格局肌理的骨架。由于寺城多为依山而建，故而道路的竖向系统与平面系统无缝结合，急坡处拾级而上，缓坡处自然过渡，道路结合各种建筑廊道、公共空间形成四通八达之势，构成了寺城聚落便捷联系和有机扩张的通道空间。另外，为满足信众的崇拜之需，沿寺城边界或入口处也会形成转经道，密布转经筒，形成了藏传佛教又一代表性的空间。

从总体上讲，寺城的布局显得密而不挤、杂而不乱，建筑疏密结合，顺应地形起伏变化，错落有致、重叠而上、多层叠落。在大量空间组合之中显出一定的秩序与肌理，这正是自由式聚落布局的基本发展演化特点。

第三节 宗城

"宗"是藏语的音译，意为"碉堡"、"营寨"。《西藏志》中译为"纵"："凡所谓纵者，系傍山碉堡，乃其头目碟巴据险守隘之所，俱是官署。"在藏族聚落的发展史中，"居高而筑、依山而建"的聚落形式始终是军政型聚落的重要选址方法。从小邦时代的"堡寨"，到吐蕃时期的"孜"，继而演

化成为分裂格局时期的"宫堡"，明清时期定型为"宗堡"，形成西藏最具代表性的以行政职能为主，兼具宗教、司法、经济、社会功能为一体的聚落（图2-3-1）。

宗城既是西藏典型的地方城镇聚落，也是一种具有西藏政教特色的统治模式，从帕竹第悉政权于14世纪正式兴建宗堡开始，延续到20世纪中叶西藏民主改革之前，一直是西藏政教合一政权对下辖地方统治的政权所在地（图2-3-2～图2-3-4）。

现存甘丹颇章时期宗山遗址分布见表2-3-1。

图2-3-1 江孜宗城聚落形态

图2-3-2 现存甘丹颇章时期宗山遗址

图2-3-3 乃东泽当镇

图2-3-4 浪卡子县历史上的宗山建筑

现存甘丹颇章时期宗山遗址分布　　　　　　　　　　　　表 2-3-1

编号	宗名	所处地区	编号	宗名	所处地区
1	定结宗	日喀则地区定结县	18	协噶尔宗	日喀则地区定日县
2	江孜宗	日喀则地区江孜县	19	琼宗	那曲地区尼玛县
3	琼结宗	山南地区琼结县	20	达孜宗	拉萨市达孜县
4	仁布宗	日喀则地区仁布县	21	麻江宗	拉萨市尼木县
5	帕里宗	日喀则地区亚东县	22	昂仁宗	日喀则地区昂仁县
6	则拉岗宗	林芝地区	23	沃卡宗	山南地区桑日县
7	贡嘎宗	山南地区贡嘎县	24	桑日宗	山南地区桑日县
8	德木宗	林芝地区米林县	25	当雄宗	拉萨市当雄县
9	觉木宗	林芝地区八一镇	26	多宗	山南地区洛扎县
10	恰嘎宗	山南地区桑日县	27	林周宗	拉萨市林周县
11	卡达宗	山南地区桑日县	28	洛隆宗	昌都地区洛隆县
12	白朗宗	日喀则地区白朗县	29	内邬宗	拉萨市
13	顿珠宗	山南地区洛扎县	30	甘单宗	拉萨市尼木县
14	曲水宗	拉萨市曲水县	31	乃东宗	山南地区乃东县
15	达玛宗	山南地区洛扎县	32	桑珠孜宗	日喀则市
16	当巴宗	山南地区措美县	33	尼木宗	拉萨市尼木县
17	拉孜宗	日喀则地区拉孜县			

一、兴衰成因

宗堡正式成为西藏各地方政权统治机构的所在地，是帕竹政权击败萨迦政权后建立的帕竹第悉政权时期（图2-3-5）。绛曲坚赞被元朝封为大司徒，建立了政教合一的帕竹地方政权；到了明朝，帕竹地方政权继续得到中央政府的承认，它的掌权人先后被封为灌顶国师和阐化王。从绛曲坚赞开始，为了维护其政权的巩固，帕竹政权修复和新建了十三大宗堡，包括：佳孜芝古宗、约卡达孜宗、贡嘎宗、内邬宗、查嘎宗、任蚌宗、桑珠孜宗、白朗宗、伦珠孜宗、齐达斯宗等，整顿了原有的4个宗，委派宗本管理各宗行政事务。这些宗本都是帕竹属下的贵族，他们既是地方政权的官员，同时又受明朝的委托，被授予都指挥金事等官职，成为中央政府属下的官员。清朝统治者平定藏区数次内部叛乱和外

图2-3-5　乃东宗城聚落鸟瞰

族入侵后，委派驻藏大臣，对帕竹时期的宗堡进行了维修和扩建。据史料记载：乾隆五十七年清朝平定廓尔喀之乱后，着手整理西藏政府辖下的基层政治单位，如表2-3-2所示。

清朝在西藏所设宗名录　　　　　　　　　　　　　　　　　　　　表 2-3-2

地区	类型	名称
前藏地区	大宗	乃东营、琼结营、贡嘎尔营、仓孜营、桑昂曲宗营，工布则冈营、江孜营、昔孜营、协噶尔营、纳仓营
	中宗	洛隆宗营、角木宗营、打孜营、桑叶营、巴浪营、什本营、仁孜营、朗岭营、宗喀营、撒噶营、作冈营、达尔宗营、江达营、古浪营、沃卡营、冷竹宗营、曲水营、突宗营、杂仁营、茹拖营、锁庄子营、夺营、结登营、直谷营、硕般多营、拉里营、朗营、沃隆营、墨竹营、卡尔孜营、文扎卡营、辖鲁营、策堆得营、达尔玛营、聂母营、拉噶孜营、岭营、纳布营、岭喀尔营、错朗营、羊八井营、麻尔江营
	小宗	雅尔堆营、金东营、拉岁营、撒拉营、浪荡营、颇章营、扎溪营、色营、堆冲营、汪垫营、甲错营、拉康营、琼科尔结营、蔡里营、由隆营、扎称营、折布岭营、扎什营、洛美营、嘉尔布营、朗茹营、里乌营、降营、业党营、工布塘营
	边宗	江卡营、堆噶尔本营、喀喇乌苏营、错拉营、帕克里营、定结营、聂拉木营、济咙营、官觉营、补人营、博窝营、工布硕卡营、绒辖尔营、达巴喀尔营
后藏地区	大宗	拉孜营、练营、金龙营
	中宗	昂忍营、仁侵孜营、结侵孜营、帕克仲营、翁贡营、千殿热布结营、托布甲营、哩卜营、德庆熟布结营、央营、绒错营、葱堆营、胁营、千堤营
	小宗	彭错岭营、伦珠子营、拉耳塘营、达尔结营、甲冲营、哲宗营、擦耳营、唔欲营、碌洞营、科朗营、扎喜孜营、波多营、达木牛厂营、冻噶尔营、扎苦营

注：1793 年统计，清代乾隆年间共有 124 个营（宗），分为"大"、"中"、"小"、"边"四等。前藏有 92 个营，营官 126 人；边营 14 个，营官 23 人；大营 10 个，营官 19 人；中营 43 个，营官 59 人；小营 25 个，营官 25 人。后藏有 32 个营，营官 36 人；大营 3 个，营官 4 人；中营 14 个，营官 17 人；小营 15 个，营官 16 人。

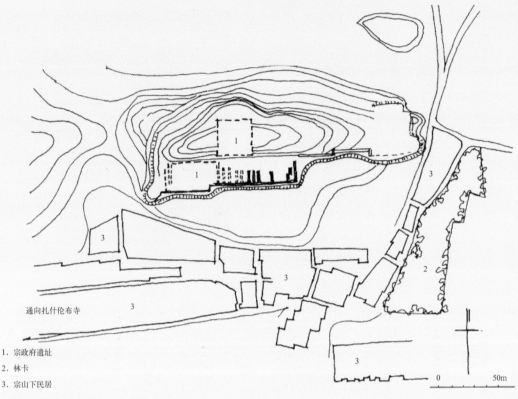

1. 宗政府遗址
2. 林卡
3. 宗山下民居

图2-3-6 桑珠孜宗城聚落平面

二、选址布局

宗堡是宗城的核心，其选址大多位于交通要塞的山丘之上，并靠近水源充足的谷地。宗城则由宗堡演化而成，宗堡和附近的寺院、雪村共同构成宗城的政教中心，围绕它们集聚大量居民和生活设施，这是西藏历史上城镇的共同空间布局特征（图2-3-6）。日喀则的桑珠孜宗堡、江孜的宗堡，以及由此形成的宗城，最具典型意义。

桑珠孜坐落在日喀则日光山上，奠基于公元1360年，落成于公元1363年。桑珠孜是绛曲坚赞修建13个大宗的最后一个宗堡，也是帕竹政权最重要的宗堡——此处是后藏中心，毗邻萨迦，与帕竹都城（今泽当）、拉萨等前藏中心城市相隔甚远，故而成为帕竹政权在后藏地区的核心统治宗堡，桑珠孜也是日喀则作为后藏中心城市的主要起源（图2-3-7）。从宗城角度看，日喀则可以讲是后藏地区历史上最大的宗城。

桑珠孜建筑物密布于日光山之上，气势宏大，

图2-3-7 桑珠孜宗城聚落

巍峨壮观，俯视年楚河平原，既可以居高临下地观察军情，又可以依据天然地形来抵抗入侵。主体建筑在1969年被全部破坏，仅存最下层的基址。因其外观酷似拉萨的布达拉宫，故有"小布达拉"之称。根据两者修建的时间判断，清代五世达赖重修布达拉宫时，桑珠孜已经建成200多年，二者极其相似的外观应该有一定的联系，桑珠孜应该是重修

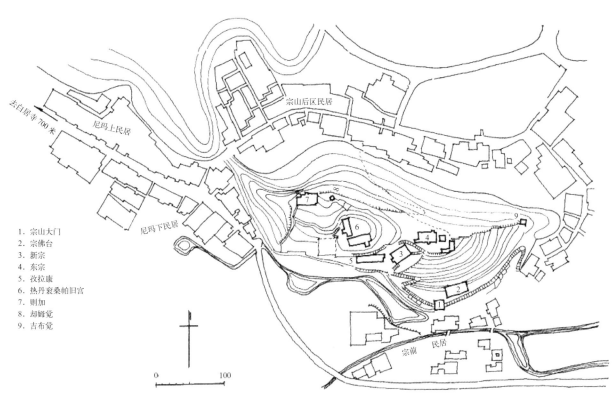

图2-3-8 西藏江孜宗山及周围居民区示意图

图中图例：
1. 宗山大门
2. 宗佛台
3. 新宗
4. 东宗
5. 孜拉康
6. 热丹衮桑帕旧宫
7. 则加
8. 却姆觉
9. 吉布觉

图中标注文字：去白居寺700米、尼玛上民居、宗山后区民居、尼玛下民居、宗前 民居

0 100

布达拉宫的一个重要参照实物。原桑珠孜宫殿为木石结构，主楼共有4层，最上层的日光殿曾是五世达赖的寝房；第三层供奉着弥勒、宗喀巴、莲花生、文殊等大小铜铸、泥塑菩萨佛像及宗教祭祀用品，藏有全套《甘珠尔》和《丹珠尔》经及各种古物，四面墙壁绘满壁画；最下两层，是宗政府的办事机构，宫廷卫队和司法机关、牢狱及仓库等。

对于日喀则历史城市而言，桑珠孜宗堡和扎什伦布寺共同构成了后藏地区的政教统治中心，它们构成了日喀则历史城区最重要和最基本的城市构架。

江孜宗堡所处的年楚河上游地区，是西藏各处连接的枢纽要塞：其西面为后藏中心日喀则，可通往后藏及阿里地区；其南面可直下亚东，继而可通往锡金、不丹，以及南亚各地；其东面联系西藏中心拉萨，江孜因此是前后藏联系的枢纽地方，也是来自西藏南部的贸易、军事的必经之路。江孜宗堡海拔4020米，相对高度125米，四周都建立了围墙，墙基多设在悬崖边上。墙体全部由石块砌成，厚约1米。围墙高度随着山体的高低起伏和地势险要与否而变化，在非常险要的地方不设置围墙。墙体主要是直接建在山壁上，往往和山形成一体。在相对平缓的地段加高围墙，连同基础部分往往达到5米高。有些地方甚至建立了两道围墙。围墙中间每隔一段就建一个小碉楼，增强了宗山的防御性（图2-3-8）。

江孜宗堡的布局分为以下部分：居住体系——由东宗（江孜俗宗本的居住用房）和西宗（江孜僧宗本的住房）组成；宗教体系——由经堂、法王殿、神女塔组成；行政及办事体系——折布岗为宗政府官员的议事厅，羊八井是江孜宗收受差税的办公地点，即差税厅；防御体系——炮台、壕沟、碉楼等。

江孜宗堡和白居寺共同构成了江孜历史城区的政教中心和基本格局，也成为南北东西往来的贸易集散和交换中心。

三、功能性质

宗作为西藏地区的基层政权，逐渐发展成为统

图2-3-9 达孜宗山

辖地域的聚落中心。以宗堡为中心，大量贵族、居民都集聚于其周围，其所属的土地、手工业、商业等也向宗堡靠近，这就形成了西藏地区最为典型的城镇产生过程。今天西藏多数城市，如日喀则、江孜、曲水、贡嘎等，均是由于这种源于宗堡的集聚作用而逐渐产生的城镇（图2-3-9、图2-3-10）。

宗堡的首要职能是行政职能。清代是宗制度完善的时期，甘丹颇章政权在各地的宗开始作为基层行政机构，隶属清代西藏地方噶厦政府管理，相当于县一级的行政区划管理。宗以其区域的大小、人口的多寡和地理位置的重要，分为边宗、大宗、中宗和小宗，边宗和大宗人口二三百户不等，小宗仅百余户。

宗堡也极为重视军事防御体系的建立，这既是实施统治职能的保障，也是抵御战乱的要求。宗堡往往建筑众多，城垣重叠，主体建筑依山而建，明碉暗堡遍布，暗道纵横，形成了一个严密的防御系统。江孜宗堡在1904年的抗英壮举，可充分体现宗堡防御体系的坚固。江孜的军民依据宗山的险要地形和防御工程设施，利用最简陋的火枪、土炮和大刀、弓箭，和当时世界上最强大的英国侵略军队展开了殊死的搏斗。英军利用当时最先进的大炮轰炸了3个月，才将宗山一角炸开。西藏勇士们弹尽粮

图2-3-10 达孜宗城聚落形态

绝，跳崖殉国，英军这才进入通往拉萨的道路。这场战斗充分体现出宗山的军事意义和防御价值。

四、营造特点

宗堡的营建方法有着悠久的历史，在长期经验积累的基础上，宗堡的营造技术达到了顶峰，使其成为西藏地区聚落的标志之一（表2-3-3）。

宗城聚落的发展，从其规模形态上讲，由简单到复杂，由小型到大型；"宗"不是独立存在于山顶之上的，"宗+民居"的功能组合使得这种军政聚落具有了综合功能和城市意义。早期的堡寨具有藏族原始意义上"城市"的起源意义，而到了宗堡时期，

时期	聚落形态	代表性聚落	营造方法
小邦时代	堡寨	达尔巴城堡、介噶尔城堡、岭古城堡、香波城堡、江恩城堡、查松城堡、邦噶城堡	选址：交通要塞处的山顶之上； 军事：战争需求，为军事防御而建 交通：处于交通要冲，延长出行距离，并可以补给来往民众； 居住：保卫其堡寨中的子民； 文化：文化交融的栖息地。
吐蕃王朝	孜	勾且惹孜、孜赤勾孜、当楚吉孜、堆盖吉孜、塞盖吉孜、琅孜、玛朵吉孜、钦波孜	选址：以山为依靠，向附近平原过渡； 政治：各部落统治中心属地； 军事：吐蕃各支边界驻军地，侦察敌情，边界防卫和驿站调度； 居住：统辖其附近的农牧奴隶劳作及生活
割据时期	宫堡	古格都城，拉家里王宫，贡塘王城	选址：大山之上，遍及所有险峻之处；规模宏大，建筑体量巨大，建筑分布密集； 政治：整个政权的政治统治中心； 军事：防御体系完备，设施先进； 宗教：有可供宫堡内民众举行宗教活动的寺庙； 居住：依附于各类军政型建筑而建，既为保护宫堡的子民，也受保护
明清时期	宗堡	桑珠孜宗、江孜宗、琼结宗、曲水宗、贡嘎宗、达孜宗、定结宗、仁布宗、帕里宗、则拉岗宗	选址：小山之上，水系附近，可方便到达所统属的平原地带，结合地形具有完备的军事防御体系； 政治：基本行政单位，完备的行政体系； 宗教：辅助功能，就近宗教活动； 居住：以宗堡为中心，统辖和保护其附近平原地带的民众
明清时期	政教中心	布达拉宫	从聚落选址和形态上讲，布达拉宫也属于"堡"式聚落；西藏的政教合一中心，政治统治体系完备，宗教空间意向突出，但宗教活动功能不多，仅供达赖喇嘛起居生活和供奉历代达赖塔殿

则成为代表性的藏族历史城市形态。

西藏宗城聚落营建具有明显的军事防御特点，主要表现在：

1. 选址占据险要地形和交通要道。一般的宗，都占据着险要地形，如江孜宗、曲松宗、贡嘎宗等。有的建在交通要道旁，如帕里宗就建在亚东峡谷口，为藏南军事要地，扼守着西藏与南亚各国交往的咽喉，历来为兵家必争之地。同时宗堡一般建在人口相对稠密的地区，强化统治阶级对广大农奴的统治，也便于战时就近集合当地居民，组织抵抗。

2. 宗堡建筑本身都具有较为复杂的建筑体系。由于有强大的政治支持和经济实力作后盾，宗堡建筑一般都是以建筑群出现。在西藏众多的宗堡建筑中，几乎看不见由单一建筑构成的宗堡建筑。建筑群内部结构相当复杂，凸显了强烈的防御思想。

3. 宗堡建筑群均有高大厚实的围墙作为外围防线。围墙的高度和厚度根据实际地形和具体情况构筑，如扎嘎宗政府围墙下部的厚度就达1.5米，曲松宗在南北两面设多层围墙，昂仁宗的围墙则为两层平行夯筑的墙体等。不管哪种形式的围墙，目的都是为了加强防御能力。

4. 一般的宗堡建筑都有附属防御设施，以增强整体的防御效果。在这些防御设施当中，碉楼是最为普遍的，几乎是只要有宗堡建筑的地方都可以看到碉楼。有的宗堡建筑还挖有暗道，以方便取水和遇到紧急情况时转移，如贡嘎宗就修有直达河边的暗道等。为了维护统治者的利益，几乎所有的宗堡都建有监狱，用以对付农奴的反抗。

城乡聚落

第四节　豁卡

　　"豁卡"，是西藏历史上封建农奴制度下产生的人类聚落形式。西藏历史上最早的豁卡（领主庄园制），出现于11世纪前期，古格首领拉德为了表彰有功的仁钦桑布译师在西藏境内为佛教的复兴作出的贡献，遂以乍布朗附近的谢尔等三处封地赐予仁钦桑布，成为他私有的三处豁卡。元明时期开始，西藏各地出现了多处大规模的豁卡聚落，并逐渐形成三种固定的模式：即官方豁卡、贵族豁卡和寺院豁卡。豁卡也成为"宗"以下的一种普遍的土地拥有制度。13世纪晚期，元中央政府发布文告：中央对各封建领主封地上的百姓以及土地、水、草、牲畜、工具等一律保护，不许侵犯。文告告诫农奴，不许逃亡或投靠别人，并按规定支差服役。由此封建农奴制正式确立，领主庄园制的土地经营基本取代了在封建分裂割据时期的土地自耕形式，数以千计的大小封建庄园星罗棋布，形成西藏农奴制经济的主体（图2-4-1）。

　　豁卡既是一种土地拥有的制度，也是一种典型的西藏历史聚落，特别是在历史上营建的几处著名豁卡，如朗赛林、甲玛赤康、庄孜等豁卡，其选址、布局、主体建筑均体现出西藏地区聚落独特的内涵。

一、兴衰成因

　　西藏的豁卡发展历史，大概可以分为三个阶段：
　　第一阶段，割据时期是豁卡形成的初期。这段

图2-4-1　林周县达龙巴豁卡聚落鸟瞰

时期随着奴隶主权势的衰微、宗教的传播，表现在生产关系领域是新兴的封建领主和新涌现的宗教势力、富户巨贾相结合，采用各种方式侵吞大量的土地建立新豁卡。这也就确立了三种豁卡的基本类型，即雄豁（官家庄园）、却豁（寺院庄园）、格豁（贵族庄园）。

　　第二阶段：萨迦政权时期，此时豁卡作为一种统治制度开始被地方政府和元朝中央政府确立。如帕竹政权的创始人杰哇仁布钦，他在建立宗教权威的同时，通过皇帝的支持，开始拥有寺属庄园。后来他又通过寺属庄园的逐渐扩大，来建立服务于世俗行政的庄园。之后的多吉贝得到蒙古皇帝诏封，被任命为帕竹万户长，建立了12处庄园。"胜宝乃召回派其为万户长，金刚祥遂三赴元朝，元主乃赐颇章岗、冲杜札、烈伍栋、那摩、哈纳冈、塘波齐、林麦、崔喜迦、门喀札喜洞、甲塘、贾孜至库、雀登林、伽迦，建十二庄房，并保有领地甚多。"

　　第三阶段：帕竹政权时期，豁卡作为正式的行政制度被推行到整个乌思藏地区。绛曲坚赞大规模地推行以豁卡组织生产，管理属民的豁卡制度，并对其手下功绩卓著、尤为忠顺者，实行封赐豁卡的制度。凡受封赐的豁卡都可以世袭，如曾经为帕竹政权的建立立下汗马功劳的喜饶扎西就被赐予了查嘎尔豁卡，作为世袭领地。这就在乌思藏各地培植并形成了一批衷心拥护帕木竹巴政权的新贵族。豁卡在这一阶段有了长足的发展。而到了甘丹颇章政权时期，随着格鲁教派的发展并最终确立主导地位，形成了一大批"却豁"。这样，建立在雄豁、却豁、格豁基础上的西藏庄园制度完全形成，这也是构成"西藏三大领主"统治制度的基础（图2-4-2）。

二、选址布局

　　豁卡是西藏政教制度下农牧业经济生产的管理组织型聚落，故而其选址主要是要有利于农业、牧业的发展和对土地、农奴的管理。现存格局较为完

图2-4-2 贡嘎县杰德秀谿卡聚落

整的历史谿卡中，多位于农牧业较为发达的河流谷地、交通比较方便的道路附近，以郎赛林谿卡和甲玛赤康谿卡最有代表性。

朗赛林庄园又名"囊色林"，意为"财神之地"，地处山南地区扎囊县朗赛林乡。庄园处于临雅鲁藏布江的袋形谷地中，谷地面积达6平方公里，平坦的地形为庄园提供了广阔的可耕作土地。

朗赛林庄园始建于帕竹政权时期，是帕竹时期贵族庄园的代表，它反映了帕竹时期庄园建筑的典型面貌。朗赛林庄园占地7000多平方米，由主楼、副楼、平房、牲畜棚、内围墙、外围墙、外围壕、瞭望楼、碉楼，以及一处独立的林卡构成（图2-4-3）。

甲玛赤康庄园所在的甲玛地方位于拉萨东部、拉萨河中上游南岸河谷之中，俗称甲玛沟。此地三面环山，最南面的山体形成一道屏障，与山南地区相隔；东西两面山体的夹峙形成河谷，河谷主要为农业耕作区；北面临拉萨河，整条沟的地势南高北低，山水下泻汇集成小河，向北汇入拉萨河。甲玛赤康成为西藏大贵族霍康家族的领地，由大小不同的四五个小谿卡

和河谷牧场组成。甲玛地方由于地处雅砻河和拉萨河的过渡地段，不可避免地成为各种势力壮大和角逐的要地，甲玛地方也经历了从"苏毗属地—囊日松赞军政中心—吐蕃王宫之一—噶当派基地—元万户之一—封建主领地—霍康家族领地"的角色转变。

三、功能性质

谿卡，"谿"，是土地之意；"卡"，用土石围成墙来保护。"谿卡"，既是"用土石围成墙来保护的土地"，也是"产业、根基"之意。"谿卡"是一个动态的概念，它随着社会的发展和人类认识的发展而有所变化。"谿卡"主要有三层含义：一层是作为土地的谿卡，不单指耕地，而是包括山、水、草、木、建筑，以及非耕地等在内的诸多财产；再一层是作为一种经济组织的谿卡，反映了历史上西藏的基层经济组织形态；还有一层是作为行政单位的谿卡，是基层的政权机构，反映了西藏政权对基层社会的管理。

谿卡早期是作为首领封赏的供养之地而存在

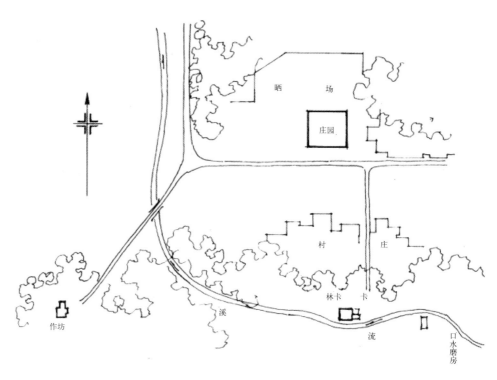

图2-4-3　朗赛林谿卡聚落中心区平面图

的。仅仅是一种土地的权属形式。到了帕竹政权时期，绛曲坚赞在卫藏地区大力推行谿卡制度，将其与地方行政组织"宗"联系到一起，从而形成"宗谿"这一新型的地方行政组织形式。从此，谿卡既成为基层的行政机构，又是组织农业劳作的基本经济单位，谿卡的中心自然也成为一定范围内的政治、经济中心聚落。谿卡聚落发挥了联系西藏乡村农业政治经济和"宗"之间的联系枢纽功能，其作用与汉地同时期的乡镇类似。

四、营造特点

坐落在乡村地区的"谿卡"聚落，一般是由庄园主建筑及其周边的农田、牧场、民居、林卡等组成，其基本的营造特点为：

1. 庄园建筑是整个谿卡的中心，其规模之大和外观之华丽与聚集在其周围的民居形成鲜明对比；庄园建筑对周围的农田、牧场、林卡以及民居形成空间上的统属意向。

2. 谿卡主体建筑选址于风景优美、良田广阔的平地之上。其建筑规模一般根据谿卡贵族的权力、官职的大小而不同，但总体上在藏族的住宅类型的建筑中属于大型居住建筑。其规模、体量巨大，装饰豪华，是典型的藏族贵族住宅。

3. 谿卡主体建筑往往注重军事防御，具备完备的防御性工程设施，一般包括多道高大城墙、深壕沟，城墙上有射箭孔、投石箱，城外四周还有陷马坑。

4. 谿卡建筑内拥有大量的仓储空间，存放粮食、武器、工具，库房一般设在主楼的底层；一般都有磨房、纺织机房等工场，供朗生和农奴们进行捻毛线、织氆氇、制作家具等生产活动；朗生（奴隶、家奴）居住的房屋简陋破烂、狭小阴暗，与领主居室形成鲜明的对比；庄园内设有惩罚农奴的牢狱。

5. 在建筑结构和材料的使用上，充分考虑民族、宗教特色与实用功能和防御功能的结合。

第五节　村寨

村寨是人类集聚的基本形态，也是组织生产和生活的最小单元。在西藏历史聚落类型中，村寨是形态保存最完整、生活状态留存最稳定的聚落。西藏村寨对物质空间的需求比都城、寺城、宗城、谿卡而言相对较低，以满足基本生活的居住空间、公共空间和简单的生产空间为主；但在精神空间上往往呈现出强烈的特质，在宗教信仰、价值观念、文化内涵等方面，保持了诸多弥足珍贵的历史信息（图2-5-1）。

一、兴衰成因

部落文明时期的西藏，还没有形成真正意义上的城市，所以此时遍布西藏各地的聚落多数为村寨，即以原始农牧业生产为主要目的、季节性居住为主要功能。随着社会发展，农牧业开始大规模分工，大片土质肥沃的平原谷地开垦出来耕种庄稼。同时，围绕农田修建居舍，许多地方开拓成规模不等的村庄。当然，这些以农业为基础的河谷平原村庄，仅仅是分布在雅鲁藏布江的中游地区，这里既是吐蕃统治的中心地带，也是最适宜农业耕作的地区（图2-5-2）。

农业村寨主要分布于雅砻河流域、拉萨河流域、年楚河流域等地（这都是雅鲁藏布江中游的支流流域），有宽阔的河谷平原和充足的河水灌溉，气候也相对湿润温和，具备了发展农业和形成村寨的自然条件及安全保障。

在西藏历史聚落的演化过程中，村寨也是诸多城镇型聚落形成发展的"细胞"，作为人口集聚的最初形态和基本单元，随着生活、生产、宗教、政治等功能的逐渐完善和扩张，原先以简单集聚为目的的村寨人口，逐渐向寺院、宗堡、谿卡等中心集聚，也成为寺城、宗城、谿卡等聚落形成的主要人口来源。

二、选址布局

村寨的选址布局从根本上取决于自然条件，如河流谷地、草原牧场、水源供给与灌溉、土壤、阳光、降水等。因此，自然环境是村寨聚落的选址、

图2-5-1　雅鲁藏布江沿岸村寨聚落

图2-5-2　尼木县村寨聚落

布局、建筑营造、对外联系的决定因素。而西藏地区的地形、地貌、气候、水源等因素的特殊性以及差异性，又决定着西藏历史村寨丰富的类型。以所处地理环境的差异，西藏村寨的分布大致可分为以下几个区域：藏东峡谷区，"一江两河"流域，喜马拉雅山高山区，阿里地区；而藏北高原由于气候极端、水源缺乏，人口极为稀少，历史上以游牧帐篷为主要生产生活集聚地。

藏东峡谷区位于青藏高原东缘，横断山区北部，为一系列东西走向逐渐转为南北走向的高山深谷，其间挟持着怒江、澜沧江和金沙江三条大江。村寨多位于大江及其支流两侧，分布分散、封闭性强。较有代表性的村寨有盐井村、僜人村、米堆村等（图2-5-3）。

图2-5-3 藏东峡谷村寨聚落

　　"一江两河"流域是西藏农业最发达的地区，也一直是西藏人口密度最大的区域。该区域位于冈底斯山脉东段与喜马拉雅山脉之间，村落大多位于江河、湖盆谷地，与山体关系密切，方便组织农牧业生产。村落格局整体呈平面自由状，有机扩散，道路曲折，尺度多变，采用较为统一的藏式平顶和土、石建筑材料，形成了建筑风格统一的典型西藏村落景观。

　　代表性的村寨有雍布拉康宫堡附近的村庄、郎赛林谿卡所属村庄等。

　　喜马拉雅高山区村落多位于高山垭口，自古以来就是西藏与喜马拉雅山南部地区交通的必经之路和贸易通道。较有代表性的是亚东县下司马镇春培村。此村落位于大山的河谷之中，农田布局于河流两岸，村落集聚于山脚，聚集度高，布局自由，空间开敞度高，整体性风貌统一。村落入口处有寺院，布置转经筒，具有高度的空间识别意义。村落通过一座索桥与外界连通，既保障了对外交通，也有安全防卫的功能（图2-5-4）。

　　阿里地区村落多位于高寒地区，对外联系较困难，村落呈现出相对的独立性及封闭性。较有代表性的是普兰多油村和玛旁雍错附近的吉乌村。多油村选址于河流谷地，村落面积较大，但散落布局，在人口稀少、农业稀缺的阿里地区，农业型的村落已属罕见。吉乌村是典型的人口集聚型村落，现已无农业，但由于紧靠玛旁雍错，周围有寺院紧邻，村落内部以佛塔为重要景观中心（图2-5-5）。

图2-5-4 喜马拉雅高山区村寨聚落

图2-5-5 科迦寺附近的村寨聚落

三、功能性质

　　西藏村寨的功能既有普遍意义上的农牧业型聚落的特征，也由于其所处的自然条件和文化特质的不同，而具备独特的内涵。

　　历史上西藏不同地区的人口分布差异很大，在不同的地理环境下营造了不同形态的村寨，但本质功能具有共通性。随着西藏政教制度的建立与完善，这种集聚方式逐步超越了早期的生产、生活基本功能，而被赋予了更多制度上的属性和宗教上的内涵，村寨成为维系西藏政教统治的底层经济链条，也是宗教信仰的基本单元。

　　公共空间的特质化和凝聚力——这是西藏村落内部公共生活中心的特点。西藏村落在具备一般村落的生产、生活功能之外，大多都强调其内部公共活动的重要性和文化特质。最常见的即村落的宗教信仰公共空间，或紧邻寺院，或围绕寺院，或在村落内部布置祭拜的佛塔、玛尼堆等，都是村落精神空间的核心，也是公共活动的中心。也有一些村落由主要民居建筑围合一处公共场院，既可用作农牧的堆放，也是村落公共活动的中心，聚落的形成与扩张均与公共活动中心密切联系，具有精神向心性和空间可达性。林卡也是西藏村落中常见的公共活动中心，承担了类似聚众、交流、会议、体育活动等多种公共活动空间的职能，是诸多村落中重要的组成部分。

四、营造特点

西藏历史村寨是在自然环境、农牧业生产以及民族宗教的综合作用下形成发展的，虽然在各个历史时期有较为不同的规模形态，但村寨的演化较为缓慢，形态较为固定，主导因素比较清晰，这也正是西藏历史村寨能保留较为完整的历史信息的原因，并形成了独特的营造特点：

顺应自然环境——西藏村落的营造是合理利用自然环境和改造自然环境的典范。无论是深山峡谷中的山间村落，还是高山谷地中的平坦村庄，或是荒漠草原中的游牧聚落，都是对自然环境不断适应的结果。如在高山缓坡之上营造民居并开垦梯田、引水灌溉，是对自然环境的适应与利用；在藏南谷地大片发展农业种植，是最大限度地从自然资源中获取粮食作物。

和谐的整体格局——村落以民居为主，以农牧田地为根本，还要合理处理与周边山系、水源的关系，这是多年以来聚落营造遗传下来的智慧与经验。人工聚落、自然环境、农田牧场三者的关系，和谐匹配，才能生生不息，部族村寨才能繁衍不止。

有机的聚落肌理——西藏传统村落，无论是从空间上还是平面肌理上，都呈现出高度的一致性和有机的空间序列。由于同一的文化特质和生产生活需求，村落的布局在资源环境的承载范围下逐渐展开，道路随功能逐渐延伸，建筑随需求不断复制并蔓延，形成了具有一致性的空间肌理，如统一的建筑形式、统一的碉楼屋顶、统一的夯土院墙、统一的燃料晒制及堆放（如牛粪晒制于墙体），统一的房屋材质及颜色。

本土化的建筑材料——村落建筑的营造最能体现本土化的特征，就是对当地材料的应用。不同地区的材料不同，产生出不同的建筑形式，适应不同的环境气候。如藏东的干阑式建筑、藏南的碉楼建筑、西部的土石建筑，均是取材于本地材料并进行加工，形成极具地方特色的建筑形式，也最大限度地去适应地方自然环境的变化。这种营造材料的本土化，最具生命力的营造方式，延续多年，根植于自然并适应自然（图2-5-6）。

图2-5-6 措美县村寨聚落

聚落营造中的文化体现——营造最终是一种文化的延续与再造，在西藏村寨的营造中体现得尤为明显。如藏东峡谷地带的村寨营造，是多元文化交融于此的结果，宗教信仰与民族习俗的符号在聚落营造中处处可见，寺院、白塔、经幡、彩带、玛尼堆、山石崇拜、树木崇拜等，形成完整而清晰的精神空间。

注释

① 旧时，西藏1克约为28市斤；土地面积一克即为可以播种1克（28市斤）种子的土地面积。

西藏古建筑

西藏古建筑

第三章 宫殿建筑

西藏宫殿建筑分布图

① 布达拉宫
② 帕邦喀宫
③ 甘丹颇章
④ 雍布拉康
⑤ 乃东宫寨
⑥ 拉家里王宫
⑦ 白姆宫殿遗址
⑧ 萨迦王宫
⑨ 贡塘王宫
⑩ 古格王宫
⑪ 嘎朗王宫
⑫ 青瓦达孜宫殿遗址

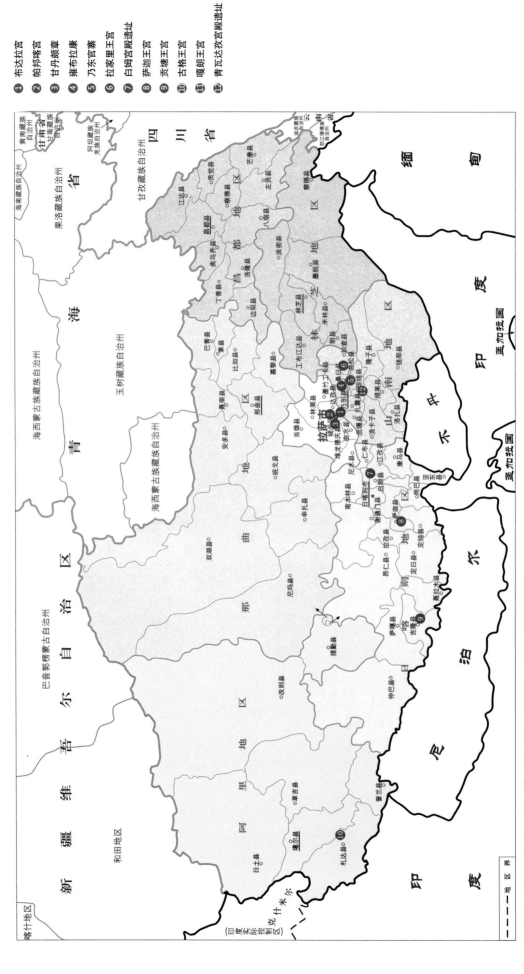

- - - - - 地 区 界

（地图引自：中华人民共和国民政部编.中华人民共和国行政区划简册2014.北京：中国地图出版社，2014.）

图3-0-1 F·斯潘·珊曼（F·Spencer Chapman）于1937年拍摄的布达拉宫。布达拉宫位于拉萨红山上，包括山上的宫殿建筑、山脚的"雪"及山后的花园。在西大门周围有一片开放的三角区，这个通往拉萨的入口，在两座山脚的谷底平地上，由三座塔组成。现在，布达拉宫前面已建起宽阔的广场，前面的道路为拉萨主干道——北京路

宫殿，藏语称"颇章"，是西藏古建筑的重要组成部分。在西藏不同的历史时期都建造过当时权力象征的宫殿建筑。从雅砻部落时期修建的西藏第一座宫殿雍布拉康，到吐蕃松赞干布时期在拉萨红山修筑的王宫[①]，以及吐蕃王朝分裂后，各地方政权的宫殿如古格王宫、贡塘王宫，直至政教合一时期的萨迦宫殿、甘丹颇章、布达拉宫，西藏宫殿建筑历经两千多年的发展历程，并形成以布达拉宫为杰出代表的西藏宫殿建筑（图3-0-1）。

第一节 历史的演变

一、宫殿建筑的成因

据藏文史籍记载，远古时期西藏社会进程的大致脉络是：猕猴（又称神猴）与罗刹女（又称岩魔

图3-1-1 聂赤赞普，壁画

女）结合，生下若干猴雏——逐渐演变成人，形成赛、穆、顿、东、查、楚六大氏族或六牦牛部——"玛桑九族"部落，之后发展并形成二十五小邦、十二小邦、四十小邦——雅砻部落的崛兴，部落首领聂赤赞普（图3-1-1）出现，逐渐进入吐蕃王朝时期。

"小邦的出现，标志着一定规模的以邦为核心的采邑（史籍中称堡寨）已经出现，并一直成为影响藏族传统建筑的一条主线。"据《敦煌古藏文写卷》记载："各小邦境内，遍布一个个堡寨。""堡寨的兴起是小邦时代的一个突出特点。从'小邦喜欢征战残杀'记载来看，堡寨的产生最初可能是适应战争的需要，其作用在于防范敌对小邦的进攻，故应带有明显的军事要塞性质。其最初的堡寨可能大多修筑在山冈之上。"大约公元前2世纪，小邦中的雅砻部落崛起，《敦煌本吐蕃历史文书》载："古昔，各地小邦王子及其家属如此应运而生，众人之王，作大地主宰，王者，威猛，谋略深沉者相互剿灭，并入治下收为编氓。最终，以鹘提悉补野之位势莫敌最为崇高。"鹘提悉补野（雅砻）王统第一代赞普（首领）聂赤赞普，在今山南乃东县东南约5公里处雅砻河东岸觉姆扎西次日山头上建造了西藏历史上的第一座宫殿——雍布拉康（图3-1-2）。"雍布拉康是这个时期的标志性建筑，它既承袭了各小邦时期的堡寨功能和特点，又为藏族碉式建筑的发展起到了启后的作用。"② 可见，在互相征战的小邦时代，雅砻部落通过"剿灭""并入"等，成为实力最强的部落，为"适应战争的需要"，"防范敌对小邦的进攻"，在山冈上修建带有堡垒性质的堡寨（宫殿）——雍布拉康。不过"堡寨虽是适应

战争的需要而产生并具有军事防御性质，但堡寨一旦产生，它必然成为小邦之最初的政治和地域中心"，这种堡寨，是各部落的政治、军事中心，也是首领的宫室所在。

另根据汪道元先生的《卡若遗址的居住建筑初探》，我们可以了解原始的藏族建筑艺术，卡若遗址中粗大的柱洞痕迹说明，柱子已在原始西藏古建筑中普遍用于支撑屋顶，以加大承重的能力。西藏地区随处可见的片石是砌墙的天然材料，因而形成了西藏建筑的基本特点，柱式结构、平屋顶、厚重的石墙构成了藏族原始建筑的基本轮廓。《隋书附国传》记载："附国南北八百里，东西千五百里，无城栅，近山谷，傍山险，俗好复仇，故垒石为巢，以避其患，其高十余丈下至五六丈……状似浮图，于下致开小门。"从此文献中的"近山谷，傍山险"，体现了宫殿建筑所具有的军事防御的地理位置，而这种建筑理念恰恰反映了藏族早期自然崇拜和天梯说思想，也在一定程度上表明了藏族历史上战争频繁和长期分裂的历史文化背景，为宫殿建筑的产生提供了先决条件，而且影响了后来西藏建筑的发展。

二、宫殿建筑的演变

（一）萌芽期

公元前2世纪至公元7世纪，为吐蕃兴起和鼎盛阶段，也是西藏宫殿建筑的萌芽期。据文献记载，西藏历史上的第一座宫殿为雅砻部落第一代赞普聂赤赞普在今山南地区乃东县境内兴建的雍布拉康，时间大约在公元前127年，西藏民间相传"地方莫早于雅砻、宫殿莫早于雍布拉康、国王莫早于聂赤赞普"，便是真实的写照。从雍布拉康开始，历代雅砻王统相继建造了不少宫殿。诸如第三代赞普修建了"科玛央致宫"，第四代赞普修建了"固拉固切宫"，第五代赞普修建了"索布琼拉宫"，第六代赞普修建了"雍仲拉孜宫"，第七代赞普修建了"撒列切仓宫"，第九代布迪贡坚至十五代赞普伊肖勒先后在今山南地区琼结县兴建了达孜、桂孜、扬孜、赤孜、孜母琼结、赤孜邦都6座宫殿，统称

图3-1-2　雍布拉康，楼顶坐的是拉托托日年赞，壁画

"青哇六宫"。三十一代赞普囊日松赞（松赞干布之父）兴建赤则蚌都。据《西藏王臣记》载，囊日松赞用"红牦牛乳，和以泥土，修建宫室，名赤则蚌都"。"此时，在西藏地区有若干小邦（部落），在各小邦境内，遍布一个个堡寨，这种堡寨，是各部落首领的政治、军事中心，也是首领的宫室所在"。这些宫室由于历史原因，除雍布拉康于20世纪80年代按原样重修外，其余宫殿均已不存在，其形制与规模也无从考究，只能有待于今后考古工作的开展来识其庐山真面目了（图3-1-3）。

（二）形成期

7世纪至13世纪，吐蕃王朝经历了兴盛、衰败和分裂几个历史阶段，西藏进入封建农奴制社会，宫殿建筑进入形成期。

1. 吐蕃王朝时期

雅砻三十二代赞普松赞干布迁都拉萨建立吐蕃王朝后，在拉萨玛波日山顶，在祖先足迹遗存之处（即今布达拉宫址上），兴建了宫殿。据《西藏王臣记》载："建一广大城堡，于己未年奠基，高达三十围墙，既高且阔，每边约一里余。大门南向，红宫九百，共一千间。一切宫檐口，以宝为饰。走廊台阁，铃铎冷然。堂皇美丽。自美好方面观之，等于自在天之最胜宫，观赏无厌，诸宝庄严，以各种绫罗作网与半网，妙好悦目。自可怖方面观之，等于罗刹城之朗迦布山，一切宫顶有刀剑及红旗十柄，各以红绫缚之。自坚固方面观之，若有边警，五人可守。又南方城垒，掘沟十寻，此上铺砖。一马驰驱其上，有如十马奔腾。又于南方，仿照梭帕宫式，建札拉吉祥越量宫，为赤尊自身之寝宫，共计九层，高大宏伟，庄严美丽，王与后二宫之间，连以铁桥，桥下悬绫幔、拂尘，有铃作声，王与后互通往来"（图3-1-4）。这些记载都是后世佛教徒所写，其中掺入不少宗教内容，但却指出了宫室是建在山顶及山的南面；有1000间房间的规模，其中还有9层高楼；周有高大的围墙，南面有护城河，形如一大城堡。可见其建筑规模已远超部落时代的雍布拉康，建筑艺术效果也得到进一步突出。可惜

后因雷击引起火灾，遭到毁坏，仅存法王洞。

松赞干布之后，据《敦煌古藏文历史文书》载，松赞干布之孙墀芒伦芒赞普曾"驻于美盖尔"、"驻于辗噶尔"。按原书注："美盖尔，地名，又作宫殿名。为赞普牙帐所在地"，"辗噶尔，地名，又作宫殿名"。刘立千译《西藏王臣记》载，赤德祖赞"生于邓喀王宫"。同书注："宫在邓喀隆巴……或称丹噶尔宫"。同书载：赤松德赞"诞生于扎玛王宫"，同书注："扎玛王宫：在山南桑耶寺北山的扎玛区"。同书载"赤松德赞住吴祥多宫"，"吴祥多宫在拉萨西南桑达的南面，位于机曲河东岸，其西安与曲水县之江相望……吴祥多是吐蕃时期赞普的别宫，又称温江多宫。《敦煌本历史》载，从公元700年起，王母赤玛勒即驻于温江多宫，并在此召集大臣会议"。

图3-1-3 贡塘王宫遗址

图3-1-4 松赞干布时期修建在拉萨红山上的王宫和后宫图（壁画），两宫之间架有铁索桥，宫殿顶部饰有旗帜和长矛，共有九百九十九间房

从以上所引文献看，吐蕃王宫除原来古都琼结的宫室及都城拉萨玛波日山顶（红山）宫殿有一些具体描述外，各地还有一些宫殿，但其形制及规模均不详。这些宫殿由于历史原因，今天都不存在了，有的甚至不能确定遗址的位置。但就目前所记载的一些资料分析来看，宫殿建筑是这个时期最宏伟的建筑，是当时建筑文化的精华。当时的宫殿是赞普处理政务，召集大臣、部落首领集会等的政治活动中心；其次是供赞普及王室成员生活所用。

2. 吐蕃王朝分裂时期

吐蕃王朝覆亡后，吐蕃王统后裔的两个支系，一个支系为吉德尼玛衮，另一支系为次扎西则巴贝。吉德尼玛衮支系逃到阿里，曾在"拉若地方修建了孜托加日宫"，其后代德尊衮做了古格王，后在今阿里地区札达县境内修建了古格王城，在依山而建的王城顶部修建了王室（图3-1-5）；次扎西则巴贝到了贡塘地区，并建立起贡塘小王朝，在今日喀则地区吉隆县境内修建了贡塘王城，在王城内

建"扎西琼宗嘎波"宫室。此时期修建的宫室除处理政务及王室起居生活内容外，已经有了宗教活动的内容，性质与吐蕃时期不同。如"从古格王国故城遗址内容看，除有议事厅等政务建筑及王室起居生活建筑之外，虽然也有两处佛教遗址，仅作礼佛场所，这时王宫的主人仍是国王，其宗教中心是在托林寺，教主并非国王"。

（三）成熟期

从13世纪元朝统一西藏至20世纪初十三世达赖喇嘛时期，是西藏宫殿建筑的成熟期。自元朝统一西藏后，在西藏地方建立过政教合一的地方政权，如萨迦地方政权。之后在明朝和清朝中央政府的支持下，建立了帕竹地方政权和甘丹颇章地方政权。这些地方政权都分别修建有驻锡和施政的场所，在藏语中称"颇章"，即宫殿之意。政教合一体制的一个重要特征是宗教统治依附于政治统治，政治统治因为宗教统治而更稳固，所以宗教和政治之间有着相辅相成的密切关联。这样的本质必然会导致政

图3-1-5　阿里地区札达县的古格王国遗址，山顶为宫殿区遗址，呈"S"形，在该区内有两座礼佛场所

权所在地与宗教中心发生关系，两者也需要相互依托并存。这一特征表现在宫殿建筑的形式上是：领主与教主结合，合二为一，用教派的主寺作为政教的统治中心，宫室也在寺内。

如萨迦派创始人昆·贡却杰布，在今萨迦县仲曲河谷建萨迦寺，用家族传法的办法以传教，经他子孙的努力，自成一宗教派，这个家族的继承人，就成了领主兼教主。萨迦寺也经不断扩大成为该教派的主寺，也是这个家族的政教活动中心。寺内除有供宗教活动的各种佛殿、经堂外，还有供教主及其亲眷起居生活内容用房以及管理萨迦地方政务、教务的办公用房。当萨迦派于13世纪与元朝取得联系、西藏归入祖国版图后，中央王朝将西藏划分为13个万户行政区，萨迦成为13万户之首，"萨迦五祖"八思巴被封为帝师，成为元朝的一位中央官员，萨迦派兴建萨迦南寺，在寺中修建了许多"颇章"和"拉章"。如古绒森吉噶尔布颇章、曲美增卡典曲颇章、格白拉章等。众多的颇章和拉章融为一体，与寺内的"拉康"、"贡康"以及其他建筑物共同构成这个"政教合一"实体的"宫寺合一"的殿堂。所以萨迦南寺既是教派的宗教中心，也是当时西藏地方的政治中心，既是寺院，又是宫殿。其宫寺一体的建筑形制对后来的宫殿建筑产生了重大影响。

"之后，藏传佛教噶举派势力逐渐发展壮大，它开始是由宗教活动家创立教派，后来被地方贵族朗氏家族篡夺了教派的领导权，而形成教派和地方势力结合的集领主教主于一身的角色，比萨迦的政教结合更为典型。作为十三万户之一，到14世纪，帕竹击败萨迦派地方政权，统一卫藏地区，在山南乃东建立统治全藏的帕竹地方政权。同时，西藏地方的政治中心从萨迦转移到了乃东；扩建了乃东原来的乃东官寨（乃东王宫）。目前乃东官寨实物已不存在，但从相关记载可知：乃东官寨内容有为宗教、政务及朗氏家族人员生活服务的建筑内容，有完善的防御工程。是一个具有防御性能的大碉堡"。

15世纪，宗喀巴创建格鲁派，经过半个世纪的努力，格鲁派创建了以甘丹寺、哲蚌寺、色拉寺为主的寺院集团。位于拉萨西郊的哲蚌寺，作为格鲁派最大的寺院，在教派中的地位最高。大约在1530年，哲蚌寺寺主根敦嘉措（1475-1542年）在哲蚌寺西南角修建了甘丹颇章建筑群供寺主使用。根敦嘉措以后的寺主索南嘉措(1543-1588年)于1578年被邀到青海与蒙古族土默特部的汗王俺答汗会面，这是当时极有实力的蒙古族势力和格鲁派结合的开始。俺答汗和索南嘉措会面，互赠尊号，索南嘉措得到"圣识一切瓦齐尔达赖达赖喇嘛"的尊号，这是达赖喇嘛名号的开始，由此追认根敦主为一世达赖喇嘛，根敦嘉措为二世达赖喇嘛，索南嘉措本人为三世达赖喇嘛。从此、三、四、五世达赖喇嘛都住在哲蚌寺的甘丹颇章。五世达赖喇嘛借助蒙古固始汗兵力消灭第悉藏巴政权，并得到清政府册封，使其成为西藏名正言顺的教主，拉萨也再次成为西藏的政治中心。此时，五世达赖喇嘛在红山顶上开始修建布达拉宫，作为一个政教合一的宫殿，供达赖驻锡之用。后经历世达赖增修，直至20世纪初的十三世达赖喇嘛时期，约300多年的修建历史，才成今日之规模。布达拉宫成为西藏宫殿建筑的经典之作，当然也是西藏建筑的最高成就，它集中了西藏古建筑的诸多特点，是集西藏古建筑技术与艺术之大成。

三、宫殿建筑的分布

从雍布拉康到布达拉宫，西藏历史上兴建了不少宫殿建筑，主要分布在拉萨市、山南地区、日喀则地区、阿里地区等。根据国家文物局主编的《中国文物地图集·西藏自治区分册》统计，被公布为国家级文保单位的宫殿建筑或遗址有5处，分别为：拉萨市2处，布达拉宫和甘丹颇章（位于哲蚌寺内）；山南地区1处，拉加里王宫遗址；阿里地区1处，古格王国遗址；日喀则地区1处，萨迦寺。

自治区级文保单位的宫殿建筑或遗址有5处：拉萨市1处，雪林多吉颇章（班禅喇嘛在拉萨的行宫，由周恩来总理特批兴建）；日喀则地区1处，德钦格桑颇章（班禅夏宫）（图3-1-6）；山南地区2处，雍布拉康和鲁定颇章；昌都地区1处，托德夏宫。

图3-1-6 德钦格桑宫

未被公布为区级及以上文保单位的宫殿建筑或遗址有9处：山南地区4处，乃东官寨、青瓦达孜宫殿遗址，札玛止桑宫殿遗址，羊孜颇章遗址；日喀则地区3处，贡塘王宫、巴钦颇章遗址、姆（女王）宫殿遗址；阿里地区1处，普兰王宫；林芝地区1处，噶朗王宫。

第二节　布局与功能

一、宫殿建筑的选址

西藏宫殿建筑通常选址于河谷盆地的山冈上，带有明显的防御性质。如雍布拉康选址于山南地区雅砻河谷的扎西次日山头上，地势十分险要（图3-2-1）。山的东南面是陡峭的山壁，北面山势较缓，从北面的坡脚上马道沿山势才能到达。古格王国故城位于于今阿里地区札达县象泉河南岸有东西两山夹持的一南北走向四面突起的山体上，四面悬崖，王宫建筑位于山顶台地上。建于11世纪左右的贡塘王宫是"在形似巨幅帷帘之西山脚兴建宫堡，并在周围砌以围墙壕沟"；乃东官寨建在雅砻河东岸如马蹄形的山冈上，山冈三面环山，一面开口，面对广阔的雅砻河谷盆地的小山上，极利于防守等。选址除了考虑地形险要，有利于防守之外，还会考虑宗教及情感因素。如修建布达拉宫时，据

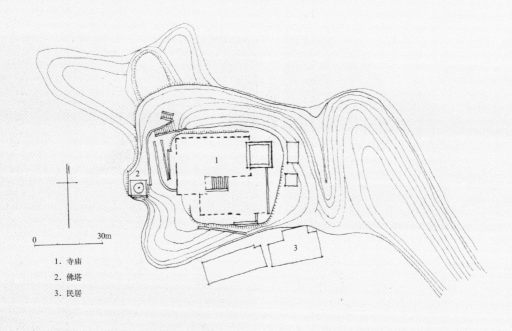

0   30m

1. 寺庙
2. 佛塔
3. 民居

图3-2-1　上：雍布拉康总平面；下：雍布拉康地形示例

《西藏王统记》载："法王松赞干布心自思维，为利益此雪邦有情，我修行处，当何处？又思昔我祖拉托托宁协（拉托托日聂赞）乃圣普贤之化身，曾住拉萨红山之巅，我亦当践履先王遗迹，往彼吉祥安适之处而作利益一切众生之事业。……于是，王又从此前进，至红山顶修筑宫室而居焉。"

二、宫殿建筑的布局

宫殿建筑通常采用依山而建的自由式布局，规模较大的宫殿通常由位于山顶的宫殿区、山脚的雪村及山脚或位置稍远的树木繁盛之地的夏宫三部分组成（图3-2-2、图3-2-3）。

宫殿区建筑通常由宫殿主楼、佛殿及附属建筑如库房、马厩、作坊等以一个或多个院落进行群体组合，有些院落空间尺度很大，成为广场，作宫内的户外活动中心，每逢节日、重大宗教活动等在此聚会、举行仪式。主要建筑如宫殿、佛殿等均占据良好位置，一般朝南。群体建筑周围有围墙，具备防御功能。有时还设置通往山下的暗道。如山南拉加里王宫（图3-2-4、图3-2-5），宫殿区位于色曲河谷高地的顶部平台上，由旧宫和新宫两部分组成，夏宫位于北面河滩低地上。新宫殿部分由甘丹拉孜（王宫）、佛殿、库房、作坊、马厩沿中央广场周围布局，四周高墙，居高临下，易守难攻。王

图3-2-2 拉萨乃琼夏宫

图3-2-3 拉萨乃琼夏宫后侧立面

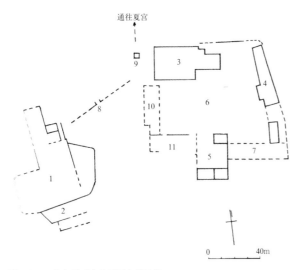

图3-2-4 拉加里王宫总平面布局示意
1."旧宫"扎西群宗；2.旧宫南门门庭；3."新宫"甘丹拉孜；4.大仓库；
5.甘珠尔拉康；6.广场；7.马厩；8.北大门；9.地道入口；10.工匠住所；
11.王府作坊

图3-2-5 曲松县的拉加里王宫

图3-2-6 拉萨哲蚌寺西南角的甘丹颇章建筑群

宫、佛殿、仓库及附属建筑围成院落，中间庭院"东西宽约80米，南北深约40米"，广场地面用青、白石块（径约10～20厘米）拼砌出"雍仲"、莲花及八宝图，更增加宗教气氛。

　　雪村布置在山脚，由各附属建筑依地势自由式组合。如布达拉宫的雪城建在山前平地上，城内有一些管理机构用房，如藏军司令部、布达拉直属县及下区办事处、粮库、监狱及印经院，以及一些僧俗官员住宅、勤杂人员用房等服务性建筑组成，各建筑之间的位置关系并无严格规划。

　　在山脚或位置稍远的树木繁盛之地布置夏宫，提供休憩、玩耍和过林卡之用。布达拉宫的夏宫是罗布林卡，位于布达拉宫西南1.5公里处。拉加里王宫的夏宫在宫殿区高崖下北面河谷平地上，占地长500米，宽300米。原建筑包括宫墙、浴池及宫殿等，现多已不存，仅存一小型宫院。夏宫的主要建筑东西面阔18米，南北进深20米，是一座"四合院式的藏式与汉式风格融为一体的宫殿，大致坐北朝南，北面为正房一排三间，中央为小院坝，其北、东、西各设有石阶四级，可拾级而上进入三面房间"。

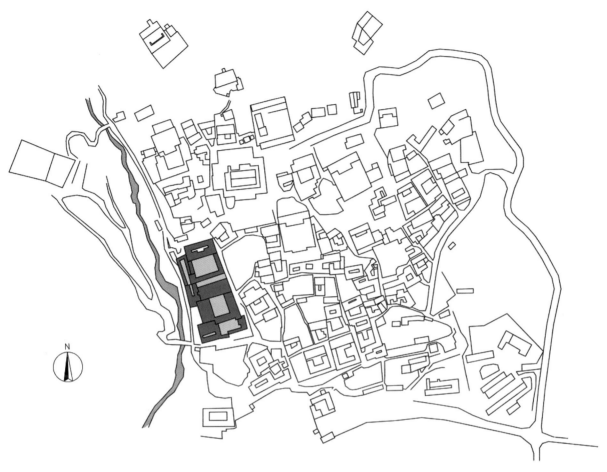

图3-2-7　位于哲蚌寺西南角的甘丹颇章建筑群与整个寺院建筑布局关系示意图

　　此外，对于寺院中的宫殿，宫殿与寺院的关系看作是个体与整体之间的关系，既有关联又相对独立。萨迦南寺和甘丹颇章虽然融入萨迦寺和哲蚌寺这样的整体中，但是它们本身又是独立的个体。如位于哲蚌寺西南角的甘丹颇章建筑群，建筑沿道路和山溪从南向北，顺山势布局，由前、中、后三个院落及后部一个西侧院落组成（图3-2-6、图3-2-7）。宫殿主楼位于中间院落正中，朝南，4层。底层库房，有门通向院内，二、三层是行政用房和宗教活动的殿堂，顶层是达赖喇嘛的生活居住用房，办公用房、办事人员用房及各种库房则围绕主楼布置在周围的建筑中。总的规划，功能明确，各院落结合山形地势，布局合理，院内主楼与其他建筑有机结合。总

的组成一组宏伟壮观的大建筑群，并有机融合在哲蚌寺整个寺院建筑群中。

三、宫殿建筑的功能

　　宫殿建筑主要功能是为满足居住、政务、宗教信仰和防御等的功能。从公元695年赤都松起，则有赞普驻于扎玛的记载，是当时王朝的一个重要的政治中心。赤德祖赞则常驻于扎玛的翁布采园，分别接见过唐廷、大食、突厥、南诏等地的来使。金城公主与赤德祖赞结婚时亦同居扎玛。《敦煌本历史》载：从公元700年起，王母赤玛勒即驻于温江多宫，并在此召集大臣会议。当时的佛教虽被重视、扶持，但仅是被政治利用。如唐德宗建中四

年（783年），大唐与吐蕃在清水会盟，唐使是陇右节度使张镒，吐蕃是大相尚结赞，"盟毕，结赞请镒就坛之西南隅佛幄中焚香为誓。誓毕，复升坛饮酒"。39年以后，唐穆宗长庆二年（822年），唐蕃会盟，唐派大理寺卿刘元鼎赴吐蕃，吐蕃主盟是掌政的僧人钵阐布，"已歃血，钵阐布不歃。盟毕，以浮屠重为誓，引郁金水以饮，与使者交庆"。这时，虽盟毕，还要再到佛前为誓，请佛作证，以示会盟的认真和重要性；虽有宗教人员涉足政治，但仅为政治服务，是政治主导一切。这时的宫室，是王权的象征。

吐蕃王朝覆亡以后，各地封建领主割据一方，开始大力利用宗教，这时的宫殿建筑除处理政务及王室起居生活内容外，还有宗教活动内容（图3-2-8），随着政教合一体制的发展，宫殿建筑的宗教功能不断加强完善。从早期阿里古格王国宫殿仅有两处佛教建筑——杰吉拉康（大威德殿赫）和度母殿（卓玛拉康），用于礼佛，到宫寺合一，宫殿属于寺院建筑的一部分，如萨迦南寺、哲蚌寺甘丹颇章等；最后在西藏宫殿建筑的巅峰之作——布达拉宫中，专门修建有宗教活动场所——红宫，在红宫内有为众多宗教活动，如诵经礼佛、受戒修

图3-2-8 布达拉宫的展佛活动，雪村至宫顶都有佛事活动的场面，壁画

法、跳神法会、群众朝佛、祭祀活动等提供的场所。红宫既是一座纪念性建筑，又是一座政治、宗教活动中心。设计者采用经堂、佛堂等不同的建筑空间组合，满足各方面的社会生活需要，就有多功能、公用性的特点和强烈的政治、宗教属性。而白宫的功能则是两方面：一是为政教服务，相应的建筑为大殿、朝拜殿、西藏地方政府设置在布达拉宫的办事处等；二是为达赖喇嘛服务，相应的建筑为寝宫、各类服务用房如经师、摄政、管家、侍从、仓库及管理人员用房等。

此外宫殿建筑非常重要的功能是防御。为保护自身和所属臣民的安全，所以他们通常把建筑的防御性放在第一位。首先是选址，宫殿通常都选择在山上建造，如雍布拉康建造在扎西次日山顶、青瓦达孜宫建造在青瓦达孜山顶、布达拉宫建造在布达拉山顶。据险而守，有利的地形为宫殿提供了第一道有力的屏障。其次，宫殿建筑均建有围墙，布达拉宫在雪城周围建有一道高大厚重的围墙，墙上开门，作为进出宫殿建筑范围的关口。第三，宫殿建筑一般体量庞大，空间错综复杂，身处其中，不易辨识方向，这也是宫殿建筑防御性重要的一方面。

第三节 类型与特征

一、宫殿建筑的类型

（一）居住建筑

居住建筑是宫殿建筑的重要组成部分，通常由卧室、厨房、厕所、王室成员聚会的厅堂、宾客用房等组成。这些居住性功能建筑常集中布置在宫殿建筑群体主楼的顶层，如拉加里王宫的居住建筑布置在宫殿建筑群体最核心的单体建筑甘丹拉孜的第五层。甘丹拉孜建筑由5层高的东、西两楼组成，东、西两楼的第五层主要都是为王室成员起居用的卧室、厨房、厕所等，四层布置王室成员聚会、观赏跳神舞蹈的厅堂等；甘丹颇章里面满足生活起居的用房也是布置在第二重院落主体建筑的顶楼；布达拉宫里面的达赖寝宫

则是布置在白宫第六层（图3-3-1）。

（二）宗教建筑

宗教建筑主要有各种殿堂（如佛殿、坛城殿、灵塔殿、供奉经书的殿堂等）、经堂（包括大的经堂和小的仅供王室家庭成员使用的习经室）、佛塔等。如拉加里王宫中的甘珠尔拉康(图3-3-2)，是拉加里王宫内重要的礼佛场所。殿堂由门廊、经堂、佛殿三部分组成。大经堂进深26米，面阔23米，原有68柱。佛殿位于经堂南面，由并列的两间殿堂组成，中间有门道相通。根据现场踏勘及相关史籍记载，经堂中部靠前减柱4根形成天井，天井上再立短柱，做高侧窗及屋顶。这种做法也符合西藏寺院建筑中将佛殿与经堂整合在一栋独立建筑中的传统做法。其小经堂布置在甘珠尔拉康的四层。此外，四层还有供奉已故三代山南法王的灵塔殿。在甘珠尔拉康的三层有法王静修室，藏语称"申穷不"；有储藏《甘珠尔》的殿堂；还有龙神殿。可惜三、四层建筑均已毁。

贡塘王城中的佛殿——卓玛拉康，"位于贡塘王城遗址的中部，坐北朝南，原系二层建筑，现上层已坍塌。底层建筑遗址由门庭、中庭及后殿三部分组成。遗址中保存着大批极为精美的木雕，主要集中于中庭庭院的檐柱四周以及后殿的门楣与梁柱之上"。

古格王宫遗址中有佛教建筑坛城殿（图3-3-3），单独的一幢建筑，"面积约25平方米，墙厚55厘米，门道宽1.35米。堂内的菱形藻井和伸出墙外的飞檐上都刻花草及各种动物图案。堂中间有放置经纶的方台。四周墙上绘有色彩鲜艳的壁画，主要内容是：天堂、人间、地狱。天堂里有神和菩萨，人间有侍女，地狱里则是惨受各种刑罚的人和魔鬼。其中一幅画着胜乐金刚脚踏外神形象，意思是它战胜了外道之神"。

（三）政务建筑

宫殿建筑中的政务建筑有会议厅、办公室、接待厅等。如山南地区的拉加里王宫，其政务建筑集中布置在甘珠尔拉康的二层（图3-3-4、图3-3-5）。

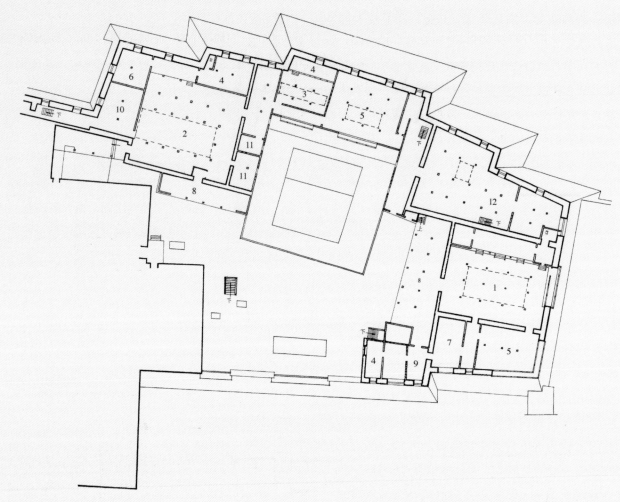

图3-3-1 布达拉宫白宫第六层平面图

1. 东日光殿；2. 西日光殿；3. 寝宫；4. 达赖卧室；5. 小经堂；6. 神母殿；7. 护法神殿；8. 候见廊；9. 侍徒室；10. 衣帽间；11. 库房；12. 厨房

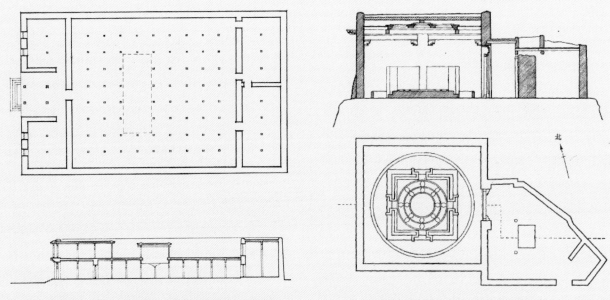

图3-3-2 山南地区拉加里王宫佛殿"甘珠尔拉康"平面及复原剖面　　　　图3-3-3 阿里地区古格王宫坛城殿平面图及剖面图

"二层的建筑主要是门厅，法王处理僧俗事务用房，举行会议、做佛事及征税之所。南面中间是门厅，设三并木梯从庭院升至门厅。门厅六柱，东、西、北三面有门，东面通四柱的会议厅；西面通法王办公室，藏语称'赤恰康'；北面通后面十六柱的礼会殿，殿内中央有阔三间，深两间的空间升高一层，在升起（第三层）的南面开高侧窗，解决殿内的采光通风问题；此殿是王室举行佛事活动和每年征收租税的地方，藏语称'充钦'，是该层的主要殿堂"。

图3-3-4　拉加里王宫甘珠尔拉康主立面

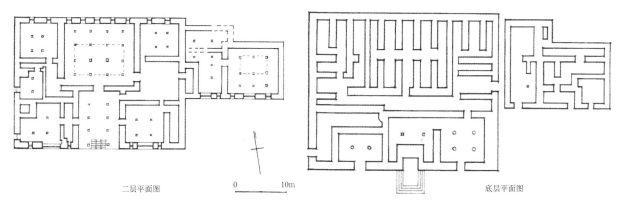

二层平面图　　　　　　　0　　　　10m　　　　底层平面图

图3-3-5　拉加里王宫甘珠尔拉康平面图

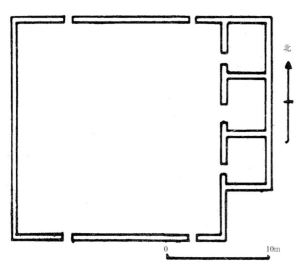

图3-3-6 古格王宫议事厅平面图

而古格王宫议事厅则是单独布置的一栋建筑，面积约400平方米，大厅东、南两面各有3个小房间，现只有残墙断壁（图3-3-6）。

（四）防御建筑

防御建筑有地道、碉堡、围墙、壕沟、角楼、城门等。

地道：宫殿建筑常设置地道用作紧急疏散及遭围困时下山取水之用。如山南地区的拉加里王宫，在原王宫之下辟有一条秘密的地下通道，共有两个洞口，一个位于王宫西楼底层的酒窖之下；另一个位于王宫西侧约300米处的古如曲丹寺（即拉加里寺）西北隅，从上至下可通达河谷的"罗布林卡"河畔。该洞穿越几十米厚的砾岩层，宽1.5～2米，高2米，总长度达800米左右，洞内设有石阶可上通下达。

碉堡：宫殿建筑在关口建有碉楼，作为对外界进行观察的据点，布达拉宫建筑现存的有西圆堡和北圆堡。

围墙、壕沟：对于宫寺合一的萨迦南寺，设两套城墙：内侧的护城墙由夯土筑成，坚实牢固，城墙外侧倾斜坡度很大，不利于攀爬，城墙四角有高耸的角楼，并且设有垛口和向外凸出的马面墙台，进一步提高了防御效果；外城墙是一道低矮的养马墙，平时用于养马，战时可以作为比较简单的防御

工事。城墙外是护城河。又如青瓦达孜宫6个宫殿之间用城墙连接，组成了完整的战略防线。布达拉宫在雪城周围建有一道高大厚重的围墙，墙上开门，作为进出宫殿建筑范围的关口。

（五）附属建筑

库房、作坊、马厩、园林、粮食加工场地、磨房、兵房等。

库房：包括管辖区域内的储藏空间。如山南地区的拉加里王宫。王宫前广场东面的库房，面阔44米，进深6～10米，内分十余间，为二层藏式平顶建筑，是供王室储存征收来的粮食、酥油、马料等的场所。甘珠尔拉康的底层，主要用于储藏粮食、食品等物品。

二、宫殿建筑的规模

宫殿建筑规模宏大，建筑设施完善。如早期的古格王宫，从现存的古格王国都城遗址看，王宫建筑位于故城遗址的土山顶部台地上。"台地整个平面呈'S'形，南北长约210米，东西最宽处78米，最窄处仅17米，面积约7150平方米……从残存的遗迹能辨识出的建筑共有房屋56间、窑洞14孔、碉堡20座、暗道四条。四周防卫墙现存总长度约430米……南组建筑群为古格王宫建筑；中组建筑群为宗教建筑及处理宗教事务的机构、人员的住地；北组建筑群则为与安全防卫、军事有关的机构设施以及人员驻地。"

又如布达拉宫，总共占地40余万平方米，总体由山上的宫堡群、山下的方城和山后的龙王潭花园三部分组成。其中的宫堡群部分东西长约370余米，南北最宽处为100余米，高117.91米，总建筑面积57700余平方米。宫殿建筑由大小经堂、佛殿、寝宫、灵塔殿、经院、僧房等建筑物充分利用地形和空间，分层合筑，层层套接，错综纷繁，高低错落。

三、宫殿建筑的风格

小邦部落时代，宫殿建筑依山而建，采用碉式风格，具备较强的防御特性，如雍布拉康。吐蕃王

朝时期，随着生产力的发展，宫殿建筑风格的本土性得到进一步的发展并更臻完善，建筑的艺术效果已经突出。如《柱间史》中所描述的（前）布达拉宫情景："城内设飞檐小门，上下檐口及檐墙插立薄拘罗与抑尘。小门用银子镶嵌，装有珍珠串联环。城墙四方设四门，门楣檐口齐全。胜似天堂之城寨。"到元朝，西藏历史上第一个政教合一的地方政权——萨迦王朝建立，萨迦寺除了规模宏大的寺庙建筑之外，还有宫殿建筑。寺中有宫，宫中有寺，"宫寺一体"的建筑形制已经形成，并对后来的宫殿建筑，特别是后期布达拉宫的布局产生了重大影响。布达拉宫是西藏宫殿建筑的经典之作，集中体现了西藏宫殿建筑风格，同时也集中体现了西藏建筑的所有特点，是西藏建筑技术与艺术的典范。作为西藏宫殿建筑的典型实例，其风格特征有以下几个方面：

（一）布达拉宫建筑与山体浑然一体

布达拉宫修建在红山(藏语玛布日)上，采用西藏山坡建筑的传统手法，在山坡适当部位用大石块向上砌筑墙体，将山头隐藏在建筑物内部。外墙收分，与红山结合自然。由于山坡很不规则，墙身与山的交接处不是一条整齐的水平线，且交接处采用较大石材砌筑，施工时对石材表面不加工或者仅作粗略加工，使其与山岩不易分辨，混为一体。这样，红山被巧妙组织到布达拉宫里，建筑成为山的延续。从南立面看，布达拉宫墙体的砌筑从比较低矮的山腰开始，使布达拉宫底面积较为开阔，以便上部能布置更多的房间。在外观上加大建筑本身体量，改变宫体与山体在高度上的比例，看上去红山仅起到基座作用，宫体成为这组建筑的主体。

（二）红宫建筑控制着布达拉宫全局

红宫在布达拉宫建筑群中，位置居中，高度雄踞全宫之首，体量为正方棱台体，墙面收分特大，色彩用红色，在周围白色建筑群体衬托下，具有控制全局的力量。立面构图均衡、严整，并运用轴线巧妙地安排各个部分的相对位置。红宫中间为一条主轴线，左右两侧又对称辅以两条次轴线，形成很

强的向心力。在布达拉宫群体中，除了一些局部有一些轴线处理之外，只有红宫才有明确的轴线。这条轴线强调出个体在建筑群中的中心地位，使得建筑群的主从关系十分明确，起到统率整体的作用。在细节处理方面，墙面收分比其他部位大，屋檐上装饰数量众多的镏金铜饰，屋面布置金顶和宝幢等。通过这些方式，红宫被强调和突出，并有了布达拉宫整体建筑群的完美统一和均衡。

（三）建筑空间体现着宗教情绪

在红山脚下，人们可以在最佳的视角范围内观赏布达拉宫的全貌——进入宫门至方城内，周围是一片尺度自然的房屋建筑，对布达拉宫的宏大体量起到很好的衬托作用；然后到坐落在城门中轴线上的"无字碑"，这里观看布达拉宫的视角超过45度，透过无字碑和布达拉宫的体量对比，意识到布达拉宫的绝对尺度是如此巨大惊人，从而加深了崇拜和敬畏的情绪；然后进入艺术感染力很强的大台阶，台阶踏步和栏杆采用了夸大的尺度，在大块石、壁龛小佛、灌木丛、枝上悬挂的小旗之类的对比和烘托下，更能领略布达拉宫高耸入云的气势。

朝圣者进入布达拉宫有两条路线，其中大部分是从丰盛聚会道进去。门楼外观四层，上部三层为通长天窗，强烈的虚实对比使入口非常突出。大门内为类似山门的小空间，有一条曲折踏步磴道，磴道内光线幽暗，没有装饰，显得原始和初级，有一种强烈的压抑感和期待情绪——穿过磴道，进入一明亮的天井。北面为二重宫门，进二重宫门后，进入一条黝黑的通道，几经曲折，出了通道便到东欢乐广场；进入东欢乐广场，迎面为7层白宫宫殿，白色墙面，上部是高二层的深赭紫色檐部，并镶嵌镏金浮雕铜饰，顶上对称点缀一对金幢，下部正中是三并楼梯和重彩装点的门厅入口（图3-3-7）。东欢乐广场是用石块人工堆砌的大庭院，是布达拉宫的重要活动场所，每年"古朵节"举行盛大的跳神法会，同时也是人们进入白宫的必经之路。东欢乐广场南北两面是高二层的外廊和附属用房，空间不高，尺度很小，柱子、雀替与弓木等构件较

图3-3-7 布达拉宫白宫及东欢乐广场

细，并以单调重复式样去烘托白宫。东欢乐广场是前面几个空间序列的一个小结，并且达到一个小高潮——从东欢乐广场登上三并梯，是白宫的大门厅。门厅内亚字形柱、横梁、额枋、莲花累叠，木橡结构构件精雕细琢，重施彩绘，大红装金，鲜艳华丽。四周墙上绘制宗教和风俗题材的壁画。门厅形成室内空间的开始和第一个高潮。

另外一条路线是从大台阶经过西门即菩提解脱门，可直接进入红宫。一般视为不幸的人才走这条路线，取其已登上菩提解脱道之意。它的空间层次较少，手法却很类似。具体流线为西宫门—甬道—西欢乐广场—红宫，红宫屋面是布达拉宫最高的处所，能俯瞰拉萨全城。屋面的西、北两面被一座座金顶群包围，镏金的铜皮顶在阳光照射下光彩夺目，檐下的斗栱彩画五彩缤纷。东、南两面的高大女儿墙上金幢林立，十分壮观。屋顶与天相接，四周群山，俨然一座"天宫"。这是布达拉宫空间艺术最精彩的地方。

纵观布达拉宫空间序列，用的是先小后大、先抑后扬、以小见大、明暗对比和尺度夸张等手法，以达到层次分明，逐步发展，反复加强的意境，给人以深刻的印象，使朝拜者的情绪不断推向新的高潮。

（四）比例尺度和视角关系良好

布达拉宫建筑的比例，带有浓厚的地方民族特色。布达拉宫的木柱、梁等主要构件的长度均在2.2米左右，从而形成开间、进深和净高均为2.2米左右的正方体。因此，从建筑的平面或立面上分析，都是一个个方形的小单元组织起来的。这些无形的正方形或近似正方形，起着良好比例的作用。墙体厚重，大部分门窗洞口宽度很窄，高度却很高，显得比较窄长，大块墙面与小窗洞的固有比例反映西藏建筑的特殊风格（图3-3-8）。

布达拉宫作为重要的建筑物，除了在形体上制造一个庞大的体量外，还着意寻求一种良好的尺度。如布满整个立面的窗户，它是一种经常与人接触的构件，它们的绝对尺寸，一般都是差不多大小，比较固定。人们通过它们与布达拉宫整体之间的比较之后，很容易获得布达拉宫是如此巨大。此外，还通过对比手法，衬托其雄伟。如方城内大量形状相似的小房子与布达拉宫主体建筑的对比，使布达拉宫显得更宏伟。为了强调布达拉宫的雄伟，在某些局部采用了夸大的尺度。比如高达7米多的宫城围墙以及一座座大台阶。台阶宽度有些地方达到11米，将三五个踏步编成一组，造成夸大的雄伟尺度，显得又高又大，给人留下气势磅礴的深刻印

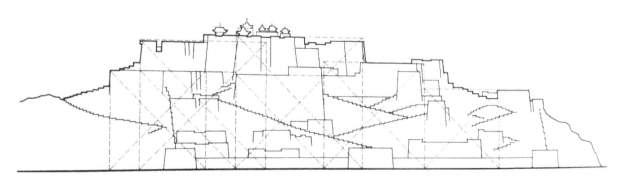

图3-3-8 布达拉宫南立面正方形比例分析

象。由于建筑高度很高，红宫、白宫的上部与观者的距离较远，所以把边玛檐部、装饰、金幢等尺寸做得也很大。比如边玛墙檐部高达6.9米，使人们从远处就能看清楚。这些局部与整体之间关系的精确调整，使布达拉宫有个正确的尺度关系，从而达到雄伟壮观的效果。

布达拉宫是一组庞大的建筑群，在其城墙南100多米处，立着一块赤松德赞纪功碑，自然形成以碑为中心的较大空间，作为观赏布达拉宫的最好角度：在纪功碑下仰望布达拉宫的垂直视角为15度，到城墙底下恰好是20度，所以这100多米的地带正好是从群体的角度仰视布达拉宫全貌的基本视角。这一地区的水平视角也在50～64度之间，离红宫、白宫的绝对视距是350米，正是观赏群体的最佳视距。布达拉宫北面的龙王潭及"林廓"北路

上，视觉条件与纪功碑是基本一致的。在龙王潭的小岛上还能看到布达拉宫的倒影，又是一番景致（图3-3-9）。

（五）檐部、门窗和色彩处理独具特色

布达拉宫主体建筑檐部采用边玛墙做法，且在边玛檐部中还镶嵌铜质镏金梵文图案"南久旺旦"[3]、法轮、犀牛、大鹏、摩羯、龙、狮、佛塔、卐字，以及宝伞、吉祥结、双鱼、莲花、幢、海螺、法轮、宝瓶等吉祥八宝图案。这些装饰的意图，桑杰嘉措在《五世达赖灵塔目录》中说得很清楚，象征"日、月、星辰围绕须弥山转动一样"光辉灿烂。这些饰件，与屋面上的金顶互为呼应，相映成趣。

在红宫、白宫的女儿墙顶还矗立着镏金铜质金幢、金端和绸布缝成的宝幢和牦牛绳编结的蠹、狮兽等。

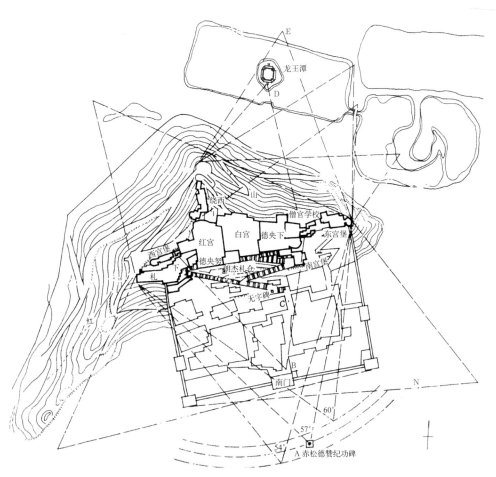

图3-3-9 布达拉宫平面视角分析

西藏高寒缺氧，温差大，夏天不热，因此在一般标准的房屋建筑中均采用厚墙小窗，以利保温，只有在特别显要的地方才做成大窗户或落地门窗，外有出挑不大的阳台，并设有栏杆。在白宫顶层的东南角有个转角窗，为东日光殿的窗户。因为是达赖在里面居住，后来转角窗便成为达赖专用的标志，一般建筑不准采用。西藏建筑门窗上部均做二重椽或三重椽的挑檐，檐口用红、白、蓝等色的布帏制成"飞帘"，随风飘动，生动活泼。

布达拉宫外部色彩处理，强调强烈对比，用色十分大胆。外墙面大部分以白色为主，取其和平、宁静之意。红宫部分选用赭红色，取其尊严、庄重之意。红宫与白宫之间几幢小体量的建筑施以中铬黄色，取其兴旺、发达之意。大片白墙面为布达拉宫色彩基调，红宫富丽堂皇，重点十分突出，黄房子起了过渡和呼应的作用，而闪光的金顶、金饰则锦上添花，效果强烈而活泼。正如刘立千译《西藏王臣记》中描述的："宫殿建筑水晶造，中镶赤珠无价宝，镏金法幢高树起，光芒四射全球照"（图3-3-10）。

四、宫殿建筑的特点

（一）基础

宫殿建筑一般依山而建或建在平地上，对于建在平地上的建筑，常用带形基础，其宽度取决于层高和收分程度，一般略大于墙体基部宽度。在拉萨地区，建筑物北面的冻土层深度至多0.7米，建筑基础埋置深度多为0.5～0.8米（见砂卵石层）。具体做法是，挖好基槽后，将素土夯实，然后铺卵石或毛石一层。如果是比较高级的建筑，卵石要竖摆整齐，再填黏土夯实（一般为三层卵石、三层黏土，分层夯实）。柱子的基础，一般是挖1米见方的基坑。坑内铺卵石与黏土，分层夯实后放置柱础石。对于依山而砌的宫殿建筑，是在岩石上直接砌筑基础墙。据记载，在平整布达拉宫山上地基的同时，还清除了表层的黑色熟土和白色风化岩土层，以保证基础墙的坚实稳固。基础墙的砌法与块石相

同。由于墙体要与上部墙柱对应，基础墙的中距与上部墙柱的中距相等。墙体砌至2～3米高时，即可铺设椽子。如果山势陡峭，基础墙的高度则应以满足建筑平面的要求为准。这种在山坡上纵横砌筑的基础墙，藏语称为"查续"。当然，沿山建筑的基础也不尽相同。例如，有的部位外墙是以直接砌筑在岩石上的阶梯形护坡为基础的。

（二）墙体

宫殿建筑墙体一般以块石墙为主，另有版筑墙和土坯墙。块石墙所用的石料，一般为0.2米×0.2米×0.3米，砌筑内外壁使用的石块较规整，中间的石块规格不一。砌筑时，石块要叠压咬合，并用黏性泥浆填缝，以便石块受力均匀。还有一种做法，是在墙体外壁的上、下石块之间，镶嵌一层小石块，既可密实墙体，又可起到一定的装饰作用。一般外墙每层收分0.01米，层高2.2～3米的建筑，

图3-3-10 布达拉宫外墙、边玛墙及通向宫门的大石阶

其收分幅度为0.1～0.15米。收分的比例直接关系到墙体的基础宽度。比如一座四层的建筑，顶层墙厚一般为0.6米，按照每层收分0.1米的幅度计算，基础宽度则要求达到1米或者略大于1米。沿山建筑的墙体收分更大一些，每层石块收分2厘米，甚至3厘米以上。

墙壁外皮的粉刷浆分别用白土、黄土、红土等加树胶熬制。高大的墙面不易涂刷，便从建筑顶部和窗口向下泼倒粉刷浆，布达拉宫西大堡最西的碉堡檐部设置了专门泼倒粉刷浆的甬道。土坯和夯土墙有的不做粉刷，若做外粉刷，有的抹平，有的则徒手将黄泥涂抹成半圆形的图案，即指纹图案。工匠认为这种做法可使雨水顺花纹流走，也有一定的装饰性。绘制壁画或彩画的内墙粉刷和寺院建筑类似。

（三）木构架

木构件由柱、斗、托木、弓木、梁椽木等组成，构件之间多以暗销连接，不用铁件。拉萨地区木材缺乏，布达拉宫所用木材大多采自错那和工布江达一带。由于山路狭窄，运输困难，木料一般都截成3米左右的短料。因此布达拉宫使用的木柱长度都在3米左右，柱径都在0.2～0.5米之间。大殿、门厅处比较高大粗壮的木柱为数不多，选用长料。有些殿堂、门厅用亞字形柱，是使用几块木料拼接起来的。柱子断面形状有圆形、方形、亞字形、莲瓣形（瓜楞柱）等。华贵殿堂中的木柱用镏金铜带作箍，并饰有塌鼻兽④，及各种花纹。各式柱子均有收分和卷刹，柱顶上一般有坐斗，斗上置托木、大弓木、梁。梁上叠放数层梁枋木和出挑的小椽头。刻有或绘有莲花和凹凸齿形的枋木，藏语称"白玛曲扎"⑤，其上逐层出挑的各式椽头，方形的叫"郡"，头小尾大的叫"千母子"。布达拉宫最华丽的殿堂中，"白玛曲扎"和"千母子"等构件竟达16层之多。

（四）边玛墙

"边玛"是柽柳的藏语名称。赭红色的边玛墙檐，是西藏建筑特有的一种装饰，也是尊贵的建筑物的标志。允许使用这种檐口的建筑，只有寺院和达赖、班禅、大活佛等使用建筑及收藏了甘珠尔和丹珠尔两部佛教经典的贵族庄园等。布达拉宫是西藏最高权力的象征，因此除宫城内的住宅及一些小型建筑外，都使用了边玛檐墙作为装饰。为了加强檐部的装饰效果，布达拉宫红宫顶层墙体中伸出斗，出挑木椽头，木椽头用薄石板叠涩，在檐部形成线脚。拐角处为镏金铜狮，这种做法在西藏其他建筑中不多见。在边玛墙上装饰镏金构件。

（五）金顶

为突出重要的殿堂，常在其平屋顶上安装坡屋顶，因上铺镏金铜瓦，一般简称金顶。如布达拉宫红宫共有5座灵塔殿（即五、七、八、九、十三世达赖），为歇山式金顶。金顶屋架的构造制作并未严格按照汉式做法。屋顶构架为木梁柱，柱高1米左右。也有采用井干式做法，即以矩形木枋，层层累叠，构成金顶的基座。柱或基座上承斗栱，出挑飞檐。斗栱基本仿照清代斗栱形式，但构造做法已地方化，十分烦琐华丽。斗栱后尾为枋木，一般不装饰加工。"西藏建筑最华丽的部分便是镏金铜瓦屋顶和金轮、金鹿、金幢等各种屋顶装饰构件。据《五世达赖灵塔目录》记载，五世达赖以前，汉式屋顶都用琉璃瓦。五世达赖执政以后，开始兴建金顶。历史悠久的西藏镏金技术因此得以迅速发展。"

第四节　实例与遗存

一、布达拉宫

布达拉宫始建于7世纪，距今已有1300多年的历史，是西藏现存最大最完整的古代宫殿建筑群。公元641年文成公主嫁到西藏，松赞干布"乃为公主筑一城以夸后世"。传说当时筑成有每边长一里的高大城墙，在红山上修建了999间房子，连同山顶红楼共1000间。建成的王宫遍饰宝物，堂皇壮丽，后来的虔诚佛教徒将其比之为第二殊境——普陀山，由之布达拉宫一名始出（布达拉宫梵语普陀山的发音）。

松赞干布时期修建的布达拉宫没有完全保留下

来，先是在赤松德赞时期（754—797年）遭受雷击，引起火灾，继而在吐蕃末期毁于兵乱。曲结哲布（法王洞）和帕巴拉康（帕巴殿）是当时的遗存，现在的布达拉宫是17世纪以来在被毁宫堡的遗址上重新修建的。

公元1642年，五世达赖喇嘛得到蒙古固始汗的武力扶持，建立起噶丹颇章地方政权，拉萨再度成为西藏的政治中心，五世达赖执掌政教权力后，即于1645年重建布达拉宫。1652年五世达赖去北京觐见清朝顺治皇帝，次年受册封，正式确立为西藏地方的政教首领。当他回到拉萨时，白宫已经竣工，五世达赖即从哲蚌寺的甘丹颇章移居布达拉宫。1682年五世达赖圆寂后，第巴·桑结嘉措在布达拉宫正中拆毁部分旧房，修建红宫和灵塔，修建红宫时，动用了各类工匠7000余人，耗银2134000两。清康熙皇帝专门派了114名汉族和满族工匠进藏参加建筑工程，尼泊尔也派了一些工匠援助修建。1693年，红宫基本完工，于藏历4月20日，举行了隆重的落成典礼，并在宫前立无字石碑以示纪念。

从16世纪中叶至1959年西藏实行民主改革以前，布达拉宫一直作为历代达赖喇嘛生活起居和从事政治活动的场所，是西藏政教合一的统治权力的中心。布达拉宫起基于红山南边山腰，依山势修筑到山顶。其主体建筑是由一组组华丽的大、小经堂和灵塔殿、佛殿、卧室、经学院、僧房等组成。东西宽360余米，南北长约140米，建筑面积90000平方米，加上山前城郭以内和山后龙王潭范围，占地面积达41公顷。

布达拉宫前有一城郭，即现称为"雪"村的地方，城郭北面依山，其余三面围以高大城墙。城墙高6米，底宽4.4米，顶宽2.8米，顶部外侧起砌女儿墙。南城墙正中为三层石砌城门楼，城郭东南、西南两拐角有角楼，东、西城墙中段有侧门楼。城内建筑除部分为居民住房外，大部分为布达拉宫所属的办事机构、印经院、监狱、仓库、马厩、各种作坊等。

布达拉宫外观13层，最高达115.4米。宫墙全部用花岗岩石砌筑，最厚处达5米，地基深入山体岩层，墙身收分显著，部分墙体的夹层内还灌注了铁汁，以增强建筑的整体性和抗震能力，建筑充分利用地形和空间，分层台筑，层层套接，错综复杂。白宫外墙刷白色，红宫外墙刷赭红色。红宫中央采用上下7层贯通的竖向大窗格，与其余部分和白宫的较小窗户以及细狭的通气窗形成强烈对比，坚实的石墙与最高处的金顶相结合，使建筑形体高低错落，形成明暗、虚实和色彩上的对比，突出了中心主体建筑，使建筑造型雄伟庄重，达到了高度的统一和谐。布达拉宫正面山下，可沿"之"字形铺石大阶梯通道蜿蜒而上。阶梯最宽处达10余米，通往布达拉宫东、西两大门。

布达拉宫的主体建筑，就其功能主要分两大部分，一是达赖喇嘛生活起居和政治活动的地方；一是历代达赖的灵塔殿和各类佛殿。第一部分主要集中在白宫。东大殿（措钦厦）为白宫最大的殿堂，用44柱建成，是达赖喇嘛举行坐床、亲政大典等重大宗教、政治活动的场所。达赖宝座在殿堂北部，宝座上方悬挂"振锡绥疆"大匾，匾上有"同治御笔之宝"的红色玺印。大殿东壁绘有金城公主进藏的故事壁画。白宫之巅有两套寝宫，终日阳光朗照，俗称东、西日光殿，西日光殿（尼说索朗列吉）是十三世达赖喇嘛的寝宫，由卧室、小经堂等组成。东日光殿（甘丹朗色）是十四世达赖喇嘛的寝宫，室内采光良好，陈设豪华，充盈珠光宝气。第二部分主要集中在红宫。主体建筑是历代达赖的灵塔殿，其中以五世达赖喇嘛的灵塔殿最为考究。殿中除五世达赖灵塔外，还有一世、二世、十世达赖的灵塔和两座尊胜塔。布达拉宫长期作为西藏政教合一的中心，收藏和保留了极为丰富的历史文物。有壁画、珍珠唐卡、贝叶经以及大量的古藏文经卷。各类文物中值得重视的是明、清以来中央政府关于西藏的各种封敕达赖喇嘛的金册、玉册、金印，以及乾隆皇帝所赐的挑选达赖的金本巴瓶等。宫中还藏有历代唐卡和明、清锦缎及无以数计的瓷

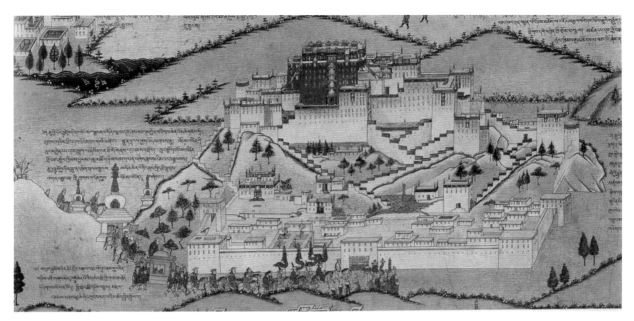

图3-4-1　布达拉宫壁画

器等。1961年布达拉宫被列为全国第一批重点文物保护单位。1989年至1994年国家拨专款对布达拉宫进行了为期6年的维修工程，使这座举世瞩目的古代建筑焕然一新。1994年11月，布达拉宫被列为世界文化遗产名录（图3-4-1）。

二、帕邦喀宫

帕邦喀又称普隆喀，意为巨石宫，坐落在拉萨市北郊约8公里的乌都日（宝伞山）南面山坡的一块巨大山石上。巨石突兀雄奇，状如巨大的伏龟，帕邦喀主体建筑则似一座巍然的史碑矗立龟背之上（图3-4-2、图3-4-3）。

图3-4-2　帕邦喀现状

帕邦喀巨石高出地面近20米，顶部面积300平方米左右。四周是崖面，北岸筑有石阶供人们登临。帕邦喀建筑大门北向，建筑平面南侧呈半圆形，北部为方形。底层共分为9间，大小形状各异。据调查，原来二三层设有尼玛拉康、贡康等殿堂，供布都瓦·仁钦赛亲塑的释迦牟尼像、噶当派僧人塑的十六罗汉像，以及马头明主塑像、布顿活佛铜像和一些灵塔。

巨石两侧下部凹入，形成石洞，外侧略加石墙、门窗，是为"次久拉康"，里面石壁上有传为

图3-4-3　壁画上记录的帕邦喀宫初建时的面貌

自显的护法神白拉姆浮雕像。拉康原有莲花生、赤松德赞、堪钦菩提萨埵塑像和松赞干布宝座，现已不存。八角莲石灯台一座以及一些经书的刻板尚存，有重要的研究价值。

巨石南面坡下坐落着三怙主殿，亦是帕邦喀的重要组成部分。历史上几经破坏，原物多毁，1980年群众自筹资金重修，塑像、壁画均为近年新作。但历史悠久的怙主三尊浮雕像和吞米桑布扎最早书写的六字真言刻石幸存了下来。六字真言刻石现嵌于门廊处的右壁内，长1.22米，宽0.66米，六个藏文大字为减地浮雕阳文。怙主三尊浮雕像即传为松赞干布时自显的怙主三尊，后经尼泊尔工匠镌刻而成。这三尊雕像与现流行的造像风格相去较远。观音像头戴宝冠，高髻，髻顶一释头像，四臂，两臂合掌胸前，两臂置于左右，上身裸，披帛由两肩搭下；文殊像与观音略同，唯两臂交胸前持单茎莲花；金刚较奇特，高髻，两蛇交缠额上，三目怒睁，獠牙横龇，几乎全裸，披帛由肩搭下，遮于腹前，左臂高举金刚杵，右臂置胸前。三尊像雕刻较粗糙，又新近覆了颜色，一些细节已看不清，但从表现出来的风格可以基本确认是早期作品。

巨石北侧坡上有一废墟，传为文成公主住宅。原为两层，底层分4间，门向东，从墙体砌筑方法来看，是近代重修的。巨石的东侧还有两处废墟，一处原为供养宗喀巴应身塑像的宗喀拉康，一处为喀托拉康。此外巨石周围的山坡上还散布着传为松赞干布、赤尊公主、文成公主、龙树大师等人曾经修行过的岩洞。

帕邦喀最初为松赞干布主持建造，藏文文献多有记载。据《西藏王臣记》载：赤尊公主想在拉萨修建大昭寺，便去请教精晓中原星算风水术的文成公主，文成公主算出西藏地形如魔女仰卧，有诸恶风水，为了镇压这些恶劣风水，"松赞干布同两妃三人来到吉学地区梁正村的帕邦喀修法，他们修到发现有灵感的象征后，随即作了那镇压罗刹魔女的肢体和其他魔怪肢节的事项"。但因未能按照文成公主事先所推算的那些解术来进行，大昭寺基础建

起后又被鬼神摧毁，松赞干布重新阅读了文成公主所作的推算，"心中大喜，也就在吉学梁正地方名帕邦喀的磐石上用红炉铁水灌凝大砖，建筑起九层高的碉堡，四面都用铁链紧拴使其牢固，然后修法禳灾。修到第七天时，感得怙主三尊从空中降临，说道：'藏王你所发的宏愿当获成就，我是你的一切宏愿将不难获得成功的作证者。'这样说后，怙主三尊也就融入岩石中去了，在岩石上自然地现出了怙主三尊形象。后由尼泊尔雕工照那自然现出的怙主三尊的神采雕刻出来的像，至今还依然存在而为众目所共睹。"

传说松赞干布的重臣吞米桑布扎从印度学习文字和修辞诸学回到西藏，也来到帕邦喀，闭门钻研3年，依照梵文、乌尔多文，综合藏语声韵创造出藏文，首先向松赞干布和众大臣们教习。接着，松赞干布宣布吞米桑布扎创造的藏文为吐蕃王朝的统一文字。后来赤松德赞和莲花生、桑耶寺法师堪钦菩提萨埵来帕邦喀朝圣，曾在巨石下的洞里修行10天，石洞因此得名"次久拉康"（十日殿）。

公元841年，吐蕃赞普朗达玛毁佛灭法，焚烧了帕邦喀，拆毁了松赞干布时所建的108座佛塔和所有建筑。民间传说当时"次久拉康"的护法神白拉姆震怒，传言给拉龙贝吉多吉说："杀恶王的时机已到。"拉龙遵护法神之意，乘朗达玛在大昭寺前观看会盟时，用箭射杀了恶王。

帕邦喀历史上也曾经过数次修复，其中规模大者史载有两次。

11世纪末叶，噶当派僧人博多瓦·仁钦赛和弟子扎嘎来帕邦喀朝圣，看到一片废墟，非常痛心，便命弟子修复帕邦喀。扎嘎遵从师命，先在"次久拉康"洞内修行数月，然后召集僧人，在原巨石宫九层楼的废墟上修建了两层殿堂，在这里修持的僧人达200多人。此后，噶当派僧人陆续恢复了原有的108座佛塔，雕刻了佛像，建立了拉康。

五世达赖执掌西藏政教大权后，进一步对帕邦喀进行了维修、扩建，在二层殿堂上又加盖了一层。以后历代达赖喇嘛转世后都必须到此礼佛、受

戒，获得格西学位后也都要来这里举行庆贺仪式。帕邦喀也一直得到噶厦政府的资助，并由政府任命堪布。

三、甘丹颇章宫

帕竹地方政权在西藏统治了近百年后，被其属下的贵族推翻，在日喀则建立了第悉藏巴政权。第悉藏巴政权和正在兴起的黄教集团势力发生矛盾，进而排斥打击并遏制黄教势力的扩展。黄教即利用固始汗的蒙古族军事力量入藏，消灭了第悉藏巴地方政权。黄教寺院集团在固始汗的支持下，在经济和宗教方面取得绝对优势地位。

二世达赖根敦嘉措晚年曾应哲蚌寺全体僧众的要求，担任了哲蚌寺的第十任池巴，任内约于1530年主持修建了甘丹颇章，并居住在里面。以后三世达赖、四世达赖、五世达赖都在这里住过，特别是五世达赖时期，建立了强有力的地方政权，因政权设在该颇章内，被称为甘丹颇章政权，甘丹颇章遂一度成为西藏地区政治权力的中心。

甘丹颇章（宫殿）位于拉萨哲蚌寺西南角，依山势而建，坐北朝南，总占地面积约5700平方米，是一个完全独立的建筑单元，四周围墙高耸森严，房屋顶部则装饰豪华富丽，呈现一种古城堡的建筑风格（图3-4-4）。甘丹颇章从平面上可分为三个部分，步入前门是一范围不大的小院，小院左侧是两层数间一般办公用房。内小院拾级而上即登临该

图3-4-4　甘丹颇章主楼

颇章大院内。大院左右和前部是上下两层的明廊建筑和一些住房，后部即是颇章的主体大楼。主体大楼的地坪高出大院约2米多，地坪的处理也颇费匠心，它是在原有高低不很一致的地面上筑起一道道坚固低矮的石墙，并取齐石墙顶端，然后密集地排布一层木料，于木料上面堆放阿嘎土层构成的。主体大楼高3层，第二层是达赖处理政教事务的主要地方。三层左边一侧有一经室，其中心靠后安放五世达赖的宝座，宝座精雕细刻而成，花纹繁丽细腻。经室内佛橱经架齐备，幢幡唐卡遍悬，气氛神秘肃穆。甘丹颇章是由几个大小不同的院落组成，其建筑内容除供达赖喇嘛生活起居使用的院落之外，还有供宗教性活动的院落；有众多办公、办事服务人员用房及库房组成的行政办事院落；有厨房、马厩等的生活服务院落。在达赖喇嘛使用的建筑中，有供他冬、夏使用的两套起居生活用房。有初具园林式的庭院。总的规划，功能明确，各个院落结合山形地势，布局合理，院内主楼与其他建筑有机结合。总的组成一组宏伟壮观的大建筑群（图3-4-5）。

四、贡塘王宫

贡塘王城位于西藏南部吉隆县境，是吐蕃分裂时期贡塘王国割据势力的中心，也即下阿里所谓"阿里贡塘"、"芒域贡塘"的统治中心。王城约建于11世纪左右的第六代贡塘王拉觉德时期，"在形似巨幅帷帘之西山脚兴建宫堡，并在周围砌以围墙壕沟"，其后经四次扩建，尤其是第十一代贡塘王崩德衮时期，是贡塘王城建设的重要时期，奠定了王城的基本格局，直至17世纪第二十三代贡塘王索朗旺久被后藏藏巴汗所灭为止。现为遗址，面积约15.5万平方米（图3-4-6）。

贡塘王城的城址平面系一不规则的长方形，有内、外两重城垣，外围墙即现存的城垣遗址，墙顶厚达2米多，卫兵可以沿城垣顶部绕城巡逻；外围墙的四角上筑有角楼，其东、南、西、北四边的城垣正中还各设有一座碉楼，居中扼控；外围墙的南

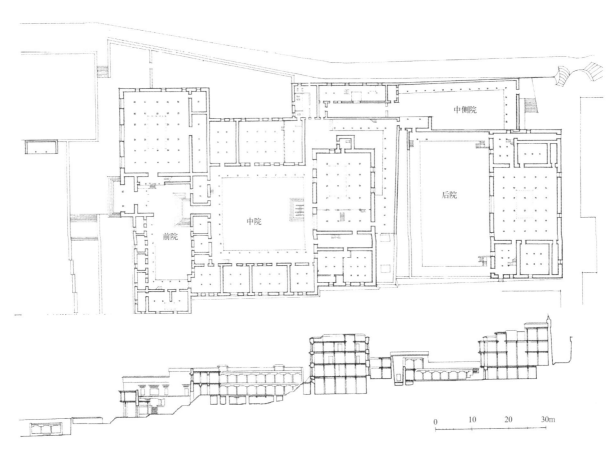

中侧院

后院

中院

前院

0   10   20   30m

图3-4-5　甘丹颇章平面及剖面图

图3-4-6　贡塘王宫现状

面与北面，各设城门一座，可供行人车马通行。其中南门为正门，北门为后门。内城垣沿外城垣平行砌筑，但面积略小，并且稍稍偏北。城垣的四角上各建有一座神殿，其名称东南角上为次巴摆、东北角上为浪木加摆、西北角上为坚热西摆、西南角上为甲央摆（注：摆，即神殿之意）。宫城位于城中偏北部，平面呈正方形，边长约90米，面积近900平方米，其四角原各建有神殿一座，东墙内侧为贡塘王的居址，3层楼建筑，与城垣西北部的曲的寺可以遥相对望。每逢曲的寺举行集结法会，贡塘王与曲的寺高僧可以各自登临建筑物的顶层，同时从东、西两个方向上观赏跳神舞（图3-4-7）。

根据《贡塘世系源流》的记载，贡塘王城内的建筑有：城墙、碉房、中央白宫、王妃殿、大围墙、佛殿、如来佛灵塔、水井、16个扎仓的大寺庙、北王宫6层楼、扎西阁芒邬孜、密宗殿、卓玛拉康等。由于年代久远，遗址现存状况破坏甚为严重，上述建筑的记载仅见于一些史籍。

如佛殿：《藏文五种史料》一书所收噶托·仁增次旺诺罗所著《吐蕃王室在阿里麦贡塘之世系源流明镜》一文记载：整个佛殿60柱，经堂为进深式回环殿廊，共24柱之面积，前庭诵经场，共36柱，柱底为石龟，柱上置有大小斗栱。

卓玛拉康：《中国藏族建筑》记载，卓玛拉康位于贡塘王城遗址的中部，坐北朝南，原系2层建筑，现上层已坍塌。底层建筑遗址由门庭、中庭及后殿三部分组成。遗址中保存着大批极为精美的木雕，主要集中于中庭的檐柱顶部及后殿的门樘与梁柱之上。中庭庭院的檐柱顶部穿插以月梁，月梁上饰以莲花、卷草等雕刻纹饰，中心4柱的替木均雕刻成护法狮子圆雕，气势恢宏。柱斗上的十字形替木与下层的垫中木皆做成圆形连珠纹，栌斗雕刻出吉祥如意云头，其上的横梁遍施雕绘，并在图案中勾填以金粉，后殿门的门樘上从柱头、栌斗到阑额皆有木雕，图案包括护法狮子、神鸟大鹏、莲花、卷草纹等。栌斗中央则雕刻有菩萨、护法力士像，造型生动，姿态各异（图3-4-8）。

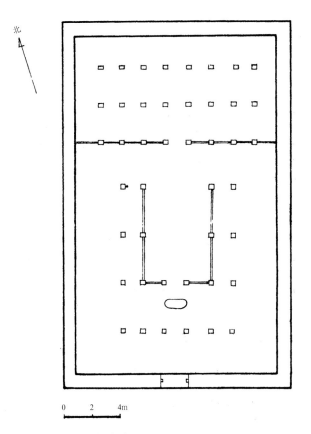

1.次巴摆；2.浪木加摆；3.坚热西摆；4.甲央摆；5.贡塘王居址；6.曲的寺；7.卓玛拉康

图3-4-7　贡塘王宫总平面复原示意图

图3-4-8　贡塘王宫卓玛拉康平面图

五、萨迦王宫

　　萨迦教派当政的萨迦王朝是政教合一的地方政权，所以萨迦南寺除了规模宏大的寺院之外，还修建了供统治者居住等使用功能的宫殿建筑。萨迦南寺修建的一个重要目的，就是作为"帝师"八思巴返回萨迦之后的居所和萨迦本钦、法王等行政官员居住和处理日常行政事务的地方（图3-4-9）。意大利著名藏学家戴伯克在《元代西藏史研究》一书中提到："（本钦释迦桑布）在1265年开始进行拉康钦莫大墙的建设工程，并建成了内墙。……但是，当他去世时，像巨大堡垒一样的建筑物依然没有封顶。它成为蒙古和萨迦行政官员的办公场所……"

　　八思巴圆寂以后，传至贡噶洛珠坚赞时(14世纪前半叶)，萨迦昆氏家族分裂成4个"喇让"，各个"喇让"均系父子相承，而萨迦法王的宝座则由这四个"喇让"轮流继承。这四个"喇让"是：细脱喇让、拉康喇让、仁青岗喇让、杜却喇让。"细脱喇让"的建筑是一座56.6米、宽40米的长方形四合院，高4层（16.3米）。原为八思巴任法王管领西藏十三万户时的官邸，后来一直是萨迦王朝的政府所在地，最后成为四大喇让之一。"拉康喇让"的建筑原为八思巴圆寂之地，在南寺大经堂右侧城堡内，三楼一顶，高与大殿几乎相等，后为四大"喇让"之一。"仁青岗喇让"和"杜却喇让"都是八思巴时代所建，具有相当规模。到15世纪，三个"喇让"绝嗣，而"杜却喇让"的阿旺贡噶仁钦和自玛顿堆旺久兄弟，为了争夺萨迦法王位，互不相让，于是分别建立平措颇章（宫殿）和卓玛颇章，两个颇章轮流担任法王。他们的宫殿建筑当然也是萨迦寺院建筑的重要组成部分。

图3-4-9　萨迦王宫

自萨迦南寺建成寺院与宫殿结合的城堡式建筑以后，从藏文史籍记载也可看到，不久也有仿效这种宫寺合一的宫殿建筑。如《汉藏史籍》载：本钦甲哇桑布投靠在帝师贡嘎坚赞脚下，掌管文书……仿照皇宫的式样修建了一座行宫，称为吕杰康。

六、白姆（女王）宫殿遗址

位于日喀则地区白朗县县城后的山坡上，坐北朝南，三面临河谷平原。遗址东西长250米，南北宽200米，占地面积50000平方米。

白姆颇章建筑系3层楼房，为岩石垒砌，黄泥土夯筑的墙壁，房基长15米，宽10米。沿颇章四周修筑有围墙，系岩石、夯土筑成，围墙周长约1000米，高2.5～3.5米，厚1.2米。在围墙外的山坡上，沿围墙有人工开凿的一条宽2.5米、深2米的石沟。现在遗址内可随处见到岩石垒砌的建筑物的房基、阴沟、暗道等。

相传在吐蕃王朝前，白姆是当地一个部落的首领，她统治着后藏年楚河流域一带。此宫殿现已成废墟。

七、巴钦颇章宫殿遗址

位于西藏日喀则地区萨迦县南3.5公里的扎窝垅巴，颇章雄踞于山巅，东、南两面为悬崖，岩石裸露，石锋尖利；西、北两面山坡稍缓，四周筑有高大的围墙，东邻一条季节河，海拔4480米。

巴钦颇章史称萨迦旧寺。《萨迦世系史》记载，昆·官却杰布（1034—1102年）"于扎窝垅巴建有小寺，通称为萨迦旧寺"。时代上早于萨迦寺（1073年创建），约为11世纪中叶。相传昆官杰布之史喜饶次真从巴钦颇章掘出一铁质宁玛派普巴，后主供于萨迦寺内。人们将颇章称为巴钦颇章。

巴钦颇章平面呈梯形，东顶边长13.7米、西底边长35米、南北腰边长45米，面积1095平方米。四边墙以石块勒基，宽1.05米，上用版法夯筑土墙，宽0.5～0.59米，视地形的险要与否决定墙体高度在2.3～5.5米之间，墙体薄，但坚固耐用，经历

千年之风雨而不颓。颇章地貌呈南高北低，为台级状，地面暴露有二处建筑遗迹，系石砌墙基整齐规范。一处位于颇章西南角，门向北，面阔12米，进深11.65米，面积140平方米；一处位于颇章中心，门向北，面阔10.2米，进深2.9米，面积30平方米。前邻一平堤，南北长6.7米。从两处遗迹分析，当初建筑面积较小，约为2层。巴钦颇章的建立为萨迦寺的兴起起着重要的奠基作用，具有一定的历史意义。

八、雍布拉康宫

雍布拉康位于山南地区乃东县昌珠镇，雅砻河东岸，扎西次日山的山头上。据说扎西次日山山势像母鹿的后腿，称"雍布拉康"即有母鹿后腿上的神殿之意。今天所见雍布拉康是20世纪80年代以后按原样重修的（图3-4-10）。1962年被列为西藏自治区文物保护单位。

根据《西藏王臣记》等史籍记载，吐蕃第一代赞普聂赤赞普从天而降，在雍布拉康建立了吐蕃第一座宫殿。西藏民间相传的"地方莫早于雅砻、宫殿莫早于雍布拉康、国王莫早于聂赤"便是真实写照。到松赞干布时，在原来的宫殿两边修建两层楼的殿堂。殿堂底层为佛殿，二层为法王殿。至此，雍布拉康由宫殿改作寺庙。后经历代扩修，在殿堂西侧增建门厅，南边增建僧房。五世达赖时在碉楼式建筑上加修四角攒尖式金顶。15世纪，宗喀巴弟子克珠顿珠在雍布拉康北4公里处创建了日乌曲林，并开始由该寺管理雍布拉康事务。

雍布拉康为碉楼式建筑，坐东向西，平面呈矩形，占地面积120平方米，现存建筑分三部分：一是建筑群东端正中的塔楼式建筑，高11米，平面呈长方形，底楼南北长4.6米，东西宽3.5米，墙体由块石砌筑，檐口采用边玛墙，顶部设置金顶，里面开窗较少，墙体厚1.2米，向上收分成塔楼，内有3层，应是现存最早的建筑部分。二是相传松赞干布修建的殿堂建筑，原为3层，20世纪70年代二层以上皆被拆除，现仅为二层，底层前为门廊，再进为

佛殿，佛殿立8柱，东墙下保存有平面呈"凹"字形的须弥座供台；上层为法王殿，为20世纪80年代修复。三是僧房及历代达赖来此礼佛时住室，位于殿堂东南侧稍低处，为较晚建筑（图3-4-11）。

相传，有一天，第27代赞普拉托托日年赞在雍布拉康屋顶上休息时，忽然从天上降下来几件东西，第一件是《百拜忏悔经》，第二件是舍利佛塔，第三件是六字真言，第四件是发教轨则，于是有神在空中对拉托托日年赞说："在你以后五代，将有一个懂得这些物件的赞普出世。"显示佛教在西藏的出现，当然所谓的"天降神物"是不可能的，在《青史》中则说所谓"天降神物"是一个名叫洛桑措的僧人从印度带来的。这是传入西藏的第一批佛教经典。

图3-4-10　西藏历史上的第一座宫殿雍布拉康，今天所见是20世纪80年代后重修

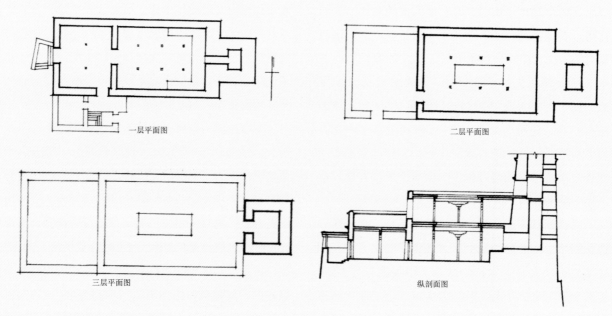

一层平面图　　　　　　　　　　　　　　二层平面图

三层平面图　　　　　　　　　　　　　　纵剖面图

图3-4-11　雍布拉康各层平面图及剖面图

今日的雍布拉康是在原吐蕃宫殿遗址上修建的，说明当年雅砻部落首领的王室，是建在山顶上的一组堡垒，具有极强的军事防御性建筑的这一事实，是符合当时诸部落共存、互有攻伐的时代背景，后世历代宫室、地方政权的官署也大多修建在山顶或高处，这成为藏族建筑中的一个历史传统。

九、拉加里王宫

9世纪，吐蕃王朝崩溃，王室贵族逃往各地，其中一支在山南雅砻河谷一带建立雅砻觉卧王朝。其后代的一支，迁至今曲松县，自称拉加里，成为一个地方的领主。直到1959年西藏民主改革以前，拉加里法王仍统治拉加里、桑日、加查、隆子四宗之地，拥有方圆一二百公里土地，八九千属民。拉加里宫位于山南地区曲松县，整个宫殿由旧宫"扎西群宗"、新宫"甘丹拉孜"（亦称拉加里颇章）和夏宫三部分组成。旧宫和新宫建筑在今县城西南方，踞于色曲河南岸的高地上（图3-4-12）；园林及夏宫位于其北面河滩低地上。拉加里王宫于1996年4月16日被列为自治区级重点文物保护单位，2001年6月25日被列为全国重点文物保护单位。

（一）旧宫"扎西群宗"

旧宫殿"扎西群宗"占地范围南北长100米，东西宽70米，总面积7000平方米（图3-4-13）。由石砌围墙环绕，现仅存东、南墙体及西墙残段。西墙残长16米，残高5～8米；东墙基本完整，走向有

图3-4-12　拉加里王宫（图片来源《中国文物地图集·西藏分册》）

图3-4-13　拉加里王宫扎西群宗南门（图片来源《曲松县文物志》）

转折，其内墙尚存一段，内、外墙分别长40米、70米；南墙与南宫门相连，其西端已颓毁。宫墙所用石块较规整，石块间以黄泥浆为胶粘剂，外壁修抹整齐，最高处15米。

该建筑原在南、北两面辟有门道，北门已完全坍颓不存，南门尚存遗迹。南门共有两重，第一重设在宫墙外的东西向门廊，门朝西，宽6米，有石块砌出的石阶数级，由下而上通进门廊；第二重门道直接辟于南宫墙上部，门朝南，有高达十余米的阶梯通达门道。宫殿的北部第二重门道辟于正北方向，由正门和侧门构成。

宫墙内建筑多已颓毁或利用其残垣改建为民居，故其布局、形制已不可察。在甬道式侧门之上尚存门楼一间，面积约10平方米，南北辟有采光小窗一扇。

（二）新宫"甘丹拉孜"

甘丹拉孜是拉加里王宫现存建筑的主体部分，位于整个建筑群的东北部，由王宫、仓库、拉康、广场、马厩等一系列建筑单元构成，该建筑群北临河谷，东侧是一条人工壕堑，占地范围南北长120米，东西宽130米，总面积近1.6万平方米。

1．王宫

王宫位于该建筑群北侧，建筑面积共5000平方米左右，分为东楼和西楼两部分，其间底层以甬道式过洞相连。该建筑原为5层，现仅存3层，是王府成员生活及处理政务的主要场所。

底层：底层为酒窖及仓库等，南面有三级"U"形石阶，并有木梯通向第二层。底层辟门于东面，由甬道进入，另在西侧一间仓库还辟有一门，底层

南侧各间为储放粮食等物的仓库，北侧各间均为酒窖。

第二层：第二层包括门廊、会议厅、办公地点"赤恰康"及礼会殿"充钦"等单元。会议厅位于门廊东侧，由门廊东壁辟门可以进入，门宽0.8米。会议厅4柱，面阔5.2米、进深5.2米，平面呈正方形。其南侧辟有窗户，在东北角上辟有北、东小门。赤恰康位于门廊西侧，平面呈不规则形，外门为一狭长过厅，长5.8米、宽2.5米；内间3柱，面积为50平方米左右，南壁开有藏式宽木窗一排。充钦位于门廊北侧，由门廊往北辟门进入。门宽1.2米、高1.9米，门框三方刻绘有莲珠、莲瓣、云朵纹各一周，图案宽0.24米；双扇木门用整木制成，厚4厘米，上钉有铜质护框边，4横2纵，门上共缀有铜钉42颗，护框表面有镂错的菱形莲纹四方连续图案；门框之上为一排木质枋头10个，上有莲花纹。充钦殿内共16柱，面阔4柱五间计13.5米，进深4柱五间计12米，总面积162平方米。立柱方形，高1.95米，当心2柱为直抵上层的擎天高柱，构成六间为天井式，上为亮棚。立柱之上为井字梁架，三横三竖，梁上当心一面有装饰性枋头两排，枋头均饰莲花纹。殿内各立柱柱头、替木、梁枋等皆有彩绘图案。该殿顶部木椽皆由原木所成，直径15～20厘米，上铺木条为望板。

此外，该层还有分别放存藏戏服装、跳神舞道具的仓库各一间。

第三层：该层建筑中央为天井式亮棚，另有"申穷切姆"、"嘎当颇章"、"申穷布"及龙神殿等单元及小仓库4间。该层建筑特点是隔墙采用西藏所特有的牛粪制成长方形砖块砌建墙体，外抹以泥皮，以减轻楼层的承重。天井式亮棚的北、东壁均已坍毁，西壁尚存并残留有壁画，壁画面积约4平方米，主尊为松赞干布像，其侧绘有高僧像及修行道场等内容，线条多用金粉勾勒，至今色彩鲜明。

王宫第四、第五层建筑已被拆毁，据调查，原第四层建筑包括有法王念经室、王妃念经室及卓玛拉康等，拉康内原供置有三代法王的灵塔。设在该

层的其他建筑还有王母起居室、王府成员聚会及观赏跳神舞的厅堂等。第五层建筑包括拉加里护法神殿"绒拉坚赞"等，今亦不存。

2. 甘珠尔拉康

拉康位于王宫南侧约50米处，该建筑包括大经堂、佛殿两部分。经堂位于北侧，原门辟于南，进深26米、面阔23米，殿内68柱现均已不存。佛殿位于南侧，面阔23、进深6米，原为两层，现仅存石砌墙体，残高4～7米。墙体外饰泥皮，在南墙内壁残存有泥塑佛像的背光，由舟形身光及圆形顶光合成，光环饰涡旋纹，下部已残破不存。佛殿四壁尚残存壁画遗痕，但已不可辨。甘珠尔拉康是新宫群落中最早的建筑，为拉加里王礼佛朝拜的重要活动场所。

3. 广场

广场位于新宫建筑群中央，南北长40米，东西长80米，总面积为3200平方米。

广场地面用精心拣选的白、青两色砾石（砾径0.1～0.2米）拼铺而成，在广场中心部位镶嵌出"雍仲"、莲花、八宝吉祥图案等，构图颇具匠心，但今已多湮漫不清，仅可辨出莲花图案一种。广场是每年王府举行重大宗教活动或节日庆典的场所。

（三）夏宫

夏宫位于新宫甘丹拉孜东北方向约1000米处的罗布林卡之中（现县行政大院内），北临江扎普久河，南依高崖，海拔3840米。

原建筑包括宫墙、浴池及宫殿等，现多已不存。夏宫原为拉加里王府避暑消夏游乐之处，现仅存一小型宫院（图3-4-14）。

该宫院位于今县行政办公大楼东北约50米处，为一四合院式宫殿。宫院坐北朝南，北面正房一排三间，通面阔18米，进深4米。东、西面各有厢房一间，中央为庭院。正房、厢房前各设有石阶4级。正房、厢房门窗皆设计成汉式格子棂窗及版门式样。正房明、次间辟版门共14槽，门上垂檐及窗上窗楣均镂刻彩绘，有牡丹、莲花、凤凰、卷草等图

图3-4-14　左：夏宫檐廊细部，右：拉加里王宫夏宫外观

案，一派汉式风格。

王宫建筑是西藏古代建筑中的一个重要门类，能较为完整地保存至今者已十分罕见。拉加里王府宫殿建筑基本保持了原有的平面布局和建筑结构，在西藏古代王宫这样一个独特的门类中更是极为珍贵的。作为藏式王宫建筑，其中一些小木作，尤其是门枋之上斗栱的使用，无疑是融合了汉地古建筑的某些因素，因而也就具有了更为重要的研究价值。

十、乃东官寨

帕竹噶举派的领袖人物绛曲坚赞（1302—1364年）先后征服蔡巴、止贡、雅桑等万户后，战胜萨迦，推翻萨迦王朝，建立帕竹地方政权，其政治中心在乃东，所以其驻地乃东宗被称为乃东官寨或乃东宫。乃东官寨位于山南地区雅砻河东岸一座不高的山冈上。山形如马蹄形，在东南面开口，东北面有山脉相连。官寨即建立在三面环山、一面开口、面对广阔的雅砻河谷盆地的小山上，极利于防守。据说当初建筑规模很大，几乎占据整个山头，后来在与琼结第巴的战争中被毁，几乎夷为平地，一直未能恢复。乃东官寨现为三级土台遗址，每台面积约3000平方米，呈阶梯形自南向北排列。据说原来颇章（宫殿）建在山顶，有暗道可通往山下。粮仓建在南面山麓，寺庙建在宗山北面山坳中。

乃东官寨已毁，今仅剩3个土台，原来形制规

划不得而知，只能从一些史籍中略知一二。刘立千译《西藏王臣记》载：此后修缮庄园房舍，扩建乃乌东宫（即乃东官寨）。在《朗氏家族史》中记载着王宫建筑的一些名称，如六柱厅楼上、四柱厅楼上、五柱厦、六柱厦、正厅、厨房楼上、中间膳房、马厩的角楼、官寨门楼等。至于乃东官寨的总体情况，在《朗氏家族史》中也有扩建时的设想："马厩西角向西延伸……角楼应接近壕沟的外角，北面的一边要同北门的墙角旗鼓相当，内中应修建撒巴们财物的仓库；东面小角楼应作堆放村落中忠于我们的人和雪巴器物的库房；南面的客房其结构要如六柱厅厦一样，楼下的房间隔开来，堆放麦秸和饲料的地革弄，楼上外间新屋做卧室。上边屋檐覆盖至门。在四柱厦和十柱夏的楼上接待宾客。今后不得在大围墙以上处款待客人。今后要分别在康萨的桦木板和南门的小屋上安装顶子，以作鼓楼……乃东孜内的苯教道观应封存，围墙扩展至西侧两三座山头以上处……北面的壕沟要既宽又深……西面的水沟，其沟端朝着南北的两个山嘴，那里要修建小屋……"

乃东官寨原有行政管理、朗氏家族及众多侍从人员的生活居住用房及宗教等方面的建筑内容，以上所引资料是扩建时增加的内容。主要是增加围墙、角楼、壕沟等防御设施及储存的库房、粮食加工场地，接待宾客的场所等。帕竹政权是靠武力取

得的，由于当时的社会环境，所以增加防御设施是符合当时社会环境的需要的。

十一、青瓦达孜宫殿遗址

位于西藏山南地区琼结县政府所在地背后（东北面），距山南地区所在地28公里，当地海拔3700米。

青瓦达孜山陡峭险峻，道路曲幽，山石嶙峋，竞相崛起。吐蕃早期，此地山前有湖泊，周围水草丛生，树木参天，泉水叮咚，风景秀丽如画。从吐蕃第九世赞普布迪贡坚到第十五世赞普梯笑列，曾先后在此山上兴建了达孜、桂孜、扬孜、赤孜、孜母琼结、赤孜邦等6座宫殿，这就是史书上所说的青瓦达孜六宫，这六宫同时还是古世吐蕃兴建的第二大宫殿。六宫到后来吐蕃迁都拉萨后，成为历世藏王和后来的西藏政府官员到琼结祭奠藏王墓时的行宫，并一直不断进行着扩建。到公元1302年，帕竹政权实行宗溪制度后，在琼结设琼结宗，建宗政府建筑于青瓦达孜山上，使得宗与宫连成一片，十分壮观。"文化大革命"中，宫与宗同时被毁，现仅存基址。

十二、札玛止桑宫殿遗址

该遗址位于山南地区扎囊县桑耶寺北约10公里桑普乡一座小山冈上。在汉文史料中，因音译关系，对札玛止桑有不同的写法，如"查玛珍桑"、"札玛正桑"等，《西藏王臣记》还将札玛止桑宫殿称为"红岩宫"。根据《贤者喜宴》等史书记载，札玛止桑大约创建于8世纪初叶，是藏王赤德祖赞及金城公主的宫殿之一，赤松德赞就诞生于此宫。

札玛止桑宫殿建筑面积不大，仅200平方米，大门向西，开于南侧。进大门是一个小庭院，庭院后面较高，形成一个二层台面。左边有厕所，后面有两间住房，西边的房间较大，东边的房间较小。墙壁全用大石块夹薄石板垒砌而成，十分整齐，反映了早期宫殿结构简单，构造讲究的特点，可惜现已成废墟。

据《西藏王臣记》记载，赤德祖赞逝世后，赤松德赞年幼，奸臣们挟小王子制定法令来毁灭藏传

佛教，札玛止桑宫殿亦在此时被捣毁。后来，人们为了纪念这些著名历史人物，又将它维修起来，供上赤德祖赞、赤松德赞等人的塑像，从此，札玛止桑失去了宫殿的性质，而变成了一座小庙。20世纪50年代，因无专人管理，常年失修，这座小庙也逐渐被废弃。在宫殿南侧，还有大片废墟，据当地人讲，这些废墟当年也是宫殿。作为藏王赤德祖赞、汉地金城公主的宫殿之一，赤松德赞的出生地，小小的札玛止桑是容纳不下的，附近大片的废墟，就是当年宫殿群体建筑的一部分。札玛止桑宫殿原有一口大铜钟，据说由内地和尚铸造，现悬挂在桑耶寺"乌孜"大殿东大门口。

十三、羊孜颇章宫殿遗址

"颇章"即藏语"宫殿"之意，该遗址位于山南地区隆子县列麦乡第四村南侧。原宫殿建在一条略呈东西向的山脊上，南侧是通往县城方向的公路，北侧与村庄隔河相望，遗址与现公路的相对高差约40米，海拔3850米。宫殿依山势走向呈东西一线展布，东、北、南三面皆为斜坡，西面辟有通道，形成带有军事色彩的制高点。整个建筑群中以东、中部建筑较为密集，其建筑墙体均以石块砌筑而成，规整坚实，石块之间用泥浆粘结后不存缝隙，现存墙体残高3~5米。建筑遗址中有面积为60~80平方米大小的殿堂，较小的房屋开间约10~30平方米不等。据实地调查资料，宫殿建筑群原包括甲喇颇章、乃丹颇章（罗汉堂）、申门颇章、亨吉康、桑雍康等主要单元，另在四侧筑有坚固高大的碉楼，构成一座"城寺结合"而具有宗山性质的宫殿建筑群落，并具有军事防御性质。

羊孜颇章又名"甲巴赤奔颇章"，是西藏历史上分裂割据时期该地一位名叫甲巴赤奔的小王所建。甲巴赤奔生卒年代已不可考，出生于雅碧芒域地方，父名学桑，母名达桑。"甲巴"之由来据说是因其睡眠时眼同鸟类一般，下眼皮向上盖住眼睛，随时保持着清醒与敏捷，故因此得名。

建造羊孜颇章时，正值元代"十三万户"时

图3-4-15　左：嘎朗王宫遗址墙基；右：嘎朗王宫遗址环境，嘎朗王宫建立在山顶上，目前已毁，被植被覆盖

期，即13世纪左右，故推测该遗址的始建年代距今已有700年。在甲巴赤奔之后，该建筑曾一度由来自雅砻一带的多林班智达所占据，其时代大致为15世纪。西藏地方政府"噶厦"成立后，曾在十二世达赖赤烈嘉措（1856～1875年）时期利用该建筑群设立过政府豁卡。

十四、嘎朗王宫

嘎朗王原为藏王止贡赞普第七代王子夏赤，因内乱，止贡赞普被其大臣阿罗木达孜谋杀，夏赤王子及其家属被迫逃离到波密，受到当地民众的拥戴，被推举为首领并建立起势力较强的地方政权嘎朗王朝，成为第一代嘎朗王。公元1240年，第二代嘎朗王巴哉落准在嘎朗第巴（现林芝波密嘎朗村）修建青瓦达孜宫，宫殿的整体建筑结构类似于布达拉宫，宫殿建筑面积为1000多平方米，建筑特点融合工布地区当地建筑风格。嘎朗王朝统治着当时的易贡、布堆、曲宗三大区域，鼎盛时期统治区域扩张到山南、工布、康区以及墨脱等地。强大的割据势力，给当时的西藏统治政权构成极大的威胁，1927年至1931年间，第二十七代嘎朗王旺青格堆与西藏噶厦政府发生冲突，噶厦政府调重兵分五路围歼，因力量悬殊，被强大的噶厦军队击败，旺青格堆率残部逃往印度，嘎朗王朝覆灭。民国后期，嘎朗王宫因战乱被全部烧毁，宫内财物被洗劫一空，

现仅存宫殿基角等遗痕（图3-4-15）。

十五、古格王宫

9世纪末，吐蕃王朝覆灭，各地部落重新割据，内部战争连年不断，吐蕃王室内部争权夺利，其后代之一的吉德尼玛衮逃到阿里，令其三子分管三处地方，其中古格地方由长子德尊衮掌管，称为古格王国。吐蕃王朝统一全藏以前，这里是象雄国的地方，也是藏族苯教的发源地，是藏族历史上具有深远影响的一个地区。松赞干布迎娶象雄王女儿为妃子，建立友好关系，变为其属国。古格王国系阿里的泽布让和达巴两地区，过去西藏地方政府时期，设立泽布让和达巴两个宗（宗相当于县），民主改革以后两个宗合并成一个札达宗（札达县）。

古格王宫是古格王国[①]城堡建筑群的一部分，今为遗址（图3-4-16、图3-4-17）。古格王国城堡建筑群遗址在今札达县西边30公里处的札布让村的一座土质山上。北临象泉河，地势平坦开阔，有草场和农田。

山顶王宫区高出山脚下平地160米左右，位于古格王国城堡建筑群遗址顶部的"S"形台地上，很不规则，南北长约210米，东西最宽处78米多，最窄处仅17米，面积约7150平方米。四周边沿处用土坯砌筑城墙保护，每一段建有箭楼和观察楼，墙上留有射箭孔和观察窗，形成了山顶上最后一段防御工程。整个宫殿区"各类建筑倒塌毁坏比较严

图3-4-16 古格王宫遗址

图3-4-17 古格王宫遗址，顶部为宫殿区

图3-4-18 古格王宫遗址内的佛塔

重，从残存的遗迹能辨识的建筑共有房屋56间，窑洞14孔，碉堡20座，暗道4条，四周防卫墙现存总长度约430米"。宫殿区建筑设施随山顶地形地势布置，按分布的点面和疏密度，可将宫殿区分为南、中、北三组建筑。

南组建筑群共有房屋17间，以集会议事厅为中心，包括国王处理政务和居住的宫室、办公处所、国王和王妃卧室、等候厅、侍从卫士的住房和防卫设施等。

中组建筑群共有房屋16间，为宗教建筑及处理宗教事务的机构、人员的住地，包括"回"字形佛殿、聚会堂、僧舍等建筑。整个建筑群以"回"字形佛殿为中心，包括聚会堂（诵经堂）、僧舍、官邸等建筑。据《古格故城》载：佛殿呈现"回"字形。殿堂中央略呈"凸"字形，殿堂内东西进深10米，南北宽7.8米，两侧突出部分为供奉大龛，宽2米，进深1.5米……门向正东……殿内大梁有两道，均为南北向，椽子为东西向，殿内共有4柱。殿堂外围有一周转经廊……殿堂正中上方，残存一供佛须弥座，推测佛像当为泥塑释迦牟尼大立像……两侧沿墙原列有八大弟子塑像。在殿堂内壁上，有斑斑点点的色彩残迹，显然是壁画的残存，惜已无法辨识……殿堂内外两道墙壁均以石块砌筑墙基，以土坯砌筑墙体……上小下大有收分。

北组建筑群位于山顶的北端，其中心与中组建筑群的中心相距70多米，共有房屋、殿堂22间，包括贡康洞、金科拉康（坛城殿）等，房屋用途为与安全防卫、军事有关的机构设施以及人员住地。

在宫殿区内有一定数量的佛殿、僧舍、佛塔等宗教建筑（图3-4-18），说明宗教在当时的社会中占有明显的地位，古格有的王室成员就是教主，但统治着古格人民的还是国王。

古格王国城堡地处土山，石料缺乏，全部建筑均用夯土墙，只有墙基及台阶使用少量石材，但古格地区降雨量少，大部分墙体至今保存完好。这里支撑结构仍以木材为主，如梁柱、门窗及屋檐挑木均为木头。由于木材资源缺乏，所用木料断面都比较小，门框、门楣、柱头及檐饰等各部位装饰层次也少一些，因此，古格建筑的木构件装饰，显得简洁、朴素和大方。但在关键部位，如门框、柱头、雀替上做了精制的雕刻，这些木刻线条流畅，形象生动，具有独特的艺术效果。古格王国的群体建筑，是典型的宫堡建筑，对后期出现的宗山建筑，有着深远的影响。

注释

① 即布达拉宫，至赤松德赞时期，该王宫因雷击引起火灾，遭到毁坏。朗达玛灭法后不久各地农奴起义，吐蕃王朝瓦解，红山顶上的宫室也已残破。直至清初黄教势力借助蒙古族固始汗的兵力统一西藏，五世达赖布达拉宫，作为一个政教合一的宫堡，供达赖驻锡之用，后经历世达赖增修，始成今日之规模

② 藏族历史上关于第一代藏王的出现有这样的传说：相传在公元前237年的一天，苯教教徒牧人在赞唐廓西山上放牧时，偶然发现一个英姿勃发、与众不同的青年，这个青年的言语举止与本地的土著不同。放牧的人们辨别不了这是怎么回事，应该如何处置这个年轻人，便派人回部落报告。长者派出几个颇为聪明的巫师上山盘问青年人从哪儿来，这个青年人用手指了指天。这伙人以为他是从天上来的"天神之子"，格外高兴。为首的便伸长脖子给这位天神之子当轿骑，前呼后拥把他抬下山。聚居在这里的人们见这个青年长得英俊聪明，便一致拥立他为部落的第一位首领，起名为"聂赤赞普"，也就是"用脖子当宝座的英杰"。自此，西藏历史上把藏王称为赞普。

③ 南久旺旦：代表地、火、水、风、天五行的时轮明咒。

④ 塌鼻兽是一种虚构的野兽，头如狸猫，鼻部扁平，藏族建筑中多用此做柱头装饰

⑤ 藏语白玛，意为莲花；曲扎意为叠经。藏族建筑刻绘成莲花瓣和象征累卷叠经的凹凸方格以装饰门窗、梁枋的花边

⑥ 古格王国遗址：原古格王国都城的遗址，旧称扎布兰，现译札布让。公元10世纪至17世纪，古格王国雄踞西藏西部，弘扬佛教，抵御外辱，在西藏吐蕃王朝以后的历史舞台上扮演了重要的角色。古格王国亡于何时，中国科学院民族研究所西藏少数民族社会历史调查组编《藏族简史》记载："1841年，在英国指使下的一支道格拉军（森巴）从克什米尔入侵拉达克，进袭阿里……侵略军在侵入阿里后，焚烧劫掠，迅速推进到马法木错的南岸，准备进一步袭取卫藏地方……在卫藏人民的密切配合下，即时动员三千多士兵，驰援阿里，在这年冬季的一次大风雪中，这支优秀的藏军在法木错南与道格拉展开了剧烈的战斗，并以一举歼灭敌军主力和俘获近千人的光荣战绩，粉碎了侵略者的梦想"。从民间传说古格为森巴人所灭，及现存遗址遗物看，《藏族简史》的记载是正确的。

西藏古建筑

第四章　寺院建筑

西藏寺院建筑分布图

（地图引自：中华人民共和国民政部编. 中华人民共和国行政区划简册2014. 北京：中国地图出版社，2014.）

① 大昭寺　② 小昭寺　③ 色拉寺　④ 哲蚌寺　⑤ 甘丹寺　⑥ 桑耶寺　⑦ 敏珠林寺　⑧ 扎什伦布寺　⑨ 白居寺　⑩ 萨迦寺　⑪ 热拉雍仲林寺　⑫ 托林寺　⑬ 科迦寺　⑭ 查杰玛大殿　⑮ 强巴林寺　⑯ 布久寺　⑰ 雪努寺　⑱ 热振寺　⑲ 夏鲁寺　⑳ 曲德寺　㉑ 昌珠寺　㉒ 扎塘寺　㉓ 聂塘卓玛拉康　㉔ 平措林寺　㉕ 邦纳寺　㉖ 日吾其寺　㉗ 文部寺　㉘ 扎西岗寺　㉙ 顿督寺　㉚ 烟多寺　㉛ 益日寺　㉜ 提吉寺

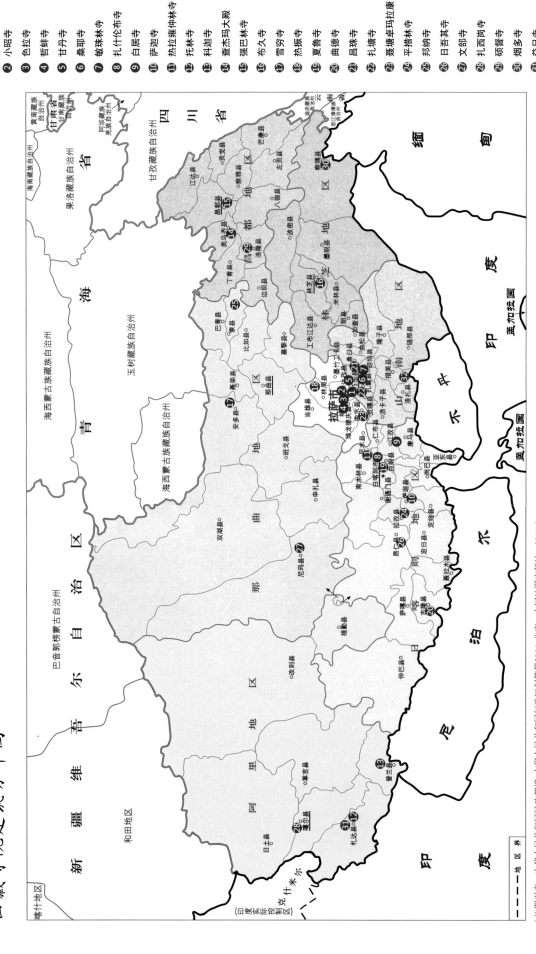

━ ━ ━ ━ 地　区　界

图4-1-1　洛扎提吉寺旁边的水车拉康，吐蕃时期修建

西藏的寺院主要有佛教寺院，苯教寺院、伊斯兰教的清真寺院和天主教堂。西藏的天主教堂仅一座，是位于昌都地区芒康县的上盐井天主教堂[①]；西藏的伊斯兰教清真寺数量较少，典型代表是拉萨大清真寺和小清真寺[②]；苯教是西藏地区的原始宗教，7世纪佛教传入西藏后，与苯教文化有机融合，逐渐发展成具有本土文化特点的藏传佛教。由于历史上佛苯之间的长期斗争和融合，使苯教寺院和藏传佛教寺院的建筑形制几乎没有差别。藏传佛教寺院是西藏古建筑中分布最广、数量最多、最具代表性的建筑类型。本章主要介绍藏传佛教寺院建筑。

化需要，建造了西藏第一座苯教寺院雍仲拉孜寺；18世纪，为满足穆斯林进行宗教活动的需要，在拉萨市城关区修建了大清真寺；19世纪，为传播天主教文化，在昌都地区芒康县上盐井乡修建了天主教堂。而西藏地区数量最多、分布最广的藏传佛教寺院，则是在7世纪随着佛教的传入而逐渐形成和发展的（图4-1-1、图4-1-2）。

第一节　历史的演变

一、寺院建筑的成因

寺院建筑是宗教文化的产物。在吐蕃第一代赞普聂赤赞普时期（约公元前3世纪），为满足苯教文

图4-1-2　扎达布日寺

7世纪，吐蕃第三十二代赞普松赞干布继位，在先后征服了苏毗、白兰、党项、象雄等部落以及击败吐谷浑后，建立了统一的吐蕃王朝，并迁都拉萨。为与旧的贵族势力斗争，巩固自己的统治，削弱苯教势力，松赞干布积极寻找新的统治思想工具。佛教主张善恶俱报，轮回报应，贫富贵贱，前世所定，君臣、百姓之位，乃前世积德多寡而成，并非人的意志能够改变等思想。这就为统治者宣扬等级不可逾越的社会制度找到理论根据。"在政治上，由于佛教的教义比吐蕃原先信奉的苯教更适合松赞干布的统治需要，他借助君权神授的思想，不论大臣还是贵族，都得听命于赞普，无条件地服从"。这对巩固王权，树立赞普的绝对权威，都是十分有利的。于是，松赞干布决定引进并推广佛教。松赞干布通过与尼泊尔和大唐联姻，迎娶了赤尊公主和文成公主。两位公主为吐蕃带来佛像、佛经及建筑工匠和工艺技术等。为供奉两位公主带来的佛像，为佛教文化提供场所，松赞干布主持修建了大昭寺、小昭寺。当时吐蕃社会经济实力雄厚，为营建这两座佛教建筑提供了物质保证，大昭寺，小昭寺成为西藏地区最早的佛教建筑。虽然大昭寺和小昭寺被冠名为"寺"，但根据藏传佛教寺院需要具备的"佛、法、僧"[③]三宝来看，当时大昭寺和小昭寺只具备"佛"宝，仅是供奉佛像的佛殿，还不是真正意义上的佛教寺院。直至吐蕃赞普赤松德赞（742—797年）时期，在山南地区兴建桑耶寺，寺内具足"佛、法、僧"三宝，桑耶寺成为西藏地区第一座真正意义上的佛教寺院。

二、寺院建筑的演变

在佛教传入前，西藏地区的宗教为苯教，据藏文史籍记载：苯教是在古象雄（今西藏阿里地区）发展起来的，创始人为辛饶米沃切。从玛桑九族时期开始至雅砻王统时期(第一代赞普聂赤赞普到第三十一代赞普囊日伦赞)，是苯教建筑逐步产生和逐渐成形的过程。苯教建筑"先后或同时以大石、碉房、帐篷、堡寨、宫堡等形式出现"，这些建筑形式为后来的藏传佛教建筑提供了原型和基础。7世纪佛教传入西藏后，在吸收了苯教建筑形式和工艺的基础上，结合中原地区、尼泊尔建筑风格，形成了藏传佛教寺院建筑（图4-1-3、图4-1-4）。宿白先生在其《藏传佛教寺院考古》中依据平面形制和托木特征把藏传佛教寺院的演变分五个时期，陈耀东先生在《中国藏族建筑》中依据建筑规模、类型和技术水平将藏传佛教寺院建筑的发展分为发展初期、发展时期、繁荣期和后期四个阶段，以两位先生的分期为基础，以建筑平面形制演变为依据，将藏传佛教寺院建筑的发展演变分为萌芽期、形成期和成熟期三个阶段。

（一）萌芽期

7~9世纪为西藏佛教寺院建筑的萌芽期。7世纪，佛教正式传入吐蕃，吐蕃三十二代赞普松赞干布主持

图4-1-3　拉萨乃琼寺

图4-1-4　山南白居寺

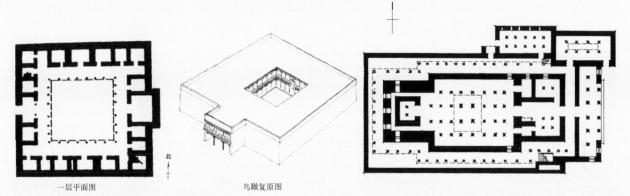

一层平面图　　　　　　　　鸟瞰复原图

图4-1-5　拉萨大昭寺初建时的一层平面及鸟瞰复原图

图4-1-6　拉萨小昭寺平面图，其中西边部分的两柱内室为吐蕃时期的佛殿平面形式

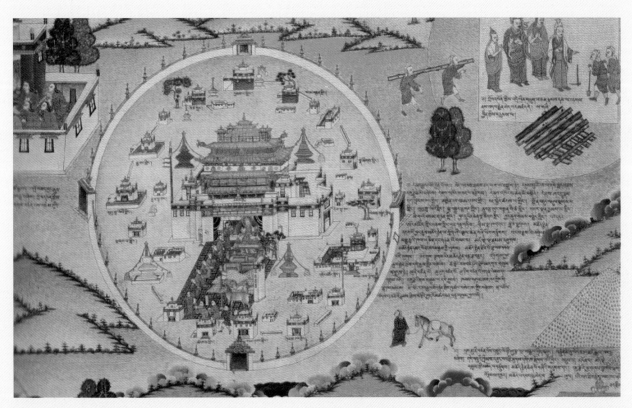

图4-1-7　桑耶寺，壁画

修建大昭寺（图4-1-5）、小昭寺（图4-1-6）供奉佛像，依照文成公主提出的女魔说，为镇压魔力在女魔十二关节点建造厌胜寺④。这些寺院是供奉佛像的佛殿类似于苯教的"塞康"⑤。今日所见拉萨大昭寺、小昭寺同松赞干布时期所建原貌已有变化，两寺均经后世不断扩建而成今日面貌。大昭寺后部方形的觉康主殿应为当时所建。根据宿白先生在《藏传佛教寺院考古》一书中对大昭寺现有建筑进行的分析，第一时

期即松赞干布时期修建的中心佛殿形制模仿了印度寺院，"平面布局为西藏佛寺所仅见；亦与内地佛寺不同，与它极为类似的是印度佛寺建筑中的毗诃罗……和大昭寺中心佛殿最接近的是位于北印度巴特耶县巴罗贡村的那烂陀寺僧房院遗址"。

公元763年，赞普赤松德赞举全境之力，兴建西藏历史上第一座"佛、法、僧"三宝俱全的寺院——桑耶寺（图4-1-7）。桑耶寺依据古代佛教

宇宙观，尤其是曼陀罗（坛城）思想仿照古代印度波罗王朝的阿旃延那布尼寺设计建造，建筑平面呈圆形，直径336米，乌孜大殿象征世界的中心须弥山，太阳、月亮殿象征日、月轮，四塔代表四大天王，大殿周围的十二佛殿代表须弥山四方的四大部洲和八小部州，圆形的外墙代表世界外围的铁墙。桑耶寺的兴建标志着佛教在吐蕃生根发芽，也为后来的藏传佛教寺院建筑带来了新的设计理念和营造方法。

赤松德赞的继位者赤热巴巾，吐蕃历史上的"祖孙三法王"⑥之一，是"一位极度崇佛和侍奉佛僧的国王"，在其执政期间，制定"七户养僧制"，并给予信奉佛教的人诸多赦免。在他的支持和努力下，寺院建筑的维修和营建活动频繁。"赞普笃信佛法，在蕃地建修行院、讲经院和戒律院等数十座。并令汉地及藏区、热巴巾王辖区的所有人，修建拉康千座、佛塔十万尊。"在《西藏王臣记》中也有提及在赤热巴巾时期曾在大昭寺附近修建6座佛殿。公元838年，朗达玛继位成为吐蕃最后一位赞普，在其执政期间展开灭佛运动，无数的寺院被毁，僧侣被迫还俗，在吐蕃刚越土发芽的佛教进入了长达百年的黑暗期。

在萌芽期，吐蕃各地兴建的著名寺院除大昭寺、小昭寺、桑耶寺外，还有昌珠寺、艾旺寺、强准寺、帕巴寺、耶巴寺、玉意拉康、枯廷拉康等。这些寺院大多为规模不大的佛殿。佛殿建筑特点是规模较小的方整空间，被室内转经道包围，内室面积多为2~4柱，平面呈"回"字形。小昭寺修建于吐蕃王朝时期的部分就是一层佛殿，佛殿方形，内室面积2柱，外围有转经道；乃东县的玉意拉康是松赞干布时期修建的四大镇边寺之一，同样的方形平面，被转经道包围的内室；洛扎县的枯廷拉康是松赞干布时期位于女魔左肘的再镇边寺，佛殿建于一米高的台基之上，方形平面，进深四间，前两排皆为两柱，外围也附有转经道。转经道的设置源于对佛陀礼拜方式的需要。虽然后来在修建寺院时建筑内的转经道已经没有了，改成在建筑外有一圈环绕的小路，

但是转经礼拜的方式却被世代继承下来，并成为藏传佛教中最常见和最基本的宗教仪轨。

这一时期的吐蕃，佛教是一种完全新兴的外来文化，所以模仿佛教昌盛的寺院修建自己的寺院成为首选的方式。一方面，外来的传播者倾向于营造自己熟识的佛教世界；另一方面，也是吐蕃学习外来文化的一种便捷途径。

（二）形成期

10~14世纪为西藏寺院建筑的形成期。吐蕃王朝灭亡后，佛教在西藏经历200多年的沉寂，10世纪始，佛教通过上路弘法和下路弘法再度发展起来，并与藏族文化、苯教文化进一步融合，逐渐发展成具有本土文化特点的藏传佛教。由于对渐悟与顿悟的理解和偏重显、密教法的差异，教派分支出现。先后形成了宁玛、噶当、萨迦、噶举、夏鲁、觉囊、格鲁等不同的教派和教派支系，各教派为修习佛法的需要都建有自己的寺院。"公元1261年，元世祖忽必烈封萨迦派大师八思巴为'帝师'，成为佛教僧侣们的最高领袖，同时掌管释教总制院，管理西藏相关事务，'帝师之命与诏敕并行于西土'（《元史》卷202《释老传》）。从此揭开了西藏政教合一的序幕，从此时开始，中央王朝对西藏有了更明确的控制权，汉地建筑更多地渗透到西藏寺院建筑的修建中。"其中最典型和最具影响力的寺院当属萨迦寺。

萨迦寺分南、北两寺，北寺建在仲曲河北岸的奔波山南坡上（图4-1-8）；南寺建在仲曲河南岸的平原地带上（图4-1-9）。"萨迦北寺采用传统的依山而建建筑理念，不再如桑耶寺那样有明确的象征佛教世界观的建筑，更多的单体建筑被设计成为民居建筑式的学院，僧宅及经堂，突出了对僧侣中认得利益的轴心偏重。"萨迦南寺布局方正，主体建筑有佛殿、经堂、灵塔殿、藏经室等，组成一大院落，外有城墙，城四角有城楼，城外有羊马墙、护城河等，是一座坚固的城池，防御性极强。"建筑风格是皇家城郭式的藏传佛教寺院建筑风格，主要体现了萨迦昆氏家族、蒙古政权、藏传佛教三者

图4-1-8 布局方正的日喀则地区萨迦南寺（图片来源：《西藏文物地图集 西藏分册》，第141页）

图4-1-9 依山而建的日喀则地区萨迦北寺（图片来源：《西藏绘画史》第140页）

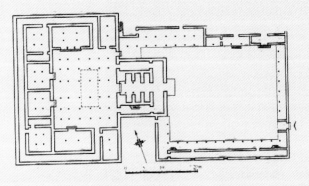

图4-1-10 日喀则地区夏鲁寺一层平面图

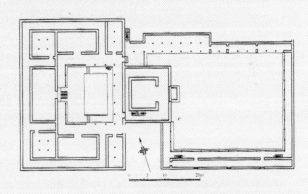

图4-1-11 日喀则地区夏鲁寺二层平面图

合为一体，也就是政教合一的体现"。

　　兴建于公元1087年的夏鲁寺也是这个时期非常具有特色的寺院建筑，该寺虽然始建于后弘早期，但是真正的发展时期却是元代萨迦派掌权时期，因为当时的夏鲁寺主与萨迦派掌权者之间的亲属关系而使得寺院得到了很快的发展。夏鲁寺主殿3层，底层是集会大殿和佛殿（图4-1-10）；二层中央是天井，南、北、西有3座无量宫佛殿，东面为般若佛母佛殿，佛殿均为木构歇山顶，上施绿琉璃瓦（图4-1-11）；三层只有东无量宫佛殿。夏鲁寺平面布局，尤其是二层平面布局显然是受到了内地汉地院落建筑做法的影响，四面的佛殿围合中间的院落，中轴对称，均衡布置。同时也是"延续了吐蕃王朝时期寺院建筑对理想佛国世界的构想，东南西北四座佛殿象征宇宙海中的四大洲，中间的庭院是虚化的须弥山。不论当时修建者的意图究竟如何，

我们依然可以认为，夏鲁寺的平面布局形式既是对早期做法的继承，也是接受新思想发展新形式的过渡"。同时，这种在藏式平顶上面建汉式歇山顶建筑的组合方式，上下层结合巧妙，突破了以往的传统形式，是藏汉建筑文化交流的结果。后来的很多殿堂，就是在此基础上进一步发展，创造出一种在西藏建筑史上藏汉结合的新形式（图4-1-12）。

　　从朗达玛被弑杀到13世纪中叶西藏地方萨迦王朝再度兴起，佛教僧侣明白了单靠统治阶级的支持是不足以获得长久发展的，必须建立深厚的群众基础。于是寺院成了他们获取更多信誉的物质载体和象征。吐蕃时期的寺院规模已经不能满足藏传佛教发展的需要，随着佛教的发展，经堂面积和寺院规模在不断扩大，"前堂后殿"或"前堂侧殿"的形制格局开始形成。如萨迦北寺乌策大殿西侧佛堂前的经堂有24根柱子，而此后修建的萨迦南寺佛堂和

经堂结合是40根柱子的面积，夏鲁寺的经堂是36根柱子的面积，这些经堂可容上百僧众聚会习经。佛殿与经堂结合，增大了建筑的体量，从而创造出大体量的寺院主体建筑。大昭寺在这段时期也进行了维修扩建，在原来僧房院天井部分增加了多根立柱变为室内的多柱空间，用以满足集会的需要，大昭寺平面也变成了"前堂后殿"的格局。"前堂侧殿"格局的典型寺院是日喀则地区白居寺措钦大殿，该大殿经堂有48根立柱，除南面外，另外三面均建有佛殿（图4-1-13）。

这一时期的寺院建筑，由于与中央政权的联系更加紧密，加强了对中原地区先进技艺的学习，而对印度寺院的模仿从平面形制上看已经不明显。同时，由于佛教的本土化，寺院建筑形式顺应发展要求逐步有了完整的形式。大体量、多立柱经堂空间的出现满足了藏传佛教不断扩张的要求。可以说这是西藏寺院本土化转型的一个重要的磨合时期。

（三）成熟期

15～20世纪，是西藏寺院建筑的成熟期。15世纪初宗喀巴进行宗教改革，创立格鲁派，受到明朝、清朝中央政府支持。格鲁派采用活佛转世制度，明嘉靖二十五年（1546年），索南嘉措被认定为三世达赖喇嘛迎至哲蚌寺坐床。公元1642年，五世达赖喇嘛阿旺洛桑嘉措在厄尔特部首领固始汗的支持下打败了藏巴汗和噶玛噶举势力，在哲蚌寺建立甘丹颇章地方政权，标志着格鲁派寺院集团形成。此后由达赖喇嘛领导的格鲁派得到了来自清政府的大力支持，成为西藏最有实力的宗教团体。与

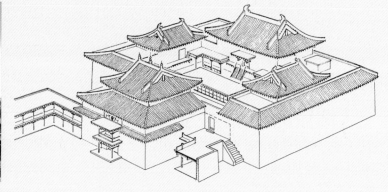

图4-1-12　日喀则地区夏鲁寺主殿外景及鸟瞰示意图

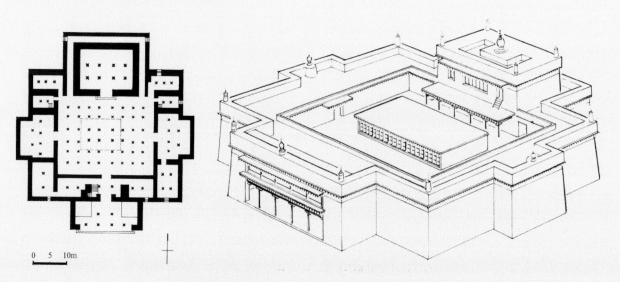

0　5　10m

图4-1-13　日喀则地区白居寺措钦大殿平面图及鸟瞰示意

此同时，藏传佛教的地位如日中天，教义教理的传播更加系统化。作为宗教传播主阵地的寺院建筑也逐步发展成熟，有了自己固定的建筑形制，成为西藏古建筑的重要类型。

宗喀巴大师对于经文学习程序有着严格的要求，这为格鲁派建立完善严谨的组织体系打下了坚实的基础，并逐渐将这种带有等级色彩的组织体制发扬传播到藏传佛教的其他教派。寺院建筑的规模在随僧人不断扩大，形成了"措钦—扎仓—康村"的寺院结构体系，大型藏传佛教寺院建筑群体开始形成，建筑体现了以僧侣为主的学院派的建筑形制。"措钦—扎仓—康村"是层层隶属的关系，这种等级特点也能通过建筑平面形制体现出来(图4-1-14、图4-1-15)。等级较高的建筑中经堂规模较大，面积一般在60柱以上。"前堂后殿"的做法成为主流形式，经堂后部多并列有三间佛殿；规模较小的建筑中可能仅有一间佛殿；等级较低建筑只有经堂没有佛殿，在经堂的近端摆放佛像或其他供奉物代替佛像。

寺院建筑中最主要的大殿建筑的平面以方形为主，十字形坛城平面的做法已经比较少见。建筑平面常被分成三段式。最前端是入口处门廊，形状多为方形或"凸"字形。中间是面阔常大于进深、多柱林立的经堂，通常正中若干排立柱会升起到两层高，这种做法在15世纪之前是不多见的，"疑有两种可能：一是大昭寺中心佛殿天井覆顶后就采用了这样的做法，便于室内采光，后来的寺院建筑修建纷纷效仿大昭寺也试用了类似的做法；二是藏传佛教活动中，转经是最基本也是出现频率最高的一种宗教仪轨，'回字形和前中后三界的平面形式正是适应了这样的活动要求，利用中间高起的空间与四周低矮阴暗的转经道形成区分。最后段的也是最重要的就是佛殿，佛殿一般为方形，建筑面积多在2～8柱。从室外到门廊到经堂到佛殿的地坪是逐渐抬高的，建筑内部空间也极富变化，时高时低，时

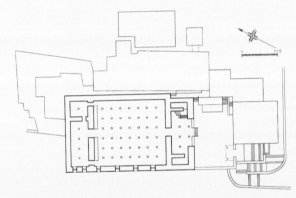

图4-1-14　拉萨色拉寺合木东康村平面图

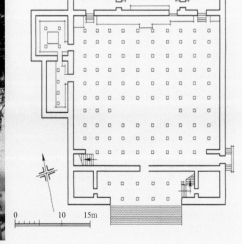

图4-1-15　拉萨色拉寺吉扎仓主入口及一层平面图

明时暗，烘托寺院内神秘的氛围"。

18世纪中叶即清乾隆十六年（1751年）平定西藏贵族内乱后，在西藏废除藏王制，正式成立西藏地方政府噶厦，西藏地方事务由驻藏大臣和达赖喇嘛共同处理。此时期由于西藏封建农奴制度使社会矛盾日益加剧，严重阻碍生产力的发展，同时由于外国帝国主义的入侵等原因，宗教没有发展，宗教建筑活动也逐渐停滞下来。新建寺院建筑几乎没有，只是进行一些维修和不得不做的扩建。

藏传佛教格鲁派建立甘丹颇章，执掌西藏地方政教权力后，成为清中央王朝在西藏地方的代言者。为了格鲁派自身教权利益，以宗喀巴大师为代表，主张效仿萨迦派和帕木竹巴派政教合一制度。拉萨丹吉林、策墨林、功德林、次觉林等四大"林"就是在这种制度上相继应运而生，成为格鲁派在拉萨除色拉、哲蚌、甘丹三大寺外四座重要的政教合一的大型寺院。

清乾隆二十二年（1757年）七世达赖喇嘛圆寂，藏中政教事务一时无人主持，清朝令第穆呼图克图掌办西藏事务，自此开创了以后在历世达赖喇嘛圆寂后，年幼的达赖尚未寻获及未成年之前，由中央任命三大寺中的一位有名望的活佛，暂时摄理政务的先例，四大"林"各自都曾有一位呼图克图领受摄政王职务，并受到清中央王朝册封和达赖喇嘛给予庄园等财物的封赏，充当"摄政佛"的角色，可谓权倾一时。丹吉林的第六世第穆·阿旺降贝德勒嘉措曾摄政21年。策墨林的第二世策墨林·阿旺降白楚臣嘉措曾摄政25年。四大"林"均位于西藏的政教中心拉萨，是布达拉宫之外的规模最为宏大的建筑群落。四大"林"均建有自己的拉章建筑、经堂建筑、夏宫、林卡以及其他宗教和生活建筑，包括僧舍、厨房、仓库等必备房屋（图4-1-16）。

三、寺院建筑的分布

藏传佛教在西藏形成后，西藏建寺活动非常活跃，在西藏地区不同规模的城市、聚落都有寺院。根据东噶·洛桑赤列先生所著的《论西藏政教合一制度》载：公元1733年，达赖喇嘛系统的寺院数为3150座，班禅系统的寺院数为327座；从公元1694～1733年的40年间，格鲁派新增寺院达177座。以上数据仅为清代西藏格鲁派寺院数，未包括当时萨迦、噶举、宁玛等教派以及苯教寺院。时至今日，在西藏地区的7地（市）均有数量众多的寺院分布（图4-1-17～图4-1-27）。根据国家文物局主编的《中国文物地图集·西藏自治区分册》，对西藏7地（市）的国家级和自治区级寺院文物保护单位（第五批文物保护单位公布为止）的分布情况统计如表4-1-1、表4-1-2所示。

图4-1-16 拉萨策墨林

图4-1-17 拉萨墨竹工卡直贡梯寺

图4-1-18 拉萨墨竹工卡直贡梯寺

图4-1-19 山南扎囊敏珠林寺

图4-1-20 阿里嘎尔夏格巴林寺（亦称普兰达喀城堡）

图4-1-21 日喀则绒布寺

图4-1-22 西藏自治区浪卡子扎热寺

西藏地区国家级寺院文物保护单位分布情况统计 表4-1-1

地区		寺院名称（年代）	小（个）
拉萨市	市区	大昭寺（唐）、小昭寺（唐）、哲蚌寺（明）、色拉寺（明）、	4
	曲水县	聂唐卓玛拉康（1274年）	1
	达孜县	甘丹寺（明）	1
	合计	分布在拉萨市的国家级寺院文保单位有6个	
山南地区	乃东县	昌珠寺（唐）、吉如拉康（唐）	2
	扎囊县	桑耶寺（唐）、扎塘寺（1081～1093年）、敏珠林寺（明）、康松桑卡林（清）	4
	洛扎县	色喀古托寺(1080年)	1
	合计	分布在山南地区的国家级寺院文保单位有7个	
日喀则地区	市区	扎什伦布寺（明）、夏鲁寺（宋－元）	2
	江孜县	白居寺（明）	1
	吉隆县	曲德寺（10世纪）、卓玛拉康（1274年）、	2
	拉孜县	平措林寺（明）	1
	萨迦县	萨迦寺（宋－元）	1
	合计	分布在日喀则地区的国家级寺院文保单位有7个	
阿里地区	札达县	托林寺（11世纪）	1
	普兰县	科迦寺（996年）	1
	合计	分布在阿里地区的国家级寺院文保单位有2个	
昌都地区	类乌齐县	查杰玛大殿（元－清）	1
那曲地区	索县	邦纳寺（明）	1
说明		西藏7地（市）中，林芝地区目前尚无国家级寺院文保单位	

西藏地区自治区级寺院文物保护单位分布情况统计　　　　　　　表 4-1-2

地区		寺院名称	小计（个）
拉萨市	市区	拉萨关帝庙（1792 年）、默如宁巴寺（唐）、下密院（18 世纪初）、查拉鲁普石窟寺（7 世纪）	4
	达孜县	查叶巴石窟寺（7 世纪）	1
	林周县	热振寺（宋）、吉拉康（1012 年）、达隆寺（1180 年）、那兰扎寺（1424 年）、朗唐寺（1093 年）、甘曲寺（1100 年）、热玛强康拉康（1015 年）	7
	堆龙德庆县	楚布寺（元）、觉摩隆寺（1169 年）、热擦寺（11 世纪）、措麦寺（7 世纪）、乃朗寺（1333 年）	5
	墨竹工卡县	止贡梯寺（12 世纪）、唐加寺（唐）、切卡寺（1165年）、塔巴朗卓林寺（1161年）、艾玛日寺（1339年）、夏拉康（9世纪）	6
	当雄县	康玛寺（12 世纪）	1
	尼木县	切嘎却德寺（1306 年）	1
	合计	分布在拉萨市的自治区级寺院文保单位有 25 个	
山南地区	乃东县	赞塘寺（唐）、达杰林寺（11 世纪）、曲德沃寺（17 世纪）	3
	扎囊县	葱堆措巴（12 世纪）、结林措巴（1224 年）、顶布钦寺（1567 年）	3
	桑日县	邓萨提寺（宋）、恰嘎曲德寺（16 世纪）、增期寺（1056 年）	3
	琼结县	唐波切寺（1017 年）、坚耶寺（11 世纪）、若康拉康（8–9 世纪）	3
	洛扎县	拉隆寺（唐）、提吉寺（14 世纪）、枯定拉康（唐）、卡曲寺（14 世纪）	4
	贡嘎县	贡嘎曲德寺（1464 年）、多比曲科寺（11 世纪末）、那若达布扎仓（16 世纪）	3
	隆子县	仲嘎曲德寺（9 世纪）、日当寺（唐）	1
	曲松县	朗真寺（13–14 世纪）	1
	错那县	扎西通门寺（1489 年）、觉拉寺（1147 年）、兴玛寺（1436 年）、卡达扎西曲德寺（1442 年）	4
	措美县	卓德寺（1139 年）	1
	浪卡子县	达隆寺（唐）、绒布拉康（唐–宋）	2
	加查县	达拉岗布寺（1121 年）、琼果杰寺（1509 年）	2
	合计	分布在山南地区的自治区级寺院文保单位有 30 个	
日喀则地区	市区	纳塘寺（宋）	1
	康玛县	乃宁曲德寺（唐）、艾旺寺（8～9 世纪）	2
	昂仁县	日吾其寺（14 世纪末）、昂仁曲德寺（1225 年）	2
	南木林县	热拉雍仲林寺（1834 年）、甘丹热布杰寺（1051 年）、梅日寺（1029 年）、达那寺（13 世纪）、湘甘丹曲果林寺（14 世纪初）	5

地区		寺院名称	小计（个）
日喀则地区	定日县	朗果荡芭寺（12 世纪）	1
	萨迦县	萨迦卓玛拉康（11 世纪）、萨迦都切拉康（1268 年）	2
	拉孜县	拉孜曲德寺（1649 年）、曾桑钦寺（11 世纪初）	2
	吉隆县	强准祖拉康（7 世纪）、帕巴寺（唐）、恰芒波拉康（12 世纪）	3
	聂拉木县	喇普寺（1231 年）	1
	岗巴县	乃甲切木石窟寺（唐）	1
	定结县	恰姆石窟寺（唐）	1
	亚东县	东嘎寺（17 世纪）、噶举寺（1747 年）	2
	合计	分布在日喀则地区的自治区级寺院文保单位有 23 个	
阿里地区	普兰县	香柏林寺（12 世纪）	1
	札达县	玛那寺（11 世纪）、东嘎·扎西曲林寺（11 世纪）、益日寺（11 世纪）、热布加林寺（11 世纪）、卡孜寺（11 世纪）、普日寺（11 世纪）、皮央石窟寺（11-14 世纪）	7
	普兰县	古宫寺（15 世纪中）	1
	噶尔县	扎西岗寺（14-15 世纪）	1
	合计	分布在阿里地区的自治区级寺院文保单位有 10 个	
林芝地区	朗县	朋仁曲德寺（12 世纪）	1
	林芝县	布久拉康（7 世纪初）	1
	米林县	羌纳寺（1422 年）	1
	合计	分布在林芝地区的自治区级寺院文保单位有 3 个	
昌都地区	昌都县	昌都寺（明）、噶玛丹萨寺（1147 年）	2
	边巴县	边巴寺（1253 年）、甲热寺（1498 年）、江措林寺（1391 年）	3
	贡觉县	贡觉唐寺（1096 年）	1
	丁青县	孜珠寺（唐）、米杰拉章寺（元）、金卡寺（1456 年）	3
	类乌齐县	宗洛寺（1425 年）	1
	察雅县	烟多寺（1621 年）、向康大殿（唐）	2
	左贡县	田妥寺（1487 年）	1
	洛隆县	硕督寺（1550 年）	1
	八宿县	桑珠德钦寺（1473 年）	1
	合计	分布在昌都地区的自治区级寺院文保单位有 15 个	

地区		寺院名称	小计（个）
那曲地区	比如县	达蒙骷髅墙天葬院（唐）	1
	尼玛县	文部寺（1650年）	1
	索县	赞旦寺（1667年）	1
	那曲县	邦荣寺（1153年）	1
	合计	分布在那曲地区的自治区级寺院文保单位有4个	

图4-1-23　阿里古格玛布颇章红寺遗址

图4-1-24　阿里普兰巴嘎乡朗布朗寺

图4-1-25　阿里托林寺白殿

图4-1-26　林芝多东寺

图4-1-27　山南丹萨替寺

寺院建筑

第二节 布局与功能

一、寺院建筑的选址

按照《俱舍论》、《地相术汇编》等书籍的记载，西藏寺院建筑选址非常考究，需建在离世俗村庄一个江扎⑦距离外的安静之地，以便排除世俗干扰，保证僧侣专心修法。选址好坏对一座寺院的生活便利和发展兴旺极其重要，建寺者对寺院的选址十分慎重。西藏寺院选址通常包括预言选址和实地选址两部分。

（一）预言选

藏传佛教寺院的选址，常根据教派祖师的预言或提示，寻找建寺的具体方位。如《雅隆觉沃史》记载：阿底峡大师的重要弟子俄雷必喜绕，跟随大师到聂唐时，大师在聂唐用手指向桑普方向，预言那个地方有块地形似右旋海螺地方，如在此建寺弘法必有大果，于是雷必喜绕在那个方向建了小寺一座，起初选址不正确，寺院未能兴盛，后来他找到了不远处的内邬托高台，形如大师所预言的右旋海螺，随即迁寺于此，该寺就是在藏族历史上非常有名的桑普寺。活佛高僧预言的选址是藏传佛寺选址的一个建筑传统，主要是指明建寺的大概方位，也是高僧大德们弘扬佛法的一种方式。

相地者的选择也是很重要的，在《巴协》中记载，"赤松德赞决定建寺弘法时，专门派巴赛囊去尼泊尔邀请了莲花生、寂护和相地师三人前来吐

蕃，在觐见赞普时，寂护大师特别向赞普介绍这位相地师，说此人是当时独 · 无二的相地师，还强调建造寺院不但要注重吉祥圆满征兆，更要注重寺院选址，选址的好坏对佛教在吐蕃能否昌盛至关重要"，虽然没有提起相地师的姓名，但无疑这位相地师在建立桑耶寺时发挥了重要的作用，可见选择一位资深的相地师对于建造一座寺院的重要性。

（二）实地选址

"关于寺院建筑的具体选址，必须由专门负责选址的人员，不仅要精通佛学知识和历算的高僧大德，而且必须要具备利益众生的高尚情操，在相地之前要闭关冥想本尊，要为护法神念诵酬补仪轨等。在做完这些宗教仪式以后要对建寺所在地的周围环境进行详细考察，观察建筑所在地前后左右的地脉、山峰、河流等，要找出一个使人们感觉舒服，又几乎不会直接危及生命的地方。选址时的天气不能是白雪覆盖大地或漫天云雾迷蒙，而是应该在一个天气晴朗、碧空无云的日子里，由相地者(寺院活佛或高僧)选择吉日，煨桑敬土地神及周围的山神后，从不同的地理位置和制高点，脱帽观察天相和地势"。除此之外，"由于藏族传统的山岳崇拜观念，山对寺院建筑的选址有着重要的意义。修建寺院的理想之地应该是背靠大山，襟连小丘，两条河流分别从左右两边流过，寺院坐落在水草丰美的谷地中央（图4-2-1～图4-2-3）。寺院之四极(即东西南北四个方向)亦应符合要求：东面为

图4-2-1　尼木县如巴寺

图4-2-2　普兰巴嘎乡曲沃寺

图4-2-3 扎囊县扎塘寺

图4-2-4 浪卡子县桑顶寺

图4-2-5 洛扎洛卓沃龙寺

宽阔栖坝,南为垒起的丘陵,西为高地,北为高耸的群山。每个方向都有特别的象征意义,东面地形不能有任何沟壑洞谷,但应有一些岩石和通幽的曲径以象征白虎;南面的河流象征青龙,河流应平缓蜿蜒,不应有任何湍急回旋之处;西面高地红色的土地象征朱雀,其间的小路蜿蜒平整,不应有坑洼和露出地面的树根和岩石;北面群山的墨绿色象征玄武,山间溪流畅通无阻,无冲刷滞留的现象(图4-2-4、图4-2-5)。选择这种地方建寺,与高原特殊的自然环境有密切的关系,集中体现了藏族传统的'环山抱水、朝阳避风'的青藏地望观念,也是寺院选址的一个基本原则"。对于寺院,选出的地方还必须是"十善之地",即具备10个基本的自然条件:具备远、近放牧的草场;具备可用来建房和耕田的土地;具备饮用和灌溉之水;具备盖房的木材和烧柴的木料;具备磨盘石和建房石材的石料。这10个条件基本考虑了建筑所用的土地、材料和人们生活的基本条件,具有一定的科学性和合理性,说明寺院建筑地点的选择,除遵循一定的宗教教义,还必须因地制宜,最大限度地利用有利于僧俗生活的自然条件。"另外,选择寺址时,还需注意天、石、地、水、木五个方面的忌讳。所谓天忌是指天地相接之处不开阔,犬牙交错;石忌是指石头自然形成曲折交错的通道;地忌是指地面上横亘着深涧断谷;水忌是指早晚阳光从水面折射到地面上;木忌指拳形般弯曲的孤木,如此等等。当然具备所有

优点而无缺点的环境是很难找到的。相地术取用物物相生相克的道理去扬长避短,或通过身、语、意(即造像、经文、佛塔)三个方面的宗教仪式行为去拔除魔障。也有在'恶地'建庙宇、佛塔、苯康等镇伏说法,据史载,吐蕃松赞干布时期认为藏地地形犹如一仰卧的魔女,为降妖镇魔便建立了12座镇妖的寺院。再如某地周围的山形如恶魔等,可制作一个石质或木质的男根放在寺院屋顶并指向那个方向,大昭寺二楼就用了这种方法,这也是相地知识中的重要组成部分。"据龙珠多杰的博士论文《藏传佛教寺院建筑文化研究》,西藏寺院选址过程中,还有验地、请地、净地宗教仪式,然后才可以开始施工的准备。

在选址过程中,常赋予周围山水以圣迹、神灵的传说。如贡嘎曲德寺,相传创建人吐敦·贡嘎南杰来到现在的贡嘎曲德寺的位置时,"他所带的经

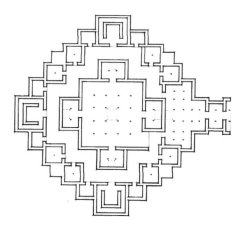

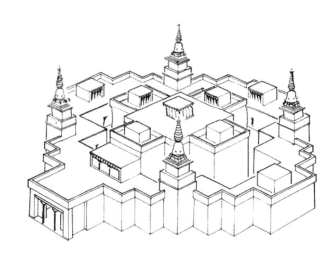

图4-2-6 阿里地区托林寺主殿平面图及复原图

书被风吹到此地，有一乌鸦将经书含到这里，当时，阿底峡就从天上说，这里可称为佛法之地"。又如热隆寺的选址，史书记载："首先，此圣地的地脉殊胜，地形宛如八瓣瑞莲盛开；雪山、石山、牧场和草山环抱，仿佛致敬似的成百条小溪汇流其间；天空好似八福之轮；周边呈现八瑞相。周边呈现八瑞相，即寺前冬日山形如同右旋白螺，热拉山峰状似撑开的宝伞，珀珈后山仿佛是盛满甘露的宝瓶，赞曲山像竖立的胜利幢，相贡山和其前山宛若金鱼游憩，阁木坝好似转动的金轮，本塘坝的山峦如荷叶开蓬，溪水如百鸟竞翔，嘉木沼泽似吉祥结。修道的禅林就坐落在这样的地方。"由此因缘，藏巴嘉热选此作为建寺地点；又如甘丹寺所在的王后岭如同度母，把甘丹寺搂抱在怀中等等。

二、寺院建筑的布局

（一）曼陀罗布局

"曼陀罗"是梵文的音译，意思是"坛城"。"藏传佛教寺院建筑的象征意义主要体现在建筑的布局处理上，宗教的教义和情感激发了建筑的建筑技师们想象力，使他们通过建筑的整体布局和平面布局，把佛教宇宙的构想变成了直观的图像和实体。复杂的佛教宇宙观结构，很难被广大的信徒理解，佛教的艺术大师们把寺院建筑作为世界的象征，通过建筑的手段在平面布局中显示出佛教宇宙

世界图景，这就是藏传佛教寺院建筑中的曼陀罗空间布局"。在前弘期及后弘期初期，西藏寺院布局受外来文化影响，主要采用曼陀罗平面布局模式。如建于8世纪的桑耶寺，平面结构与曼陀罗非常相似，可谓是曼陀罗的立体造型。曼陀罗象征意义在桑耶寺布局中表现得非常突出。居全寺中心的乌孜大殿象征着宇宙中心之须弥山，其四方各建一殿，象征四大部洲，四方各殿的附近，又各有两座小殿，象征八小洲。主殿两侧建有两座小殿，象征日、月，主殿四周建红、黑、绿、白四塔，意在镇服一切凶神恶煞，防止天灾人祸的发生。所有建筑由一道椭圆形围墙包围，象征铁围山，寺门朝东。阿里地区的托林寺（图4-2-6、图4-2-7）和科迦寺、山南地区的建叶寺和拉隆寺、日喀则地区的江孜白居寺等都采用这种布局模式。

图4-2-7 阿里托林寺

图4-2-8　贡塘曲德寺

图4-2-9　达孜县扎耶巴寺

图4-2-10　古如甲寺

图4-2-11　阿里嘎尔古如甲寺，在西藏最早的修行洞——雍仲仁钦基础上修建，距今已有2900年历史。苯教鼻祖辛饶咪沃切古象雄王子，革新各种原始苯教，创立雍仲苯教并以恰辛、朗辛、斯辛、楚辛4个分支在象雄地区传播。

（二）自由式布局

西藏的地理环境以山地为主，藏族先民在长期繁衍生息的过程中，学会了改造和顺应山势的建筑理念。佛教传入西藏后，融合了当地文化，形成了藏传佛教，作为藏传佛教载体的寺院，也吸收了藏族先民长期与自然磨合形成的依山而建的思想。尤其是后弘期以来，藏传佛教在西藏广泛传播，西藏各地都兴建了大量藏传佛教寺院，寺院布局逐渐形成独特的依山而建或据山而立的自由布局模式（图4-2-8～图4-2-11）。较早采用自由式布局的藏传佛教寺院有拉萨市的热振寺、止贡提寺、楚布寺以及日喀则地区的萨迦北寺、吉祥俄尔旺曲丹寺等。热振寺建于1056年，位于深山柏林之中，环境非常优美。寺院坐北朝南，主体建筑有措钦大殿和热振拉章等。措钦大殿与热振拉章并列位于寺院的南

面，僧舍分布于寺院的东、西、北三面呈半月形布局。15世纪初，西藏格鲁派四大寺院相继建成，均采用自由式布局。它们有的根据地形先建成一组建筑，以后根据需要再建一组，每一组都是以一个重要建筑为主体，在周围布置一些附属建筑而形成一个有主次的群体。如哲蚌寺，位于拉萨西郊更培乌孜山南麓，以措钦大殿和四大扎仓为主，各自形成一组建筑群，在西南角甘丹颇章又组成一组，在这些建筑组群之间，用道路、绿化带、成片的树林、围墙等相连，形成有主有次，有虚有实的群体；色拉寺、甘丹寺也一样；也有的寺院布置在山头，踞山而立，如山南地区的卡久寺。

西藏寺院建筑布局的特点是巧妙利用地形起伏，体现由低到高的欲界、色界、无色界的佛教三界空间观。如山南敏珠林寺，每个组群每个单位内

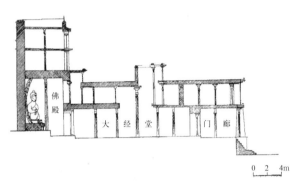

图4-2-12　山南地区敏珠林寺祖拉康剖面，从右往左依次为：入口广场、经堂、佛殿，三者空间处理逐渐升高，体现三界层次序列

图4-2-13　阿里嘎尔县顿久寺

部基本上分成院落地坪、经堂地坪和佛殿地坪三个地平层次，并形成由大门到佛殿逐层升高的格局（图4-2-12）。从它的象征性上看，第一层是欲界，象征世俗世界；第二层为色界，代表渴望除却六欲的佛门弟子修习场所；第三层为无色界，即是佛教最高境界的涅槃净土，即佛殿建筑，其中供奉着佛像与灵塔（图4-2-13）。

三、寺院建筑的功能

由于历史上西藏特殊的政教合一体制，西藏寺院的主要功能，表现在政治、宗教、经济、文化、防御诸多方面。

从后弘期以来，众多寺院同时兼备地方行政管理机构的政治功能，如日喀则地区的萨迦寺、拉萨市的哲蚌寺等。随着政教合一制度的不断强化，"许多寺院和上层僧侣亦热衷于经商"，"历史上的藏区商业贸易大都局限于城镇和寺院附近"，以寺院僧侣为主体的商业贸易是藏区社会商业贸易的重要组成部分。历史上，藏传佛教寺院经济活动方式种类较多，主要有放高利贷、出租土地和牲畜、经商及宗教活动等。除此之外，西藏寺院还有教育的功能。1951年以前，西藏的主要教育是寺院教育，寺院既是僧人学习、研究佛教经典和进行各种宗教活动的场所，同时也是学习五明、传播文化和培养地方政府官员的教育机关。寺院教育在旧西藏教育中占据着重要地位。

第三节　类型与特征

一、寺院建筑的类型

按照藏传佛教寺院的组织体系和建筑功能，西藏寺院建筑可以分为弘法建筑、护法建筑、传法建筑、祈法建筑等四种基本类型。一些重要寺院，如桑耶寺、甘丹寺、哲蚌寺、色拉寺、扎什伦布寺等，都有相对独立的这四类建筑，而一些规模较小的寺院，则通常没有明确的分类，这四类建筑常集中在一幢建筑内。

（一）弘法建筑

弘法建筑是寺院中的主体建筑，通常体量高大，其主要功能是供奉神灵、讲经弘法和受戒、藏经、典礼等功能。藏传佛教后弘期以来，随着僧人的增多和佛法的昌盛，弘法建筑常采用"回"字形平面，中部立柱升高，形成侧面采光，与四周昏暗形成鲜明对比，营造了神秘的佛教氛围。15世纪格鲁派兴起后，为了便于管理和习经，通常将佛殿、经堂和管理机构整合在一起，形成一幢楼前有广场的两三层建筑。其功能布局为：一层有门厅、经堂、佛殿，有时经堂两侧也有佛殿。二层在门厅上部为管理机构；中部是下面经凸起的天窗，周围有一圈天井，两侧建造屋，属管理机构用房，或住人或储藏；后部是底层佛堂的上部空间。三层仅在后部佛堂上有建筑，或作佛堂，或作活佛拉章。依据使用范围的不同，又可分为四种建筑。

第一：措钦(图4-3-1)。供全寺院僧侣集体诵经、举行全寺性的宗教仪式的场所，是整个寺院的核心，其建筑地位、面积、空间、建造的精美程度在整座寺院建筑中都是首屈一指的。

第二：扎仓（图4-3-2）。供寺院某一个学院或经院的僧侣学习、诵经的场所，如同今天大学中的各个院系，僧人根据学习内容不同隶属于不同的扎仓。每个扎仓都有一座独立的以经堂为主体的建筑，

经堂的陈设与措钦相似。"不同的寺庙按规模大小，其中的扎仓也有大小、贫富之分，其数量从1~8个不等。""扎仓建筑形制有两种：其一是单体的佛殿建筑，是该扎仓的僧人举行佛事活动和学习的地方，但没有僧舍，此类扎仓主要在僧侣较少、相对偏远的寺院；其二是两至三层佛殿建筑和围绕的僧舍共同组成的庭院，此类扎仓主要建在僧侣集中的大型寺院。"拉萨色拉寺、哲蚌寺和甘丹寺的扎仓都是这

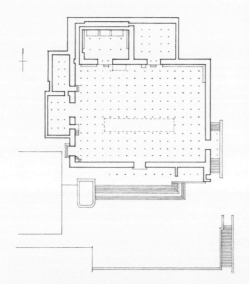

图4-3-1　拉萨哲蚌寺措钦大殿平面图及入口外景。哲蚌寺措钦大殿是寺内最大的单体建筑。前部是一列12柱的前廊；中部是192根柱子面积的经堂，面阔十七间，进深十三间，中部靠前减8柱，形成面阔九间深两间的天井，所以经堂实用柱184根，天井上部屋顶升高，向南开高窗解决殿内的采光通风；后部并列两佛殿

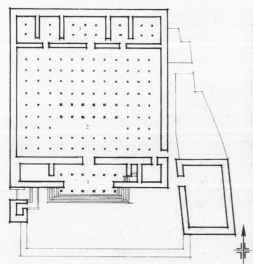

图4-3-2　拉萨哲蚌寺罗塞林扎仓外景及平面。罗塞林扎仓外景由门廊、经堂、佛殿三部分组成，平面为长方形，经堂面积108柱，中部减6柱形成天井

种类型的建筑。

第三：康村(图4-3-3)。在扎仓中按僧人家乡地域划分的组织机构。古格康村的僧人来自古格。康村建筑形制与扎仓类似，只是规模更小。

第四：米村。康村的下属组织为米村。"一些较小的康村一般不设米村，而一些只有扎仓一级组织机构的小寺庙则不设康村，只设米村"。

(二) 护法建筑

护法建筑是寺院中的重要建筑，可以是独立建筑，也可以在经堂建筑中辟设一个殿堂。其主要功能是供奉佛像、佛经、圣物、佛塔、灵塔等，是僧人或朝佛者礼佛的场所，护法建筑通常有以下几种类型：

第一，供奉佛、菩萨的佛殿，如释迦牟尼佛殿、度母佛殿、观音殿，强巴佛殿等。日喀则地区扎什伦布寺的强巴佛殿是西藏所有强巴佛殿的佼佼者。主殿6层，高30米，藏式平顶建筑，内供26.8米高的强巴镏金坐铜佛。殿内空间壅满大佛，人在殿内朝佛，深感佛大人小，心情极为压抑，这正是

宗教所要求的效果。主殿前面有一个三面二层回廊围成的小院（图4 3 4、图4-3-5）。

第二，供奉各派祖师和高僧大德的佛殿，如莲花生殿、宗喀巴殿等。藏传佛教各教派为了供奉其祖师，会另设殿堂专门供奉。如日喀则白居寺的甘登佛殿（图4-3-6），主供宗喀巴。前面是一间两柱的前室；中间是横向过道，右侧有楼梯通二层；后面是八柱的佛殿，面阔五间，进深三间，但后部左右各分出一小室，仅剩面阔三间的空间。

第三，供奉护法神的殿堂。护法神殿是每座寺院不可缺少的，主要任务是保护佛法的昌盛，规模大小不一。有的建造专门的楼房或院落，如桑耶寺的护法神殿是一座4层建筑的院落。还有更大规模的，如拉萨哲蚌寺山脚下的乃琼护法神殿（图4-3-7），本身就是一座寺庙，人们称为乃琼扎仓，但实际上这里唱主角的还是护法神殿，因为它是过去地方政府的护法神。因此，可以说是西藏最大的护法神殿。但很多寺院的护法神殿还是比较简单的，通

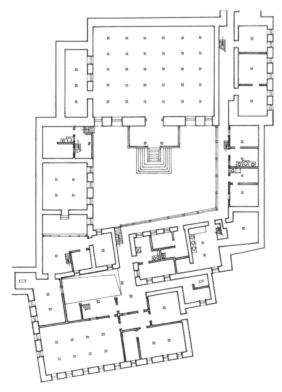

图4-3-3 拉萨哲蚌寺擦瓦康村二层平面图及集会殿外景

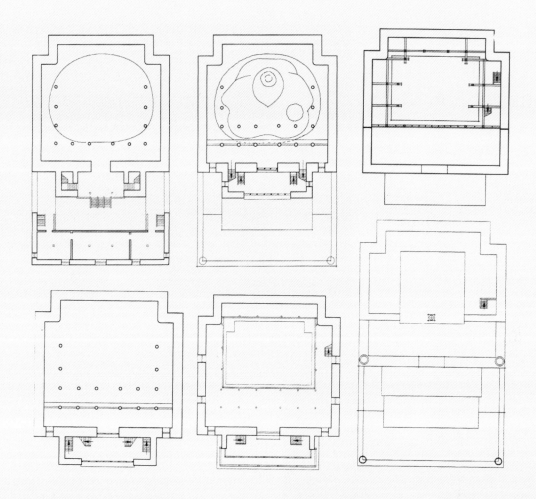

图4-3-4　日喀则地区扎什伦布寺强巴佛殿各层平面图
上左：前院二层及佛殿一层平面图；上中：佛殿二层平面图；上右：佛殿五层平面图；下左：佛殿三层平面图；下中：佛殿四层平面图；下右：佛殿屋顶平面图

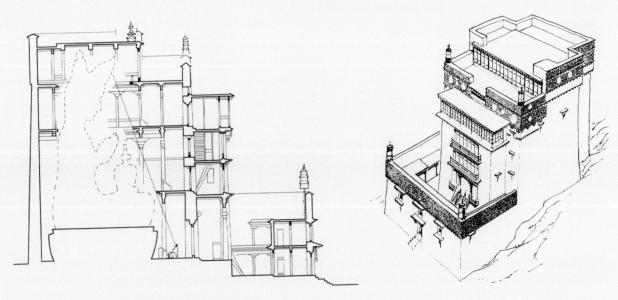

图4-3-5　日喀则地区扎什伦布寺强巴佛殿横剖面图和鸟瞰示意图

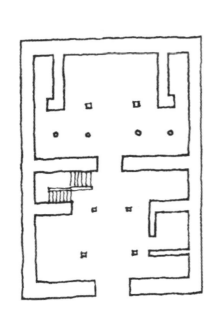 

图4-3-6　日喀则地区白居寺甘登拉康平面图及外景

图4-3-7　西藏最大的护法神殿——乃琼寺

常是在集会大殿之内或侧面另设单间专门供奉，一般不让女性进入。

第四，灵塔殿。供奉活佛高僧灵塔的殿堂。灵塔殿平面通常为方形或近方形，高三四层，藏式平顶建筑上建重檐歇山顶，内部空间直通顶层，内供高大的灵塔。在灵塔殿前，常布置二层回廊围合形成庭院（图4-3-8）。

第五，供奉《甘珠尔》和《丹珠尔》等典籍的殿堂（图4-3-9），其主要功能是藏经，专门制作

经架供奉，供信徒们朝拜。

第六，佛塔。西藏佛塔的建筑形式起源于印度，在藏语中塔被称为"曲登"。佛塔在西藏非常普遍，一般有寺院或村寨的地方就有佛塔，或单座或塔群。

第七，寺院出于护法的需要，还建有院墙（图4-3-10、图4-3-11）和门楼建筑，也可列入护法建筑。

（三）传法建筑

传法建筑是寺院中的附属建筑，建筑体量较小，其主要功能在于向广大僧众传播佛教，引导僧众步入佛门。传法建筑主要有玛尼拉康、经幡柱、檫康、香炉等。

1. 玛尼拉康

玛尼经筒是西藏寺院建筑的一个特色，常布置在寺院周围或人口集中的村庄，按其规模有大小两类。

小型的玛尼轮体积小，数量多，常安装在寺院殿堂之间的回廊，佛殿的外围和佛塔四周，形成转经廊。信众沿顺时针方向行走并转动廊内的经筒，咏经祈祷，传播佛法（图4-3-12）。大型玛尼轮布置在玛尼拉康建筑（也称转经亭）中，根据玛尼经轮的大小来其确定建筑的体量，将巨型玛尼经筒上下两端用轴承固定在玛尼拉康的中心，以此为基础

图4-3-8 日喀则地区扎什伦布寺班禅灵塔殿

图4-3-9 日喀则地区那塘寺供奉经书的殿堂内景

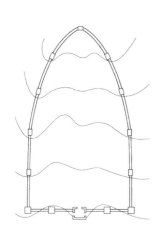

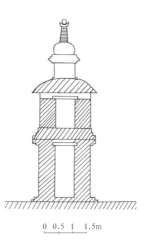

0 0.5 1 1.5m

图4-3-10 拉萨楚布寺堡垒式围　图4-3-11 山南地区拉隆寺围墙
墙示意　　　　　　　　剖面图

图4-3-12 山南地区敏珠林寺转经路道旁布置的小型玛尼轮经路

建造玛尼拉康，体现了此建筑功能就是放置能转动的大型玛尼经轮。这种大型的玛尼轮需要有几个人同时转动，有时靠自然水流转动，内部不仅需要安装玛尼经筒的空间，而且还需要人们转经走动空间。玛尼拉康的建筑装饰与佛殿装饰类似，大型玛尼康的墙体也有边玛草装饰，屋顶有宝瓶、法轮等装饰，建筑内部绘有相关佛教教义的壁画，其建筑等级与佛殿一样（图4-3-13）。

2. 展佛台

展佛台用于西藏寺院重要传统宗教活动——展佛，通常在雪顿节和其他重要节日举行。太阳升起时，由众僧将寺内珍藏的巨幅锦缎织绣或布绣佛像取出，一起肩扛至展佛台或山坡上展示，供僧众瞻仰礼佛。展佛台一般选在寺院附近山坡

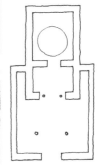

图4-3-13 日喀则地区白居寺玛尼拉康外景及平面图。平面布局特点：前部是一间两柱的前室，即面阔三间深两间。后部在中间有前后两室，前室外左右有一段不深的过道；后室有一个大转经筒。总平面呈凸形

平坦之地，用花岗石等石材砌筑梯形墙体，长约30~50米，高30米左右，厚3~5米，正面开藏式小窗，内部有木梯相通，以白色为主，上部用红色边玛草装饰，台面宽阔。展佛时，法号齐鸣、香烟缭绕，人声鼎沸，场面宏大壮观（图4-3-14、图4-3-15）。

图4-3-14　展佛台

图4-3-15　扎什伦布寺展佛台

图4-3-16　日喀则纳塘寺主殿前的经幡柱

3．经幡柱

悬挂印有经文和神灵图腾的五色[8]经幡的旗柱（图4-3-16），寺院内主要大殿（措钦）前和寺院大门前通常会埋置高大粗壮的旗柱，这些旗柱高的可达十余米，矮的也有七八米高。为了防止柱被风雨侵蚀，柱外用带毛的黑耗牛皮包裹，在每年藏历新年前更换一次经幡，经幡柱顶部有胜利幢，顶端有葫芦形的宝瓶装饰。五色经幡在旗柱上飘扬，预示着佛法向人间的传播。随着藏传佛教的广泛传播，在藏区不论是寺院、民居还是神山、圣湖、森林、草原、山口和路边，我们都可以看到飘扬的经幡，这成为藏民族普遍的一个风俗习惯和文化特征。

4．擦康

擦康是藏传佛教寺院建筑的象征建筑之一，功能是放置擦擦。"擦擦，就是泥土印制出的小佛像和佛塔，其中有时也添加高僧大德的骨灰，也称'善业泥像'，修建擦康目的是为了佑护生灵、祛灾祈福和祈求丰收等多种含义"。擦康通常布置在村头、田间、寺院旁、坟场和草原上人多集聚的放牧场等。建筑形制呈方形或宝瓶状，建筑体型较小，外涂白色或红白相间（图4-3-17）。

5．香炉

桑烟祭祀是西藏的一种古老风俗。佛教传入吐蕃之后，融合了传统的桑烟祭祀的仪式，因此在寺院中建香炉以便煨桑供奉神灵。香炉通常建在高约一米的底座上，建筑形状是圆形或一高台，其位置

图4-3-17　山南地区敏珠林寺的香炉及擦康

一般都在主殿或集会大殿的门前，或寺院前方，或在转经道上，以便信徒经过烟祭净化之后，才进入寺院佛殿内朝拜。

（四）祈法建筑

祈法建筑是寺院中的现世生活建筑，属配套设施或生活设施，数量众多、体量不大，其主要功能为佛教事业提供日常生活和管理服务。祈法建筑包括活佛府邸、僧舍、静修地、厨房、库房、牢房等。

1．活佛府邸

寺内的主持、高僧或者活佛的住所（图4-3-18、图4-3-19）。通常都是独立的院落建筑，其规模与等级按照寺院的规模以及居住者的身份而定。根据等级不同可分为拉章和囊钦两种类型，其中：拉章只有在大寺院才有，是整个寺院主持大活佛的住所；囊钦是寺院中各个扎仓活佛的住所，规模比拉章小。

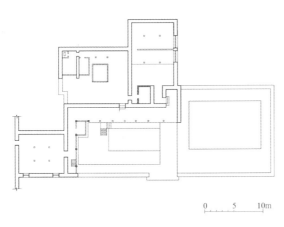

图4-3-18　日喀则地区扎什伦布寺内的班禅拉章顶层寝宫平面图　　　　　图4-3-19　日喀则地区扎什伦布寺内的班禅拉章顶层寝宫入口

2. 僧舍

僧侣居住和生活之所（图4-3-20），形制如民居，多为两层院落式布局。按《戒律经》载，僧居只需满足立、睡和坐的基本要求即可，因此建筑相对简陋，一般是两到三间里屋由师父居住，外屋为厨房。"有些寺院，僧众不多而地方也宽裕，这些寺院的僧居占地面积比较大，一般有小经堂、起居室、厨房和仓库形成独立的院落，平面设置如同民居，如：在安多地区一般是锅头连炕式，厨房和卧室是连在一起，炕既是睡觉的地方，也是客厅，而且冬天又很暖和。大型寺院因寺僧众多，多为院落式的两层扎康，隔成若干个小间，每间可住一僧，这种僧舍形制在卫藏的三大寺较多流行，如：近代流行拉

萨的'四大林'建筑，都是这一类型的建筑形制，远离闹市的中小型的寺院僧舍建筑，占地较大，由一个独立的院落组成，有血缘关系或师徒关系的僧人居住在一起，僧舍一般是私有财产，若有人出家，其家人出资修建或购买僧舍，也可转让"⑨。

3. 静修地

僧人为修习密宗仪轨在山洞或僻静处建的闭关修行处。静修地最重要的建筑特征是很少经人施工的自然洞穴，或简易的房屋，但必须是远离人烟、亲和自然的僻静之地，体现了藏传佛教注重人与自然和谐的佛教理念。静修地分两类：一种是离寺院不远，属寺院管辖的修行地，主要是供本寺僧人修行的场所（图4-3-21）；另一种则是在远离寺院的

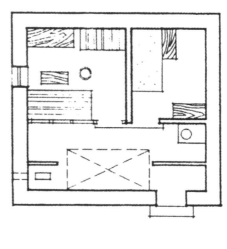

图4-3-20　山南地区拉隆寺僧舍外景及平面示意图

图4-3-21 山南地区卓瓦寺闭关修行处

图4-3-22 山南地区拉隆寺厨房建筑

修行地，属修行者个人行为，有单个僧人独处，也有几个僧人合住的修行地，这些修行地经时间的推移，有些修行地成为重要的宗教活动中心或寺院。桑耶寺附近的青朴修行地也是桑耶寺的重要组成部分，是闻名于西藏的静修地，青朴所在的山沟三面环山，南面逐渐开阔，山中有溪流，环境幽静，风景秀丽，藏族历史上有很多高僧大德曾在此修行，如：莲花生、赤松德赞、百若杂那等吐蕃时期的先贤大德都留有在此修行的历史，吸引着很多高僧大师前往青朴修行，据说有108座修行洞，同时这些静修地成为藏传佛教信徒朝拜的圣地。

4．厨房

藏语称"容康"，公共厨房是寺院中非常重要的建筑之一，其主要功能是为全寺僧众供应茶水和饮食(图4-3-22)。基本设施与藏族民居中的设施一样，但寺院厨房内的锅台很大，锅都是大型的铁锅，有放置茶筒、勺子等厨具的柜子，厨房内很少装饰，建筑陈设很简单。厨房一般布置在离经堂很近的地方，以方便僧人使用。

5．其他

如牢房、库房等。

二、寺院建筑的规模

吐蕃王朝时期，西藏寺院建筑规模不大，当时首屈一指的大昭寺也仅是一座有内天井的二层院落。到8世纪中叶，赤松德赞兴佛，动用国家财力，按印度佛寺式样修建佛、法、僧三宝具备的西藏第一座寺院——桑耶寺，桑耶寺是吐蕃当时规模最大的寺院。现存的桑耶寺圆形外围墙300余米，中间的主殿高3层近20米。

后弘期寺院，尤其是格鲁派寺院，其规模均较大。格鲁派四大寺均占地五六百亩以上，僧众数千人，大经堂面积数百上千平方米，佛殿高三四层以上，寺院建筑数百数千间，跨山越岭，宛若一座城镇，在我国其他民族和地区的宗教建筑中，有这么大规模的寺院也是少见的。

如拉萨哲蚌寺(图4-3-23)，随山势而建，总建筑面积20多万平方米，巧妙利用山体坡度起伏随地形逐层兴建，远远眺望，群楼层叠，鳞次栉比，雄奇壮丽，宛如一座美丽的山城。整个寺院由措钦大殿、4个扎仓、50多个康村及达赖喇嘛的颇章等建筑组成，在清代额定僧人7700名。其中措钦大殿占地面积近4500平方米，殿前有一个占地约2000平方米的石铺广场。大殿东西长50.1米，南北宽35.8米，面积约1800平方米，总间数221间，总柱数183根，可供全寺数千僧众聚会念经。哲蚌寺的四个扎仓中的罗赛林扎仓，建筑面积约1860平方米，经堂面积约1053平方米，由102根柱子建成，面阔十三间，进深十间。古玛扎仓面积985.5平方米，德央扎仓面积952平方米。

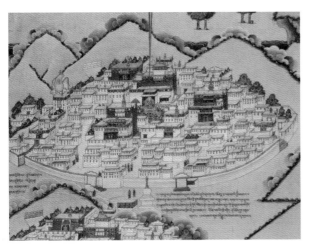

图4-3-23　拉萨哲蚌寺全局（壁画）

图4-3-24　祥麟听法构件

三、寺院建筑形式风格

（一）外部形式风格

1. 屋顶

西藏寺院建筑的屋顶皆安装有佛教内涵的饰品，如莲花、宝珠、法轮、宝塔等。在寺院大殿门廊的正上方，通常装饰有"祥麟听法"构件(图4-3-24)。由三组单独的部件构成的装饰物，中间是法轮，左右各是一个似羊似鹿动物，跪卧在法轮的两边，侧耳抬头，倾听佛法。法轮象征着佛教的传播和影响，在寺院主体建筑大殿屋顶的四角，立有胜利幢。形式各异，有镏金铜幢、黑耗牛毛幢、五彩布幢等，是象征佛法胜利昌盛的旗帜。

随着藏、汉文化的交流，一些重要佛殿，如寺院主殿、灵塔殿、佛殿等，平屋顶上建镏金歇山式坡屋顶（图4-3-25），以突出该建筑的重要性。金顶上的装饰构件是屋脊宝瓶⑩，一些大寺院的金顶还装饰有寓意为防水灾的金翅鸟⑪，与汉式屋脊上的鸱吻相似。金顶的四角向下延伸，伸向屋脊的顶饰为昂首摩羯⑫。

2. 门窗

高等级寺院建筑主殿的门以木材为主，佛殿、经堂的门一般为五扇或三扇的"五门"和"三门"，其含义为"五道"和"三解脱⑬"。其中门楣是装饰的重点，它的最高级别装饰构成是自上而下，依次为狮子头、挑梁面板、挑梁、椽木等五层，一般出现于寺院和宫殿建筑的门楣装饰中。"寺院殿堂大门的门楣上都有七个狮子头的装饰，这种装饰艺术源自印度，一般寺院经堂的大门装饰非常精美，门廊装饰也很考究，廊柱成双，廊柱多为折角形，雕刻精美，造型华

图4-3-25　拉萨大昭寺金顶及其宝瓶、金翅鸟

图4-3-26 日喀则地区扎什伦布寺的一组门、窗及外墙

图4-3-27 日喀则地区扎什伦布寺局部：红、白色墙体，黑色窗套，金顶等综合运用，营造了富有感染力的佛教氛围

丽。门的两侧墙壁上绘四大金刚和六道轮回图，也有在寺院大殿门廊墙壁上撰写寺志或回文诗"。门的开口之处附加了一梯形的黑色边框，窗户也一样。

西藏寺院建筑的窗户为长方形，外小内大，窗户的装饰集中在窗檐，窗檐上挂三彩布幔（图4-3-26）。

3. 外墙

西藏寺院的墙体和其他类型建筑墙体一样，是梯形的收分墙体，下宽、上窄，主要有石砌墙、夯土墙和土坯墙三种构筑法，墙体装饰主要有外墙涂白、黄、红三色和墙檐上的边玛草，部分石墙体有石刻装饰，为了防止雨水直接冲刷，部分土坯墙面有五指手抓纹。

西藏寺院建筑墙体一般为红色或白色，门框涂以黑色，这些原色在阳光下十分醒目，强烈的对比刺激着人的感官，加上巍峨的金顶和高耸的金幡、金幢、法轮、檐角、浮雕等，营造出色彩丰富的宗教氛围，这是对佛国世界的内心咏叹。这种装饰还产生一种轻盈、飘逸，以显示人间佛国的灵气，冲淡了厚实的碉式建筑在结构上的单调与呆板（图4-3-27）。

（二）室内装修与陈设

藏传佛教寺院建筑的首要功能是为宗教服务的，不但要从群体布局、建筑外观等方面体现教义思想，而且在内部装修和陈设上也进行了周密的设计和布

图4-3-28 日喀则地区白居寺措钦大殿内景

局，渲染神秘威严的宗教气氛（图4-3-28）。

西藏寺院的殿堂，通过木结构构架及构件，进行精心的装修设计，用雕刻或彩绘等装饰手段，以各种陈设，制造威严富有、华丽多彩及神秘的气氛。

前廊和殿堂的梁木结构，用材硕大，制作精细，柱断面多用多折角方形，柱头、斗及上面的元宝木、弓木、梁等都有雕刻和彩绘。如夏鲁寺主殿二层四座殿堂及白居寺措钦大殿顶层佛殿均有绘以彩画的天花，其中白居寺措钦大殿顶层佛殿天花为六角形，极为少见。一些活佛拉章内窗花、隔断制作精细，有的格栅上还雕有福、禄、寿及八仙图案。

为创造殿堂内的宗教气氛，殿内佛像供奉在佛龛内[14]，佛像前的供桌上供奉净水碗、花瓶、曼扎、

法器、海螺壳、小佛像、酥油灯供物等。殿内四周满绘壁画，有的在四周及梁下挂很多唐卡，有的在殿堂两侧壁及后壁置通顶的木制经书架。一般经堂内柱均施红色，柱身裹柱衣。有的柱身前面挂用彩缎制成的经幡，梁底挂彩缎制成的经幢。经堂内布置数条红色或棕色氆氇制成的禅座，供僧侣安坐诵经。所有这些色彩强烈鲜艳的陈设、装饰，在光线极为不足，只有摇曳昏暗的酥油灯照射下，产生一种神秘的光影效果，加上香烟缭绕，使殿堂充满一种阴森神秘甚至恐怖的宗教气氛。

佛殿是供奉佛像、供信徒朝拜的场所，殿内高大的空间塞满体形庞大的佛像，信徒只能在佛像周围不大的昏暗空间内绕行、朝拜，要想瞻仰佛颜，非伸腰仰颈不可，使人感到佛大人小，产生自卑、渺小和压抑感。殿内四周无窗，仅正面高处侧窗透进光线直射佛像头部，真如佛经所云"举世黑暗，惟有佛光"的寓意。

四、寺院建筑构造特点

西藏寺院建筑构造除具备一般西藏建筑构造特点外，还具备以下几个方面的特点：

（一）坡屋顶

一些重要佛殿平屋顶上建镏金歇山式坡屋顶（图4-3-29）。坡顶下的建筑空间较低，高仅约2米，一般闲置不用。其做法是在柱下置一圈地栿，

柱顶有一圈额枋，额枋上置斗栱，在前后斗栱上置梁，梁上立童柱，童柱上置脊檩或檩，左右两童柱间用两根枋木，交叉如剪刀撑，使之稳固，檩上钉方椽，檐口无飞檐，但在椽头底面锯去一块，有点飞椽的外形，椽上铺木板，再上铺镏金铜瓦。一些寺院的殿堂进深较大，则用四坡顶。做法是殿内柱列同高，在中柱柱列中部的梁架上，放高起的方形框架，在框架两端向殿堂四角放斜梁，相当于汉族庑殿屋顶的角梁；然后从屋脊及斜梁上向四檐放斜梁或称顺水，相当于汉族建筑的椽子；再在顺水上放横椽，上铺木板瓦，近代铺铁皮瓦。屋面平直，没有曲面。或在木梁架的中部放4柱，柱顶放梁组成框架，此框架出屋后上面再做小的方攒尖屋顶，上下屋顶之间有1米多的距离，可开天窗，而形成极为别致的屋顶形式。

图4-3-29 拉萨小昭寺金顶，远处的布达拉宫依稀可见（图片来源《拉萨历史城市地图集》，第113页）

图4-3-30 拉萨大昭寺飞檐下的斗栱及四角镇兽

（二）斗栱

寺院建筑坡屋顶檐下常设置斗栱（图4-3-30）。如：大昭寺金顶、桑耶寺主殿、夏鲁寺的4座坡顶建筑、白居寺措钦大殿内及十万佛塔塔瓶下檐均有斗栱。根据陈耀东先生所著《中国藏族建筑》可知：斗栱在西藏寺院建筑中的使用最早为元代萨迦寺的列昂殿，而运用最为圆熟的是元代夏鲁寺的斗栱，稍晚的白居寺措钦大殿及十万佛塔塔瓶下斗栱形制相同，均为七踩三下昂，殿内中间一朵还用45度斜栱（昂），昂的做法较规矩，线条流畅。夏鲁寺、白居寺的斗栱系由内地工匠制作。伺候，大昭寺、扎什伦布寺等的斗栱，都逐渐失去内地沿革的材分制控制和结构构造做法，仅求适当比例与外形，更多的是追求装饰效果，对外形及构件做法经过简化，有的斗上下比例已变，也不开口，仅是上下栱木之间的一块形状如斗的垫木，形成另一种权衡。西藏的斗栱使用较晚，使用范围不广，且用量少，仅局限在几座有名大寺院的个别殿堂上。

此外还有挑梁式出挑斗栱，主要用于承托大型建筑的檐口、腰檐和围墙上大门的雨篷等。有的重要建筑在柱头上也有斗栱。

（三）内墙抹灰

寺院殿堂内部都有壁画，所以内墙抹灰很注意质量，要求平整、光滑和密实。一般均抹两遍或三遍，罩面不仅要求抹平、压光，有的还要求磨光。具体做法是：一般先用掺有少量木炭粉（不是很细，要求有小的颗粒）的砂和黄泥打底，其比例为1∶2，再用3∶1的红土和砂，抹面2厘米，最后上巴嘎土（质量比做地面的阿嘎土好）。待墙面快干透时，用卵石磨光。

（四）梁架

西藏寺院梁架仍然采用传统的纵架方式，只是在殿堂里，在柱头的斗上，用两重托木，之上置梁，梁上放两块稍宽于梁的木板，板上垂直于梁的方向施两重短椽，之上才置椽。这种在柱头上置多重托木、板、短椽等的做法，是在不增加梁、柱高度的情况下增加殿堂净空高度的措施。在柱头及上面的托木、板等的侧面雕刻花饰、莲瓣、经叠、佛像等施以彩绘，是为增加殿堂的华丽及宗教内涵（图4-3-31）。

图4-3-31　拉萨大昭寺觉康主殿内景

第四节　实例与遗存

一、大昭寺

位于拉萨市老城区，始建于公元647年，由文成公主选址，藏、汉、尼泊尔工匠共同修建（图4-4-1、图4-4-2）。据史料记载，对于大昭寺的布局设计，松赞干布和文成公主、尺尊公主都积极参与。文成公主以大唐先进技术，采用红砖墙体和室内斗栱、藻井等汉式做法；赤尊公主则以西域技术手段对主殿梁柱造型，采用人物、飞天及花纹图案均有浓厚的西域文化特色。

五世达赖时期对大昭寺进行大规模维修和扩建。现在的大昭寺，整个建筑面积约25100平方米，维修时把主殿外围整个包了一层两米厚的石墙，使其墙厚达4米多，把原来的2层加高为3层建筑。四个角各加一间殿堂，建成角楼的形式，四方各设一座金顶，三层屋面外檐设置金顶飞檐，整个建筑金碧辉煌，格外夺目。大昭寺内部木构绝大部分是吐蕃时期的，其梁柱构件的造型和装饰雕刻均使用了印度和尼泊尔传统手法。如殿内的每个椽头刻成雄师卧像，梁柱、门框上雕刻的卷草和飞禽走兽，都具有独特风格。它与尼泊尔的帕巴行贡塔和释迦牟尼诞生处佛殿的雕刻是完全一致的。大昭寺是现存较完整的吐蕃早期建筑。藏王热巴金在公元823年，为加强唐朝与吐蕃之间的联盟，把象征唐蕃友好的唐蕃会盟碑立于大昭寺门前。从而使大昭寺在西藏历史中占据有举足轻重的地位。大昭寺在漫长岁月里，历经沧桑。20世纪60年代的"文化大革命"中，在周总理等中央领导的关怀下免遭破坏。如今已成为举世瞩目的吐蕃建筑艺术之珍品。它是中华民族极为珍贵的文化遗产之一，也是藏族建筑历史上的一颗耀眼的明珠。

图4-4-1　大昭寺正面及南广场（下图照片来源：《拉萨历史城市地图集》第86页）

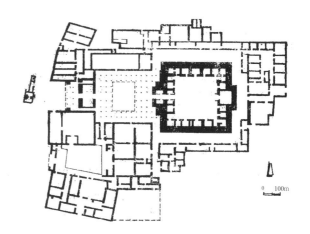

0　100m

图4-4-2　大昭寺一层平面

二、小昭寺

位于拉萨市老城区，始建于吐蕃松赞干布时期，与大昭寺同一个年代，由文成公主亲自主持。据藏文史料记载：文成公主以唐朝先进的建筑技术，把小昭寺修建成汉式殿堂，在西藏第一次使用琉璃瓦屋顶和飞檐，殿堂用各种颜色的琉璃砖装饰，使整个殿堂五颜六色，十分华丽夺目（图4-4-3）。

小昭寺坐西朝东，表达文成公主的思乡之情。佛殿建成后，派汉族和尚管理。小昭寺的详细布局和造型，文献无明确记载，加上实物过早地毁坏，无法考证。文成公主逝世不久，由于王室内部的矛盾，小昭寺惨遭破坏，管理殿堂的和尚也被驱逐。15世纪末，宗喀巴的弟子贡嘎顿珠在此设上密院，从此这里变成了西藏著名密宗寺庙之一的上密宗学院。五世达赖喇嘛远见卓识，对这座建筑十分重视，于是大兴土木，进行大规模的修整，加设金顶，形成了当今的规模和造型。

现在的小昭寺为长方形平面，东西向长约36米，南北宽21米左右，建筑占地面积2100余平方米。由前厅、主殿和后殿三部分组成，主殿28根柱，后殿也称静堂，是最神圣的地方，供奉不动佛之殿堂，经堂外圈设转经通道。前厅是由门厅到主殿过渡的地方，两侧设置护法神殿。

三、甘丹寺

位于拉萨市达孜县，宗喀巴大师在公元1409年创建此寺，是格鲁派的祖寺（图4-4-4）。

甘丹寺由拉基大殿、阳拔犍、绛孜扎仓、厦孜扎仓、活佛拉章及大量的僧居康村组成。按僧居来源地域有23个康村。寺内的措钦、扎仓、康村等建筑层层叠叠沿山坡而建，并以措钦、扎仓、康村等大体量建筑为中心组合其他建筑而形成一组组建筑群。在这些建筑群中，布置了9个室外辩经场，以适应四季法会和各扎仓、康村平时辩经用。这些一组组的建筑群及辩经场，由上下曲折的道路联系，形成一个几乎布满半个山头的大建筑群，远看如一座山城。清代寺僧定额为3300人。在"文化大革命"中，甘丹寺被彻底破坏，只留下一片废墟，近几年国家先后几次拨巨款大规模加以修复。

甘丹寺拉基大殿即措钦大殿（图4-4-5、图4-4-6），是全寺的集会殿，东西宽43.8米，南北深44.7米，共3层。底层由前面的门廊、中部的经堂和后部的佛殿组成。门廊面阔七间，进深两间，共10柱，左右皆有小室；经堂有108根柱子的面积，即面阔十三间，进深十间，中部靠前减六柱，形成宽七间、深两间的天井，故经堂内实用柱102根；后部是并列的三间佛殿。这种方形平面由前部门廊、中部经堂和后部佛殿组成的布局形式，为后来格鲁派各经院建筑开了先河，如色拉寺措钦大殿、哲蚌寺的古玛扎仓、德央扎仓、扎什伦布寺的吉康扎仓等均是这种形式，只是规模大小不同而已。

阳拔犍是甘丹寺专修秘法的殿堂，依山而建，三层，由护法神殿、坛城殿、宗喀巴灵塔殿及历代

图4-4-3　小昭寺

图4-4-4　甘丹寺（壁画）

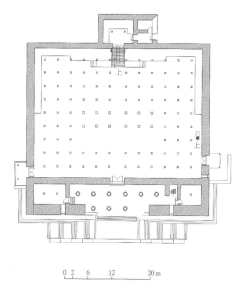

图4-4-5 甘丹寺措钦大殿外景及一层平面

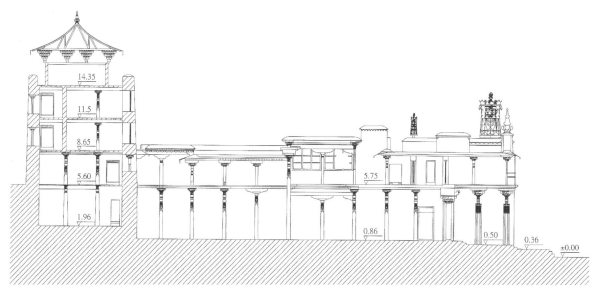

图4-4-6 甘丹寺措钦大殿剖面

池巴灵塔殿等组成。

四、哲蚌寺

　　位于拉萨西郊约10公里外的根暗乌孜山南坡的山坳里，系宗喀巴的著名弟子降央曲结·扎西贝丹于公元1416年创建。建筑面积20多万平方米，各单体建筑巧妙利用坡度地形，依山而建，群楼层叠，鳞次栉比，宛如一座美丽的山城（图4-4-7），哲蚌寺是拉萨市和西藏地区规模最大的寺院。

　　哲蚌寺主要由措钦大殿、四大扎仓和甘丹颇章组成，这几部分又有其各自附属的康村、僧舍等，形成结构严密的寺院组织体系。每个建筑单位内部基本上分为三个地坪层次，即院落地坪、经堂地坪和佛殿地坪，由此形成由大门到佛殿逐层升高的格局，强调和突出了佛殿的尊贵地位。在大殿和经堂的外部采用金顶、相轮、宝幢、吉祥八宝等佛教题材加以装饰，增强了佛教庄严气氛。

　　措钦大殿位于哲蚌寺中心，占地面积近4500平

图4-4-7　哲蚌寺全貌

方米，殿前有一个2000余平方米的石铺广场，大殿的经堂规模宏大，东西长50.1米，南北宽35.8米，面积约1800平方米。其中心升起一层，构成面积100多平方米的高侧天窗；经堂装饰华丽，雕梁画栋，加上镏金铜像、盏盏长明油灯，显得十分富丽堂皇。经堂供奉的佛像造型精美生动，特别是正中的文殊菩萨及大白伞盖像，高大而精致，周围的边饰和雕兽的造型均生动有力，是少见的精美艺术创作。措钦大殿后部有佛殿三间，分别是弥吐拉康、堆松拉康、伦崩拉康。其中堆松拉康是哲蚌寺最早的拉康之一，系绛央曲结时期所建，其内现有的建筑和塑像带有浓厚的早期色彩。拉康背后和侧面筑有一周回廊，虽然早已废置不用，但直至现在大部分还保存完好。回廊北段保留有珍贵的早期壁画，壁画的题材和拉康内佛像的题材一致，证明堆松拉康基本保留了初建时期格局。

措钦大殿西北角有一小殿，叫作强巴通真拉康，里面供巨形强巴通真铜像，据说这是强巴佛长到8岁时的形象，系乃东王应宗喀巴吩咐而造。强

巴通真佛殿顶部的金顶为方形尖顶式。措钦大殿四层为释迦佛殿。释迦佛殿顶部建有一金顶，为歇山形式，金顶下有华丽的斗栱，是借鉴内地建筑形式。措钦是全寺性的组织，措钦大殿是全寺活动中心，措钦的最高官员即赤巴堪布（又称法召）拥有很大的权力，在地方政府中也享有很高品级，可以参加地方政府的要人会议。措钦设措钦协敖二人，俗称为大铁棒喇嘛，主要管全寺僧众的纪律，审理全寺僧人、属民的重大案件，权力很大。在三大寺中，又以哲蚌寺的协敖权力最大，民主改革以前，每年正月拉萨祈愿法会的一个月时间里，由哲蚌寺的协敖接管拉萨的市政，维持法会秩序。

扎仓既是格鲁派寺院的学经单位，也是措钦以下一级的管理机构，有的学者称为经学院。哲蚌寺建成之初，原分为多门院、明惠州、广乐院、闻思州、夏郭院、调伏州和密咒院七个扎仓。由绛央曲结的七大弟子各主持一个扎仓的喇嘛学经。后来各地来寺的喇嘛越来越多，根据他们的学经内容和籍贯合并成现存的罗赛林、古玛、德阳和阿巴四大扎

仓。其中前三个是显宗扎仓，后一个为密宗扎仓。

五、色拉寺

位于拉萨市北郊约5公里的色拉乌孜山南麓，创建于明永乐十七年（1419年），创始人是著名的格鲁派大师宗喀巴的高足之一释迦也失。色拉寺规模宏大，占地面积达114964平方米，由措钦大殿、3个扎仓、30个康村组成，佛殿、僧舍密布，错落有致，道路纵横（图4-4-8）。

建寺前，色拉乌孜山腰有宗喀巴和甲曹杰、克珠杰二弟子的修行洞三座。宗喀巴修行洞居中，面积约6平方米，二弟子的修行洞侍列两旁。后来二弟子为报师恩，将宗喀巴的修行洞进行了维修扩建，在修行洞前建一修行殿，称之为"色拉孜日坠"，意为色拉山修行院，色拉寺东北山腰上的"曲顶岗日坠"也传为建寺前的建筑。15世纪初，宗喀巴在此修行，就住这种简陋狭小的静修室里，校注了许多佛经，编著了阐发教义的著作。这两座建筑都是色拉寺的重要组成部分，惜后来受到严重破坏。

色拉寺早期建筑以麦扎仓，阿巴扎仓为中心，后经历代增修扩建，才具有现在的规模，所以平面布局上无整体规划。但色拉寺的建筑密而不挤，杂而不乱，因地制宜，主体突出，体现了格鲁派大寺的特有风格。

措钦大殿是全寺最大的殿堂，也是全寺宗教事务的管理中心。大殿的建筑年代较晚，建于1710年，由拉藏汗直接赞助建造。大殿位于色拉寺的东北部，高4层，由殿前广场、经堂和5个拉康（佛殿）组成，殿前广场遍铺片石，面积约2000平方米，经堂大门面向正南，门外为双排10柱的前廊，廊壁彩绘四大天王。经堂规模很大，方柱如林，共用长柱89根，短柱36根，面积近2000平方米。经堂中央以长柱升起天井，用以采光。殿堂原主供色拉寺创始人释迦也失塑像。七世达赖圆寂后又制作一尊5米高的强巴佛镀金铜像供于东侧，此外还有宗喀巴师徒三尊、格如坚才桑布、多杰朗觉等格鲁派高僧塑像和一座尊圣塔。强巴佛镀金铜像造型精美，坐双狮须弥座上，足踏仰莲座，两手作转法轮印，面相圆满，神态安详。

经堂后部为三座佛殿，强巴殿居中，内供措钦大殿主尊强巴佛。强巴佛殿西侧是罗汉殿，殿内正中供释迦牟尼像，两侧为十六罗汉和四大天王塑像，均为泥塑彩绘。强巴佛殿东侧是大威德殿（结吉拉康），主供十一面金刚牛头塑像。措钦大殿二层两侧都是僧舍，三层、四层为措钦堪布池巴的居室、经堂和色拉寺管理机构——"喇吉"办公的场所，以及达赖喇嘛来寺讲经时的居室。四层之上起一屋架，冠以歇山式金顶，屋脊上装饰宝盘、宝珠、金幢、人身神鸟，四角翘饰摩羯鱼首，金顶下

图4-4-8　色拉寺

有斗栱，更增加了大殿的宗教气氛。色拉寺"喇吉"是全寺的首脑机构，由堪布池巴（法台）、三个扎仓的堪布（住持）、两个措钦大殿协敖（总管）、两个吉索（主管寺院庄园）、措钦翁则（领诵经）、仲译（秘书）、色康德巴（噶厦政府派驻官员）等11人组成。堪布池巴为总负责，召开定期和不定期的会议，讨论决定寺内外一切事务。

吉扎仓是色拉寺规模最大的扎仓，面积1700平方米，仅次于措钦大殿，初建于1435年。麦扎仓是色拉寺的早期建筑，始建于1419年，为寺院创建人释迦也失所建。据说始建殿堂毁于雷击，后于1761年由贡钦·强曲彭巴重建。麦扎仓面积1600多平方米。经堂共有长柱8根，短柱62根，主供释迦牟尼铜像，列供于两侧的造像有未来佛、无量寿、药师佛、妙音菩萨、宗喀巴师徒三人、七世达赖、第三代策默林活佛、帕邦喀活佛等铜像。阿巴扎仓是色拉寺唯一的密宗扎仓，也是色拉寺的早期建筑之一，1419年由释迦也失创建，当时作为色拉寺的措钦大殿，1710年措钦大殿建成后，始改为扎仓。全寺的三个扎仓中，阿巴扎仓最小，总面积1500平方米，主体建筑高三层，由经堂和四座佛殿组成。阿巴扎仓的二楼为僧房和无量光佛殿，三楼主要作为达赖的卧室。阿巴扎仓下设一定数量的康村、米村。

色拉寺除了扎仓、康村、米村以外，还有众多的下属寺院、惹坠（修行寺）、喇让（活佛公署）等，分布在卫藏各地。著名的热振寺也是色拉寺的下属寺院，在色拉寺周围有格桑拉让、普布觉拉让、曲桑赞丹林惹坠、扎西曲林惹坠、帕隆惹坠、达丹松布惹坠、觉布惹坠、乃部端惹坠、嘎日贡巴等下属寺院。

六、大、小清真寺

（一）大清真寺

拉萨大清真寺在大昭寺以东一里处，建于清康熙五十五年（1716年）（图4-4-9）。最初规模不大，建筑面积只有200多平方米，到乾隆五十八年（1793年）平定了廓尔喀以后，大清真寺进行

图4-4-9　拉萨大清真寺

了维修和扩建。大清真寺围墙内总面积约3600平方米，建筑面积约1300平方米。整个院落东西长南北短，平面布局不很规则。主要由大门、前院、宿舍、宣礼塔、礼拜堂和浴室等组成。礼拜堂建在高1米的台面上，坐西朝东，共13柱，东西长22.6米，南北宽12.6米，建筑面积2805平方米。宣礼楼亦称邦克楼，为大清真寺内的主要楼塔，是穆安津（礼拜员）按时登临召唤穆斯林进行每日五次礼拜的地方。拉萨大清真寺的宣礼楼修在寺内东北角的墙边，为4层六角塔，高13米，周长13米，石木结构，建筑别具一格，精巧富丽。穆斯林在做礼拜以前有一种洁净的宗教仪式，包括沐浴、净衣、洁处等，所以，浴室是一般清真寺必不可少的设施。大清真寺的浴室位于礼拜堂的西南角。

（二）小清真寺

拉萨小清真寺在大昭寺东南一里处，坐西向东，南北长、东西短（图4-4-10）。建筑分南北两部分。北边为二层藏式建筑，底层设有大净、小净的洗浴室，第二层有一个较好的单间房子，供做礼拜时领经、宣讲经义的"阿訇"居住。礼拜堂坐西向东，为一层藏式建筑，礼拜堂门外有南北长11.8米、东西宽3.1米、4根柱子的外室，供做礼拜的人存放衣物、鞋子。礼拜堂16柱、南北长11.8米，东西宽11.1米。门口处两排柱子升高0.7米，托起高侧天窗。堂内为木质地板，并铺以长条卡垫。礼拜堂西壁正中央，筑有宽0.9米、深0.82米、高1.9

图4-4-10 拉萨小清真寺

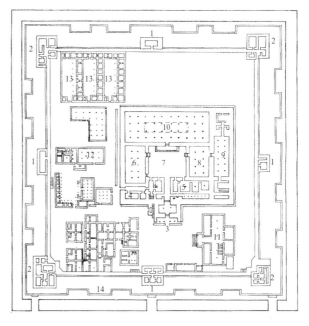

1. 门楼；2. 角楼；3. 拉康钦莫殿正门；4. 格尼拉康；5. 次久拉康；
6. 普巴拉康；7. 天井庭院；8. 欧东仁增拉康；9. 拉康强；10. 大经堂
11. 平措林；12. 拉康拉章；13. 僧舍；14. 城墙

图4-4-11 萨迦南寺总平面图

米的壁龛，内挂丝织阿拉伯文的古兰经一幅，龛左右两侧，分别挂有两幅编织的麦加天房图壁毯，壁龛北侧，置一木制座椅，为"阿訇"讲经之座。

七、萨迦寺

萨迦寺位于今日喀则地区萨迦县，于1073年由昆·衮却杰布创建，后经萨迦五祖续建，形成南、北寺两大建筑群。萨迦北寺始建于1073年，由萨迦派大师昆·衮却杰布主持修建。据说北寺最辉煌时期有佛殿、拉康等建筑108处，占地约73万平方米。初建时的萨迦北寺，结构简陋，规模很小。后经萨迦历代法王的不断扩建，加盖金顶从而形成了逶迤重叠、规模宏大的建筑群。萨迦南寺始建于1268年，是"帝师"八思巴委托当时的萨迦本钦释迦桑布主持修建的。

萨迦南寺（图4-4-11～图4-4-13）建筑集汉、印、藏建筑风格之精华，拉康钦莫殿居中央，殿内密布108根巨柱，为一天井式独间大堂。殿墙通体以赭红为主色，底层饰灰色，殿顶端四周以木质斗栱、横梁、间隔方椽向外伸檐，上接白墙和边玛草装饰的赭色殿顶，外墙饰红、白、灰三色。萨迦南寺主殿的所有主柱均采用稍加修整的柏树原木，其中西侧的4根柱子尤为粗大，原木直径达1.3米左右，最大的叫"甲那森钦"柱，相传为元朝皇

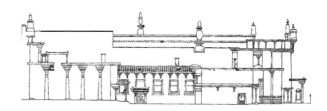

图4-4-12 措钦大殿剖面图

图4-4-13 萨迦寺

帝忽必烈赠送，故起名"汉王皇帝"柱。相传当时八思巴在京都任职，皇上得知他不久将要回去建造庙宇，便选了这根大柱赠送给他。八思巴无法运回，深为惋惜，可是他到萨迦时，柱子竟从萨迦上游的湖面上漂浮出来。其他3根立柱分别为"野牦牛柱"、"公虎柱"、"流血黑柱"柱子，每根柱都有颇为有趣的故事。殿堂内保存有完整如新的大量壁画，尤以二楼的金廓拉康（坛城殿）壁画为最。殿堂外围南侧建有八思巴宫殿，东侧北边有20世纪50年代新建的法王宫，四周还建有僧居多座。萨迦南寺有一套完整的围城体系，由护城河、内外城墙和角楼组成。这样的寺庙围合方式在西藏是唯一的，因而，很多研究者认为，萨迦南寺的建造明显受到了汉地造城理念的影响，带有一些封建集权的寓意，也体现了在这一时期中原文化与藏族文化的交融。

八、热拉雍仲林寺

位于日喀则南木林县，始建于公元1834年，是苯教寺院，整个建筑依山而建，错落有致（图4-4-14），从外观上看与藏传佛教各教派的寺院相同。寺院北面紧靠维拉杰桑山，"维拉杰桑"是十三护法神之一，因该神盘用居此山护法，寺院背山也因此得名。在北山维拉杰桑山腰间，零零星星地点缀着若干个红色的玛尼堆和修行洞，离寺院不远的山壁上有一巨岩，上面也涂满了红色涂料，僧人和当地群众对此岩倍加推崇，声称是维拉杰桑护

图4-4-14 热拉雍仲林寺，该寺为典型的苯教寺院，依山而建，错落有致，外观上与藏传佛教寺院无异

法神之居地，每年都要虔心祭祀。

全寺以杜康大殿为中心，由通追拉康、拉让、竹康、7个康村等组成。杜康大殿原有64柱面积的正方形大厅，大厅四周有佛殿、经堂、藏经殿、法器库，整座建筑物占地800余平方米。藏传佛教寺院的主要经典《甘珠尔》和《丹珠尔》也成为这里的重要藏书，杜康大殿东西两侧各有一间藏经殿，分别是"甘珠尔殿"和"丹珠尔殿"。在苯教寺院中，转经人的转经方向和手持转经筒的转轮方向与藏传佛教的方向完全相反，也就是所谓"苯教逆转非佛门之道"之说。相传是在苯教势力从聂赤赞普开始便处于逐渐削弱趋势时，苯教徒不敢与佛教明争，只得暗斗，转经时，苯教徒逆时针方向返转，面对神像背部做祈祷，以示对佛教的反抗。据热拉雍仲林的高僧喜绕丹增师傅解释："顺转、逆转都有一样的功德，所不同的就是转经筒内的经文卷法不一样，一种是经文朝里卷，另一种把经文朝外卷，这样就出现了左转和右转的不同，实质上都是顺转，而不是逆转，这就是方法问题。"

通追拉康（图4-4-15）是热拉雍仲林寺的重要殿堂，位于东北侧，"通"意为"见"，"追"是"解脱"，顾名思义，只要朝拜者来到这里，僧人们就会主动给你敬圣水。该殿而积约80平方米，殿内供养5座灵塔，"文革"时全部被毁，现已将其中最大的江衮·达瓦坚参灵塔修复，这座高5米的铜质灵塔用了两公斤黄金包嵌。殿中一对银灯和一个曼陀罗，各用70个银圆制成。殿内新绘制的通壁壁画，显示出了苯教精湛的绘画艺术，壁画中央的一幅为江衮·达瓦坚参的画像，四周是苯教祖师顿巴兴绕的千佛像。

位于寺院北侧的拉让，而积约90平方米，内原有顿巴兴绕和木尊（密乘的不供依怙主尊佛像）及菩萨的唐卡，还设有本寺主持的宝座。

修行殿建在寺院的西北侧，殿中供奉的是护法神，仅10多平方米的殿堂内，有一座江衮·达瓦坚参铜质镀金小灵塔，塔内珍藏着江衮的手、足舍利

图4-4-15　热拉雍仲林寺的通追拉康及室内陈设

及其使用过的法器。热拉雍仲林的建筑、法器及苯教祖师像前等处，都有"卍"字可见。

热拉雍仲林寺在苯教中的地位非常显著。西藏及区外各苯教寺院的主持均由该寺委派。在该寺举行一年一度的大型讲经修法活动时，藏区各地数以千计的善男信女将如期云集到此取经。

九、白居寺

位于日喀则地区江孜县江孜镇西的宗山脚下，创建于15世纪中叶前半期（1418-1436年），由江孜法王饶丹贡桑帕和第一世班禅克珠杰共同修建，寺院由措钦大殿、吉祥多门塔、扎仓、围墙等组成（图4-4-16）。

措钦大殿坐北朝南，墙体均采用夯土墙。前厅为2层，后楼为3层。底层由集会大殿和北面的主尊佛殿及东西配殿所组成，主尊用生铜铸造，是佛祖释迦牟尼像，总高8米左右。两侧配殿有历代法师和十六罗汉的泥塑，这些塑像生动逼真，形态各异，栩栩如生。

吉祥多门塔，塔身9层，高达35米多，77间佛堂，108扇门，塑有大量佛像，绘制壁画达2000多平方米。据说塔内塑像和壁画上的佛像多达十万，故称为"十万佛塔"。塔内更是杰出艺术珍品的宝库，众多泥塑各有特色：佛的庄严慈祥、金刚的威猛粗犷、菩萨的清秀恬淡、度母的丰盈娴畅等。壁

图4-4-16　从江孜宗山上拍摄的白居寺全貌

画笔画精练有力，线条活泼流畅，色彩鲜明强烈，同样十分精湛。

白居寺建在小山怀抱里，用高大的城墙，从山头一直环绕整个寺庙，城墙上修建16座碉楼，以象征十六罗汉。其中寺院背后山头上的大型碉楼，用作每年江孜商会时悬挂巨型轴画的佛台。白居寺是西藏唯一的藏传佛教各教派团结和睦的模范寺庙，全寺设立以各教派为单位的16个分院，以象征十六罗汉。白居寺壁画造型千姿百态，人物丰富多彩，题材可分为显宗、密宗和历史人物三大类，成为14～15世纪藏传佛教壁画艺术成熟的代表。

十、扎什伦布寺

位于日喀则市内的尼色日山麓，为第一世达赖根敦朱巴于1447年创建，后成为历代班禅居所（图

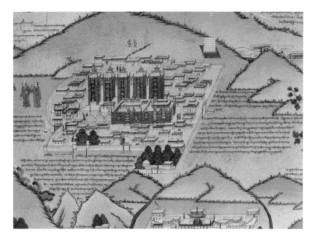

图4-4-17 壁画 扎什伦布寺

图4-4-18 扎什伦布寺，后靠高山，前面是平地，将班禅灵塔殿、佛殿、经堂、晒佛台大致沿等高线布局，前面用大片体量较小的僧舍烘托后面的主体建筑

图4-4-19 山南乃定拉康，乃建设昌珠寺前文成公主与松赞干布居住过的建筑

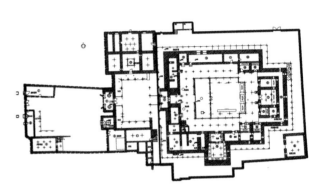

图4-4-20 昌珠寺一层平面示意图

图4-4-21 西藏山南昌珠寺

4-4-17、图4-4-18），系后藏第一大寺，也是格鲁派六大寺院之一。

扎什伦布寺各殿堂依山而建、错落有致。措钦大殿为扎什伦布寺主殿，也是最早的建筑，殿前为讲经场，后接大经堂，正中供奉释迦牟尼像。寺内建有第一世达赖喇嘛和第四至第十世班禅的灵塔，其中最为庄严的为第四世班禅灵塔殿和第十世班禅主持修建的第五至九世班禅合葬灵塔及祭祀殿。在扎什伦布寺内还建有第十世班禅额尔德尼·确吉坚赞的灵塔及祭祀殿什松南捷。寺院东北面山坡上有晒佛台，每年藏历五月在此展示巨大的佛像。寺内的甲拉拉康意为"汉佛堂"，室内陈列着明、清历代皇帝赠赐给历代班禅的礼物，其中包括永乐瓷

器，元、明织品，贝叶经卷等大量珍贵文物。

十一、昌珠寺

位于山南地区乃东县昌珠镇，建于松赞干布时期，是文成公主为镇压妖魔罗刹女的一臂而在贡布日山的西南方向建立的一座神庙。

昌珠寺最早的建筑，是现主寺对面的小殿，东西长10.2米，南北宽7.3米，内有6柱，名"乃定拉康"（图4-4-19）。以后在此基础上曾经三次较大规模的修缮和扩建而成现在的规模（图4-4-20、图4-4-21）：

1. 寺史记载："乃东贡马司徒菩提幢曾对该寺

图4-4-22　桑耶寺

大加修建。"其时代因而不会早于公元1351年。这次修建后增添了较多佛堂，可以说大体奠定了以后昌珠寺的格局。

2．五世达赖时期曾对该寺作过较多修缮和增建，加盖了大殿金顶、措钦大殿的门楼，除其底部留有少量原来建筑外，余皆五世达赖时期改建和增建。该寺前庭院南侧的桑阿颇章也系其时的建筑。

3．"七世达赖罗桑嘉措亦曾修缮此寺"（引自寺史）。数次修缮和扩建后的昌珠寺，规模比前扩大了百倍，面积达4667平方米（长81米、宽57.6米），拥有21个拉康和漫长的转经回廊，屋顶饰以富丽堂皇、熠熠生辉的金顶，更显得非同凡响。五世达赖以后的历世达赖每年还要定期来此添香礼佛。昌珠寺，作为山南地区"三圣寺"之第一，在信徒们心中享有崇高的地位。

扩建后的昌珠寺，布局形式新颖别致，独树一帜。它分前后两部分，前部为一小庭院，后部是以措钦大殿为中心的大院。寺内的主要殿堂是拉康大院。大院前有高大的门廊，门廊两端与围绕的转经回廊相接，形成该寺的外转经回廊。大院的前部中央为天井院落，其后紧接措钦大殿。围绕天井院落和措钦大殿有一周内转经回廊，沿回廊布置12个拉康。措钦大殿面阔五间，进深三间。

昌珠寺现藏有大量珍贵的历史文物，昌珠寺内保存有大量珍贵文物，如著名的珍珠唐卡，这些珍贵的文物为研究西藏的早期建筑等都具有重要的价值。1961年昌珠寺被公布为全国重点文物保护单位。

十二、桑耶寺

位于山南地区扎囊县境内，雅鲁藏布江北岸平原上，始建于唐代（图4-4-22、图4-4-23）。"桑耶"是藏语不可思议之意思，该寺建成后，其造型和布局十分完美，不可思议，故得"桑耶"之名称。

桑耶寺的总体布局，是在莲花生大师的指导下，仿照古代印度波罗王朝的阿旃延那布尼寺设计

图4-4-23　壁画 莲花生大师修建桑耶寺时加持地基的场景

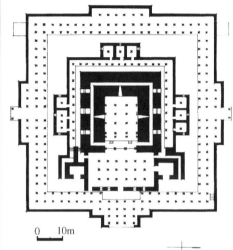

图4-4-24　左：桑耶寺乌孜大殿三层斗栱；右：桑耶寺乌孜大殿一层平面图

建造。中心大殿（图4-4-24）以象征世界中心须
弥山，东文殊殿、南马头明王殿、西慈尊殿、北慈
悲殿为四大部洲，四方还设置8个配殿，即象征八
小洲。主殿北侧设月亮殿，南面为太阳殿。四角还
建造白、红、黑、绿四种佛塔，以象征四大天王。
总体外围有城墙环绕，早先是折形围墙，在后来的
维修中改为圆墙，围墙檐口上插立陶制的小佛塔，
每1.5米立一个。四方设四个门，其中东门最为讲
究，是主要入口。

图4-4-25　桑耶寺乌孜大殿

　　乌孜大殿坐西向东，门南侧设立石碑，用古藏
文记载了藏王赤松德赞兴盛佛教的决心。此碑文字
记载充分证明，桑耶寺由赤松德赞修建。漫长岁月
里，桑耶寺几经兴衰。13世纪，由热译师进行过较
大规模的维修。到了18世纪末，德穆摄政王全面维
修，基本形成了目前的式样。18世纪中叶，桑耶寺
又一次失火，十一世达赖派夏扎·顿珠多吉负责修
复。20世纪40年代，热真摄政王主持维修，进一步
保护这座著名的古刹。

　　在"文化大革命"十年浩劫中，桑耶寺又一次
遭受到最严重的破坏，主殿最辉煌的五重金顶和四
种佛塔都遭到彻底毁灭。在中共十一届三中全会以
后，逐步得以修复。1987年，国家拨巨款，重修了
主殿飞檐及五重金顶，使这座举世闻名千年古刹重
放光彩。

　　桑耶寺建筑造型独特（图4-4-25），驰名中
外，其中主殿三层以上的木结构五层重叠的金顶，
最具特色。通称为内无柱、外无墙之神变幻觉殿。
这种特殊结构，实际上是藏式传统柱网结构与汉式
营造的斗栱结构合为一体的产物。主殿一二层为
藏、汉风格建筑。主殿金顶总高达15米左右，加上
底层建筑的高度，总高达30米。整个金顶以双排柱
子为支架，中央空间为14米见方的方形平面，室内
无一根柱子，故称为"内无柱"；双排柱子的柱廊
间隔，未用实墙，而采用木架石板隔断，因此，称
为"外无墙"。中间跨度14米的空间，采用斗栱抬
梁的办法，逐步往里缩小，每跨2.4米左右。金顶
第二层满铺木地板，底层挑梁的打结部位上立柱，

图4-4-26 上：敏珠林寺祖拉康；中：敏珠林寺堆对曲登塔；下：敏珠林寺内的雀替细部

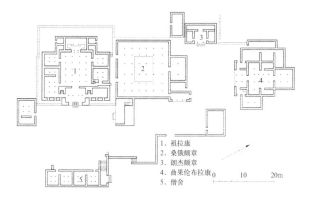

1. 祖拉康
2. 桑俄颇章
3. 朗杰颇章
4. 曲果伦布拉康
5. 僧舍

0　　10　　20m

图4-4-27　敏珠林寺平面布局图

共42根柱。其中外围21根柱子为象征二十一尊度母；中间部位的16根柱子为十六罗汉；内圈4根柱子加上中轴柱共5根柱子以象征胜乐五尊佛。主殿金顶外形也是十分壮观，飞檐和五层重叠的金顶冲天而上，像一座巨大的金字塔。金顶面积之大，在西藏古建筑群中居首位。

十三、敏珠林寺

位于山南地区扎囊县雅鲁藏布江南岸谷地，10世纪末由罗麦·楚臣喜饶创建，11世纪其弟子那囊·多吉旺秋主持了扩建，清康熙十六年（1677年）由德达林巴·久麦多杰再次扩建成现在的规模，现建筑面积达10余万平方米，平面略呈不规则的长方形，外有围墙环绕，东面辟正门及偏门各一道，墙内现存建筑主要有祖拉康殿、曲果伦布拉康、桑俄颇章、堆对曲登塔等。

祖拉康殿是敏珠林寺的主殿，平面呈"凸"字形，门廊4柱，廊壁绘四大天王像壁画；门廊后接经堂，堂内立5排共20方柱，柱高约3米，当中2柱高5.5米托起天窗，四壁壁画绘无量寿佛、度母、莲花生等像，供有释迦佛及八大弟子塑像；经堂两侧分别有护法神殿、供品殿、拉康殿各一间。第二层建有5座小佛殿及僧舍。第三层有德钦拉康、喇嘛拉康殿各一间。在祖拉康东北50米处有堆对曲登塔，塔高13层。塔的第一层为强巴殿，顶层有镀金十三法轮（图4-4-26、图4-4-27）。

敏珠林寺是前藏宁玛派两个著名寺院（一为多吉扎寺）之一，多吉扎寺在"文化大革命"中被毁，而敏珠林寺基本完整保存至今。因这两座寺院所传的伏藏不同而形成宁玛派的两个小支派。敏珠林寺以传授"南藏"为主，附带也传授"三素尔"以来所传承的佛教经典。敏珠林寺在寺主的继承上以父子或翁婿传承，并不完全限定在父系血统关系上。这对研究宁玛派的兴盛、发展、衰落及其传承教义，有很高的历史价值。

十四、拉隆寺

位于山南地区洛扎县扎日乡扎怒曲河北岸的扎日乡拉隆村，公元1154年噶举派大师都松钦巴创建。16世纪上半叶，巴握·祖拉陈哇对该寺进行了大规模的扩建、维修，从而形成了今天的格局（图4-4-28）。17世纪噶玛派势衰，五世达赖喇嘛将拉隆寺改为格鲁派寺院，并给该寺主封了大量的土地。

拉隆寺与内地封建王朝的关系密切。自建寺起，就经常派遣僧官前往内地皇宫进供，原寺庙大门上就有明代皇帝所赐的横匾；拉隆寺和不丹王国也有十分密切的关系，每年藏历五月拉隆寺举行跳神活动时，不丹商人都云集于此，不丹王室的僧人也来此祈愿，为此不丹王室还拨资在拉隆寺主殿西侧修建了一座名为"喜追拉康"的4柱殿堂，专供不丹僧人来此做佛事。

拉隆寺现在主要信奉格鲁教派，同时也有噶举和宁玛派的教法，各派都有一名活佛传承。

拉隆寺整个建筑坐落在一个呈不规则长方形的大院内，大院占地13700平方米，寺院围墙剖面呈佛塔形，并用小塔做顶。墙体空心，分为两层，墙高4.2米，墙顶小塔高2米，总高为6.2米，墙为土筑，塔为石砌，墙厚1.8米。拉隆寺主殿建于大院前部正中，平面呈方形，占地832平方米，分为三层。

第一层：前有长26、宽2.2米的6柱门檐，门檐后为门廊。门廊宽8.8、深5.2米，中立4柱，圆形石柱础，"亚"字形柱身，门廊东侧为楼梯间，西侧为值日僧舍。经堂大殿宽21米、深20米，中立20柱方柱，20柱方柱横列为5排，每排4柱，纵列为4排，每排5柱，经堂大殿的西侧近墙边有8根起加固作用的圆柱，纵列成一排。经堂大殿的西墙边有一纵长18米、横宽1.4、高1.25米的佛台，佛台上原供七世佛泥塑像5尊，现佛像已毁。该佛台的北端有一独立的小佛台。经堂大殿的北侧墙边设置活佛法座及木神龛。经堂大殿的东南角辟有一宽1.6米的偏门。底层经堂大殿墙厚1.6~2米。

第二层（图4-4-29）：前为三间阳台，阳台后

图4-4-28　拉隆寺措钦大殿

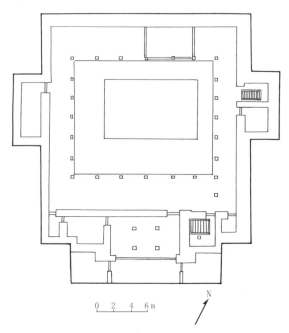

图4-4-29　拉隆寺二层平面图

中为一间4柱佛殿，佛殿东侧为楼梯间，西侧为一间库房。佛殿位于底层门廊之上，佛殿后为天井，天井与底层经堂大殿长宽相等。天井中部为底层经堂大殿高起的天窗，天井北侧有一间客房，天井四周立柱形成明廊。

第三层：前为凉台，凉台后的二层佛殿上方为一间活佛夏舍。活佛夏舍东侧为一间护法神殿，活佛夏舍后仍为天井，天井东侧有一间八变莲花生殿，西侧有一间德勤拉康。

底层经堂大殿内的20根方柱，除中间两根支撑天窗的柱子外，其余18根方柱均为下端边长35厘米、上端边长23厘米，柱高2.8米，柱子的细长比约为1：10。柱上的斗栱高50厘米，约为柱子高度的18%，如果按内地汉族建筑的营造方式的演变规律来比较，上述柱子的细长比、柱子与斗栱的高度比均符合明代建筑的特征，而这一点又与拉隆寺在明代进行过大规模扩建与维修的记载相吻合，因此，可以断定现存的拉隆寺应为明代建筑。

拉隆寺大殿的西墙原建在一条泉眼很多的小河上，填河筑墙后，因地面潮湿，地基下陷，为防止倒塌在底层大殿的西墙边增加了8根起加固作用的圆柱，这8根圆形木柱及柱上的斗栱为寺庙早期建筑的构件，圆柱直径为25厘米，柱高1.9米，其细长比为1：8。柱上的斗栱为十字形斗栱（图4-4-30），斗栱通高85厘米，为柱高的45%。在正常斗栱之上又加有附加斗栱，附加斗栱与正常斗栱相连共高1.8米，几乎与圆柱的高度相等。这种复杂的斗栱结构形成了对大殿西侧房顶的强大的支撑力，从而有效地防止了西墙因房顶的压力而出现的下陷，这一排加固木柱与斗栱为典型的汉式建筑构件，其柱子细长比与斗栱和柱子的高度比均为唐宋时期汉地建筑的特征，这一点又与该寺创建的年代相吻合，因此，从建筑构件上也可确定拉隆寺创建于12世纪左右。

十五、布久寺

位于林芝地区林芝县布久乡布久村前面的平台上，坐西朝东。背靠大山，前临尼洋河，面近小溪，布久寺原名叫"布久色拉拉康"。

布久寺最初的建筑规模很小，只有量色格拉康这一4柱的小殿堂。早期建筑当年是用"白玛"草砌起来的。历经修缮，寺庙改成土石木结构，建筑规模扩大，此寺成为工布一带的佛教圣地。

布久寺的建筑规模，由南向北，包括两侧外墙共长四柱，除去两边外墙宽度，空间宽尚有二十八柱半，由西向东，两侧外墙宽度三十六柱半，除去外墙厚度，空间宽尚有二十五柱半，四柱经堂，有转经廊，主殿上层平台新建一门朝东开，屋顶为木板上架汉式屋顶，寺为金顶。主殿之金顶四边每边长达六尺，大小三个殿顶为瓶状装饰，屋顶四角为水兽，镀金"三层纸"厚，檐下有水槽（图4-4-31）。

布久寺主殿中供泥塑像十一面观音，装藏经，汉地响铜制的四手观音一尊，黄响铜制的释迦佛、无量光佛、不动佛、药师佛等10尊加持过的佛像、神瓶、龙瓶等。

图4-4-30 拉隆寺措钦大殿内的斗栱

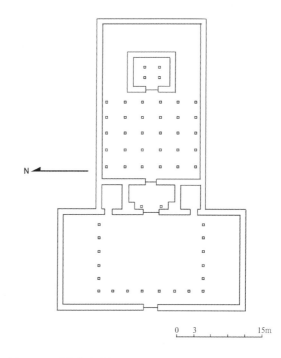

图4-4-31 布久寺平面图

佛堂之主佛是一人多高的镀金观音菩萨，右边是法王松赞干布，左边是五世达赖喇嘛，其后从西朝南看，中间是释迦牟尼、宗喀巴师徒及显圣说法之镀金莲花生像，在此后为赤松德赞、静命大师等。

布久寺在工布一带号称五百香火的佛教圣地，供堂之中的五百香火，是一种极为丰盛的香火，计有酥油灯百盏、供果百个、鲜花百朵、供水百碗、熏香百柱。说明当时拜佛的人很多，香火不断。

布久寺原来信奉宁玛教派，后改信格鲁派，现又信奉宁玛派。

十六、达则寺

位于林芝地区林芝县达则乡觉洛村后的山谷之中，创建于14世纪，创始人为丹巴伦珠。达则寺原名为安多寺。该寺信奉苯教。

初建时达则寺规模较小，历经修缮，规模不断扩大，明代时将大殿建为重檐歇山顶式的寺庙，殿堂为藏式建筑，有二十四柱宽，主供佛为拉巴杰·强玛等，有二层楼高的金灵塔，有4个扎仓。有四柱大的僧舍和二柱大的伙房。

达则寺已经历了14代活佛。达则寺原来下属有3座寺庙，即：谢达丁宗、敏仁贡巴、永珠林，这三座寺庙均在后藏地区（图4-4-32）。

十七、类乌齐寺查杰玛大殿

位于昌都地区类乌齐县类乌齐镇，创建于公元76年，主殿为查杰玛大殿，是西藏寺院中造型较为特殊者。

查杰玛大殿为一方形大殿，南向，4层。殿堂面阔进深各九间，内有64根柱子面积，实际柱子60根，原因为第三、四列柱中各减两柱，中央形成宽深各三间的天井。平面呈回字形，佛殿外有环形内转经道。南面正中及两侧开门；外墙四面设转经筒，上建外廊而形成外转经道。内转经道南面设楼梯通向二层，二层设佛殿，佛殿外有一圈封闭的转经道。三层设佛殿，南向开门，回字形布局，中间的天井面积加大，即面阔五间、进深四间。四层仅后部中间有一间四柱佛堂，其余为屋顶平台，中部靠前是天井（图4-4-33～图4-4-35）。

查杰玛大殿内部底层佛殿空间高大，有两层高度，净高超过13米，其外观造型分为三段：下部为一匝矮小外廊，中部四面外墙刷竖条色彩，上部外挑边玛檐墙，四角屋顶树经幡；第二层（在内部建筑是第三层）在底部转经道内收，光墙到顶，檐部每面八攒斗栱，承托单檐，四隅树经幡，造型简洁、舒展；三层（在内部建筑是第四层）仅后部中

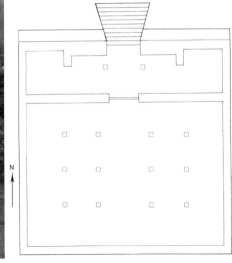

图4-4-32　达则寺外景及平面

图4-4-33 查杰玛大殿

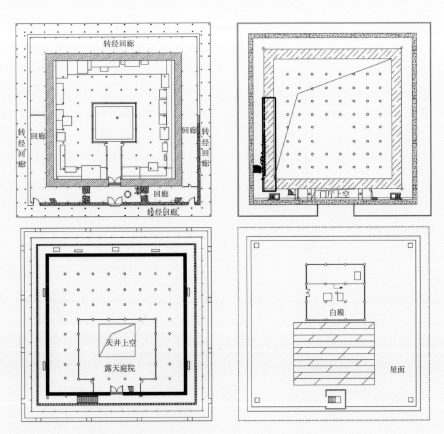

图4-4-34 上左：查杰玛大殿一层平面图；上右：查杰玛大殿夹层平面图；下左：查杰玛大殿二层平面
图；下右：查杰玛大殿三层平面图

图4-4-35　左图：查杰玛大殿斗栱；左图：查杰玛大殿室内酥油灯

间一方殿，檐部每面六攒斗栱，屋顶为正脊很短的舒缓歇山顶，并饰仰莲、金幢、宝珠饰物。总体说来查杰玛大殿整体及各部形体比例恰当，色彩亮丽，造型、装饰简洁、宏伟、端庄，具有神的威严感，但不失压抑，有安静、舒展的一面，是极好的纪念性建筑。

在"文化大革命"十年动乱中，这座建筑遭到彻底破坏。"文革"结束后，在党和政府的关怀下，国家拨专款，加以修复。由本寺的木工僧人朗那多旦负责，在原有基础上，按照原样进行复原。寺庙还收藏一些重要的文物，相传为格萨尔王的马鞍和宝剑，还有大将典玛和献巴的木质马鞍及战刀等文物。不管是否是真的格萨尔王的东西，但可以肯定，这些都是极为珍贵的藏族远古时代的战争用具，是很有价值的历史文物。

十八、强巴林寺

位于昌都地区昌都镇，明正统二年（1437年）由宗喀巴弟子麦喜饶桑布创建。自清康熙帝始，强巴林寺历代活佛受皇帝册封，逐步成为西藏东部地区最重要的政教合一机构和最大的格鲁派寺院，下辖130个分寺。强巴林寺早期建筑以措钦大殿、10个扎仓和5座拉章等组成，基本是木石、土木的藏式密梁平顶结构，每座建筑为一独立的单位，由院落、前廊（殿）、经堂三部分组成，形成由外向里逐步登高的格局，这样的设计也是西藏古建筑的

基本特征之一，它可以充分体现主要建筑神圣高大的主尊地位。清宣统元年（1909年），川滇边务大臣赵尔丰入藏"改土归流"，强巴林寺明、清时期的主要建筑被毁。1981年后进行了大规模维修，现建筑群由杜康、色钦杜康、色廊隆、增康、印经院以及八大扎仓、3座康村、塔群、辩经场等单元组成（图4-4-36）。

措钦大殿是强巴林寺最大的建筑，占地面积1690平方米。大殿东边是才尼扎仓，南边是护法神殿，殿后是辩经场，该殿高3层，有明显的收分，顶有高出的女儿墙，其上覆石板用以散水，殿顶装饰有镏金的奔鹿、宝轮和经幢等。底层门廊前有9级宽广的石砌台阶，门廊内有明柱13根，分前后两排，前排4柱为八棱形，后排9柱为方形，门廊

图4-4-36　强巴林寺的晒佛活动

面阔29.8米，进深5米余，其左侧设有上二层的楼梯，经堂大门开在门廊正中，因地面高出门廊，故设有石阶6级。经堂面阔29.8米、进深30.4米，有方柱100根，纵横各有10列，其中央的16根长柱直达二层用以托起天井。柱头均雕刻有云纹、卷草纹、莲花纹等图案，装饰极为华丽。大经堂后辟有佛殿，佛殿设有左右二门，开向大经堂，佛殿内有圆柱18根，分三排前后排列，直升二层，佛殿内沿西、北、东环墙筑有曲尺状供台，正中供有高达二层的释迦牟尼镏金造像，释迦牟尼跏趺坐于镏金双狮须弥座上，座上镶嵌各色宝石、珊瑚等，显得极其精美。释迦身后有高大的"鹏螺闲门"，"鹏螺闲门"由大鹏鸟、海神女、摩羯鱼、狮、象等组成，雕饰精细，形象逼真，尤为生动。释迦两侧分侍有两大弟子造像，二弟子体形较小，视觉上更突出了释迦的高大、神圣和不可替代的地位。另外，在释迦造像的两侧还供有强巴佛、宗喀巴师徒三尊及四尊帕拉活佛等十余尊泥塑造像。造像的造型比例准确、匀称，塑像外均施以浓彩，色泽艳丽，气氛热烈，却也不失凝重。释迦造像之东侧供有阿底峡尊者及仲敦巴等塑像。大殿二层前部是僧舍，后部正跨是底层经堂的天井，东部是寺院总管卧室，西为库房。三层后部是3个扎仓，东为堪布室、中为菩萨殿、西是高僧卧室。

十九、上盐井天主教堂

位于昌都地区芒康县上盐井乡上盐井村，于公元1819年由法国人丁玉神父创建，历时13年落成，占地面积3200平方米。教堂门向西北前廊列4长柱，窨高6米，内置14根圆柱，每排列2根，共7排，供台上主供圣母像，瓷质，高0.5米，上竖十字架，架上为耶稣受难铜像，高0.5米。另供巴扎铜像，悬挂圣母、耶稣唐卡多幅，壁画绘圣母、耶稣和轮船，天花板上绘宇宙天体图。教堂顶上竖立十字架和耶稣像，顶结构为三联圆弧形拱顶（图4-4-37）。1969年教堂被拆毁，1987年进行全面修葺，原为拱顶，现维修为藏式平顶。

二十、文部寺

位于那曲地区尼玛县文部乡，属苯教寺庙，由古如雍仲丹巴创建，至今已传五代喇嘛，距今有300多年的历史（图4-4-38）。

文部寺由于地震等原因几经搬迁，现址在村内，有100多年的历史。主要建筑包括杜康（图4-4-39）、拉康、甘珠尔拉康、拉章等，总面积约3625平方米。

杜康殿只有一层，高约3米，门朝向西南，由门廊和经堂两部分构成。门廊长6.55、宽1.9米，前墙壁画绘四大天王。经堂门上部的门洞内有7只

图4-4-37　上盐井天主教堂

图4-4-38　尼玛县文部寺

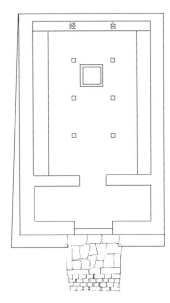

图4-4-39 尼玛县文部寺杜康殿平面图

图4-4-40 邦纳寺鸟瞰

泥塑雪狮，大小基本相同。经堂面阔两柱、进深三柱，横柱距平均约2.02米，纵柱距约1.9米，面积约52平方米。柱截面为长方形，长14厘米、宽9厘米，底部有石片柱础，柱身均匀，高约2.3米；后4柱略高，形成天窗。4柱间有一两层土台，边长1.17米，台底层高0.6米，四周彩绘法轮、莲花、五宝等。殿两侧有宽0.85米、高0.2米的台阶，台阶长7.65米。后壁有宽约0.5米的经台，置《甘珠尔》和《丹珠尔》经各一部。经堂四壁绘有壁画，有巴丹拉姆、达拉玛、当惹雍村湖神等苯教护法神类和曲巴久尼、辛绕、强玛仁阿等。墙体为石块砌筑，墙体厚0.60米。

二十一、邦纳寺

位于那曲地区索县西昌乡境多木山南侧，怒江峡谷北岸的多巴秀村，建于明代（图4-4-40）。

寺院为夯土墙二层建筑。一层由集会大殿（措钦）和强巴佛殿两部分组成，二层为护法神殿、僧舍、灶房、仓库等。寺院占地面积约1780平方米，建筑面积约762平方米。

一层的措钦大殿内立9柱，四面墙壁皆有壁画。西墙与强巴佛殿相接。强巴佛殿殿顶为多重藻井式，建筑结构为四柱八梁，顶有彩绘的坛城图案，

殿内方柱柱头雕刻有兽面纹样，替木上彩绘有祥云、卷草图案等，具有较高的艺术价值。

二层护法神殿内西墙、北墙存有壁画，色彩、风格、画技等与一层措钦大殿大相径庭，年代明显晚于一层措钦大殿和强巴佛殿内的壁画。除壁画外，护法神殿内还供有旧铜塑佛像20尊、唐卡5幅。

邦纳寺不仅是那曲地区现存历史较为久远、保存现状最好的寺院，而且在西藏地区寺院中，也应属于风格较为独特、壁画保存完好、历史较悠久的一座寺院，其文物价值不可低估。

二十二、托林寺

位于今阿里地区札达县象泉河畔，始建于10世纪，由古格王益西沃为施主，大译师仁青桑布主持建造（图4-4-41）。"托林"是藏语"托顶"的音译，"托顶"是飞在空中的意思，因建造寺庙时的神话故事而得名。

托林寺是藏传佛教后弘期的发源地。仁青桑布精通显密两宗，并且是很有名的梵藏翻译家。寺庙建成后他在这里广收徒弟，讲经说法，僧人达到好几千。公元1063年，仁青桑布和益西沃的侄子江求沃派人邀请印度那兰陀寺的佛教大师阿底峡到托林寺，拜以为师。

托林寺是处在早期桑耶寺平面布局和后期西藏寺院程式化布局的过渡阶段，其特点是主殿朗巴朗则"巧妙地将桑耶寺建筑群体所表达的设计思想和

图4-4-41 托林寺（图片来源：《中国文物地图集·西藏分册》第134页）

图4-4-42 托林寺朗巴朗则主殿现状

图4-4-43 科迦寺

内容紧凑地组织在一幢建筑中，在中心用一座平面为十字形、上有凸起的五个高侧窗建筑比拟须弥山，将象征四大部洲、八小部洲的建筑组成一圈，四隅还各有一座塔楼"。其设计思想，完全是受佛教密宗坛城布局的启发，在教义上可以象征大日如来佛的坛城，也可以理解为佛经上的世界形成之象征。这种布局在中外建筑史上可算是独树一帜。

19世纪中叶，拉达克和森巴人联合大举进攻古格，古格王国和托林寺横遭洗劫。在"文化大革命"中又遭破坏，使托林寺变成一片废墟。1997年底，国家拨专款，进行全面修复，使这座驰名中外的阿里古寺重见天日（图4-4-42）。

二十三、科迦寺

位于阿里地区普兰县科迦村，于公元996年由大译师仁钦桑布创建，占地面积约1000平方米。与科迦寺同时创建的还有芒城的玛尔玛寺以及古格的托林寺。科迦寺为土木结构建筑，现存有觉康和百柱殿（图4-4-43、图4-4-44）。科迦寺建筑风格独特，现存有多种托木形式，其中一种为精雕细琢式的，为殿堂殿身和回廊等建筑主要部位用的托木，代表了不同时期的艺术风格，浓缩了阿里地区托木的演变过程；一种为回廊次要部位所用的托木，形式较为简单。作为拥有佛、法、僧三宝的寺院，自古格王国以来，科迦寺一直成为弘扬佛法的中心。科迦寺距今已有1000余年的历史，其建筑风格以及寺内保存的大量精美的早期壁画，对研究早期佛教的传入、建筑艺术以及古格王国的历史均具有较高的研究价值。

科迦寺从最初的兴建到西藏民主改革前，先后由多位古格王及普兰王等进行了20余次维修和改扩建，最终形成了现在的格局。

注释

① 上盐井天主教堂是1819年由法国人丁玉神父创建，占地面积3200平方米，1969年教堂被毁，1987年进行全面修葺，原为拱顶，现维修为藏式平顶。

② 大清真寺位于拉萨市城关区大昭寺以东一公里处，建于1716年，建筑面积约1300平方米；小清真寺位于大昭寺东南，是20世纪20年代专门为给在拉萨作买卖、短住或长住的克什米尔、拉达克、不丹、尼泊尔、英国等信奉伊斯兰教的信徒做礼拜而筹资、捐资修建的。

③ "佛、法、僧"是佛教三宝，佛宝指圆成佛道的本师

图4-4-44 科迦寺百柱殿东立面

释迦牟尼；法宝指佛的一切教法，包括三藏十二部经、八万四千法门；僧宝指佛教法如实修行、弘扬佛法、度化众生的出家沙门。也有人认为，具备神权统治、经律教义和严密组织是"三宝"具备

④ 根据《布敦佛教史》记载，在修建大昭寺选址时，文成公主根据汉历观测法详细地推算了地形，指出吐蕃地形"犹如一个罗刹女仰卧，需在心脏、两肩、两胯、两肘、两膝、两手掌、两脚掌各建佛殿镇压"。各佛殿分别如下：在约茹，女魔的左肩建昌珠寺，在今山南地区乃东县昌珠镇；伍茹，女魔的右肩建噶泽寺塘迦拉康，在今拉萨以东墨竹工卡县的秀绒河与马曲河汇合处的马曲河东岸；茹拉，女魔的左足建仲巴寺，在今日喀则地区拉孜县与彭措林联界处；叶茹，女魔右足建仗章寺，在今日喀则南木林县东南，雅鲁藏布江北岸；女魔左掌心建隆塘卓玛寺，在今四川甘孜藏族自治州石渠县境内；女魔右掌心建朋塘吉曲寺，在今不丹境内；女魔左足心建日喜卓玛寺，在今拉达克地区；女魔右足心建仓巴弄寺，在今藏北草原，女魔左肘建洛扎枯廷拉康，在今山南地区洛扎县境内；女魔右肘建布曲寺，在今林芝地区林芝县布久区；女魔左膝建江扎顿哲寺，在今日喀则地区仲巴县境内；女魔右膝建绛真格杰寺，在今日喀则地区吉隆县境内。

⑤ 依据顿珠拉章的《西藏苯教简史》记载，"塞"是"神"的意思，"康"是城堡宫殿的意思，合起来的意思是"神殿"。根据龙珠多杰的博士论文《藏传佛教寺院建筑文化研究》载，"塞康"建筑形式在西藏地区已很难看见，而在青海湖地区尚存。"塞康"建筑布局有三类：第

一类是在方形或长方形殿堂的中心设座供奉敦巴辛饶的塑像，周围是转圈的廊道。第二类是在方形或长方形方形殿堂的后墙根设座，供奉敦巴辛饶的塑像，转经道在外。第三类是帐篷塞康。这三类塞康是苯教寺院建筑最初布局的延续，后来的苯教建筑模式都是以此为基础产生的，对藏传佛教寺院建筑，尤其是早期的佛殿建筑也产生了深远的影响。佛教传入西藏之后，在吸收了苯教建筑形式和工艺的基础上，形成了藏传佛教寺院建筑。苯教的寺院建筑和佛教寺院建筑相比较，除了寺院内的佛像、壁画等局部有所差别外，在建筑样式和风格上基本相似。佛教寺院建筑虽然吸收了新的印度和汉地建筑理念，但是由于藏区特殊的地理环境和建筑材料，藏传佛教寺院建筑的主体建筑结构和风格，只能是在苯教时期的建筑为母体上而发展起来的，以至于到后期苯教和佛教寺院的建筑形制没有差别。

⑥ 吐蕃王朝时期，对佛教发展起到积极作用的三位赞普，松赞干布将佛教引入吐蕃，赤松德赞确立了佛教的西藏的社会地位，赤热巴巾将佛教在吐蕃的传播推到了一个高潮，此三人被后世称为"祖孙三法王"

⑦ 江扎为古印度长度单位，梵文"俱卢舍"，也称闻距，一个江扎约等于256尺

⑧ 格鲁派四大寺指：甘丹寺、哲蚌寺、色拉寺、扎什伦布寺。

⑨ 格鲁派四大寺指：甘丹寺、哲蚌寺、色拉寺、扎什伦布寺。

⑩ 根据《东嘎藏学大辞典》的注释："藏式屋顶上的宝瓶装饰有印、汉两种类型，梵语称'甘杰热'，藏语称之

为'佐丹'，而藏语中通用'甘杰热'这一词汇。宝瓶根据其形状的繁简可分两种：大钟形屋脊宝瓶和小瓶形屋脊宝瓶。前者是象征五方佛，莲花座上的法轮象征大日如来，其上之钟象征不空成就佛，之上八瓣莲花象征无量光佛，之上之宝瓶象征不动佛；后者称为瓶形屋脊宝瓶，与钟形屋脊宝瓶相比少了钟和法轮，宝瓶象征大日如来，八瓣莲花象征无量光佛，末尼象征不动佛，象征佛教三种姓佛在藏区仅限于佛教寺院中。大钟形屋脊宝瓶置于大殿屋脊中心两侧放置小的瓶形宝瓶，屋脊上的

宝瓶装饰是寺院建筑特有的装饰。"

⑪ 印度教和佛教禽鸟之中的鸟王，一直是龙和蛇的宿敌。

⑫ 印度吠陀神话中的水神和恒河女神的座椅，是水源的象征，作为一个神话的象征，摩羯是鱼、象、鳄鱼三者之综合，集三种动物之特长，也是力量和韧性的象征。

⑬ 宋·释道诚的《释集要览》，三解脱门为空、无相、无作，今寺院是持戒修道求之涅架，人居之，故三门入也。

⑭ 佛像的组合也有一定的规律，一般按组出现，如一佛二菩萨、三世佛、师徒三尊、四大金刚等。

西藏古建筑

西藏古建筑

第五章　宗山建筑

西藏宗山建筑分布图

① 达孜宗山建筑　② 查嘎尔宗山建筑　③ 林周宗山建筑　④ 曲水宗山建筑　⑤ 当雄宗山建筑　⑥ 东嘎宗山建筑　⑦ 桑珠孜宗山建筑　⑧ 江孜宗山建筑　⑨ 定结宗山建筑　⑩ 卡卡宗山建筑　⑪ 白玛宗山建筑　⑫ 桑日宗山建筑　⑬ 卡达宗山建筑　⑭ 恰嘎宗山建筑　⑮ 沃卡宗山建筑　⑯ 琼结宗山建筑　⑰ 宗孜宗山建筑　⑱ 达玛宗山建筑　⑲ 多宗宗山建筑　⑳ 杰顿孜宗山建筑　㉑ 万东宗山建筑　㉒ 贡嘎宗山建筑　㉓ 果宗山建筑　㉔ 浪卡子宗山建筑　㉕ 卡热宗山建筑　㉖ 则拉岗宗山建筑　㉗ 德木宗山建筑　㉘ 觉木宗山建筑　㉙ 琼宗山建筑　㉚ 森格宗山建筑　㉛ 洛隆宗山建筑　㉜ 日土宗山建筑

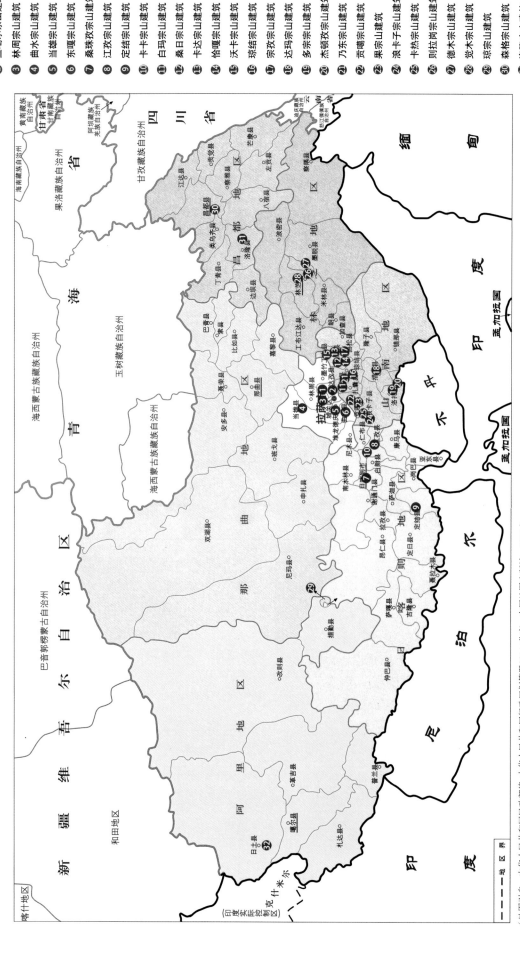

（地图引自：中华人民共和国民政部编 中华人民共和国行政区划简册2014.北京：中国地图出版社，2014.）

图5-0-1 阿里日土宗山建筑遗址

宗山建筑来源于"宗"的设置,"宗"(rdzong)相当于西藏县级地方政府管理机构;藏语中,"宗(rdzong)"本身的意义是"城堡"、"寨堡",清代典籍中称之为"营"。由于宗大多建筑在山顶或者制高点上,宗政府所在地被称为"宗山"。作为西藏基层行政单位最早出现在元朝,属于西藏官式建筑类型。一些宗山建筑在建筑择址、形制和布局方面与西藏宫殿建筑如雍布拉康以及布达拉宫有一定相似,但作为地方行政管理机构,宗山建筑在建筑规模、使用功能、建筑形制上仍具有独特性。宗山建筑一般是一组功能齐全的建筑群组成的,包括宗本和其他公务人员的办公和居住建筑、监狱等附属建筑,以及宗教建筑、作为防御工事的围墙和碉堡(图5-0-1)。

第一节 历史的演变

元末明初,西藏社会发生重大变革,帕木竹巴政权取代了萨迦政权,在西藏建立起了新的政教合一地方政权。为了加强对当地军事和政治的控制,帕木竹巴政权在原来万户侯的基础上在卫藏重要位置上建立了13个行政单位,称其为"宗",成为地方权力机构,其后逐步在各地兴建了专供宗本管理行政事务的宗山建筑。在长期经验积累的基础上,宗山建筑的营造技术日益成熟,并伴随着其重要的政治功能,逐渐成为近代以前的藏区地缘建筑的标志之一(图5-1-1)。

一、宗山建筑的成因

宗山建筑是在西藏特有的自然环境、宗教文化

图5-1-1 朵宗遗址

环境、社会历史氛围下产生的。作为藏区环境特性的产物，宗山建筑与藏区的历史和自然的环境融为一体，和寺院、宫殿、豁卡、林卡等建筑一样，以特有的方式表现了西藏的独特文化。

（一）适应自然环境的产物

宗山建筑是为适应整个喜马拉雅地区的自然特征而建立起来的，它的特点和内涵产生于实际的需要、建筑材料的限制和恶劣的自然环境。西藏自然地势险要，各地长期各自为政，易守难攻，聚落之间的联系不多，无法从贸易中获利，因此形成封闭的防御性建筑雏形。恶劣的气候条件及地质条件，形成了以石材建筑为主的早期构筑技术。有考古研究表明，距今大概5000多年的西藏昌都卡若遗址中已有碉房建筑的原型，此外，对于西藏早期与山地地形结合的碉堡式建筑原型的记录见著于大量史料中。因此有学者认为，西藏的宗山建筑源于本地建筑历史上存在的碉楼建筑。

（二）宗教文化思想的影响

苯教或称本波教，是佛教传入以前西藏地方较古老的本土宗教，反映了高原先人对宇宙自然的最初认识。苯教对西藏地方文化影响巨大，苯教崇拜自然界的日、月、星辰和大山河流，相信天界的存在，相信非凡的人物来自天界，最后能返回天界，位于天地之间高耸入云的大山，则是天与地的接合处，连接着天上人间。因此苯教十分崇拜大山，对崇山峻岭的崇拜，使藏区早期的重要建筑许多都建于山上，如西藏早期宫殿建筑雍布拉康、山南的拉加里宫、拉萨的布达拉宫及阿里的古格王宫等，割据时代的统治者也将自己的建筑修在山上。依山而建的宗山建筑选址正是来源于藏民族早期的宗教思想的影响。

（三）发展封建领土制经济形态的需要

宗山建筑的发展除了自然因素之外，也有其深厚的社会历史背景。西藏在历史上长期处于分封割据状态之下，长期的地方分裂割据与战争使位于高山上的城堡式防御建筑有了生存土壤。众多的考古资料表明，西藏高原上早在新石器时代就已有了定居农耕的

原始民族，古代先民由于生产力的发展、氏族组织松弛与解体，出现了以地缘划分的部落群体组织，后来部落又形成了小邦。这种小邦有各自堡寨，由一个王和家臣统治一个家族。当时各部落各自为政，互不统属，互相格杀，胜者为王，败者被收为编民。不断的战争、摩擦、互相掠夺人口与财物使位于高山上的城堡式防御建筑的出现成为必然。

（四）适应西藏政治体制的要求与需要

宗山建筑与政治制度的结合，最终使宗山建筑变成了西藏行政基层单位主要的建筑形式。虽然城堡作为建筑名称出现最早是在吐蕃王朝时期，但它在当时仅仅是指一种有别于普通民居的特殊建筑，直到帕竹政权时期，"宗"才作为西藏地方行政组织基本的单位名称出现，相当于内地的县。清代的《西藏志》第一次用官署来称呼"宗"，将"宗"解释为："傍山碉堡，乃其头目碟巴据险守隘之所，俱是官署。"《大清一统志（西藏）》中记载："凡有官舍民居之处，于山上造楼居，依山为堑，即谓之城。"这里的"城"，就是我们所说的"宗"。元明时期称为"宗"，到了清朝时期称之为"营"。这说明宗在元代正式成为行政基层单位后，在明清又有了较大的发展（图5-1-2、图5-1-3）。

二、宗山建筑的演变

吐蕃王朝统一前，西藏境内"各个小邦境内，遍布一个个堡寨"。吐蕃王朝时期内到处是"宫堡"、"城堡"、"堡寨"等建设，赞普在一个个宫、苑、园内进行政治活动及下属会盟。吐蕃时期把这些服从赞普法令、拥护统一，并承担税法的地区称为"采邑境界（地方势力范围）"，分成共18个势力范围圈，又分成了61个"东岱"。"东岱"即豪奴千户，是当时用来保卫领土的军队机构。这些部落首领们为保卫其封土，在傍依山腹，形势险要之地建立宗寨。这些"东岱"即为宗的雏形，但互不统属，各自为政。

9世纪吐蕃王朝崩溃，除了阿里等部分地区，整个卫藏地区没有统一的法度和政权，各地方的赞

图5-1-2 阿里普兰宗遗址大门　　　　　　　　　图5-1-3 阿里普兰宗建筑遗址主殿

普后裔或贵族的后代逐渐成为大大小小的地方首领，凭借自己的力量或者群众的拥护，掌管着一些部落或村庄。在这种情形下，出现一些将宗教首领和地方官员的职能结合起来的类似于行政机构的组织，即地方首领的官寨。这一时期地方首领与宗教力量即寺院之间的联系非常紧密，为宗山制度的成型奠定了基础。

元代西藏正式纳入祖国版图后，中央派员来藏清查户口，将西藏划分为十三万户，以萨迦为十三万户之首，以教派和家族来统领地区。后来噶举派中的帕木竹巴，即十三万户侯之一，打败了萨迦，建立了帕木竹巴政权，成为西藏新的统治者。

大司徒绛曲坚赞废除了萨迦时期的万户制度，在卫藏比较重要的位置上陆续建立起13个大宗，如贡嘎、扎噶、勒乌、桑珠孜等，推广了帕木竹巴地方原来的庄园制度。最早建立的"宗"应该是仁蚌宗（今仁布县境内），位于日喀则东部的雅鲁藏布江峡谷地带，战略位置十分重要。该宗始建于1352年，即帕木竹巴地方政府执政的前2年，是绛曲坚赞在曲弥驻兵留守的大本营。帕竹政权在各要道依山筑碉堡或沿用原有建筑建立宗山，派军驻守。

在绛曲坚赞时代，宗本是由绛曲坚赞亲自任命的，专门委任其忠诚的部下去任宗本（相当于县级行政长官），并二年一任，每年考察各宗政绩的制度。宗山制度最大的益处就是宗本的定时更换，避免了万户制度下世代相袭的弊端，消除了因家族势力过度膨胀而容易形成的不稳定局面，大大稳固了帕竹政权的根基。从此宗山建筑不再仅仅是一种建筑形态，而是和西藏的行政统治制度紧密结合在一起，成为一种地方政权的官署建筑。

清朝时期，西藏社会沿用了明朝帕竹政权确立的宗、谿卡制度。随着统治范围的扩大，宗一级机构不断增多。宗正式成为地方行政县的代名词。五世达赖喇嘛成为西藏地方政教领袖以后，为加强其统治，在前后藏设立了53个宗。为了防止宗本制度的日益世袭化、地方化，1679年，桑结措嘉主持的西藏政府进一步削弱地方割据力量，"推行宗本流官制度"，使卫藏一些势力强大的大封建领主离开属地，居住拉萨担任官吏职务，从而集权于拉萨政府，削弱了封建割据的社会基础。

新中国成立前夕，西藏共147个宗以及相当于宗级的谿卡，作为地方行政管理机构，这些宗山作为地方政府的行政管理部门，大多依山傍水，位于交通要道和地势险要的山顶高处，建筑形式采用传统的易守难攻的堡垒形式。

三、宗山建筑的分布

宗山建筑在西藏历史上发挥过重要的作用，

但是随着藏族社会走向统一和稳定，宗山建筑逐渐走向衰落。20世纪现代军事武器的发展、科技的进步，使宗山建筑强大的防御功能逐渐削弱。1904年在反抗英国入侵的江孜战役中，暴露出宗山建筑在现代战争中的脆弱。新中国成立以来，特别是实行民主改革后，各个地方县级政权离开了地势险要的高山地区，迁移到了交通要道旁，各地方的宗山建筑被遗弃或改作他用。在"文化大革命"期间，部分宗山建筑被列为"四旧"而被拆除；也有的宗山建筑在新县城建设中被拆掉以利用材料建新建筑。这样，宗山建筑失去了原有功能，淡出了历史的舞台，变成了今天的各处宗山遗址。

目前藏区的宗山建筑主要集中在卫藏地区，保护比较好，建筑群清晰可见的宗山建筑只有江孜宗。另外在山南地区、日喀则地区、拉萨地区的一些宗山建筑由于地理位置偏僻等原因得以保存下来

较多的遗址，如尼木县、洛扎、措美、浪卡子等县的一些宗山建筑遗址。除此之外，在历史上西藏地方政府控制势力范围内，如在拉达克、不丹、尼泊尔、锡金地区也保留有部分宗山建筑的遗存。元明时期宗山建筑遗存可考有10处，到清代增至124处，但大多无法考证。目前可考遗址共有49处。西藏地域广阔，地势高拔，各个地方气候与地势存在着很大的差别。宗多设立于东南部雅鲁藏布江流域，那里受印度洋季风影响，气候较为适宜，土地平坦，水草丰美，人口较为繁密。因此，在今山南地区的宗山建筑数量最多，其次为日喀则地区、拉萨地区。而西藏西北地势高峻，气候酷寒干燥，雨水稀少，人迹罕至，因此今阿里地区的宗山建筑仅有日土宗和普兰宗等。现今西藏宗山遗址共有68处，其中拉萨地区10处，日喀则13处，山南地区35处，林芝地区5处，那曲地区1处，昌都地区2处，阿里地区2处（表5-1-1）。

西藏宗山建筑遗存调查表

表 5-1-1

序号	名称	建造时代	地址	文物级别及情况	现存状况
拉萨地区 10 处					
1-1	达孜宗遗址	明	拉萨市达孜县雪乡达孜村北约 300 米		遗址
1-2	查噶尔宗遗址	明	拉萨市达孜县德庆镇查嘎尔山山顶		遗址
1-3	林周宗遗址	明	拉萨市林周县甘丹曲果镇北		遗址
1-4	麻江宗遗址	清	拉萨市尼木县麻江乡驻地		遗址
1-5	甘丹宗遗址	清	拉萨市尼木县吞巴乡吞普村东 1 公里		遗址
1-6	曲水宗遗址	年代不详	拉萨市曲水县曲水镇雪村		遗址
1-7	当雄宗遗址		拉萨市当雄县，距县城 30 公里处		遗址
1-8	旁多宗遗址		拉萨市林周县旁多乡旁多村		遗址
1-9	东嘎宗遗址		拉萨市堆隆德庆县东嘎镇		少量墙基遗址
1-10	内邬宗遗址	元末明初	拉萨市	已毁	20 世纪拆毁
日喀则地区 13 处					
2-11	日喀则桑珠孜宗遗址	元	日喀则市区北 800 米		现已修复改建
2-12	江孜宗山遗址		日喀则地区江孜县江孜镇	国家	已复建

序号	名称	建造时代	地址	文物级别及情况	现存状况
2-13	协噶尔宗遗址	清	日喀则地区定日县协噶尔镇北侧	县级	遗址
2-14	拉孜宗遗址	元	日喀则地区拉孜县曲下镇南		20世纪60年代被拆毁
2-15	白朗宗遗址	明	日喀则地区白朗县嘎东镇白学村		帕竹时期的十三宗之一，20世纪60年代被毁
2-16	杜琼宗遗址	清	日喀则地区白朗县杜琼乡杜琼村		20世纪70年代被毁
2-17	仁布宗遗址	明	日喀则地区仁布县德吉林镇		20世纪60年代被毁
2-18	定结宗遗址	清	日喀则地区定结县定结乡定结村	区级	遗址
2-19	帕里宗遗址	明－清	日喀则地区亚东县帕里镇		1903年毁于抗英战火
2-20	昂仁宗遗址	不详	日喀则地区昂仁县县城东南的一座山头		遗址保存差
2-21	加克西宗遗址		日喀则地区江孜县加克西乡夏吾村北150米处的加玉山半山腰处	该遗址以往未著录或公布	遗址整体建筑以石砌构筑，现仅存残墙
2-22	拉吾宗遗址		喀则地区南木林县热当乡波多村东南约400米的白丹孜姆山顶部	该遗址以往未著录或公布	保存状况差，毁于1959年，遗址北、东、西三面墙体坍塌严重
2-23	卡卡宗遗址		日喀则地区江孜县卡堆乡务年村北侧约200米	该遗址以往未著录或公布	遗址保存差

山南地区 35 处

序号	名称	建造时代	地址	文物级别及情况	现存状况
3-24	白玛宗遗址	明	山南地区扎囊县阿扎乡驻地北		首任宗本为"白玛"（女）
3-25	三兄宗遗址	明	山南地区扎囊县吉汝乡德来林村西		传说该宗由三兄弟共同统辖而得名
3-26	朗赛宗遗址		山南地区扎囊县扎其乡赛岭村委会南约2.5公里		
3-27	加查宗	元	加查县加查镇象嘎村		帕木竹巴时期较为有名的宗建筑，是拉加里王管辖区域
3-28	桑日宗宗府遗址	元－清	山南地区桑日县桑日镇东侧		既是宗府也是家族庄园
3-29	卡达宗宗府遗址	明	山南地区桑日县白堆乡啦龙村东		遗址面积2800平方米
3-30	恰嘎宗宗府遗址	明－清	桑日县绒乡巴朗村委会东部400米		早期为恰嘎谿卡，明时更改为恰嘎宗
3-31	沃卡宗宗本宅邸	元	山南地区桑日县增期乡雪巴村		遗址
3-32	恰嘎宗宗本宅邸	清	山南地区桑日县绒乡巴朗村		恰嘎宗后任宗本府邸及办公之所
3-33	琼结宗宗府遗址	清	山南地区琼结县琼结镇雪村西侧青瓦达孜山上		遗址
3-34	宗孜遗址	元	山南地区曲松县曲松镇吉果村东		遗址面积约2000平方米
3-35	当巴宗宗府遗址	元	山南地区措美县乃西乡当巴村村委会西面		建于元代十三万户时期，取水道遗址仍存

序号	名称	建造时代	地址	文物级别及情况	现存状况
3-36	达玛宗遗址	元	山南地区措美县达		帕木竹巴政权时期在西藏修建的十三宗之一
3-37	切卡宗遗址		山南地区措美县措美镇玉美村西面 600 余米山坡		遗址
3-38	罗布琼宗遗址		山南地区错那县觉拉村村委会东罗布琼宗山坡上		遗址
3-39	博沃日宗遗址		山南地区错那县曲卓木乡曲卓木村西约 6 公里博沃日山上		遗址
3-40	洞嘎宗遗址		山南地区错那县曲卓木乡洞嘎村南		仅存墙基
3-41	多宗宗府遗址	明	山南地区洛扎县洛扎镇东南		石头城堡之意
3-42	杰顿孜宗宗府遗址	明	位于洛扎县边巴乡杰麦自然村西南约 3 公里处		现仅存石砌墙基
3-43	达玛宗遗址	清	山南地区洛扎县扎日乡		遗址
3-44	生格宗遗址	清	山南地区洛扎县生格乡仲村西约 1 公里		遗址
3-45	曲杰拉亚宗遗址	清	山南地区洛扎县日乡乃村北洛扎雄曲河北岸玛巴日山		
3-46	乃东宗遗址		山南地区乃东县泽当镇		遗址只有地基
3-47	贡嘎宗遗址	元	山南地区贡嘎县雪乡雪村		遗址较丰富
3-48	果宗遗址		山南地区贡嘎县东拉乡果曲村村委会南约 1 公里		
3-49	玉曲宗遗址		山南地区贡嘎县玉曲村村委会东南侧约 1000 米处山坡上		
3-50	赞多宗遗址		贡嘎县江塘镇娘索村西 150 米宗娘山		
3-51	杰德秀宗遗址		贡嘎县杰德秀镇杰德秀居委会驻地南侧山坡上		
3-52	浪卡子宗遗址	元	山南地区浪卡子县浪卡子镇		遗址有石砌墙，历史丰富
3-53	卡热宗		山南地区浪卡子县卡热乡乡政府西侧山上	该遗址以往未著录或公布	遗址规模较大，毁坏严重
3-54	门嘎宗遗址	元	浪卡子县阿扎乡念巴村宗日山（浪卡子宗的前身）		
3-55	林宗遗址		浪卡子县达隆镇岭村村委会以北		
3-56	德斯林宗遗址		浪卡子县多却乡柔扎村北		
3-57	城真宗遗址		浪卡子县浪卡子镇城真村		
3-58	夏布宗遗址		浪卡子县卡龙乡学庆村北 2 公里		
林芝地区 5 处					
4-59	则拉岗宗宗府遗址	清	林芝地区林芝县布久乡则拉岗村		遗址

序号	名称	建造时代	地址	文物级别及情况	现存状况
4-60	德木宗宗府遗址	清	林芝地区林芝县米瑞乡德木村北		遗址
4-61	觉木宗宗府遗址	清	林芝地区林芝县八一镇足木村西		遗址
4-62	太昭故城遗址	清	林芝地区工布江达县江达乡驻地	县级	清末设太昭宗，遗址
4-63	洞嘎宗宗府旧址	民国	林芝地区朗县洞嘎镇西 150 米		20 世纪六七十年代拆除
那曲地区 1 处					
5-64	琼宗遗址	吐蕃部落时期	那曲地区尼玛县文部乡二村东 10 公里		遗址
昌都地区 2 处					
6-65	森格宗宗府遗址	元	昌都地区昌都县卡诺镇生格村南		遗址
6-66	洛隆宗宗府遗址	清	昌都地区洛隆县康沙镇东 150 米		遗址
阿里地区 2 处					
7-67	日土宗宗府遗址	元	阿里地区日土乡政府所在地		遗址
7-68	普兰宗遗址		阿里地区普兰县夏格巴林(普兰达喀城堡)		遗址

注：本表依据《中国文物地图集》(国家文物局主编，西藏自治区分册，2010 年)、《西藏文物志》以及山南文物局及日喀则文物局提供资料，辅以调查制作。

第二节　布局与功能

一、宗山建筑的选址

宗山建筑是封建领主经济的产物，因此为保卫其封土，宗山建筑大多在傍依山腹、形势险要之地建址，其建造地理位置大约有以下三种。一是在要道旁，占据大山山头，面向河谷盆地，大多数宗山的选址以此为特征，如江孜宗、日喀则、多宗、拉孜宗（图5-2-1、图5-2-2）等宗山；其次位于河谷地区的宗山，依山面水，占据山势不太高的小山，以控制山脚的交通要道，如达孜、曲水（图5-2-3）、贡嘎、恰嘎、沃卡、浪卡子（图5-2-4）宗山；第三种是牧区平原上的宗山，在草原上建造，如拉萨地区的当雄宗。

二、宗山建筑的布局

宗山建筑群在布局上通常由三部分组成，位

图5-2-1　占据要道大山山头，面对河谷的拉孜宗

于山上的行政建筑、宗教性建筑，以及山下的民居建筑。如山南贡嘎县的贡噶宗，山体上的行政建筑，邻近山头上的谢珠林寺和山下的居民区共同组成了宗山建筑群（图5-2-5）。达孜县雪乡达孜村的达孜宗，位于海拔约3800米的山上，遗址面对拉萨河，依山而建。寺院在邻近的山头，民居

图5-2-2 占据要道大山山头，面对河谷的多宗

图5-2-3 地势较低，控制山脚要道的曲水宗

图5-2-4 控制山脚的交通要道的浪卡子宗

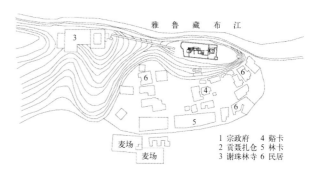

雅鲁藏布江

1 宗政府　4 豁卡
2 贡嘎扎仓　5 林卡
3 谢珠林寺　6 民居

图5-2-5 贡嘎宗宗山、寺院、民居布置示意图

拉 萨 河

1 宗政府
2 佛殿
3 拉章
4 民居

公 路

图5-2-6 达孜宗宗山、寺院、民居布置示意图

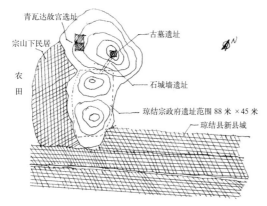

青瓦达孜故宫遗址

宗山下民居

农田

古墓遗址

石城墙遗址

琼结宗政府遗址范围 88 米 × 45 米

琼结县新县城

图5-2-7 琼结宗宗山、寺院、民居布置示意图

在山下河谷平原展开（图5-2-6）。山南琼结县琼结宗是由行政建筑、居民区和寺院三部分组成，宗山建筑位于山脉东端向南突出的半岛形山体，相对低矮的山顶上建有一组5层高的大堡垒，北面偏东缓坡上是日乌德钦寺，中间有碉楼群沿山脊分布（图5-2-7），宗山西面的广阔平地即居民区。日喀则地区江孜宗同样由行政建筑、白居寺、民居组成（图5-2-8）。

宗教性建筑一般为山上建筑内所包含的宗教建筑。在甘丹颇章政权之后，因为实行了一僧一俗的官僚体系，宗本多由僧官和俗官共同担任。宗山主体建筑中会设有僧官所使用的空间。如定结宗山主体建筑分为前后两院，僧俗功能分区清晰，前院为世俗生活区域，为俗官办公区；后院为僧官用房，佛殿也置于二层的后部。此外，在宗山建筑的周围，一般会设立一个或多个寺院，供所辖属民参拜。这些寺院有时设在宗山建筑附近的另一山头，

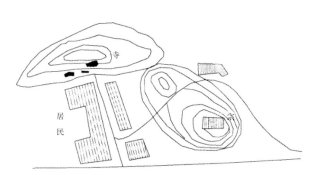

图5-2-8 江孜宗宗山、寺院、民居布置示意图

图5-2-9 达孜宗宗山下民居群中的宗本宅

图5-2-10 贡嘎宗宗山下民居群中的宗本宅

与宗山遥遥相对，其间有防卫墙和道路相连，可以互为奥援。有的寺院设在居民区内，或在宗山下的半山上。有的宗隶属于附近的大寺院。如当雄宗隶属于色拉寺，色拉寺定期选派喇嘛任宗本进行管理；还有些地方辖地过小或者属民不多，没有必要单独设置宗政府办公场所，就将宗政府和寺院合二为一，寺院就是宗政府所在。

宗山附属的居民区通常在宗山的面前或围绕宗山布置，视居民区的大小或当地地形、道路情形而定。藏语称居民区为"雪"，意为"下面"。较大宗的居民区内，除一般平民住宅、晒场、林卡、贵族庄园之外，还有寺院、茶馆等公共建筑，有的宗本府邸位于山下的居民村中，便于收税、管理，达孜宗的宗本府邸即驻于宗山下的民居群中（图5-2-9），贡嘎宗的宗本府邸也位于下面的雪村中（图5-2-10）。个别"雪"的周围还有城墙、壕沟等防御设施，宗山上有道路与山下居民区之间的道路相连，居民区与境外道路相通。主要道路旁一般有沟渠，有的道旁渠边还栽有树木。遇有战事，居民即上山进入宗山建筑内防守。

西藏宗山建筑布局自由，各宗山的上山入口似乎都不明显，大多没有像汉地宫殿或衙署那样有明确的轴线布局并按规整的轴线发展对称布局，建筑自由地随山就势发展，如同在山顶上自由生长出来一样。这种自由的布局一方面是由于依山而建的宗山建筑往往沿山体发展空间，受自然地形影响大；

其次是由于宗山多数是经过数十年，甚至数百年不断发展、扩建而成，才形成最后的面貌，而不是经过精心规划设计而成。如江孜宗最初建筑实体因地制宜，随山就势，其折布岗部据说建于1950年，是江孜宗宗山中最年轻的部分。法王殿堂部与它北侧相邻的司伦部分是江孜宗宗山上现存最古老的建筑，其历史可以追溯到公元964年。可见其建筑绵延数百年依次修建（图5-2-11）。

三、宗山建筑的功能

宗是西藏地方政权下的一级管理机构，因此其建筑群首先具有的是行政功能。清代以来，西藏宗山主要作为县一级行政机构，其主要职能不仅是管理其所属的庄园，发挥着上传下达、收税执法的地方政府作用，也深入藏族平民的生活中，在藏区各

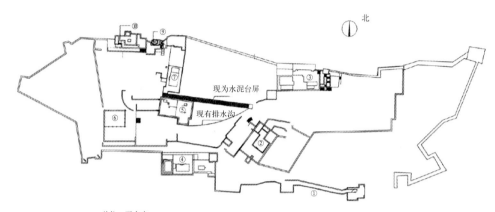

现为水泥台屏

现有排水沟

名称一览表：   单位：平方米

编号	位置名称	面积	编号	位置名称	面积
①	正门	146.8	⑥	西宗	208.6
②	折布岗	1165.19	⑦	苹八井	744.5
③	东皇	1649	⑧	尼玛拉康	380.63
④	狮子悬及法王殿	1300.3	⑨	神女塔	25.94
⑤	司伦	805.62	⑩	孜态	675.53

图5-2-11　西藏江孜宗现状总平面图（图片来源：西藏自治区文物局）

地发挥着重要的作用。因此，在宗山建筑群中，各种政府职能体现在它的功能中，如下辖15个豁卡的琼结宗宗政府主要分为永新康、康尼、宗府和监狱四部分，收税、执法、宗教活动、审判都包括在其中。宗府楼等中心建筑群是宗山建筑重要的组成部分。宗本及其下属官员、士兵、奴隶等都住在宗山建筑中，宗山主体建筑不仅包括居住用房，也包括各种行政功能的用房，用于办公、收税、存放档案，或用作库房和仓库、马厩等。

　　宗山也具有重要的宗教功能，是地区的宗教中心（图5-2-12）。宗山最早即是地方首领和宗教首领的职能结合的行政组织，宗山通过其宗教职能教化民众、管理地方。一些宗山内部设有僧、俗两位宗本，江孜宗也同样如此，东西两座建筑分为僧官、俗官分别使用。在宗山建筑内一般会设有经堂、神殿等寺院功能用房，供僧宗本拜佛修行。如江孜宗山，在僧宗本住房的前方设立了一个经堂，在经堂前面，还设有法王殿。日喀则的桑珠孜宗也设有经堂和佛堂。这些佛教建筑一般装饰华丽，在墙壁、梁柱上绘有精美的壁画，并悬挂着珍贵的唐卡，表示对佛的尊敬和虔诚之心。

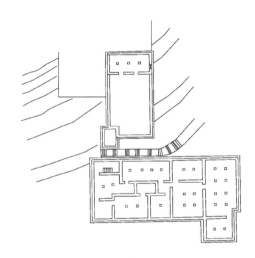

图5-2-12　江孜宗法王殿三层平面（图片来源：西藏自治区文物局）

　　宗山建筑群本身也体现了防御的功能。宗山建筑众多，城垣重叠，明碉暗堡遍布，暗道纵横，形成了一个严密的防御系统。在建筑之间，有着很多相互穿插的通道。这些通道往往非常狭窄，有的地方仅容一人通过，可谓一夫当关，万夫莫开。江孜宗主体建筑依山而建，通道多为连接高低不一的建筑，所以很多通道迂回曲折、非常陡峻。有的地方的通道坡度甚至超过600米长。这在很大程度上加强了宗山的防御功能，不熟悉地形的外来人往往会身陷其中，不知所措。

宗山建筑也作为监狱收押罪犯及押解拉萨途经此地的重犯，此外由于宗山的防御性，在重大战争中，宗山建筑自然承担了保卫地方、指挥作战的作用，清至民国以来，宗政府在附近兴建学校，使宗山也成为地方教育中心，如1905年清朝政府曾在当雄宗政府设立学校。

第三节　类型与特征

一、宗山建筑的规模

不同的宗山建筑在规模上有所区别。"宗"在行政上有不同的等级，清代把"宗"分为一、二、三等，而在建筑规模上，宗山建筑与它所在的行政等级相符，符合官署建筑的基本特征。如山南地区23个宗，噶厦政府把它们分为三个等级。一等宗6个，由五品官任宗本，它们是乃东宗、琼结宗、错那宗、多宗、贡嘎宗、宗孜宗。二等宗、12个，由六品官任宗本（包括溪堆），它们是问溪、桑叶宗、达玛宗、森格宗、拉康溪、哲古溪、古郎宗、加查宗、金东溪、扎且溪、兑溪、卫嘎宗。三等宗溪5个，由七品官任宗本。它们是拉索溪、扎朗溪、桑日溪、郎宗、拉加里。从现存宗山遗址看，其中一等宗乃东宗、琼结宗、多宗、贡嘎宗、宗孜宗的遗址面积均超过了2000平方米；而现存的二等宗达玛宗及三等宗桑日宗的遗址面积只有1000多平方米，且遗址中建筑规模与建筑组群数量明显不如一等宗，目前大多数三等宗与二等宗已不见踪迹。

桑日宗山建筑面积不大，宗政府主体建筑面向西南，形如碉堡，墙壁有石砌和夯土两种。其背面右侧为厚度1.5米的夯土墙，墙上设有外小内大的三角形瞭望孔，这也是用于射箭的窗口。正面和左侧为0.7米宽的石墙，背面建有一个环形碉堡，碉堡入口在宗政府主体建筑的二层，这个碉堡用于阻击从宗政府背后袭击的敌人。桑日宗所在的这座山上有三条山脊，这三条山脊由下向上到宗政府建

图5-3-1　桑日宗现状

图5-3-2　桑日宗主建筑

筑处合聚，每条山脊最宽不到10米，高在3～5米左右。山脊间的最宽距离不到100米，最窄只有10米左右（图5-3-1），而且两边的山脊之外就是悬崖，形成了天然的坚固城墙。在这三条山脊上，每隔10～15米就建有一个岗哨或防道，使得桑日宗森严壁垒，大有一夫当关，万夫莫开之势（图5-3-2）。

二、宗山建筑组群的类型

宗山建筑的平面组合在不同地区有所差异，一些宗山依据山头上天然平台，形成不规则的地形，如贡嘎宗（图5-3-3）。有一些宗山建筑，则以前后左右对称的藏式平顶碉楼形成合院形平面。以建于17世纪末的西藏定结宗为例，该宗山建筑就是典型的围合合院型平面组群，它修建于定结平原中的小石头山上，主体建筑坐北朝南，平面呈"回"字形，南北长42米，东西宽26米，高2层，分前后两院，功能分区明确（图5-3-4）。另外位于林芝地区林芝县布久乡则拉岗村的则拉岗宗，宗政府为28

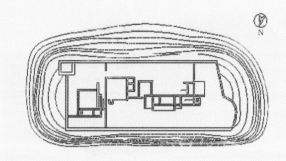

图5-3-3 贡嘎县贡噶宗遗址平面

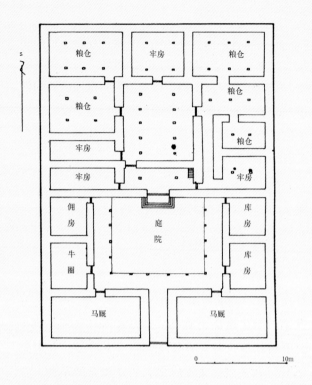

图5-3-4 定结宗平面图

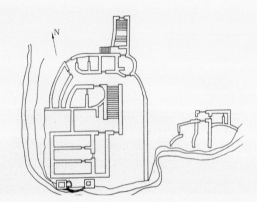

图5-3-5 洛扎县杰顿孜宗平面图（图片来源：《文物地图志》）

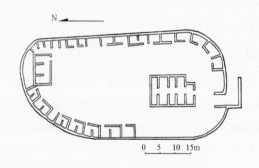

图5-3-6 洛扎县达玛宗遗址平面（图片来源：《文物地图志》）

柱的两层藏式碉楼，前后左右对称排列，也呈"四合院"式，同样林芝地区的德木宗，平面布局也为合院加院落型。

　　而在山南地区，接近不丹的洛扎等县的宗山建筑则在平面布局上表现出强烈的防御性。碉房坐落在中间，围墙呈椭圆形，四周有碉楼群的保护，如位于西藏山南地区洛扎县拉康镇的杰顿孜宗遗址，东、南、西三面为悬崖陡坡，现存环形防护墙、宗府楼、碉楼等建筑遗址。原建筑群平面略呈椭圆形，将宗府楼围在中间，周围依山建有各种形状的碉楼20余座，现皆仅存石砌碉楼（图5-3-5）。

　　位于山南地区的洛扎县达玛宗扼守在西藏腹地与不丹王国交通要道，也是建于明代，遗址的平面布局和杰顿孜宗一样，宗政府建筑以碉楼为中心，四周建有仓库、兵营、监狱等设施，将碉楼围合在中间（图5-3-6）。洛扎县的多宗宗府遗址，遗址面积约4000平方米，现存山顶边缘的石砌防护墙残段、碉楼、宗府楼等遗迹。宗府楼原高5层，由周围墙体及碉楼围合在中间。当巴宗遗址位于山南地区措美县乃西乡当巴村政府所在地北侧500米处，当巴宗约建于13世纪，主体建筑位于山腰，是扼守在西藏腹地与不丹王国交通要道上的一座重要堡垒。宗政府建筑以碉楼为中心，中心碉楼高3层，平面正方形，四面设有箭孔，外观为5层，残高13米，四周建有仓库、兵营、监狱等设施，成环形围绕中心碉楼。宗政府周围还建有一道高1.2米、宽1米的护城河（图5-3-7）。

图5-3-7 措美县当巴宗遗址平面图（图片来源：《文物地图志》）

图5-3-8 与山融为一体的恰嘎宗远景

三、宗山建筑的特征

（一）宗山建筑的外形特征

宗山建筑通常占据险要地形和交通要道，外形颇有特色，巨大的高楼、收分陡峻的墙体，碉堡在山顶上形成庞大的城堡群。奴隶制度下，管理人民的政府机关是高高在上的，宗山建筑建在山顶，用巨大的体量，围以碉堡城墙，体现出权力与威严。建在山地上的石墙收分很大，建筑呈向上收分的棱锥体，视觉上更为稳定，且有沉重感。这些稳定结构的构筑物，从色彩到体量都与山体融为一体，仿佛是山体的延续，给人以力量感与权威感（图5-3-8）。宗山建筑一般占据了整个山头，建筑一侧为陡峭的悬崖，犹如刀削斧凿一般。在另外几面，也都是陡峭的山坡，很难攀爬（图5-3-9）。

图5-3-9 立于陡壁的杰顿孜宗

在宗山建筑建设中，宗山建筑大多沿山体等高线开辟出平地建房，主体建筑群沿等高线蜿蜒而行。有的是垂直于等高线建房，在坡地上根据地势高下，平整出一层层台阶般的平地，再在这些逐层抬升的台地上建房。每层台阶的高差被充分利用起来，一个台阶的高差一般是一层建筑的高度，进深视坡度而定。因此外观常呈现出顺山崖而延伸的陡峻高大的石墙墙体，实际内部功能，一二层为逼仄空间的储藏或防卫用房，而上层空间则逐渐扩大（图5-3-10）。

（二）宗山建筑的构造特点

宗山的防御系统由几个部分组成，天然险要地势及围墙、碉楼群、建筑的防守、暗道等使宗山易

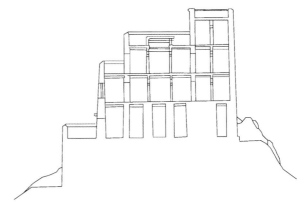

图5-3-10 江孜宗山依山体开辟空间

守难攻，在冷兵器时代成为割据一方的堡垒。如江孜宗在四周都建立了围墙，墙基多设在悬崖边上。墙体全部由石块砌成，厚约1米。围墙高度随着山体的高低起伏和地势险要与否而变化，在非常险要的地方不设置围墙。墙体主要是直接建立在山壁

上，往往和山形成一体。在相对平缓的地段加高围墙，连同基础部分往往达到数十米高。有些地方甚至建立了两道围墙。围墙中间每隔一段就建立一个小碉楼，增强了宗山的防御性。所以要想通过非正常的途径进入宗山，几乎是不可能的。

宗山建筑常常在围墙四角或面临交通要道处修建碉楼，碉楼会依据不同情况修建圆碉、四角碉等。如山南洛扎县的多宗南部碉楼为圆形。碉楼开窗外小内大，呈三角形，底部不开窗。为防御需要，会在地下一层上部布置不起眼的枪洞防御上山的通道，试图对自身的防御做到尽善尽美，万无一失（图5-3-11）。

因为宗山建筑由小邦堡寨发展而来，本身就是一个个小部落社会，是一个相对独立的整体，西藏统一后，宗山就更加形成了一个完整严密的体系。如江孜宗包括了生活体系、佛教体系、管理体系、防御体系，以及各个体系的附属建筑。宗山上的宗本住房和围绕在山下民居构成了生活体系。佛堂和经堂是宗山建筑的重要组成部分，有些宗山上还建有佛塔，这些建筑构成了宗山建筑的宗教体系。议事厅是宗政府官员议事的地方，差税厅是宗政府收受差税的地方。这两个部门及其附属机构构成了宗山管理体系的主要部分。宗山上的碉楼和炮台等设施构成了宗山防御体系，加上仓库、羊圈、马厩等附属设施，形成了完整的宗山建筑系统。

（三）宗山建筑的砌筑方式

1. 墙体

宗山建筑的墙体砌筑材料一般分为土、石两种，砌筑方式有石墙、土墙、土石结合墙体。现有宗山建筑遗址主体承重墙大多采用石块砌筑，也有土质墙体。石墙大多外形砌筑平整，砌筑石材多为本土材料，石块大小不一、形状各异，砌筑时先砌好一层块石，上面再铺砌一层石片找平，块石之间会用片石或泥浆进行稳定，传统匠人根据经验和技艺在砌筑时对墙体进行精确的收分，砌筑每层石块时稍后退，砌筑墙体时预留门窗洞口，洞口上用木过梁。这样形成的墙体不仅坚固稳定，富有韵律的石块肌理也起到了很好的装饰作用（图5-3-12）。

有一些宗山承重墙材料为土墙，土墙有土坯墙和夯土墙两种做法。其中夯土墙多出现在年代较早的宗山，如沃卡宗山和拉孜宗部分墙体，沃卡宗遗址中山顶部分土墙都是典型的夯土墙，其以黏土为主要材料，将细木碎石夹杂其中，增强墙体的强度。这类墙体多风化严重，仅遗留墙基部分。在恰嘎宗中出现了土坯墙，用在木模中成型风干的土坯加泥浆层砌筑，这种墙体疑为后世加筑（图5-3-13）。

此处还有土石混合型的墙体，墙体先用一层黏土夯实，再在黏土上面铺一层薄石块或碎石，然后再在上面铺设一层夯实的黏土块。这样交叉重叠上去，其作用是能在墙体干燥过程中避免出现裂缝。

图5-3-11　洛扎县多宗南部的碉楼

图5-3-12　石砌墙体具有一定的装饰作用

因此这类墙体强度会大于黏土墙。此外还有许多墙体为了节省材料，采用墙基用石材砌筑，墙身用夯土或土坯（图5-3-14）。

许多宗山墙体出现了多种砌筑方法，如沃卡宗，陡坡上主体建筑及防御碉楼建筑的墙体多用石材砌筑，而山顶上建筑遗址则为黏土砌筑，恰嘎宗的建筑群遗址中则出现了多种砌筑方式的墙体，石墙、下石上土墙，黏土墙及土坯墙，说明宗山建筑多为不同年代不断加筑改建的，所以会采用不同的建构技术（图5-3-15、图5-3-16）。

2.结构

宗山建筑的主体建筑常有地垄层，遗址中常常可见。作为依山建筑，地垄墙作为建筑物基础和抬高整体建筑的主要措施，可以节约大量人力物力，并起到挡土墙的作用，增加建筑稳定性。地垄墙依据建筑所依山地坡度控制规模，一般为竖向砌筑，与外墙横向连接，如果地垄进深较长，也会设横向连接墙。地垄墙室内空间狭小，一般不能住人，为2米左右的长方形平面，有时会开小窗通风采光。建于14世纪的多宗现遗址底层为多间矩形地垄式库房，隔墙厚50厘米（图5-3-17）。该宗曾为西藏地方政府流放犯人的地方。依山而

图5-3-13 恰嘎宗中的石墙

图5-3-14 恰嘎宗的土坯墙

图5-3-15 恰嘎宗中土石结合墙体

图5-3-16 恰嘎宗中的夯土墙

图5-3-17　多宗内部的地垅墙遗址

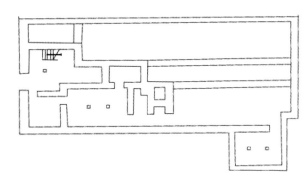

图5-3-18　江孜宗法王殿一层平面为地垅墙

建的江孜宗建筑底层也多为墙厚50～60厘米的地垅层（图5-3-18）。

　　在恰嘎宗主体建筑的地垅房中，向外开小窗的房间正对上山通道，所以这些房间有时会承担宗山对外防御功能（图5-3-19、图5-3-20）。建筑遗址中建筑内隔墙，如果没有结构受力的要求，一般采用夯土或土坯墙，墙体中间有木柱，墙体与外墙相比，收分较小。

　　3．屋顶

　　宗山建筑遗址中留下的屋顶多为平顶屋面，屋面制作较为考究，从材料肌理上看分三层。第一层是承重层，在椽上密铺厚8厘米左右的条木，上面再铺一层木板，再上铺厚10厘米左右的卵石或碎石，作用是通风透气，不致使承重层的木料糟朽，在卵石层上铺约10厘米的黏土垫层，找平后

图5-3-19　恰嘎宗中向外开窗的地垅层

夯筑，最后一层是阿嘎土层，一般为15厘米，在宗山建筑中常出现两层阿嘎土层，以排降雨水（图5-3-21）。

图5-3-20　地垅房对外的防御窗口

图5-3-21　恰嘎宗遗址中的屋顶

第四节　实例与遗存

一、当雄宗山建筑遗址

当雄宗位于拉萨的正北面约200公里处当雄县公塘乡冲嘎村附近，与其他宗不一样，当雄宗不是建立在山顶或者山腰之上，而是位于两山之间河谷地带的草原上，当雄宗就在草原边上的山脚下（图5-4-1）。它的属地以畜牧业为主。传说蒙古固始汗进藏时，带来500多蒙古族人（其中也有其他民族），五世达赖让他们选择住地，结果他们挑中适于发展畜牧业的当雄留下定居。清朝统治当雄时，称之为蒙古八旗，直辖于驻藏大臣。民国后归属色拉寺，色拉寺扎仓定期委派宗本管理当雄宗。从事畜牧业的当地民众流动性比较强，早期较少固定的居住场所，因此宗山附近没有多少建筑，多是郁郁葱葱的草原。反而是离宗山建筑不远的康玛寺庙周围聚集了不少民居，也许是近代以来当雄成为色拉寺所属的宗山，其周围寺庙的宗教力量取代了代表行政力量的当雄宗，使其影响力不是很大，可能像桑日宗一样，仅起到驿站的作用。

当雄宗山建筑相对简单，面朝西北，现损坏严重，仅剩下残垣断壁，但尚可看出基本布局。平面呈长方形，四合院形式。入口位于西北面，进门为一院子。院子南边有两个开间，疑似经堂及客厅。右侧应为卧室，左侧两间，应为储存及下人住房。大门两侧是狭长空间，应为牲畜用房。墙体用泥土和杂碎石夯筑，残墙高约2米，厚约0.8米（图5-4-2）。

二、桑珠孜宗山建筑遗址

该宗山建筑在日喀则市市区北800米日光山，海拔约4000米。建于元代。14世纪初，西藏帕木竹巴地方政权，建十三大宗，其中在日喀则地方设"谿卡桑珠孜宗"，简称"谿卡孜"（即汉译日喀则）。日喀则宗实为"基宗"（约相当现今"地区"），下辖六宗。由于日喀则在当时的重要地位和

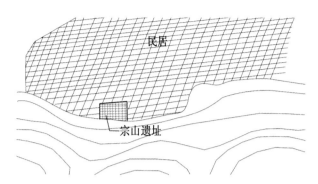

图5-4-1　当雄宗地形示意图

图5-4-2　当雄宗遗址（图片来源：王斌，《西藏宗山建筑初探》，2006年，南京工业大学硕士论文，64页）

绛曲坚赞的直接过问，桑珠孜宗堡在尺度规模、形制等级和精美完善程度上均高于同期建造的其他宗堡。宗山遗址范围约5000平方米，现存早期建筑部分墙基遗迹。原宗府建筑为块石砌筑，从北向南，为4层平顶宫殿式，总高120余米，东西向展开面长达230米，宗堡主体部分建筑面积约有490立柱，约折合为5880平方米（以每立柱平均约12平方米计），原有前、东、西三座堡门，正中是外观5层楼的红宫，其中第一层用土填充，内部实际有4层楼。底层原有库房、监狱、粮仓及马圈牛房；二层为宗府办事机构、宗府卫队、司法机关等用房；第三层设有佛殿、经堂等；第四层曾用作五世达赖的起居室，西侧为经堂。文献记载和历史图像均显示，桑珠孜宗堡与布达拉宫在形制和气势上非常类似，都是中央红宫、两侧白宫的形态构成，二者中部皆略高于两侧，就连西端的圆堡都很相似，只是在规模、体量和细部上有所区别而已。

桑珠孜宗堡曾是西藏最早一批宗山建筑中的佼

图5-4-3　日喀则桑珠孜宗堡20世纪50年代老照片（图片来源：日喀则地区文物局）

佼者，作为元代全藏的政治中枢、明清以来西藏的第二大城市和后藏的中心，桑珠孜宗堡是当地藏民心中的圣地和日喀则老城天际线的制高点（图5-4-3）。这座西藏显要的历史建筑在"文革"时期破坏严重。2004年初，上海市作为援藏对口城市，将桑珠孜宗堡复原工程纳入了援藏投资重点项目，并委托同济大学负责前期研究及工程设计工作。工程完成后，桑珠孜宗山建筑将成为一座文化中心。

三、江孜宗山建筑遗址

江孜宗位于日喀则地区江孜县城，过去这里曾经是古代苏毗部落的都城。江孜地处萨迦、后藏经亚东通往锡金、不丹的路上，而且地沃物丰，因此成为商旅往来的交通要道，并逐渐发展成为沟通前后藏的重要通衢，成为西藏的一大重镇。吐蕃王朝覆灭后，赞普后裔法王白阔赞占领江孜，白阔赞见江孜地形奇特：东坡恰似羊驮着米，南坡状如狮子腾空，西坡铺着洁白绸幔一样的年楚河，北坡像是霍尔儿童敬礼的模样。他认为江孜具有吉祥之兆，于是在江孜建王宫。14世纪萨迦王朝的郎钦帕白在宗山上重建宫殿，宫殿建成后称为"杰卡尔孜"。藏语中"杰"是王的意思，"卡尔"是宫堡的意思，"孜"是殊胜的意思。"杰卡尔孜"简称杰孜，后逐渐演变为江孜并以此命名古城（图5-4-4）。

江孜宗位于山头上，地势险要。站在宗山上，

图5-4-4　江孜宗山正立面

年楚河平原一览无遗，宗堡当之无愧地承担着江孜守护者的角色。山的表面为坚硬的水晶岩，建筑的根基非常稳固。江孜宗建筑占据了整个山头，民居和寺庙围绕宗山分散布置。宗山西侧是一片陡峭的悬崖，犹如刀削斧凿一般。在另外几面，也都是陡峭的山坡，很难攀爬（图5-4-5）。江孜宗在四周都建立了围墙，墙基多设在悬崖边上。墙体全部由石块砌成，厚约1米。围墙高度随着山体的高低起伏和地势陡峻与否而变化，在非常险要的地方不设置围墙。墙体主要是直接建在山壁上，往往和山形成一体。在相对平缓的地段加高围墙，连同基础部分往往达到5米高。有些地方甚至建立了两道围墙。围墙中间每隔一段就建立一个小碉楼，增强了宗山的防御性，所以，要想通过非正常的途径进入宗山，几乎是不可能的。

图5-4-5 从林卡看江孜宗

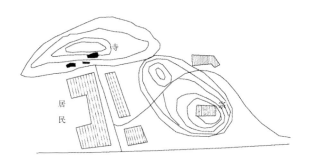

图5-4-6 江孜宗山、民居、寺庙示意图

江孜宗分为三个部分（图5-4-6），其中居住用房是宗山建筑重要的组成部分，包括东宗是江孜俗官宗本的居住用房。西宗则是江孜僧官宗本的住房。东宗位于宗山建筑群的东北部，现保存基本完好。东宗坐北朝南，共三层，建筑面积为1649平方米。一层作为整个建筑的基础，沿着山壁砌出。

江孜宗山上的宗教建筑：经堂、法王殿、神女塔使宗山有很浓的宗教氛围，江孜宗山经堂位于僧官宗本东边，是僧官宗本平时诵经拜佛的场所，共3层。

宗政府的主要职能是收受差税和处理纠纷。江孜宗山上的折布岗是当时宗政府的议事厅。宗本和其他宗政府官员就在这里讨论事务。折布岗的主体建筑贴着山体所建，在山体里面，挖掘有一组地下空间，这些空间面积不大，相互连通。宗政府把这里作为监狱，犯人就被关在这样的地牢里，过着不见天日的生活。

宗山建筑上无处不体现着宗山建筑防御的意义。江孜宗山整个建筑群的最西边，也就是面对进入江孜城的入口方向，设置有两座炮台，并且还设有几道壕沟作战时之用。孜杰建于967年，是江孜宗山上最古老的建筑，也是位置最高的建筑。从建筑形式上来看，孜杰以前最大的功能就是防卫，像一个瞭望所一样可以轻易观察到宗山四周的情况，以便随时应对恶意的入侵。

1904年，江孜的军民依据宗山的险要地形和防御工程设施，利用最简陋的火枪土炮和大刀弓箭，和当时世界上最强大的英国侵略军队展开了殊死的搏斗，英军利用当时最先进的大炮轰炸了3个月，才将宗山一角炸开。西藏勇士们弹尽粮绝，跳崖殉国。英军这才进入通往拉萨的道路。这场战斗充分体现出宗山的军事意义和防御价值。

四、琼结宗山建筑遗址

琼结宗建在现山南地区琼结县琼结镇雪村西侧青瓦达孜山上，海拔3800米。始建于明代，地处怎巴雄曲河西岸，海拔3800米，遗址面积约1600平方米，现存石砌墙基数段及与之相连的城堡遗址，皆由块石砌筑。琼结宗府建于西藏地方帕木竹巴政权时期（明代），由当时琼结王桑旺多吉次丹朗杰主持兴建，清末为"山南基巧"的"六宗"之一，原建筑主要有雍兴康、康尼、宗府、宗监狱和城堡等单元（图5-4-7）。

图5-4-7 琼结宗山城堡（1959年拍摄）（图片来源：陈耀东，《中国藏族建筑》，中国建筑工业出版社，2007年，65页）

琼结宗的修建时间，根据原宗办事人员回忆，始建是在一世达赖时期（明代），具体时间早于日乌德钦寺，修建人为当时琼结王桑旺多吉次旦朗杰。到1911年十三世达赖时期，宗数增多，宗范围缩小，山南共设宗23个（包括相当于宗一级政权的谿卡），琼结宗为当时一等六大宗之一，其余分别为12个二等宗和5个三等宗。

琼结宗山建筑是由行政建筑、居民区和寺院三部分组成，广阔的平原中山脉呈东西向走向，山脉东端有一小山脉向南突出，形如一半岛伸入平地，在南端山顶上建有一组5层高的大堡垒，在其北面高处的山脊上，前后又建有两座较小的碉堡。从最北面的碉堡经中间碉堡到南端的大堡垒之间，建高大的城墙及天桥，使三组建筑前后相连，形成一组能前后互相依托、照应的防御性建筑（图5-4-8）。琼结宗政府即设在最南端的大堡垒中。宗山建筑主要分为永新康、康尼、宗府和监狱四处。新中国成立以前，琼结宗设宗本二人，未分正副职，他们的职权范围是：（1）承上达下，传达噶厦政府公文指令；（2）收派差税；（3）处理案件、调查纠纷。在宗本全权负责下，设若干办事人员，一个是内务方面有列仲、康涅、盖巴6人、主要管理宗政府机关的文书、财产和执行衙役、执罚等任务。这些人员有的住在宗山，有的不定期驻扎宗山。宗山西面的广阔平地即居民区。居民区内有纵横道路，南面可至雅砻河边，过桥即通向藏王墓区；北面偏东缓坡上是寺院，日乌德钦寺。宗山建筑和寺庙毁于20世纪70年代。被访问者称，该宗山是在14世纪中期帕木竹巴势力强大、与萨迦关系紧张时而修筑的。另告知过去在宗山堡垒内有一条暗道通向南面山脚下的一户人家可下山取水送信。

图5-4-8　琼结宗遗址今只剩下北部碉楼和围墙

图5-4-9 贡嘎宗山与寺庙相对

图5-4-10 贡嘎宗山远景

五、贡嘎宗山建筑遗址

贡嘎宗位于山南地区贡嘎县雪乡，宗山建筑遗址在东西走向的推巴日山山脊上一字排开，建筑群东、南、北三面为陡坡，北侧下方山脚边有101省道，南面下方村庄，沿江一面是峭壁悬崖，遗址所在山脊的西面为协竹林寺，两者之间曾有道路及防护墙相连而成一整体，可在此控制山下的道路及江面（图5-4-9）。宗山始建于帕竹政权时期，属于绛曲坚赞建立的十三大宗之一。宗山海拔3643米，矗立在雅鲁藏布江边，居高临下，扼守要道，鸟瞰周边，一览无遗，可见宗山的防御性功能以及其选址的准确性。

贡嘎宗据说曾经在四周建有坚实的围墙，四面各有大门，是很有规划性的、防御性强的一座宗，现仅有残垣断壁。整个遗址的东西长110米，南北宽47米。遗址由三组建筑组成。遗址西侧的建筑应为宗府，坐北朝南，从北面的残墙上取出的椽子木的痕迹来断定，原址应为3层，现仅存一层的残墙，残墙高约4.68米。东侧有两组建筑遗址，已成了废墟，仅有残垣断壁，内部的格局凌乱，无法辨认清楚。在遗址的南面也保留着一段护墙，墙面相当规整，最为东端的残墙高约8米。宗堡部分墙体上分布着三角形内小外大的窗口，对着悬崖下的江面（图5-4-10）。

我们在调查中得知，山脚下20年前仍存有墙基将宗山与居民区分隔开。平民不得随意进入宗山范围，在宗山碉房与寺庙间的空地上旧有刑场，寺庙和宗山联系紧密，寺庙有暗道通河边取水，以防被围时受困。在宗政府及寺院的南面平地上是大片居民区，围绕着山曾经是贡嘎县旧县城，20世纪70年代后搬离此处，居民区中有贡嘎宗本府，为平时宗本收差收租处。

六、卡热宗山建筑遗址

卡热宗宗府遗址位于山南地区浪卡子县卡热乡，雅鲁藏布江南岸山顶，海拔3750米，与曲水色麦宗隔江对峙，扼守通往雅鲁藏布江大峡谷的后藏群山的重要通道，但随着曲江大桥的修建，江对岸国道的开通，通往后藏的通道开始绕道而行，卡热宗所镇守的要道变成了乡级公路，到卡热就结束了，卡热宗成为通向后藏群山中最后的古老宗山，得以保存下来。

卡热宗的规模十分惊人，遗址面积约为7000平方米。沿西北—东西向的山麓有三大组建筑组群，山麓东面为陡崖，可以俯视山下湍急的河流与通向仁布的古道，西南为缓坡，下面有居民区环绕（图5-4-11）。三组建筑群各有特点。最南面是方形的建筑，围墙除西面坍塌严重外，其余三面墙保存较好，约有6～8米高，底部不开窗，上部有小窗，这一主楼四角均有碉楼保护，除了西南角的碉楼独立于主体建筑外，其余碉楼与主体建筑融为一体。建筑内部完全坍塌，无法辨识内部形制。

图5-4-11 卡热宗远景

图5-4-12 卡热宗圆形建筑

中间的建筑为圆形建筑，四隅亦为碉楼，内部有层层呈环状的墙基，形似罗马竞技场，从墙基遗迹看，房间错综复杂，如同迷宫。这种内部结构如同同心圆的大型建筑在其他地方很少见到（图5-4-12）。

北部为独立防守型建筑，一方形大碉楼立在山顶最高点上，且有三个小碉楼沿东坡一字形展开，小碉楼用围墙将方形大碉楼与下方圆形建筑相连（图5-4-13）。卡热宗整体建筑形制独特，规模颇大，但文献中记录较少。调查者认为这里是驻守前藏与后藏交接处的重要宗山，并且是山南地区与日喀则地区、拉萨地区三地的接壤处，地理位置十分重要，因此，整组建筑戒备森严，碉楼重重。卡热宗可能与这一地区其他宗山一样，建于帕竹王朝时期，在绛曲坚赞与止贡派发生战争时发挥了重要作用，而后在格鲁派执政后，这一地点不再重要，从而被忽视。随着时代的变化，交通体系的变迁，逐渐被人们遗忘，从而得以幸存。

图5-4-13 卡热宗北部主体建筑及沿山脊而建的碉楼群

七、恰嘎宗山建筑遗址

恰嘎宗遗址位于桑日县绒乡巴朗村委会东部400米山顶上，海拔3592米。东北两侧临陡坡，北侧距100米山脚下有恰嘎曲德寺。北面通往西藏首府拉萨，西通乃东，东达拉加里王府，雅鲁藏布江自宗山下缓缓流过，使得此地成为东西陆路、南北水路的咽喉之地（图5-4-14）。同时这里农业、牧业相对发达，因而成了古时兵家必争之地。吐蕃时期此地即成为吐蕃王朝军事基地。在帕竹时期，被拉加里王设宗，属当时建立的西藏十三宗之一。15世纪正式归属拉加里王，是其属下最大的一个宗。历代王朝对宗建筑均有维修。

宗山建筑依山而建，坐北朝南，大门向西，主体建筑原由宗政府办公室、会议室、住房、经堂、佛殿、官府、监狱、碉楼、暗道等组成，现只剩一片废墟。

建筑遗址面积东西长95米，南北宽80米，面积约7000平方米，原主楼高达9层，现仅残墙遗存，残高4~8米，墙厚1.5~2米，建筑群现存地面遗迹主要有内、外防卫墙残段，总长80余米，夯土墙体为明代所建，石砌墙体为清代所建；当年用于巡逻的二层台只余东面一段长约40米，二层台内外各有一周围墙，围墙外低内高，现残存围墙高约1.2~1.4米，内围墙残高7米左右，围墙有石砌和夯土两种，在外墙的四角原建有碉堡，碉堡为石砌的，石砌碉楼现残高18米，有暗道与宗府主楼相通（图5-4-15）。原高8层的主楼现仅存石墙基部，主楼建筑面积东西长95米，南北宽80米，共1200根柱子的实用面积，主楼四周专门建有高大的内围墙，围墙上建有二层台，四角又建有坚固的碉堡，使得主楼戒备森严，易守难攻（图5-4-16、图5-4-17）。

宗山建筑内还设有经堂、佛殿，可供100多名僧人常住和举行各种宗教活动，因此恰嘎宗具有浓厚的宗教色彩。加上宗政府建筑面积很大，柱梁、门窗雕刻华丽，这种情况的宗政府建筑在山南境内是较为少见的。

据作者调研，恰嘎宗直到"文革"时仍为桑日县粮仓，保存较为完好，近数十年来破坏严重。建筑群表现出强烈的防卫性，所有对山下通道处，均建有碉楼守卫，宗府主楼周围有5处碉楼遗迹，主体建筑亦有防卫哨所房间，在地下一层，仅有3~4平方米，有枪口与瞭望口对外。

每年藏历三月至五月，山南王都定期到恰嘎宗视察，届时当地举行盛大的宗教活动，民间赛马和其他活动也同时开展，百姓载歌载舞十分热闹，当时的民歌中有关恰嘎宗雄伟、高大的唱词也很丰富，其中"恰嘎吉祥八层"的词句一直流传至今。

八、杰顿孜宗山建筑遗址

杰顿孜宗山，位于洛扎县边巴乡麦秀村，占地

图5-4-14 恰嘎宗建筑群遗址

图5-4-15 恰嘎宗防卫碉楼与主体建筑相连

图5-4-16 恰嘎宗主楼遗址侧立面

图5-4-17 恰嘎宗主楼建筑背立面

1130平方米，海拔3640米，位于虾曲河东岸上小山顶，东、南、西三面为悬崖陡坡，北面山势较为平缓（图5-4-18）。从其建筑风格推断杰顿孜宗为14～16世纪的建筑，约为明代建筑，现存环形防护墙、宗府楼、碉楼等建筑遗址（图5-4-19）。墙基形态呈椭圆形，墙厚1米，现存高1～2米，大门向外凸出，形成狭长通道。穿过通道可进入一间圆形的碉楼，碉楼西侧有3间住房，再往西依围墙建有1间长弧形住房。主体建筑宗府楼位于宗山遗址南部，临悬崖，建筑前有一长石阶，石阶西侧有房2间，建筑遗址底层为4间长方形房间，可能为仓库。主体建筑后有取水暗道，暗道沿悬崖绝壁垂直下降。周围依山建有各种形状的碉楼20余座，现皆仅存石砌碉楼。在宗东面悬崖下有一个类似关卡的建筑可能为宗政府所设的关卡。

九、日土宗山建筑遗址

日土宗位于阿里地区日土县日土乡政府所在地，整个建筑依山而建，虽已成为断壁残垣，但却十分壮观（图5-4-20、图5-4-21）。宗山依山麓而建，其东南面的加果雪山原为日土神山，山势雄伟，当地居民每年要祭祀一次，据说是霍尔王的"婆拉纳铁嘎莫"（霍尔国的魂山）。宗山背倚山脉，遥对神山，俯瞰肥沃的日土草原，219国道在宗山前穿过。据民间传说，这里原是格萨尔王之大将先巴的驻锡地，今为日土宗政府所在地，宗城堡院内有一层楼高的先巴灵塔，故又称"先巴卡"，意为先巴城堡。日土伦珠曲丁寺位于宗山城堡旁边，是由日土旺巴资助，不丹喇嘛贡列和格鲁派喇嘛元旦加措共同创建，主供强巴佛、宗喀巴三师徒、释迦牟尼及胜乐护法等。日土宗山远远看去，建筑十分雄伟壮观，山脊和崖壁上都建有城墙，在城墙上每隔30～50米就建有一个碉楼，山上主体建筑损毁严重，最高的山顶上有一个城堡遗址，城堡是据山顶地势修建的，略呈梯形，面积约80平方米，东、南方向均为峭壁。城墙、碉楼、城堡、宗政府建筑多为砾石石砌，可见这座由城墙、碉楼、城堡护卫的日土宗宗政府建筑防御体系曾十分完整。

图5-4-18 杰顿孜宗险要的地理位置

图5-4-19 杰顿孜宗建筑群

图5-4-20 阿里日土宗远景，宗山俯瞰日土草原

图5-4-21 阿里日土宗山建筑遗址，远处为加果雪山

西藏古建筑

西藏古建筑

第六章 庄园建筑

西藏庄园建筑分布图

（地图引自：中华人民共和国民政部编. 中华人民共和国行政区划简册2014. 北京：中国地图出版社，2014.）

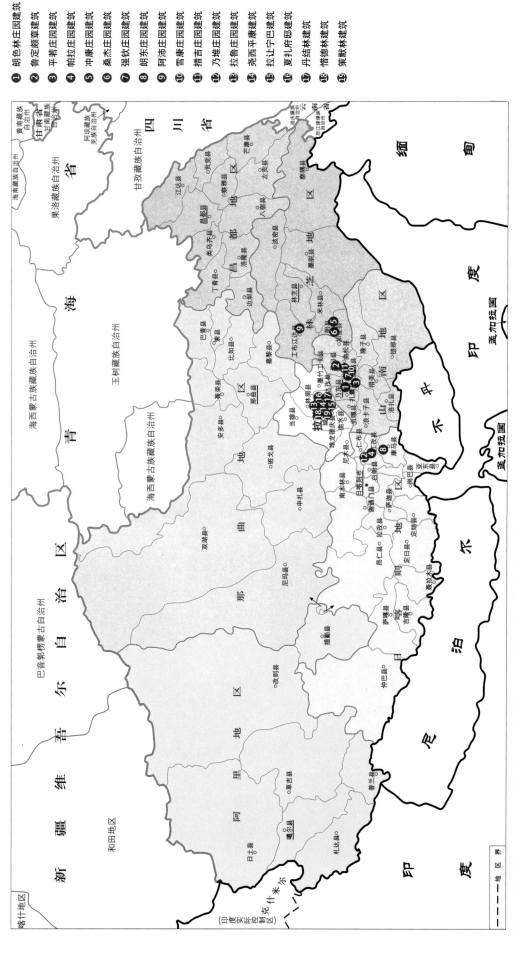

- ① 朗色林庄园建筑
- ② 鲁定颇章建筑
- ③ 平若庄园建筑
- ④ 帕拉庄园建筑
- ⑤ 冲康庄园建筑
- ⑥ 桑杰庄园建筑
- ⑦ 强钦庄园建筑
- ⑧ 朗东庄园建筑
- ⑨ 阿沛庄园建筑
- ⑩ 雪康庄园建筑
- ⑪ 措吉庄园建筑
- ⑫ 乃堆庄园建筑
- ⑬ 拉鲁庄园建筑
- ⑭ 尧西平康建筑
- ⑮ 拉让宁巴建筑
- ⑯ 夏扎府邸建筑
- ⑰ 丹结林建筑
- ⑱ 惜德林建筑
- ⑲ 策默林建筑

------ 地 区 界

图6-0-1　历史上夺卡家族庄园

　　"庄园"在藏语中称"豁卡"（gzhis-ka），是西藏领主阶层对其所有的土地和农奴进行管理和实施农业生产的场所。它包括领主的土地、房屋、林卡、农具、牲畜，以及人身隶属于领主的农奴。依据庄园领主身份不同，分为贵族庄园（格豁）、寺院庄园（却豁）和官府庄园（雄豁）三种类型（图6-0-1）。

　　豁卡里一般都建有一组比较高大的，称作"豁康"的庄园正宅，满足领主的居住生活、安全防御及宗教信仰、生产管理等多种社会活动的需求。它既是领主的住宅，又是整个庄园的管理中心，成为庄园的主要标志。

　　晚清到民国期间，大量世俗贵族家族在拉萨建造起新的居所，日常都居住生活在拉萨的府邸——藏语称为"森厦"里，家族所属的"豁卡"成为其亲属或管家居住生活之地。因"森厦"与"豁康"都具有满足居住生活的住宅功能属性，其营建形制基本相同，所以我们把贵族府邸也列入庄园建筑一章中。

第一节　历史的演变

　　庄园是旧西藏地方社会经济活动的主要组织形式和封建领主经济赖以产生、存在和发展的基础。它随着吐蕃王朝的瓦解、旧的奴隶制度的崩溃和新的封建领主经济的出现而产生（图6-1-1）。

图6-1-1　帕拉庄园局部

一、庄园建筑的成因

据《仁钦桑布传》记载，约在11世纪前期，古格首领拉德为了表彰仁钦桑布建寺译经对于佛教在吐蕃境内再度复兴所作出的贡献，遂以乍布朗附近的谢尔等三处封地赐予仁钦桑布，作为"却谿"（寺院庄园）。这是关于西藏地区封建领主庄园的最早记录，是西藏封建农奴制开始的标志。

分裂割据时期的前后藏地区，土地私有化开始兴起。一些残存的吐蕃时期的奴隶主和比较富裕的自耕农民，在贫富分化中，逐渐上升为封建农奴主。同时，寺庙僧侣经商已成为普遍现象，出现了僧俗农奴主相结合的地方实力派。他们以谿卡作为发展基地，营建具有防御作用的寨堡，在自己的领地内扩建宅邸，形成以生产性为主的庄园。

萨迦政权时期，元朝统一中国，分封了以藏传佛教萨迦派为首的十三万户。大规模的土地分封、调整以及差赋的摊派和征调，促进了土地的领地化、村落的庄园化。万户制下的庄园领主制成为元代西藏地方经济体制的一种基本模式。此时的庄园大多选择在适宜于农业生产的山谷冲积平原地区发展，在自己的庄园领地内建造既是住宅，又是全庄园的管理中心的建筑，领主居住使用的庄园建筑随之发展起来，具备了居住、生产管理以及行政和军事防御的功能。

帕竹地方政权管理西藏事务时期，为维护各封建领主的利益，把兼并的各万户府领地，以谿卡为单位，分封给下属的贵族和寺庙。地方政府的庄园大量的贵族化，满足贵族领主享受生活、守护财富成为庄园建造的主要目的。随着藏传佛教的发展，礼佛的经堂、佛殿也纳入庄园建筑中。庄园建筑体量扩大、形象宏伟，成为领主权力的象征。此时庄园有了等级区分，由于主庄园与小庄园的统属关系，庄园建筑的规模等级也开始形成。最典型的代表为山南地区的朗赛林庄园，贵族那曲杰随着封建庄园势力的壮大，不满足原有的建有4层主楼的扎西若丹庄园规模，便在其北面的开阔地方重建了一座主楼7层的高大庄园，即朗赛林庄园。

清朝时期，五世达赖罗桑嘉措建立起甘丹颇章地方政权。在清中央政府的大力支持下，藏传佛教教主五世达赖的政治作用日益加大，确立了寺院的组织制度和经济制度，让每个寺属庄园向格鲁派寺院交纳一定数量的实物地租。同时把西藏的土地和农奴分为三大部分，分给寺院和高级僧侣的称为"却谿"，分给世俗贵族的称为"格谿"，归属西藏地方政府的称为"雄谿"。由此便形成了目前所知的三种谿卡类型。据资料记载，民主改革前，全西藏有土地336万克[①]，农奴114万，其中西藏政府占有土地的38.9%，贵族和寺院分别占有土地的24.3%和36.8%。这一时期是庄园制度发展的鼎盛期，出现了数千个大小谿卡，庄园建筑也融入宗堡和其他行政机构内。此时庄园的防御性减弱，功能布局趋于一致，由主楼与附属建筑围合形成庄园主体建筑，主楼以居住、管理、接待、礼佛功能为主，部分附带一定的行政功能，附属房屋作为牲畜圈、家庭手工作坊、朗生住所等。主楼为三层以上的天井式平顶碉房的建筑形制也逐渐定型。

晚清到民国期间，拉萨是西藏地方政府各类机构的所在地，成为西藏地区宗教和政治统治的中心。因而大量世俗贵族家族除了拥有各自属地上的庄园外，纷纷在拉萨建造起自己新的家园——藏语称为"森厦"的府邸，生活重心移至拉萨。直到1959年西藏民主改革前，庄园制度的基本形式一直存在，民主改革后逐步退出历史舞台。

二、庄园建筑的分布

谿卡是西藏封建社会的基础经济单元，与可耕种的土地密切相关。西藏的自然环境限定了庄园的分布地域，使得庄园分布不很集中，大多都分布在卫藏地区的雅鲁藏布江流域一带，即西藏主要的农业区所在地拉萨河谷地区、山南雅砻地区和年楚河谷江孜平原一带（图6-1-2）。

民主改革前全藏农业用地被划分为数千个大小不一的谿卡，由西藏三大寺占有的有321处。其中大约只有几百个谿卡有庄园建筑，大部分分属于197个贵

居高临下的平若庄园建筑

站在庄园屋顶村庄农田道路河流尽收眼底

图6-1-2　平若庄园

族家族[②]。很多世俗贵族不止拥有一座谿卡，其中较大的主谿卡，是贵族的主要居住地，它不但要管辖几个甚至十几个小型隶属庄园，有时还代行宗（县）的行政职能，成为地方政府代理人的办公地点。

目前保存下来的庄园建筑及遗址有61处（表6-1-1）。主要分布于四个地区，其中拉萨地区4处，山南地区37处，日喀则地区15处，林芝地区5处（表6-1-2）。

现存庄园建筑分布　　表6-1-2

现状　　地区	主体完整（处）	部分损毁（处）	遗址（处）	合计（处）
拉萨地区	1	0	3	4
山南地区	6	14	17	27
日喀则地区	4	2	9	15
林芝地区	1	2	2	4
合 计	12	18	31	61

拉萨市区内现存的贵族府邸有11处（表6-1-3），大部分处在八廓街、林廓路两大转经道路和今北京中路两侧的范围内。

西藏现存庄园建筑名录（共61处）　　表6-1-1

序号	名称	地点	始建时代	备注
		拉萨地区 4 处		
1	拉鲁庄园	拉萨市城关区	清代	全国重点文物保护单位。主体保存完整
2	色拉喇吉遗址	当雄县公塘乡	清代	遗址
3	甲马赤康庄园	墨竹工卡县甲玛乡	元代	遗址
4	色日拉吉谿卡旧址	曲水县茶巴拉乡	清代	遗址
		山南地区 37 处		
5	甲日庄园	贡嘎县甲竹林镇	明代	主体局部坍塌
6	白蔡庄园	贡嘎县甲竹林镇	不详	主体部分坍塌
7	托嘎庄园	贡嘎县岗堆镇	不详	主体局部坍塌
8	俄布庄园	贡嘎县岗堆镇	清代	主体局部坍塌
9	伦珠庄园	贡嘎县岗堆镇	清代	主体基本完整
10	乃萨庄园	贡嘎县岗堆镇	不详	主体部分坍塌
11	吉纳庄园	贡嘎县岗堆镇	不详	遗址
12	达热夏庄园	贡嘎县昌果乡	不详	主体基本完整
13	边紫庄园	贡嘎县江塘镇	不详	主体部分改造

序号	名称	地点	始建时代	备注
14	波庄园	贡嘎县江塘镇	不详	主体部分坍塌
15	东波庄园	贡嘎县江塘镇	不详	遗址
16	吉巴塘庄园	贡嘎县朗杰学乡	不详	遗址
17	克松庄园	乃东县乃东镇	不详	遗址
18	哈鲁岗庄园	乃东县泽当镇	清代，1911 年前后	县级文保单位。主体部分保存
19	颇章豁卡遗址	乃东县颇章乡	17 世纪	县级文保单位。遗址
20	朗赛林庄园	扎囊县扎其乡	明代，帕竹王朝时期	全国重点文物保护单位。主体修复建造
21	桑达庄园遗址	扎囊县扎塘镇	清代	遗址
22	普布庄园遗址	扎囊县扎塘镇	明代，16 世纪	遗址
23	鲁定颇章	桑日县桑日镇	17 世纪	自治区文保单位。主体修复建造
24	扎乃康	桑日县桑日镇	17 世纪末	原为鲁定颇章的一部分
25	冲康庄园	桑日县增期乡	19 世纪	遗址
26	恰麦庄园	桑日县增期乡	16 世纪	主体部分坍塌
27	康萨拉玛官邸	桑日县绒乡	不详	遗址
28	措吉庄园	琼结县下水乡	不详	顶层坍塌。
29	强钦庄园	琼结县拉玉乡	不详	县级文保单位。部分坍塌
30	布母唐庄园	琼结县拉玉乡	清代	大部分拆除、损毁
31	平若庄园	琼结县加麻乡	16 世纪	自治区文保单位。局部坍塌
32	那让庄园	琼结县加麻乡	不详	部分坍塌
33	雪康庄园	琼结县琼结镇	不详	部分屋顶坍塌
34	格西庄园遗址	隆子县三安曲林乡	14 ~ 15 世纪	遗址
35	下巴庄园遗址	隆子县雪萨乡	不详	遗址
36	陇雪庄园遗址	隆子县隆子镇	约 16 ~ 17 世纪	遗址
37	西午庄园遗址	错那县卡达乡	明代	遗址。已被改造
38	帕热庄园	浪卡子县卡热乡	不详	主体基本完整。部分屋顶坍塌
39	桑顶庄园遗址	措美县措美镇	不详	遗址
40	巴雪豁卡遗址	加查县冷达乡	不详	遗址
41	拉绥庄园遗址	加查县拉绥乡	不详	遗址
日喀则地区 15 处				
42	车仁庄园	江孜县车仁乡	不详	主体多处坍塌
43	毗林庄园	江孜县车仁乡	不详	大部分坍塌
44	帕拉庄园	江孜县江热乡	20 世纪 30 年代	自治区文保单位。保存完整
45	乃堆庄园	江孜县重孜乡	不详	曾维修。基本完整
46	奴玛庄园遗址	江孜县年堆乡	清代，19 世纪	遗址
47	朗东庄园	康马县少岗乡	清代	县级文保单位。曾维修。局部坍塌

序号	名称	地点	始建时代	备注
48	玉萨南巴庄园	拉孜县曲下镇	清代	主体基本完整
49	吉布庄园	拉孜县锡钦乡	清代，1900年	曾维修。保存完整
50	色隆庄园遗址	南木林县多角乡	18世纪	自治区文保单位。古遗址
51	奴玛康嘎庄园遗址	南木林县奴玛乡	不详	遗址
52	唐奔庄园遗址	南木林县艾玛乡	不详	遗址
53	米吉林庄园遗址	南木林县卡孜乡	不详	遗址
54	尼龙庄园遗址	南木林县卡孜乡	不详	遗址
55	桂·枯巴拉泽故居	谢通门县达那普乡	吐蕃分治时期	遗址
56	颇罗鼐故居遗址	白朗县杜琼乡	17～18世纪	遗址
林芝地区5处				
57	朗顿庄园	朗县朗镇	1880年	自治区文保单位
58	冲康庄园	朗县子龙乡	19世纪	自治区文保护位
69	桑杰庄园	朗县鲁朗镇	19世纪初	自治区文保单位
60	阿沛庄园	工布江达县峡龙乡	清代	县级文保单位。遗址
61	罗赤庄园	工布江达县错高乡	不详	

注：包括建筑主体尚存的庄园以及残存建筑遗迹的庄园遗址。
资料来源：实地调查；山南地区文物局卓玛、强巴次仁；日喀则地区文物局达瓦次仁；西藏地区文物志系列。

拉萨市区现存旧贵族府邸（共11处）

表6-1-3

序号	名称	地点	始建时代	备注
1	尧西平康	夏萨苏2巷16号	1843年	"亚谿"贵族。十一世达赖喇嘛家院。2003年维修改造
2	拉让宁巴	八廓南街4号	明代。17世纪中期	全国重点文物保护单位。"第本"贵族。2001年维修
3	夏扎	鲁固一巷17号	约19世纪初期	"米扎"贵族。整体修复建造中
4	贡桑孜	绕色巷7号	1907年	"米扎"贵族。2003年维修
5	盘雪	石桥巷19号	不详	"米扎"贵族。2001年维修
6	容扎	卧堆布巷5号	不详	原为一印度贵族家庭所有。1996年至1999年维修
7	邦达仓	绕色巷1号	明～清。1914年重建	全国重点文物保护单位。原为擦绒贵族的宅邸。1923年卖给商人邦达仓，此后改称为邦达仓。2003年维修改造
8	吉麦	林廓南路20号	18世纪	一般贵族。1998年维修
9	岗嘎夏	色拉达果巷12号	1959年前建	曾是贵族住宅。2001年维修
10	桑珠颇章	八廓吉达街东	清	全国重点文物保护单位。外墙保存基本完整
11	达孜	北京中路31号	1940年	贵族达拉家族，十四世达赖喇嘛家院。局部坍塌，2005年开始修缮保护

注：由于贵族的等级不同，府邸建筑分为以下几类：第一类"亚谿"贵族府，即封赐给达赖喇嘛家族的，如十一世赖喇嘛家族的"平康"，十四世达赖喇嘛家族的"达孜"；第二类"第本"贵族府邸，如吐蕃时期著名大臣吞米桑布扎的后裔吞巴家族的"拉让宁巴"；第三类"米扎"贵族府，如夏扎、邦达仓、贡桑孜、盘雪等；第四类一般贵族府邸，即中小贵族如日喀则仁布县第巴的"吉麦"。

第二节 布局与功能

一、庄园建筑的选址

庄园建筑是在封建领主制度下专供特殊阶层领主居住的建筑。它既有传统民居营建选址的普遍性原则,又有其所有者特别社会地位的特殊性需求。

领主为了保持自己的最高社会地位,首先需要身处政权活动中心。宗山脚下的位置是清代很多大贵族庄园选址的理想地点,例如桑日的鲁定颇章、江孜的江嘎庄园等,日喀则的宗山脚下也聚集了很多贵族庄园。

而作为定居生活场所,还需要利于生产、方便生活。西藏的庄园大多分布在东起山南,西至日喀则的雅鲁藏布江流域一带的38个宗,即今拉萨、山南和日喀则等所辖区域。从地理上看,这一带多河川平原,土质肥沃,气候温和,是西藏传统农业最发达的地区。典型的封建农奴制庄园就存在于这样的历史条件和自然环境中。庄园选址基本上位于山谷冲积平原地区,河谷台地、主要交通线附近。如山南贡嘎县雅鲁藏布江南岸曲德雄(沟)平坦,这里土地肥沃,适宜农作物和各类植物的生长,便利的交通也易于商业贸易,建有多个庄园。年楚河平原土地肥沃,因而江孜也是西藏贵族庄园比较集中的地区。

从自身安全考虑要利于防守,大型庄园建筑多建于背山面阔的地势高朗处。如三面环山的甲马赤康庄园,位于河谷高台之上的平若庄园。

清代,随着政教中心的转移,贵族们纷纷选址拉萨建宅。五世达赖时期,将西藏地方政府"噶厦"设置在大昭寺内,以大昭寺为中心,驻藏大臣衙门、宅邸、商店、旅馆等分布四周。拉萨的贵族府邸分布相对集中,大部分建于八廓街、林廓路两大转经道路和今北京中路两侧的可视范围内,往往是该片区的视觉焦点。建造年代越早的府邸,距大昭寺越近,由于基地形状限制,建筑边界轮廓变化丰富,庭院位置也较灵活。

二、庄园建筑的布局

庄园中既有领主的庄园建筑主宅和附属差民居住的差房,还有属于领主或农奴的林苑、打谷场、水磨房、榨油房等。

庄园的大小,主要以耕地和属民的多少划分。小庄园只有耕地数十克和数户属民,建筑和生产的内容都比上述简单些。大庄园则有耕地千克至数千克,属民百户至数百户。有的除上述以外,还有供领主享有的别墅、花园和家庙等。如帕拉庄园由庄园主楼、附属建筑、林卡、围墙及门楼、朗生院、差房等组成。庄园主楼为核心,附属建筑与主楼相连环绕于南侧,在主楼正立面前围合出内院,林卡在主楼北侧。围墙将主楼、附属建筑和林卡包围在其中,南面和东面的围墙上都建有庄园华丽的门楼。帕拉庄园原有30户朗生,分为三个朗生院居住,最大的朗生院在庄园南门外,其余两个和其他差巴户住房混在一起分布在庄园的东、南、西三面(图6-2-1)。也有在庄园建筑周边修建一道甚至多道高大的围墙,修挖壕沟等工程设施以利防御的,如山南的雪康庄园建有两道围墙,朗赛林庄园除了

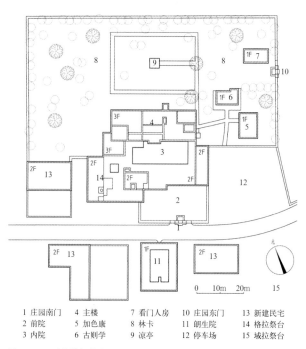

1 庄园南门   4 主楼   7 看门人房   10 庄园东门   13 新建民宅
2 前院   5 加色康   8 林卡   11 朗生院   14 格拉祭台
3 内院   6 古则学   9 凉亭   12 停车场   15 域拉祭台

图6-2-1 功能繁复的庄园

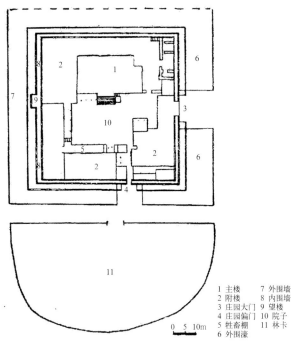

图6-2-2 防御体系完善，自成一体的庄园建筑

1 主楼　　　7 外围墙
2 附楼　　　8 内围墙
3 庄园大门　9 望楼
4 庄园偏门　10 院子
5 牲畜棚　　11 林卡
6 外围濠

0　5　10m

双重围墙还设有壕沟（图6-2-2）。

庄园建筑主要满足领主的居住生活、生产管理、接待、礼佛等功能需求，有些还附带部分行政功能。其本质上属于居住建筑，但由于拥有者的身份特殊、社会地位高，建筑功能繁复，其布局、形式风格和细部装饰与普通民居又有所区别，显示出等级差异。

庄园建筑从其平面布局形式可分为独立集中式和庭院围合式两类。

独立集中式庄园建筑由院墙围合成独立的院落，呈点状的主体建筑独立居于院落中后部，靠宅院墙边建有少量的附属棚圈房屋，这是西藏庄园建筑的典型布局形式。早期的庄园建筑基本上是该布局，如朗赛林庄园、拉鲁庄园、鲁定颇章、平若庄园、雪康庄园等。该类型庄园建筑各功能用房均组织于主体体量内部，竖向分层组织。独栋式的主体建筑体量较大，内部通常设有大小不等、高低错落的天井，以解决交通联系、采光通风问题。主体突出，主次分明。

庭院围合式庄园建筑由一栋主体建筑与"凹"形附属裙房相连围合形成合院式布局的院落，建筑围绕庭院周围呈面状扩展，建筑占地面积大。晚期大型庄园及拉萨大部分贵族府邸均采用这种布局形式，如帕拉庄园、强钦庄园、乃堆庄园、平康、夏扎等。该类型庄园建筑主要功能用房组织于主体之内，辅助功能分布于三面围合的裙房之中，庭院中还可进行民俗活动，如藏戏表演等，建筑形成高低错落的群体。其主体建筑形式与集中式相仿，但整体功能组织复杂，内外交融、虚实相应、层次丰富。

三、庄园建筑的功能

庄园建筑呈现出自给自足的经济状态。与普通住宅不同的是增加了大量的生产、生活辅助用房，如各种手工作坊、粮仓和各类贮藏空间。

庄园主体建筑一般3层或4层，为庄园主的生活起居空间，包括主人生活用房、会客议事用房、佛堂、管家用房、各类仓库等。通常贮藏、生产管理性功能的用房位于底层、下部，主要生活功能等用房分布在主体建筑上层。与其相连的附属裙房多为两层的带有宽外廊的廊屋，作为手工劳动的作坊、劳作者的住房等。一般依院墙还搭盖有牲畜棚圈、堆放燃料饲草间等。

主体建筑大多为坐北朝南③。主楼底层是存放粮食、杂物和工具的仓库，也有用作家内仆役住房或牛圈。室内砌筑1米左右厚的地垄墙划分隔间，仅开少量小窗，空间低矮（图6-2-3）。

主体建筑一般二层开始开设面阔二至三间、进深一至二间的天井，也有从底层开设贯通至顶的。各主要功能房间环绕天井周边的回廊布置。有些天井设通柱伸出屋面，形成敞厅。这种"回"形的建筑空间，体现了"金刚说"的空间布局意象，同时也解决了大体量建筑房间的合理使用及采光、通风问题。

二层以上朝阳的房间是庄园领主或庄园经管人的卧室，环绕天井的大房子作为会客、议事之用，其余房间分别作仓库、厨房、手工作坊等。

经堂是庄园必不可少的一部分，也是建筑中神圣、庄严的地方，常设于顶层。喇嘛的住房也多设在这层。顶层大部分是平顶晒台，后部为房屋。还有用于储物的敞间。屋顶上设有祭祀设施。登上楼顶，基本上可看到庄园全貌（图6-2-4、图6-2-5）。

拉萨的贵族府邸与庄园建筑的总体布局相似（图6-2-6），但主体建筑规模更大，注重居住的舒适性、美观性。传统的府邸建筑形制大体相同，采用主楼与裙房围绕中心庭院组合成合院式布局方式，在庭院的北端竖立着一般不超过3层的主楼④，庭院东南西三侧建造一至两层带外廊的辅助建筑及外屋（图6-2-7、图6-2-8）。

主楼是主人家起居生活的地方，一般居庭院以北。因进深过大，楼中间二层以上设有一个甚至多个小天井解决采光问题，呈"回"字形布局。底层主要是各种仓库，层高较低。二层设置经堂、议事或会议用房、客房、厨房、库房等。第三层是主人用房，有卧室、起居室、专用经堂、餐室，以及亲

随佣人等的住室等。庭院多呈矩形，由二层带外廊的平顶附属建筑从东、南、西三面围合而成。府邸的大门有设于正对主楼南面的，也有设于东西两侧的。前院廊屋用作仓库、奴隶佣人的住房，以及管家用房、厨房以管理庞大的庄园和财产。

通常小巷旁的府邸建筑轮廓变化丰富，临近主要街道的轮廓线基本平直。主楼背面轮廓变化较丰富，而入口面较平直规整。

后期的贵族府邸，出现了别墅式建筑。一般占地比较大，院内林木葱茏，广植花木，主楼仅占一角。建筑以两层居多，二楼北侧两端设露台，建筑平面呈"凸"字形。为减少立柱使室内空间完整，多采用工字型钢做梁，承重屋盖。建筑南向喜开通透落地大窗，使室内阳光充足。这时期最具代表性的是20世纪二三十年代擦绒·达桑占堆在风景秀美的拉萨河旁修建的融合众多西方生活元素的花园别墅，人称擦绒庄园。它以其建筑

图6-2-3　朗东庄园底层火柴房

图6-2-5　丰富的建筑形体轮廓

二层粮仓

围绕天井自成一体的附属用房

经堂

图6-2-4　庄园建筑的主要功能用房

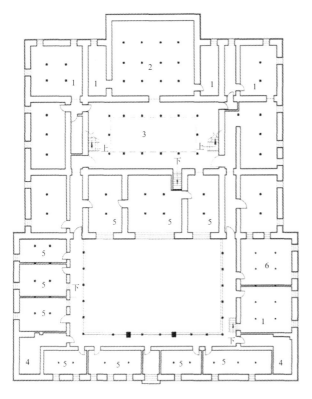

一层平面

佛堂上空

庭院上空

原通向厕所
已封堵

2F

N

0　　4　　10m

1 库房 2 佛堂 3 庭院 4 厕所（一层为便池）
5 卧室 6 厨房

二层平面

图6-2-6　贵族府邸布局形式（刘军瑞测绘）

图6-2-7　前院二层的附属廊屋

图6-2-8　三层的主楼

和林卡（花园）的豪华、舒适、幽静和摩登而享誉当时西藏的上层社会。该建筑平面布局规整，平面上从南往北逐渐递减呈亚字形，左右（东西）对称。建筑高两层，中部靠北的位置局部上举形成天窗，总建筑约560平方米。建筑用料大气，工艺精湛，为传统的藏式建筑风格。从结构体系角度看，基本属于传统石木梁架混合结构，只是在二层平面，为解决木梁跨度问题，使用8根钢梁替代木梁，形成了无柱的室内大空间，是为该建筑的特征之一，有很强的时代特色。

第三节 类型与特征

一、庄园建筑的类型

在藏学界，通常依据庄园所属的领主分类，西藏庄园可以分为贵族庄园（格谿）、寺院庄园（却谿）和官府庄园（雄谿）三种类型。

（一）贵族庄园

分封给世俗贵族的庄园，藏语称为"格谿"或"桂谿"，负担朝廷税赋与乌拉差役。

格谿早期主要来自于贵族家庭的祖业帕谿，后多由政府赏赐分封，世代世袭使用。西藏贵族的住宅一般有两类：坐落在各自属地上的庄园及建于社会活动中心拉萨的"森厦"。位于拉萨的森厦，主要是上层贵族的府邸，包括随达赖喇嘛所产生的亚谿家庭的府邸等。

在西藏，每一个贵族家庭都是在分封土地后才获得贵族等级和特权的。因此，每个贵族家庭都非常重视被分封的土地。为了妥善管理这些分封来的土地，贵族们不仅派人员进行管理、组织生产活动，同时还在本地修建高大的房屋，以供主人亲临时居住。庄园建筑一般以居住生活的主楼为主，以围墙环绕自成一体，或以附建的牲畜房、作坊、仓库等附属建筑围合成院。虽然各自的规模、空间布局、细部装饰处理等有所差异，但总体造型都是典型的藏式平顶碉房。大型的庄园除了拥有大片的耕地之外，宅院附近还分布有林卡、打场、牧场、水磨坊，以及农奴们的住房。现存庄园建筑大部分都属于贵族庄园（图6-3-1～图6-3-3）。

图6-3-1 雪康庄园建筑

图6-3-2 强钦庄园

图6-3-3 玉萨南巴庄园建筑

（二）寺院庄园

却谿有些是政府赏赐，有些为贵族布施而来。根据所属宗教领主的不同，有属于活佛包括上层喇嘛私人拥有的，也有属于寺院集体所有的。寺院庄园免向政府交赋税、食物，免差役。

同贵族拥有府邸和庄园一样，活佛或上层喇嘛也有私人的官邸"喇让"和附属庄园。各寺庙也有作为自己产业的庄园。大的寺庙又多有隶属其名下的小寺庙，其庄园均属于集体所有。拥有庄园的数量不仅反映出寺院的规模大小，而且也显示了寺庙的经济状况。庄园建筑形制与其他类型的庄园类似，但经堂的面积、房间的设置以及内部的装饰布局等有其特点，有些在经堂之后设置佛殿的，成为寺院庄园建筑的特色。如属于山南贡噶曲德寺的俄布庄园（图6-3-4），主楼三层有甘珠儿拉康，原四层为拉康，四层建筑坍塌后，当地村民在主楼前东侧另建一小拉康，仍被供奉。甲日庄园（图6-3-5）原是拉加里王宫所属的15个主庄园之一，其主楼西侧建有3层的独立附属建筑，顶层是庄园的护法神殿。这类庄园建筑现存的较少。

图6-3-4 俄布庄园建筑

图6-3-5 甲日庄园建筑

（三）官府庄园

由政府直接管理的庄园，藏语称"雄谿"。它将土地一定的租额交给农奴耕种，将租税用于所属各机构的经费和高级官吏的俸禄。

雄谿的拥有者是"噶厦"即西藏地方政府，通常是由政府委派官吏来直接管理，或者作为官员的薪俸地，直接供官员使用。

官府庄园最初所占比例最大，但是随着贵族庄园和寺院庄园的发展，逐渐削弱。因为噶厦政府为维护官员利益，规定按官员的品级高低拨给一定数量的庄园，庄园内土地、房屋和农奴为官员占有，由他们自行经营收租，作为官员的薪俸庄园。又由于西藏的政府文件规定，每一个贵族家庭都必须将一名男性送到政府担任公职，所以官员也多为贵族，作为薪俸的租田变成了官员的私田，庄园便在贵族官员的控制之下，一些官府庄园已更易为贵族庄园。由此，担任公职的官员不仅拥有祖传的帕谿

地，同时还拥有政府作为薪俸地赐予的官府庄园。而那些作为薪俸地赐给僧官使用的庄园，同理也逐渐转换成为僧官所私有的庄园，或为僧官所属寺庙占有。官府庄园现仅存少量建筑遗址，如山南的吉巴塘庄园、格西庄园遗址，日喀则的吉布庄园等。

政府庄园建筑在基本形式上与贵族庄园的建筑本质上并无多大差别。居住于官府庄园建筑内的使用者或是政府官员本身，或是政府官员派出的管理者，与贵族庄园和寺庙庄园对建筑的使用要求是一致的，建筑形制也就基本趋同。

二、庄园建筑的规模

依据管理等级关系，庄园又可分为主庄园和隶属庄园两个层次。贵族主要居住的庄园为主庄园，一般规模较大，常常要管辖几个乃至十多个小型庄园，有些主庄园还代行宗的职能。康马县的朗东庄

园是当时12个庄园的总管，现存庄园由主楼、院墙、林卡组成，占地5990平方米，主楼高4层，面阔47米，进深44米。隶属庄园即附属庄园，通常是由贵族派出的管理者进行管理时居住使用，庄园建筑规模一般比较小。

庭院围合式庄园建筑普遍规模较大，强钦庄园建筑占地面积2025平方米，平康府邸占地面积2280平方米。平面布局多呈较规整的矩形院落，拉鲁家族的庄园建筑内庭院达十二开间；最小的乃堆庄园内院仅三开间，呈天井状。而强钦庄园、帕拉庄园则为不规则布局形式。现存完整的合院式布局庄园建筑只有帕拉庄园、乃堆庄园和拉萨的贵族府邸。其他保存较完整的仅为其主体部分。

庄园主体建筑基本上为高3～4层，中间设有天井的藏式平顶碉房。平面规整，大多数建筑进深较大，主体建筑边长约15～40米，平面是接近于方形的矩形。这与佛教坛城的方形空间概念有关。建筑占地面积小则200平方米左右，大到1000～2000余平方米。桑日县的卡内庄园，平面为规整的正方形。只龙庄园的平面形式极为少见，面阔十间，进深方向仅四间，房间向左右横向并列。

三、庄园建筑的风格特征

庄园建筑是典型的藏式石木或土木结构平顶碉房形式，有着西藏传统建筑的共性。由于是居住生活的场所，它的尺度亲切宜人，简洁朴素，建筑结构、材料与当地民居基本相同。虽然没有宫殿和寺庙那般宏伟的体量和华丽烦琐的细部修饰，但它也有别于普通的民居。往往较普通民居体形高大，在相似形体的重点部位，如入口大门、窗、柱头、檐口、室内等部分加以造型、彩绘、雕刻等装饰点缀，以显示主人的身份等级。

建筑的主入口通常设于主楼底层正面，也有设于二层，甚至设在侧面的附属建筑，经附属建筑外廊进入主体。建筑室内布置灵活自由。墙柱共同承重，上下楼层的墙柱并不贯通或一一对应，层高也根据房间功能的不同而有差异，辅助房间净高2米

左右，卧室2.4～2.6米。各部分空间穿插交错，建筑顶部逐层退台。建筑内部竖向联系的楼梯位置也灵活多变，各楼层交通联系空间的设置不拘一格。楼层间多采用窄且陡的可移动木质扶梯，这是藏式建筑的共同特点之一。贵族府邸为适应城市生活需要，扩大了社会交往活动的功能，体量规模较大。室内划分更为规整，主要功能房间层高较高，装饰华丽，空间层次丰富。

建筑造型呈几何形的方整形体，外墙下宽上窄收分显著，增强了建筑向上的趋势，显得高大宏伟。碉房整体封闭坚实，适应当地自然环境条件。立面均衡但并不绝对对称，体形凹凸错落有致。厚厚的石墙上，底层只有少量小窗洞，二层以上窗洞渐次扩大，木构装饰也越加繁密，形成虚实、轻重、暖冷的对比。亚谿家庭的庄园或活佛喇嘛庄园常常设边玛墙以显示自己的特殊地位。

第四节　实例与遗存

一、拉鲁庄园

拉鲁庄园位于现拉萨市城关区。是西藏六大亚谿家庭之一拉鲁家族的府邸，全称拉鲁嘎彩。始建于六世达赖喇嘛仓央嘉措（1683-1706年）时期，原为六世达赖喇嘛行宫，后归入拉鲁庄园管辖。

亚谿·拉鲁嘎彩位于布达拉宫北面约2里处，该地日照良好，温度适中，春天来得早。古时，那里林木茂密，大小池沼星罗棋布，绿草如茵，风光秀丽，令人赏心悦目，所以被人们称为"龙与神的少男少女们游乐嬉戏的林苑"，简称为"拉鲁嘎彩"⑤。据说，在古代吐蕃第三十代王（芒松芒赞）时期，该地便已成为游乐之地。后来甘丹颇章王朝建立，第六世达赖喇嘛仓央嘉措每在处理政教事务之余，也前往该地休憩，并在这里最大的一个池沼中央新建了一座3层楼高的宫殿，以作休闲之用。当时的民歌也唱道："拉萨呀拉萨美，拉鲁比它还要美。拉萨与拉鲁之间的宗角禄康更美丽！"1763年，八世达赖喇嘛在布达拉宫举行坐床典礼，依照

惯例，地方政府须选择吉祥之地，为达赖喇嘛家族安排祖业，就将拉鲁嘎彩划定为八世达赖喇嘛家族的祖业。六世达赖喇嘛仓央嘉措在该地所建宫殿以东有一座当地头人的小宅，名叫"喜康"。于是，将该宅拆平，新建屋宇，并以地名作为家族名，叫作"达赖祖业拉鲁嘎彩"⑥。西藏地方政府同时还赐给这个家族很多庄园，从此，八世达赖家族即用"拉鲁"来命名。

当十二世达赖成烈嘉措诞生后，按惯例他的父亲平措次旺被封为公爵，他的家族也将获得封赏，这时八世达赖家族的父系已经绝嗣，噶厦政府的财政又非常紧张，于是政府决定让十二世达赖的家族与八世达赖的家族合为一家。又赐给了大量庄园和财产。从此平措次旺一家成为显赫的"尧西·拉鲁"家族。

拉鲁庄园坐北朝南，主楼为3层的石木结构平顶藏房，东西长25.6米，南北方向17.7米，总高约11米，建筑面积600平方米。庄园入口位于底层南面东侧。底层平面房屋对称布局。东侧门厅为两开间方室，角部设有通往二层的石阶。南侧居中房间现作为办公室，面阔三间，进深三间，南面开设宽大的通窗。二层中部为一东西长9.5米，南北5.6米的天井。天井南侧为学习室，其西侧为仲备拉康，内立1柱，四壁彩绘壁画。天井北侧为会议室，东侧北为仓库，南侧室内西墙彩绘有文殊骑象佛像一尊。三层中部为天井，仅北侧有东西并列3个房间。

因为亚谿家庭的特殊地位，加之靠近政权中心地，其社会活动需求与其他庄园不同。建筑空间较为高敞，底层层高3.4米，二层达3.6米，柱梁、门楣、窗饰彩绘丰富，在檐部使用了标志最高建筑等级的边玛墙（图6-4-1～图6-4-3）。

庄园的北侧是密密的差民的住房，再北则是拉鲁湿地，是拉鲁庄园主要的自营地。

二、平康家院

平康是十一世达赖喇嘛家院。始建于1843年，起名为"平措康萨"⑦，简称"平康"。

平康主楼为砖木平顶藏房，3层高约10.5米，东西长约38米，南北进深29.5米。底层主要为各类库房，粮仓和酿酒用房，靠近街面的部分，作为出租房、二层中央为天井院，左右廊内设楼梯通往三层。北面为一间有12柱的佛堂，中间两根长柱直通三层屋顶。回廊周围的建筑南侧为管家卧室和文件库，西侧为厨房、主副食仓库和家具库房。三层为主人起居生活场所，中央仍为回廊，有卧室、起居室、经堂、餐室以及佣人房等。北部中央是二层佛堂升起的上层空间，周围为回廊，是护法神殿。左右各有一套带有天井院的卧室，东部一套是专供达赖来时使用，平时闲置。主楼中部面向主庭院的房间为小佛堂，东侧为小客厅。

主楼南侧由两层的外廊式建筑围合成前院，庭院面积约400平方米。前院廊屋主要用作仓库及奴隶佣人的住房、手工作坊及管家用房等。

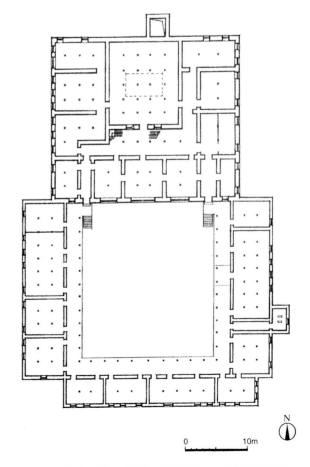

图6-4-1 拉鲁庄园建筑平面复原图（资料来源：《西藏传统建筑导则》）

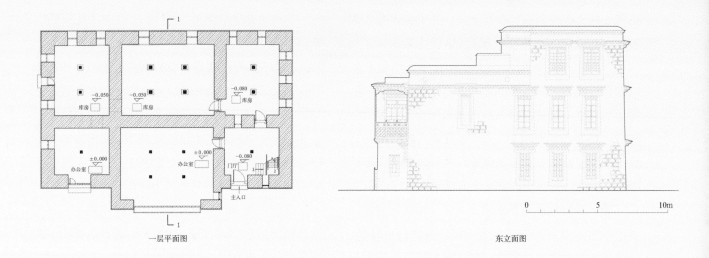

一层平面图

东立面图

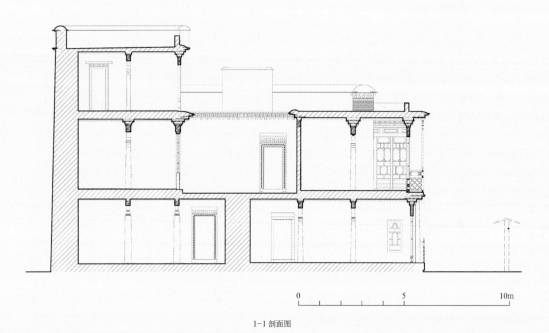

1-1 剖面图

图6-4-2 现存拉鲁庄园建筑平面、立面、剖面图（西藏大学测绘）

入口　　　　　　　　　主室落地通窗　　　　　　　室内梁柱装饰

图6-4-3 现存拉鲁庄园实景（邓传力拍摄）

2003年噶吉林公司维修改造。目前该建筑已被作为宾馆经营（图6-4-4、图6-4-5）。

三、夏扎府邸

夏扎府是贵族夏扎家族（bshad-sgra）在拉萨城的正式府邸，建筑面积3700平方米，是拉萨现存最大，保存最为完整的贵族府邸之一，大约建造于19世纪初期。它完整地展现了旧西藏贵族城市宅院的重要特征。

夏扎府位于大昭寺正南，距大昭寺的中心位置直线距离约两百米，能与最神圣吉祥的大昭寺比邻而居是所有佛教徒所看重的。主体建筑位于庭院北部，高三层约9.5米，庭院宽24米，进深21米，在庭院两侧及南面是两层带连廊的辅助建筑，用作储存、作坊、仆人居所、牲畜圈棚等。一条南北轴线贯穿入口大门、庭院及主建筑，并同两旁的围廊建筑一起构成夏扎的对称布局。这种庄重的对称形态也图解了当时夏扎家族的社会地位与权势。通过两侧外廊里的楼梯，可以上到围廊建筑的二层及屋顶。回廊檐柱都雕刻有简练而又有力的纹样。在紧靠主体建筑围廊左翼，有一座两层通高的家族佛堂，通过一个高出地面且前凸的门廊进入，与其前石质阶梯相对的是雕刻颇为精密的廊柱，及被檐柱高高举起的粗实的额枋与梁。这些木质构件在以前是经过精心雕饰并彩绘的。佛堂为12柱，层高约5米，规模宏大。

主体建筑底层主要储藏粮食、肉类等物品，只在外墙开有少量装饰性的窗户，内部阴凉难见阳光。在底层北侧有三个房间正对八廓街，用于商业出租。通过底层南面一个2柱大小的门厅，登上木楼梯，便到达二层的天井庭院。其北侧是主体建筑的重要部分——二三层通高，有天窗采光的分别具有16柱和24柱的会客厅和起居室（分别约合115平方米和140平方米，已接近一般中型寺庙经堂的尺度）。二层天井南面朝向庭院的房间有巨大的落地窗户，这里阳光充足并可俯瞰庭院，是家族成员主要的生活区。这三组朝南的窗户尺度恰当，比例和

谐，是府邸建筑窗户的代表作。通过天井两侧的楼梯，来到第三层庭院（露台），通过这个庭院又可以到达其他三个辅助的小型庭院，这也是夏扎府有别于其他府邸最为特殊的地方了，虽然是建立在布局严谨对称的基调之上，小巧的庭院错落有致地排列着，既提供充足的日照、躲避风尘又营造出一处处舒适的私人空间（图6-4-6、图6-4-7）。

四、拉让宁巴

拉让宁巴位于拉萨八角街南侧转经道范围以内，创建于15世纪，是具有藏民族建筑特点的一座拉让[⑧]。拉让宁巴创建人及创始时间没有明确的记载，根据资料判断创建时间定为1409年之前。著名学者东噶仁布著作中记载，宗喀巴大师在拉萨大法期间住在此屋三楼南面寝宫。公元17世纪，五世达赖喇嘛到拉萨时按旧传统住在此处，故得名为"拉让"。后来在五世达赖喇嘛阿旺罗桑嘉措的支持下，大昭寺扩建和修缮，在大昭寺三楼新建了达赖喇嘛寝宫（第二个拉让），五世达赖曾经住过的拉让被称为"拉让宁巴"[⑨]。此后拉让宁巴归属大贵族吞巴家族。

贵族吞巴家庭曾长期统治尼木地方政权，尼木人说吞巴大家族来自尼木县境内甘旦宗一带，是吐蕃王朝的名臣吞弥桑布扎的后代。吐蕃王朝建立不久，吞弥桑布扎创建了藏文，他在西藏历史上占有重要的地位。1751年设立西藏地方政府时，吞巴大家族的主要成员成为噶厦政府的噶伦，由此家族长期介入了西藏地方的政治、经济中，其势力也更上了一层楼，与其他大贵族一样，拥有庄园和财富。

拉让宁巴是一座坐北朝南，石木结构的三层宅院。建筑布局紧凑，庭院较小，东西最宽处为35米，南北最长处为32.6米，占地面积为1047平方米，建筑面积约2000平方米。底层为可通风的仓库，厨房及厕所用藏族传统方式设计，临街部分均为店铺，仅在南面廊房偏左位置开设大门，门厅中设木梯通往二楼。穿过门厅进入进深7米，面阔10米的主庭院，角部有一"L"形石梯通向二层。二层北部有12柱的佛殿，中间两根柱子直通三层，形

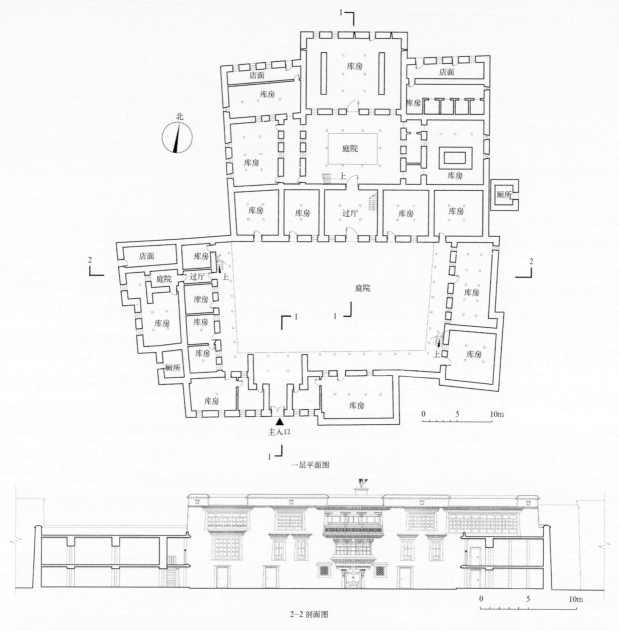

图6-4-4　平康平面、剖面图（测绘图来源：西南交通大学学位论文《拉萨老城区建筑研究》）

入口门廊　　　　　　　　　　　　　　　　　附属裙房

图6-4-5　平康实景（资料来源：西南交通大学学位论文《拉萨老城区官邸建筑研究》）

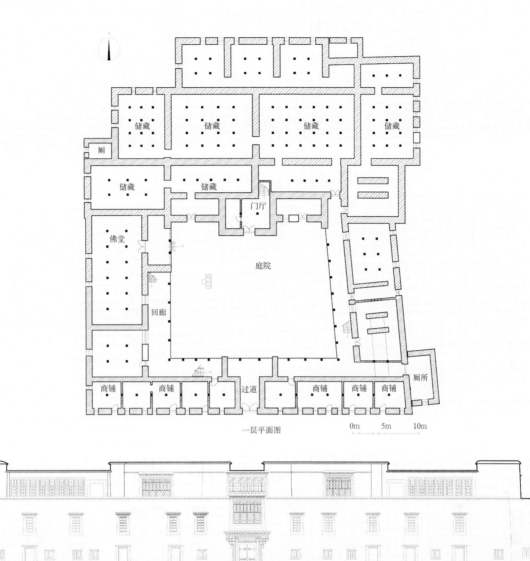

一层平面图

0m 5m 10m

正立面图

0 5 10m

图6-4-6 夏扎府邸平面、立面图（测绘图来源：西藏大学毛中华）

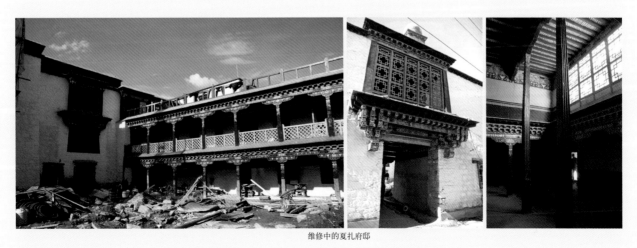

维修中的夏扎府邸

图6-4-7 维修中的夏扎府邸（资料来源：西藏大学毛中华）

成贯通两层的空间。佛殿前面为客厅，其余为仆人及眷属住室。顶层为官员住室及书房、经堂、客厅等，中央有4柱8梁的寝宫。这座建筑的进深都很大，室内划分较灵活，设有多个小天井。建筑庄严绚丽，具有古老民族建筑设计特点（图6-4-8、图6-4-9）。

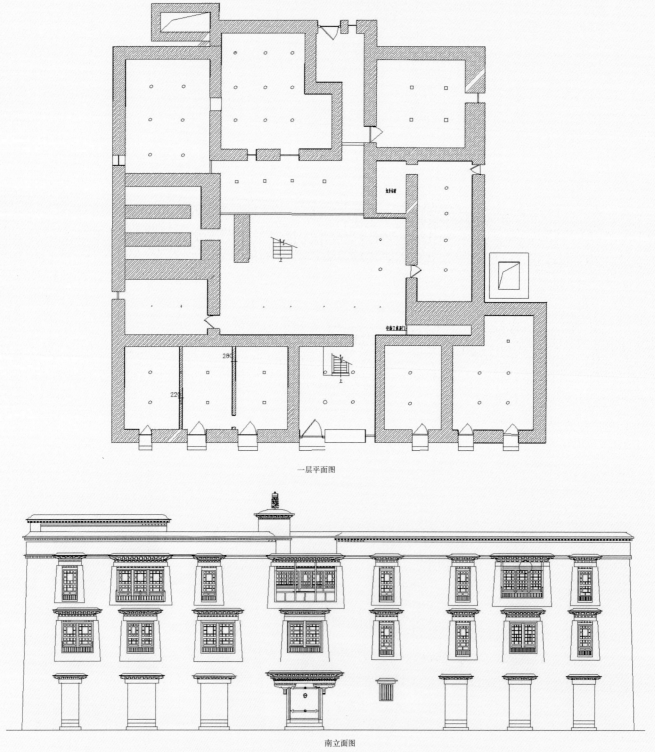

一层平面图

南立面图

图6-4-8 拉让宁巴一层平面、南立面图（测绘图来源：西藏大学边普，西南交通大学学位论文《拉萨老城区官邸建筑研究》）

图6-4-9 拉让宁巴实景（资料来源：西藏大学边普，西南交通大学学位论文《拉萨老城区官邸建筑研究》）

五、帕拉庄园

帕拉庄园是西藏大贵族帕觉拉康家族的主庄园，位于日喀则地区江孜县江热乡班觉伦布村内。现存庄园是主人帕拉旺久于20世纪30年代重建的，已被列入西藏自治区文物保护单位名录，是目前西藏唯一保存完整的奴隶主贵族庄园，其建筑基本保持原貌。庄园建筑为庭院围合式布局形式，北侧主体建筑3层，南侧附属用房两层，面积4274平方米。

帕拉家族是一个拥有400多年历史的古老家族。据考证，其祖先是藏堆王（1618年）从年楚河上游强旺一座寺院中抽到不丹管理普拉康寺的喇嘛，后因率五百户丁返藏有功受封江孜重孜沙鲁地方作为薪俸。帕拉家族在此基础上逐步发展并步入西藏大贵族行列，到19世纪末，成为西藏十二大贵族之一。民主改革以前的帕拉家族在全西藏拥有37个农业庄园，12个牧业庄园，3万余亩土地，1.49万头牲畜，役使奴役3000余人，并且拥有对所辖地区的部分管辖权。

17世纪40年代末，帕拉的先祖投靠了西藏地方政府，开始经营被赐封在重孜乡一带的萨鲁庄园。18世纪80年代末，帕拉·丹增朗杰将庄园迁到了江嘎庄园，并修建了规模宏大的"岗居苏康"。1904年英国人侵略西藏，岗居苏康及帕拉江嘎庄园的所有房屋都毁于战火。之后帕拉家族将主庄园迁至如今的班觉伦布村，再经扎西旺久十余年的苦心修建，而成为由大小房屋82间，前、中、后三个院落组成的帕拉庄园。

庄园正门设于院墙南侧，前院东西长52.5米，南北宽15.4米。庄园主体建筑3层，坐北朝南，主要的功能空间均围绕长23米、宽9米的内院展开。内院是朗生做羊毛活和晾晒羊毛的地方，有时也在这里表演藏戏。一层是庄园重要的生产、活动的场所及帕拉关押"犯罪"农奴的地方。二层内廊式的建筑，是管理人员起居工作和朗生从事庄园内工作的场所，从二层廊道进入主楼。3层高的主楼，是领主起居生活和社会活动的场所也是庄园的核心，因而是最高的部分，象征着至高无上的权力和威严。主楼二层主要为护法神殿、议事厅、贵重物品仓库及为领主服务的各类用房等。三层有会客室、小佛殿、起居室、活动室等。西侧为经堂，经堂北侧为后殿，还有庄主玩麻将的专门大厅。日光室南侧设有一阳台，阳台东侧为夫人卧室，东北处为接待室。房内雕梁画栋，富丽堂皇。经堂陈设考究，经书、佛龛保存完好。庄园主楼西南面二层房顶的平台上建有全村祀神的祭台"格拉"。

穿过二楼东面的回廊，可达帕拉庄园的后花园，里面栽种了一圈杨树，形成后院的绿色屏障，花园里有各种果木花草，还有一处凉亭，是领主赏花观月和夏天宴会以及娱乐的地方。

庄园建筑经维修装修后，现存房屋57间，分别设有经堂、大展厅、家族史厅、会客厅、夫人卧房等展厅。目前作为博物馆对外展陈（图6-4-10、图6-4-11）。

六、朗赛林庄园

朗赛林庄园地处山南地区扎囊县雅鲁藏布江南岸朗赛林乡。庄园主楼7层，是西藏最古老、最高的庄园建筑之一。历史上该庄园家族有着显赫的地位和身份，出过许多著名人物，包括贡嘎县多吉扎寺的两位活佛，大学者班禅·罗桑益西和原西藏噶厦政府的噶伦，最后一位即原西藏地方政府的四位孜本之一，朗赛林·班觉久美，他与另外一位孜本阿沛·阿旺晋美齐名。

朗赛林庄园又名"囊色林"，意为"财神之地"。庄园的领主曾是吐蕃王朝末代赞普朗达玛的女婿。大约在帕竹万户王朝时期，即13世纪的元末时期开始建造，在扎西若丹庄园的基础上发展起来。扎西若丹庄园建在现朗赛林乡拉巴村，主楼为4层，由疆·扎西若丹创建。随着庄园势力的壮大，

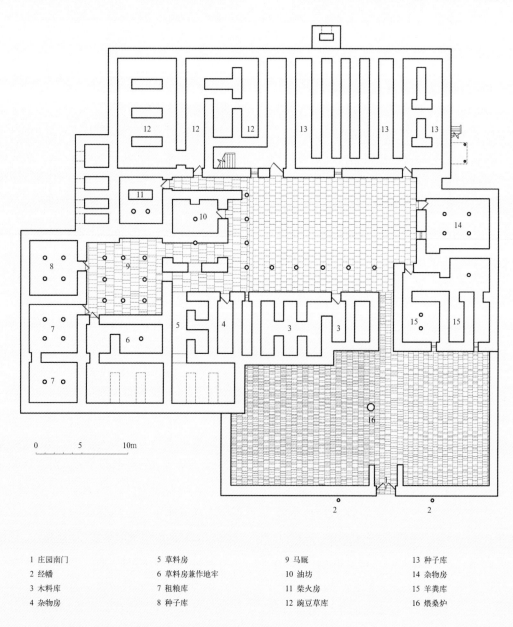

1 庄园南门	5 草料房	9 马厩	13 种子库
2 经幡	6 草料房兼作地牢	10 油坊	14 杂物房
3 木料库	7 租粮库	11 柴火房	15 羊粪库
4 杂物房	8 种子库	12 豌豆草库	16 煨桑炉

图6-4-10 帕拉庄园一层平面图（潘熙参考日喀则地区文物调查资料绘制）

内院主楼与廊屋

庄园入口

三层露台

主楼室内

图6-4-11　帕拉庄园实景

庄园主经那曲杰又在扎西若丹庄园以北的开阔地方重建了一座主楼为7层的庄园即朗赛林庄园。

此时帕竹政权虽然取代了萨迦成为中央政府承认的、统一的西藏地方政府，但本质上封建割据的状态还没有结束，帕竹政权仍然需要通过其军事据点宗堡或豁卡来实现对其他地方势力的控制。因此，朗赛林庄园周围仍然是采用高大垣墙围合的整体格局。

庄园有双重围墙，外墙呈长方形，以石块为基，上部用土夯筑，墙窄且矮。内墙的下部亦垒石为基，墙基宽约4.5米，上部以夯土为墙，夯土墙隔层夹有石板。墙体下宽上窄，收分较大，墙顶宽约2米，总高约10米，墙顶部有木檐，以此来遮雨护墙。内围墙呈方形，在墙角处，建有极简单的碉楼。大门设于东墙正中，宽约3米，在南墙偏东处，

还开有一小偏门。西墙正中建有望楼，在此可瞭望四方。内外围墙之间，开筑有宽约5米的壕沟（即护城河），均用石砌而成，具有明显的防御功能。

主楼在围墙内中部偏北，坐北朝南，占地487平方米，建筑面积约1440平方米。整座建筑墙壁皆用土、石筑成，总高22米。主楼西半部下面是7米多高的石墙基，上部为夯土墙，隔层夹有石板，墙厚约1.4米。主楼东半部从底层到顶部全为石砌墙壁，其中间隔镶嵌着刻有八宝图案的大块石，而且在最东端增建了宽4.3米的附属建筑，石缝衔接痕迹十分清楚，这些属于后期加修的。

主楼入口位于南面矩形高台上，在台前和台左设有台阶。高台上是4柱的入口门廊，面阔三间、进深一间，方柱底边长比柱头边长大一倍，收分显著，形制特殊。

主楼的底层为牲畜圈，库房，中转用的牢狱。二层实为夹层。一二层以砌筑宽厚的地垄墙分隔，许多房间一二层之间贯通，没有楼板，作为库房。

进入主楼大门即达建筑第三层，三层以上的建筑均分为东西两部分，由宽厚的夯土墙隔开。大门内门厅中间有通往上层的木梯，楼梯窄而陡。其他房间狭小低矮且很不规整，房内也相当阴暗，多为存放食物和收缴、存放粮食的库房，地板上开有若干小洞。

第四层楼梯间西侧是一间12柱的经堂，经堂中部面阔两间、进深一间的空间直通顶层，高出屋面，在南向开设高侧窗，这既是上面第五、六层建筑的内天井，也是通风采光口。东部各房间均为管家、佣人住房，厕所设于东北角。

第五层西侧有甘珠尔拉康和神殿，拉康现存的壁画还有释迦像、无量寿佛、护法神像等。中央为安放楼梯的过道，其他房间为会客、管家、佣人等用房。

第六层东部是庄园主的住房，北侧为厨房，屋顶中央开设天窗突出屋面，厨房东面有通往上层的楼梯。西部有6柱的小经堂，还有甘珠尔拉康。

第七层仅最东端及中央部分有建筑，其他均为屋顶平台。顶层的厕所悬挑在东边的北墙外。这层是护法神泽玛热的神殿和卧室，神殿里供有青铜制的释迦牟尼像，用金、银等五种珍宝书写的一部《甘珠尔》和解除疆扎西卓玛一生的恶事专供的一部经籍，还供有一尊噶玛巴希[a]的塑像。另外，在第七层护法神殿里，还有一件小巧玲珑的石雕建筑模型，这与日喀则那当寺（前为拉当寺）镌有"大明永乐年施印"、"将来金"建筑模型完全一样。这件石雕很可能是那组模型中的一件，是帕竹王朝与后藏在战争时期所掠夺的战利品之一，这也为朗赛林庄园的创建年代提供了相对依据。

庄园主楼屋顶四周的女儿墙外侧，使用了边玛檐墙装饰。按传统规定，边玛墙只能是宗教上有特殊地位的寺庙殿堂、达赖喇嘛和班禅大师的宫殿才

能使用，朗赛林只是一个世俗贵族，按规定他的庄园是不能使用的。但在民间有一不成文的规定：如果房屋内供奉完整的甘珠尔103部和丹珠尔经225部，这座房屋就可以修建边玛墙屋檐，意思是这座建筑达到了非同一般的高等经堂标准。朗赛林庄园就是遵循了民间的这一原则，在主楼五层设有专门的甘珠尔和丹珠尔经堂。

在庄园围墙内西南方，沿墙分布着庄园的附属建筑，织毯毡的作坊、马厩与牧畜棚。墙边还有一些低矮的小房屋作为朗生的住所、炒青稞房、磨房、染坊、鸡舍和部分粮仓等。但目前仅遗留下一点地面的夯土遗迹。

庄园建筑围墙外的北侧，有一片很大的场院，是庄园每年收割后的打麦场，晒场西侧还有一个宽阔的用墙垣围着的牧场。围墙外南面，种植大量花果林木，是领主的林卡。

据说这个庄园自开始修建到最后完工，大约花费了几十年时间，反映了庄园的巨大规模及不断扩建的一个历史过程。朗赛林庄园作为西藏社会进入封建农奴制的早期庄园，不论其几百年的延续性及巨大的规模，都是一个具有代表性的典型，对于系统地研究封建庄园的形成和发展时期的历史过程，是个难得的实证。作为全国重点文物保护单位，目前的庄园主体建筑已经复原重建，重现其壮观的原貌（图6-4-12、图6-4-13）。

七、鲁定庄园

鲁定庄园旧称鲁定颇章，位于山南地区桑日县城东约1.5公里处，是18世纪时西藏地方政府封赐给桑颇家族的，地处原桑日宗所在的山的南面，同时又是桑日宗政府平时办公的地方。

17世纪初，七世达赖喇嘛由理塘进入拉萨后，其家族随同而至，清政府封其为公爵，噶厦政府又封赐了很多庄园，遂成为西藏一大贵族，即今之桑珠颇章。

鲁定颇章既是桑颇家族的庄园，同时又是噶厦的三等宗，即桑日宗谿。它是官府庄园向贵族庄园

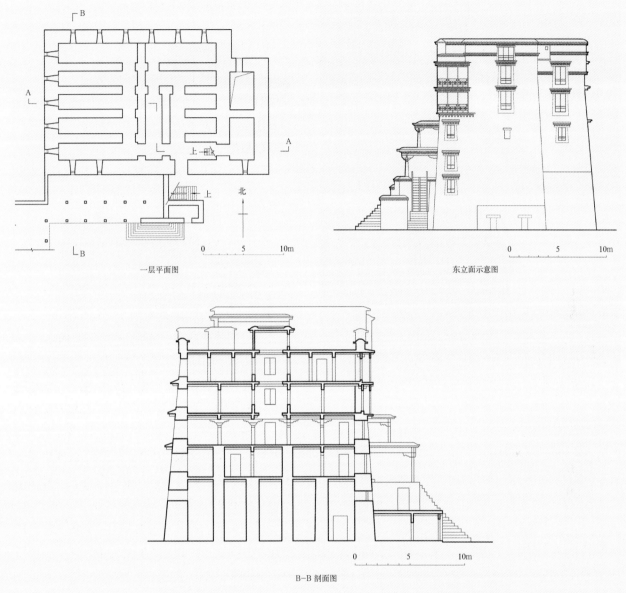

一层平面图

东立面示意图

B-B 剖面图

图6-4-12 朗赛林庄园平、立、剖面图（潘熙参考《文物志》，《中国藏族建筑》绘制）

转变的典型。桑颇家族接管庄园后，因原来的桑日宗建在险峻的山上，受地貌限制，建筑面积小，无处存放大量的粮草，交通运输及日常生活均不方便，所以放弃旧址建筑，在宗山南面的康玛村建造了桑珠颇章宫，形成现在的鲁定颇章。主体建筑占地面积900平方米，平面为"凸"字形，典型的3层藏式平顶碉房。建筑规模不大，但从建筑的装饰上仍显示出其家族的高贵地位。

主体建筑入口位于南侧正中，大门包有铜饰，以斗栱出挑门檐，门楣绘有莲花。门厅进深二间、面宽三间，正面设有三级石阶和上二楼的木梯，门厅柱头绘有莲花纹，柱枋为彩绘。门厅两边各有一间进深三间、面宽二间的房间，楼梯后面是一个10柱面积的库房，其面积占整个底层的近一半，这个库房的平面设计与一般寺院经堂极为相似，两边还各有一间小仓库。整个底层建筑的木柱没有任何雕饰，而且因通风及采光条件很差，所以显得潮湿、阴暗。

二层是主要的生活场所，但只有在偶然的情况下桑颇家族的人才来住，平时只有一名房屋管家居住。

三层西侧天井院

檐口边玛墙

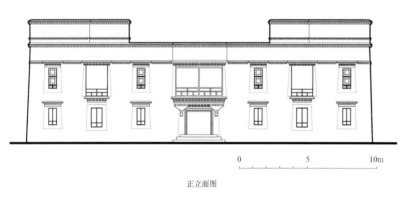

主楼入口

主楼正立面

图6-4-13　朗赛林庄园实景

正立面图

一层平面图

图6-4-14　鲁定颇章立面、平面图（潘熙参考《文物志》、《西藏传统建筑导则》绘制）

二层中部是进深二间、面阔三间的天井院，起着过厅的作用。院的南面是客厅，东面两间房屋，分别是伙房和佣人住房。西面两间房屋是庄园主的卧室，北面是进深二间、面阔三间的佛殿，佛殿和过厅院的布局关系与寺庙经堂和佛殿的关系一致。佛殿后墙有一小门，据庄园的差巴说，这个小门是专门用来观看山上桑日宗情况及有无信使来往而设的。因为房屋围绕天井院，而且每个房间都有很大的窗户，所以显得明亮。二层的每根木柱都绘有仰莲纹、莲花等彩绘，横

梁上也绘有莲花图案和一些云纹。

三层是庄园主的夏季卧室和一间小佛殿，装饰色彩艳丽。建筑二层和三层的屋顶檐口均为高高的边玛草女儿墙，象征着领主的特殊身份和权力。

主体建筑前是一片广场，广场两边是马厩和驴棚。民主改革后，鲁定颇章成了桑日县雪巴人民公社驻地，马厩等建筑被拆除。目前该建筑经国家拨款进行了复原维修建造，基本完工（图6-4-14、图6-4-15）。

主楼正侧

主楼西侧

二层天井

三层屋顶平台

图6-4-15 鲁定颇章实景

注释

① 克，为西藏容积单位。相当于斗，1克约合14公斤，1克种子播种的土地面积为1克地，约合一市亩。

② 197家贵族家族中，有影响力的只有25家。虽然很多大贵族家族拥有几个甚至数十个谿卡，但真正在领地上建造居住建筑和管理机构形成庄园建筑的仅限于1~2处较大的谿卡。

③ 建筑朝向主要考虑向阳避风，利于生活、生产。也有偏东或西的，与地理环境及宗教观念有关。

④ 旧时有专门的规定，在八廓街区域的贵族府邸不超过3层，一般的城市住宅不超过2层，以防超过大昭寺的高度。

⑤ "拉"在藏文中是表示神的字义，"鲁"在藏文中表示龙的字义，神和龙加在一起叫"拉鲁"；"嘎"在藏文中是表示快乐的字义，"彩"的字义在藏文中是表示自然形成的林苑。

⑥ 拉鲁·次旺多杰，拉鲁家族及本人经历，引自西藏自治区政协文史资料研究委员会编，西藏文史资料选辑（十六），民族出版社出版，1995。

⑦ "康萨"在藏语里意思是"新建的住宅"。

⑧ "拉让"藏语意思是活佛居住的地方。

⑨ "宁巴"藏语意为"古旧"，"拉让宁巴"指旧拉让。

⑩ 噶玛巴希（1204—1283年）是噶举派噶玛噶举第二代祖师。原名"却吉喇嘛"，藏语意为"法师"。生于康区止隆丹地方的一个富有家庭。从都松钦巴再传弟子崩扎巴学法，居粗朴寺。南宋宝祐四年（1256年）受元宪宗蒙哥供养，赐金缘黑帽，从此，其传承称噶玛噶举黑帽系。藏传佛教活佛转世制度自噶玛巴希开始。

西藏古建筑

西藏古建筑

第七章　民居建筑

西藏民居建筑分布图

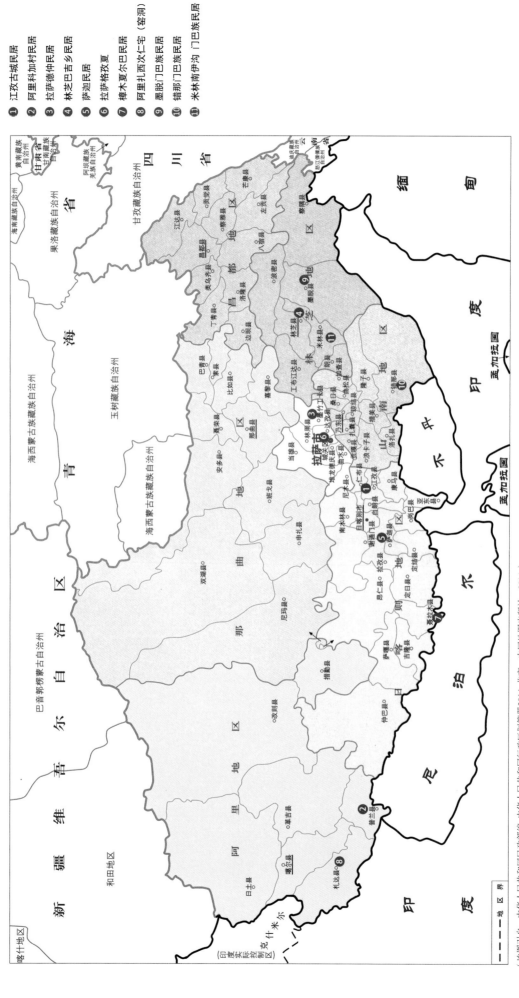

图例：
① 江孜古城民居
② 阿里科加村民居
③ 拉萨德仲民居
④ 林芝巴吉乡民居
⑤ 萨迦民居
⑥ 拉萨格孜夏
⑦ 樟木夏尔巴民居
⑧ 阿里扎西次仁宅（窑洞）
⑨ 墨脱门巴族民居
⑩ 错那门巴族民居
⑪ 米林南伊沟 门巴族民居

（地图引自：中华人民共和国民政部编．中华人民共和国行政区划简册2014．北京：中国地图出版社，2014．）

图7-1-1 萨迦民居色彩

与庄重、华丽的大型公共建筑相比，民居建筑往往能最直接和最真实地反映一个民族、一个地区的自然和人文生态。从某种意义上讲，它是民族文化和地域精神的主要载体，它最为真实、恰当地表达了人们对自然环境的适应与改造，对自身文化基因的吸纳、传承与重构。西藏古代民居的多样性和群体景观又是宫殿、寺庙等大型公共建筑不可替代的。西藏民居建筑是西藏古建筑中极其宝贵的重要部分。

第一节 历史演变

近期，考古工作者在西藏西部等地进行的考古发掘，已经可以证明从旧石器时代晚期约3万至5万年前青藏高原便有人在现在的阿里地区一带居住了。通过对新石器时代的拉萨"曲贡"遗址和昌都"卡若"遗址的考察，大致可以得出：新石器时代，在西藏广大地区，大致存在三个居民群体：一是以

"曲贡文化"为代表的西藏土著先民群体；二是以藏北细石器文化为代表的由北方草原南下的游牧先民群体；三是以"卡若文化"为代表的由东部黄河上游地区南下的氐羌系统先民群体。西藏考古工作的一系列进展都说明了西藏地区的居住历史由来已久，民居建筑也经历了漫长的发展过程，并趋于成熟完善。

一、民居建筑的成因

西藏地域十分辽阔，气候条件也有很大差异，气候、物产等因素在很大程度上决定了民居的形态。早在新石器后期的小邦时期，西藏便形成了北部游牧区帐篷建筑，西北地区的穴居、半穴居建筑，中西部农业区的土夯石砌建筑，东部峡谷森林地区的木构棚舍和碉房建筑并存的民居建筑分布格局。

藏西阿里古格地区的生土窑洞民居便是本土资源影响民居建筑发展，进而决定民居特色的显著例

子。由于古格地区"土林"地貌十分发育，在当地缺乏木、石建材的情况下，古格人将身边的土山本身作为主要的建筑材料，加以利用，在这里开创了独特的窑洞式民居。

该种建筑是直接在土山崖壁上开挖窑洞，因具有就地取材、施工简便、充分利用空间等优点，被广泛应用于民居、修行洞、佛窟、仓库、作坊等，特色十分突出。扎布让古格都城有窑洞式民居近千孔，遍布古都山体四周低矮地段，如众星捧月般地烘托着古格王宫建筑和寺殿建筑群。

宗教因素也在民居建筑的选址布局、色彩装饰、修建仪式等诸多方面产生深远的影响，特别是在佛教传入藏地，并在雪域高原蓬勃发展之后。如在藏传佛教萨迦派的中心萨迦寺周边，由于受到萨迦法王世代为"三怙主"化生传承的影响，不仅在萨迦派寺院大量使用象征"三怙主"——即文殊菩萨、观音菩萨、金刚手的深蓝、白、红三色作外墙装饰，在普通民居建筑中也大量使用这一色彩装饰体系（图7-1-1）。

此外，五色经幡也是民居建筑重要的装饰要素，赋予了朴素的民居浓烈的宗教色彩。五色经幡是由蓝、白、红、绿、黄五种不同颜色的小幡条组成，每年藏历新年后都要加以更新，用树枝架立在民居屋顶四角。一方面，五色经幡中的五种色彩各有其特定象征，如蓝色象征蓝天，白色象征白云，红色象征火焰，绿色象征绿水，黄色象征大地，这些均是生命赖以存在的物质基础；另一方面，在经幡上都印有佛教经文，当风吹过挂在高处的经幡，就相当于将上面的经文念过一遍，代表日日夜夜都在诵经念佛，具有向佛祈福的美好意向。

二、民居建筑的演变

西藏民居的演变大致可以分为五个历史阶段。

（一）原始时期

大约公元前30世纪，西藏出现原始民居形态。《西藏王臣记》、《国王遗教》等典籍中，有藏族远古先民是由猕猴与罗刹女相结合所繁衍的后代的记载。至今西藏自治区山南地区的泽当镇的贡布日神山上有一个"摘邬洞"，便是猕猴当时居住的处所。

关于上述猕猴变人的漫长历程，《贤者喜宴》中写道："食用果实变成人，采集树叶当衣衫，如同野兽居森林……"至于居住，苯教史《法原》中有"此前人鬼未分时，已有六大之世纪，无数年间人居住，地洞岩穴为人家……"这些传说从一个侧面揭示了青藏高原早期人类原始居住形式的事实。

意大利著名东方学家G·杜齐于20世纪40年代多次旅行西藏，在其著作《西藏考古》中多处提到史前时期西藏先民所居住的洞穴："正如我们所见，我们确实知道有一些洞穴在史前时期是有人居住的……在西藏，洞穴的数量极多，有些是孤零零的一个洞穴，有些是成群的洞穴。除上面已提到还尚未进行彻底勘察的鲁克洞外，在努扎（Nubra）及昆仑（Kun lun）地区还有一些洞穴，洞内装饰着壁画。显然，它们可以确定是公元前两千年的壁画。在拉孜（Lha rtse）也有一些洞穴。另有一些在羊卓雍湖（Yar abrog mtsho）附近。很显然，史前时期曾有人在这里居住过。L·A·魏德尔在1905年对此曾简要地描述过一番。在羌塘（Byaug thang）、雅砻和多扎宗（rDobrag rdsong）及其他的一些洞穴，在西藏西部的擦巴隆（Tsa parang）以及其他地方也有为数众多的古代穴居人的留居地。"

自青藏高原有远古人类生存以来至旧石器时代，如同地球上其他原始人群，其居住建筑基本仰仗于自然的赐予，或居于天然洞穴，或以树枝、树皮、兽皮作简单的掩体。这个时期，应该是西藏民居建筑的原始时期。

（二）萌芽时期

公元前约30世纪～公元前10世纪，是西藏民居建筑的萌芽时期。昌都附近发掘的卡若文化遗址充分地体现了新石器时代的居住建筑特征，它反映了当时的卡若原始文化已经具有较高的营建水平，可以看作是西藏民居建筑的萌芽时期。

卡若文化遗址位于昌都县东南12公里的加卡区

图7-1-2　卡若遗址房屋复原图（图片来源：西藏自治区文物管理委员会　四川大学历史系.昌都卡若.1985）

卡若村。在约1800平方米的遗址发掘范围内，建筑遗存十分密集，上下重叠，左右相并。其类型也较复杂，有房屋、烧灶、圆形台面、道路、石墙、圆石台、石围圈和灰坑等。这不但显示出卡若遗址延续了很长时间，而且说明本地区石器时代建筑的结构及其发展序列都具有一定的特征。从已发掘房舍的平面形式、结构构造、柱洞基础、墙身砌筑、地坪处理、遗址选择等方面，都反映了卡若先民具有较高的建筑水平。

卡若文化遗址的时间跨度较长，根据中国社会科学院考古研究所实验室对遗址早晚两期三段典型房屋中所采集放射性碳素标本的测定结果，遗址跨度至少长达1100年至1200年左右。通过考古发掘及复原资料，我们可以看出卡若地方的民居建筑形式经历了从早期圆底地穴建筑到晚期的石墙房屋的演进，对整个西藏民间建筑的结构类型和营建技术均产生过重要影响。

从建筑形制上看，卡若时期的民居已经出现了圆底穴居、半地穴居、棚舍、碉房等多种建筑形制；从建筑结构看，卡若文化早期以草拌泥墙建筑为代表，晚期建筑则以石墙建筑为代表，室内木柱承重，并且有两层楼居出现的可能；从形态特征看，卡若遗址的民居建筑表现为方形平面、厚重的屋顶及墙壁、平屋顶；从文化的角度看，卡若文化更多地显示出土著文化的主体性。

卡若遗址中发掘的建筑遗存生动地向我们展示了几千年前先民的居住形态，它们的建造形式曾经影响了昌都当地乃至整个西藏的民居建筑形式，我们仍可以从今天的擎檐屋、井干式木屋、藏式碉房建筑中找到往日建筑的影子，它甚至可以称作藏区民居碉房建筑的母型（图7-1-2）。

（三）雏形时期

公元前9世纪～公元5世纪，西藏民居建筑来到雏形期。据《汉藏史集》记载："从猴崽变成人类，并且数量增多以后，据说统治吐蕃地方依次为玛桑九兄弟、二十五小邦、十二小邦、四十小邦。"关于遍布于西藏境内的各个小邦的情况，敦煌古藏文、《贤者喜宴》中均有记载。这些小邦的大部分分布于雅鲁藏布及其支流流域，如拉萨河流域的岩布查松、几若江恩，年楚河流域的娘若切卡、娘若香波，雅隆河流域的悉部玉若木贡，林芝境内的达布朱西、娘玉达松等地。据《西藏自治区概况》，"他们在生活和生产中，逐步形成了清域、象雄、娘弱、驽布、尼羊、葛日、昂雄、邬普、扎卡纳、贡域、尼羊域和达域等12个部落，后来演变成卓姆朗松等40个部落"。从历史角度看，从玛桑九兄弟时期开始，西藏社会便视为进入小邦时期。

小邦时期的碉房民居，其基本形制和营建技术已经比较成熟，与现在的碉房极为相似，其主要特征为：墙体以石块和片石砌筑，黄泥抹缝，立面收分显著，呈内直外收状。平面形式多为方形、矩形，木料隔楼，以木或石隔墙。由于小邦之间战事较频繁，因而不论民居建筑群落还是个体的民居建筑都具有一定的防御功能。这时的碉房建筑向多楼层和多空间扩展结构布局，表现出其建筑造型不仅强调形式的美观大气，也更加注重实用和坚固。

（四）发展时期

6～12世纪，是吐蕃兴盛和走向分裂时期，也是西藏民居建筑的发展时期。7世纪初，松赞干布成为雅砻王统的第三十二代赞普，他即位后就平息了由内部贵族勾结属部地方势力发动的战乱，为更有效地把自己的实力向北推移，决定把首府从雅砻迁到拉萨。在公元633年（唐贞观七年），松赞干布在拉萨建立了奴隶制的吐蕃王朝。在这个时期，不仅是西藏地区经济社会大发展时期，也是西藏民居建筑大发展的时期。

7世纪初，在松赞干布迁都拉萨之前，拉萨还只是一片荒芜的沼泽地。定都拉萨后，松赞干布建造王宫和大、小昭寺，由此拉萨开始了大规模的城市建设。围绕大昭寺，沿着八廊街逐步建设了众多佛殿，贵族、僧侣和平民在此修建住宅以及商店，基本奠定了整个拉萨旧城的结构与布局。据《旧唐书·卷一百九十六》记载："其人或随畜牧而不常厥居，然颇有城郭。其国都号为逻些城。"可见当时拉萨城已颇具一定规模。

碉房建筑是吐蕃时期民居建筑最具代表性的主要样式。这个时期的碉房建筑大都依山势而建，为土石木混合结构，墙体高耸，外形向上逐次收分；其平面布局多为方形或矩形；外墙实多虚少，立面上开辟小窗，窗框为黑色、梯形；屋顶为平顶，顶角凸起，筑有焚香塔。风格坚实、稳固、凝重、厚重、雄浑。吐蕃时期的帐篷建筑随着纺织技术的发展逐渐用牛毛帐篷代替了皮帐篷。

公元842年，吐蕃赞普达摩遇弒，吐蕃奴隶制政权崩溃，达摩赞普的后裔奥松和云丹由王族、外族分别支持，在乌如地区连年混战。在混战过程中，随即爆发了平民及奴隶大暴动，迅速遍及全

境，吐蕃贵族连同各地军政建置，全被奴隶起义大军横扫一空，本土及属部分裂，无复统一。这种分裂的局面，在吐蕃本土经历过漫长的岁月，社会缓慢向封建制度发展，形成新的封建割据局面。对于此一时期的民居建筑所知甚少。有明确记载的是吐蕃王室后裔奥松的儿子贝考赞被杀于娘若香堡（今江孜城）后，其子吉德尼玛衮逃至西部羊同的扎不让（今西藏札达县），娶羊同地方官之女为妻，并生3子，建立阿里地区的3个小邦。其三子德祖衮占据扎不让，建立古格王国，在古格地区延续图存。根据当地的土质条件，发展出独具特色的生土窑洞民居聚落。该种建筑是直接在土山崖壁上开挖窑洞，就地取材、施工简便，被广泛应用于民居建筑、佛窟、作坊等。扎布让古格都城有窑洞式民居近千孔，遍布古都山体四周低矮地段（图7-1-3）。

（五）成熟时期

13～19世纪是藏传佛教后弘期开始并达到鼎盛时期，西藏民居建筑进入成熟时期。从13世纪中叶萨迦地方政权开始，西藏正式纳入了祖国版图，结束了西藏长期以来分裂割据、混乱的局面，使藏区有了一个相对稳定的社会环境，也进一步加强了自7世纪以来，藏区与内地在政治、经济、文化各方面的联系，还促成了藏区政教合一的政治体制的形成，这些都为民居建筑的发展完善奠定了社会基础。

萨迦时期，民居建筑有一个明显受到萨迦教派影响的过程，特别是在萨迦地区，民居建筑外部色

图7-1-3　古格皮央遗址窑洞民居

彩上广泛地受到藏传佛教萨迦派"三怙主"崇拜的影响。在民居建筑上随处可见象征密宗三大怙主之智慧、慈悲和力量的红、白、深蓝灰色三色条纹。

帕竹地方政权时期，是西藏经济恢复上升，也是藏区封建领主制社会进入全盛的发展时期。在此期间，宗堡建筑和庄园建筑出现，这些也都对民居建筑产生了重要的影响。如"宗"政府的建造，决定了宗山下的"雪"村的选址与布局；庄园经济发展之后，庄园内部的管理建筑也得到了极大的发展，形成了功能完备的建筑体系，包含了庄园主别墅、属民平房、牲畜棚、防御体系等，而这些也都属于广义的民居建筑类型。

以江孜为例，江孜古城区民居是围绕江孜宗山和白居寺发展起来的。在历史上，江孜老城区都是为地方政府（即山上的"宗"）、寺院服务的。这种社会模式明显地在古城聚落的整体空间结构上显现出来——社会制度已将江孜古城划定为特定的几个空间区域：作为政府统治机构的宗山城堡、僧侣传法诵经的寺院和政府属民及商人、农牧民、手工业者栖居的民居。从目前遗存看，仍能清晰地看出老城空间的主要构成区域：宗山城堡、白居寺及老城历史街区建筑群——老街古民居。

甘丹颇章时期，随着经济文化的全面发展，民居建筑的形制和种类呈现出异彩纷呈的局面，城镇建筑的兴起，体现了这一时期建筑蓬勃发展的规模；多层碉房建筑，展示了高超的营建建筑技术；贵族府邸建筑则以完备的设施、宏大的形制、浓烈的民族风格和宗教文化特色，延续着藏式传统建筑艺术的风格。

在贵族府邸方面也取得了不少成绩，受国外生活方式的影响，贵族府邸有的采用别墅式建筑，一般占地较大，院内林木葱茏，广置花木草坪，缀以亭台、水榭，主楼仅占一角。建筑以两层居多，底层平面呈长方形，二楼北侧两端设露台，建筑平面呈"凸"字形。这一类型的代表有拉萨擦绒别墅、朗顿别墅等。

到了20世纪40年代，随着商道的进一步开通，现代建筑材料如水泥、钢筋、玻璃等从印度翻山越岭来到拉萨。这些现代材料开始用在达赖喇嘛以及少数大贵族的别墅之中。受到印度北部山区修建的英国避暑别墅的影响，当时拉萨的部分大贵族把八廓街上的私宅院落卖掉，在靠近拉萨河的林卡内新建了小型的花园别墅式住宅。为了减少立柱，使室内空间完整，在部分重要房间采用"工"字型钢做梁承重屋盖，吸收了现代的建筑优点。建筑多南向，开通间落地大窗，使室内阳光充裕。这种结合西藏传统而设计的作品，使住宅使用空间大大拓宽，采光、通风、视野等大为改善，也为西藏民居建筑史留下了重要的一笔。

三、民居建筑的特征

西藏古代民居具有如下特征：

（一）民居建筑清晰地体现了当地的生存环境

民居建筑的发展，其根本目的是保障人类的生存，民居往往是人类最早形成和成熟完善的一种建筑类型，所以民居的营建过程充分反映了人的生存之道。这一过程就包括古人在民居营造过程中的选址择地，对自然气候、物产资源等基础条件的选择、适应。人类总是最大限度地利用自然环境能供给的条件，并学会如何对其加以改进（图7-1-4）。

（二）民居建筑完整地体现了当地的建筑规律

民居建筑的营造，需要遵循建筑营造的基本规律。首先是建筑材料的选择加工、结构与工艺的选择、施工活动的组织。西藏各地的气候有很大差异，可资利用的建筑材料千差万别，以此为背景，民居建筑形成了丰富多样的结构方式、构造方法与建造体系，体现了地域性建筑独特的生成规律（图7-1-5）。

（三）民居建筑生动地体现了当地的居住方式

民居终究是为满足人的日常生活而建造的，它一定反映了人的使用方式和居住行为。不同时代、不同家庭、不同文化背景的人群，其居住方式和生活模式存在千差万别，这种差别首先就反映在民居建筑上。如对于西藏传统牧民，在民居底层设置牲

图7-1-4　亚东林区的木结构坡顶民居

图7-1-5　阿里草原帐篷民居

图7-1-6 林芝井干式木屋，人畜分层而居

图7-1-7 日土碉房民居屋顶经幡与屋前佛塔

畜过夜的场所是合理适用的做法（图7-1-6）；对于农民或半农半牧者，在房屋底层设置青稞储藏间和在屋面设晒场则是更合理的选择；对于信奉佛教的家庭，出于对宗教的虔诚，将家中最为神圣洁净的上层或静谧空间作为佛堂是一种理所当然；但是对于信奉原始宗教的门巴族人，佛堂则是多余无用的空间。民居建筑上的这些差异，归根结底都是居住者的差异。

（四）民居建筑深刻地体现了当地的文化观念

独特的高原环境孕育了以藏传佛教为主要思想内容的西藏传统文化，西藏民居建筑地广泛地受到这一文化的熏陶浸染。如民居建筑中墙面的色彩，室内室外的装饰装修，家具陈设，节庆时节人们围绕民居开展的种种仪式与活动。这些既可以说是文化观念对民居建筑的影响，也可以说是在文化机制引导下的居住行为在民居建筑中的反映（图7-1-7）。

综上所述，西藏古代民居建筑与西藏地域自然条件、技术体系、社会背景、文化观念有着紧密的联系。其中，除了普遍存在于各个地区的藏传佛教这一重要的影响因子，对民居建筑的形成和发展具有决定性影响的要素当数民居所处的场所与环境，也就是民居的地域条件。由于西藏地域辽阔而复杂，各地的地形地貌、气候条件、物产资源、风土人情等各不相同，这就使得西藏各地的民居建筑丰富多样、异彩纷呈。特定的地域条件大体上决定了

特定的建筑形式，也决定了该地区居民的一种共同的或相似的居住方式——居住模式。

第二节 布局与功能

一、民居建筑的选址

由于西藏高原气候恶劣，为适应地域条件，民居建筑的形成和发展经历了一个漫长的经验积累过程。通过长期的生活实践，人们学会了从小气候环境、生产劳动、宗教生活、对外交通等多方面寻求合理的民居建筑选址。

首先从气候环境的角度分析，民居建筑多选择平稳厚重的山体作为靠山，以缓缓下降的山脊作为左右砂山，面朝较为开阔的河谷或坝台地，以充分利用较佳的小环境。这种选址原则其实就是建筑风水的一种朴素表现。通过三面环抱的山体作为屏障，可以最大限度地避免高原冬季寒风与风沙的肆虐；前方的开阔场地既可以提供充足的阳光、新鲜的空气，还能从心理上舒缓人的情绪，取得精神上的愉悦；位于两山之间的山麓地带，往往有山泉存在，又可以提供优质的水源。

其次从生产劳动角度分析，选择靠近河道的近水台地之上。特别是在藏南河谷地区，由于地壳的升降运动和受江河侵蚀与冲刷，常在河道的河漫滩之上形成多级台地。这些台地靠近水源，土壤较肥，因此较适宜农耕生产。这就使得这类台地成为

河谷地区最主要的选址类型（图7-2-1）。

从宗教生活看，民居建筑都在积极寻求一种与宗教设施的关联。这些宗教设施包括各种规模的寺庙建筑、转经林廊道、玛尼石堆、玛尼墙等。宗教在一定程度上是某些民居聚落的核心，这一方面是寺庙的活动离不开村庄，需要人们的供养，需要人们参与寺庙各种活动，实现宗教价值；另一方面，百姓也需要一个心理的慰藉之所，供自己身体力行去修行。这样聚落就与寺庙形成一种相互渗透的关系，成为有机的统一体。

阿里科加村就是围绕科迦寺的建造而逐步发展起来的，在整个聚落中，以科迦寺大殿为中心，呈发散状向心组合。除了作为精神上的中心之外，寺庙主殿在空间上也具有控制性的作用，主殿在体量、色彩、建筑、艺术形象上都不可避免地成为村落的中心点，统领全村的布局结构。

墨竹工卡县的德仲位于拉萨以东约120公里。德仲温泉由于其神奇的疗效而全藏闻名，这里的民居聚居点在很大程度上是围绕德仲温泉及德仲寺而发展起来的，这种以温泉和寺庙二者为中心生成聚落的模式是一个独特的例子。温泉给病者提供肉体上的康复，寺庙则给人精神上的慰藉，而民居建筑则为那些远道而来在此长期疗养的人们提供了食宿等基本设施。温泉的主泉眼位于地势较为低洼的地方，四周地势高峻。受地势限制，这里的民居建筑大都修建在地势险要的山坡上。墙体采用毛石或土坯砌筑，多为1~2层的碉房结构，建筑充分利用地

形之起伏，多数建筑均结合下层屋面及山体设有露台，方便生活起居、晾晒。

在建筑地基选址过程中，还需要请喇嘛打卦卜算，以确定房屋的最佳方位和开工时间。在日喀则一带，门一般不能朝北，不能对准两座山的结合部，更不能对着天葬台。窗口忌对准独树、洞穴、石崖。这些禁忌也可以通过环境心理学加以解释。

二、民居建筑的布局与功能

西藏民居建筑在使用功能的布置上具有一定的特色，主要表现在注重实际使用，注重宗教空间的营造；延续传统的院落式布局。

（一）典型空间布局

藏民族是一个以农、牧业为主要生活资源的民族，其对农牧业的重视与依赖在民居建筑中有大量的体现，并影响到民居建筑的空间布局，表现为一系列典型的空间构成模式。

首先，民居建筑更注重建筑的使用效率，较少注重内部空间氛围的营造，非常务实地解决一些基本功能问题。如通过设置内部走廊、采光内庭院等方式提高空间的利用效率与满足采光需求

其次，民居底层墙体较厚，开窗均较小，在保证建筑的结构安全和防御性的同时，也造成室内采光微弱。但这毫不影响建筑的使用，因为一层主要用作堆放草料、粮食的储藏间，或用作圈养牲口的场所，对采光的要求不高，只注重室内的通风条件（图7-2-2、图7-2-3）。

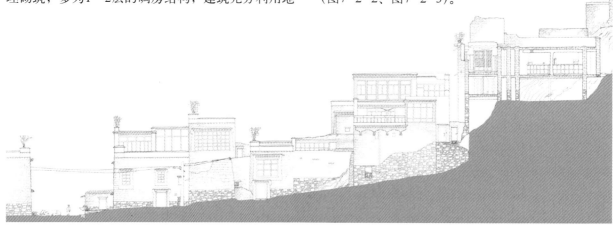

图7-2-1　江孜古城民居，民居建筑与山地的剖面关系

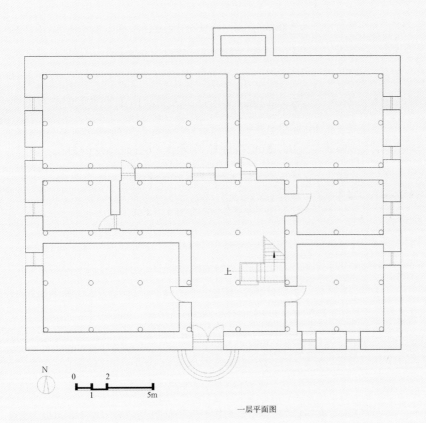

N

0 2
1   5m

一层平面图

图7-2-2　林芝巴吉乡某民居
（一层用作储藏间与牲口圈，开窗
较少，注重防御）

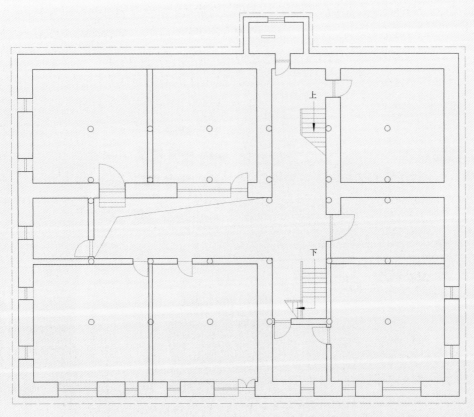

N

0 2
1   5m

二层平面图

图7-2-3　林芝巴吉乡某民居
（二层通过短内廊与天井解决内部
交通与采光）

二层空间主要用于家庭成员的生活起居，在这里，它一改一层的昏暗，在采光良好的南面与东、西面往往设置较大的窗户，争取直接采光。对于体量较大的民居还设置天井。在二层朝向最好的位置往往安排主人的起居室兼卧室。通常情况下，在高出其他房间一定距离的北面房间内安排佛堂，通过对佛堂在整个建筑中的平面方位布局、空间高度上的经心安排，来充分展现主人对宗教的膜拜，宗教的影响已经深入到民居建筑的空间模式。

（二）佛堂空间

在佛教徒看来，佛堂是家中最为殊胜的地方，佛堂务必是置于整个建筑最好的地方，装饰要豪华，而佛像更要有专门的佛龛或者其他的陈设来加以装饰。一般来说将佛堂设于北侧，在民居中常常将佛堂升高到一定的高度（一般为60厘米左右），以此构成一个洁净而神圣的空间。佛堂装饰都较华丽，有雕饰精美的佛龛，供奉佛像，佛龛一般置于藏柜之上，前方供奉清洁的圣水碗及酥油灯，条件较好的还在房间四壁张挂唐卡，设置专供念经的卡垫或座椅（图7-2-4）。

普兰科迦村加央次仁宅，二楼的佛堂极具特色。首先，佛堂面积虽然较小，但装饰极有特点，雕饰比较精美，现在仍保留着一些雕饰较好的木结构构件。佛堂后部局部抬起，用类似细木作的方式构建了一个修行的小世界，这些木装修具有一定的印度-克什米尔风格的特点，可见受到了周边地区艺术的影响。精心制作的经书格架居中，喇嘛打坐的垫子居于右侧，有类似靠背一样的坐具，上置垫子。佛堂与外部空间通过一排木窗分隔开来，佛堂前有一柱大小的天井以供采光（图7-2-5、图7-2-6）。

图7-2-4　阿里科迦村民居佛堂

（三）庭院

"庭院"在西藏人的生活中是个很重要的话题，这大半是由西藏的气候条件决定的——庭院在冬季能够吸纳充足的阳光而在风季能够避免风沙的肆虐。

以拉萨为例，拉萨地处拉萨河谷平原，冬春季多风，风向以东西向为主。受气候影响，拉萨民居多坐北朝南布置，平面较方正，内设天井庭院形成外廊式院落建筑。在一些规模较大的民居，常有设置多个内庭院的平面布局形式。如拉萨夏扎府邸，在主楼三层平面安排了3个小庭院，庭院既提供充足的日照、躲避狂风，又营造出一处舒适的私人空间，使其成为整座建筑中最富生活气息的地方（图7-2-7）。

三、民居建筑的营造

（一）建筑结构

从结构的角度，传统民居建筑大致可以划分为承重墙列柱密椽结构、井干式木结构、干阑式木结构、生土洞穴结构等。其中，承重墙列柱密椽结构是最主要的结构形式，广泛地分布于西藏全境。此种结构常用块石、土坯砖或夯土筑成承重墙体，与室内的列柱共同承受由密椽梁架传递来的荷载。室内列柱为尺寸较小的木柱，一般加工为方形截面，在一些建造工艺较落后的地区也多采用未经砍剁的原木。木柱之上架立木梁，木梁跨度较小，一般为2米左右。木梁与墙之间铺搭密椽作为楼面或屋面的结构基层，其上再铺石板或树枝栈棍，夯筑黄土或阿嘎土面层。在传统工艺中，屋面无防水层，仅靠增加屋面土层厚度、加大排水坡度等方法防止屋面渗漏（图7-2-8、图7-2-9）。

从建筑材料与工艺看，民居建筑基本就地取材，用材规格及工艺不高，但也体现出其与所处环境的协调融洽。根植于本土，最大限度地利用本地资源，这是民居建筑的一大特点。这一方面促成了西藏民

图7-2-5 普兰科迦村加央次仁宅二层平面实测图

图7-2-6 普兰科迦村加央次仁，佛堂

图7-2-7 以庭院为中心组织空间的构成模式

图7-2-8　江孜民居中的底层梁柱结构

图7-2-9　阿里皮央遗址窑洞内部结构

居建筑风格的形成，另一方面也真实反映了建造形式的自然生成——外在形式源于技术体系，浑然一体而绝少矫揉造作的成分。事实证明，这在西藏严酷的自然地理背景下是明智的。建筑材料的几乎无可选择性、建造工具及工艺落后等条件决定了，在民居这种最为普遍的建筑类型中，建筑技术的第一个要务便是效率（建造可行性上的及环境适应性上的），表面形式上的客体审美已退居次要。考察民居的外在形式风格，我们能够自然地将建筑本体与建造手段、当地的自然资源与环境关联起来，进而升华到一种淳朴的技术理性美的层面上去。

大凡一种较为成熟的民居，其建造技术必然呈现一种体系性。在外在形式上，藏式传统民居给人以丰富纷呈之感：从西部厚重内敛的生土建筑到东部灵活轻快的木构建筑，跨度巨大而各具特色。稍加分析，那种基于当地环境资源的建筑技术原本就自成体系，并且表现出一种鲜活的差异性来。观照这种差异，更能让我们深刻理解到地域与技术体系的紧密联系、交相辉映。

（二）建造仪式与过程

西藏民居建筑在营造过程中有一套复杂的仪式，贯穿建房择基、奠基、立柱、封顶、竣工、乔迁新居等一系列过程，这些仪式都明显地带有祈求

人畜安康、房基永固平安等远古而朴素的神灵心理，并伴随着喇嘛、经师等宗教神职人员的全程参与，这些具有深厚传统文化的现象也是民居建筑文化不可或缺的一部分。

首先由喇嘛选择好地基，择吉日举行破土仪式"萨各多洛"，届时，需请喇嘛到现场诵经作法事，在宅基地前摆"五谷斗"，设祭台，置供品，燃放桑烟，向土地神和龙神赎地基为己用，并祈求人畜安康、风调雨顺。开挖第一锹土的人必须属相相合，然后家人在房基的四个角落象征性地挖土，完成破土仪式。

正式开工仪式称为"粗敦"，修房的主家要向修房工匠和参加仪式的乡邻献哈达、敬青稞酒，并在离地基不远的显眼处树立一根带权木棍，上挂经幡，其作用是阻止人的闲言和过分溢美之词，以确保房屋的牢固和主人家的幸福。如果是修建大型宅院，主人还要请喇嘛主持开工仪式，在房基的四角埋"萨居崩巴"（地气宝瓶），宝瓶为红色，内装青稞、小麦等五种粮食和五色绸缎，有条件的人家还要放一些宝石在里面。埋宝瓶的目的是为房基永固。

房屋上梁立柱时，要举行"帕敦"仪式。立柱那天，全体亲戚到场，参加仪式。在立柱前，将茶

叶、小麦、青稞、大米等粮食和珠宝等放入一个小袋，置于立柱的石头下，然后安放立柱。在立柱与横梁的结合部压放五色彩布，在横梁上面放一些麦粒，以此祈求房屋永固。五色彩布代表蓝天、白云、红火、黄土和绿水，象征吉祥。立柱立好后，还要给每根立柱献哈达。

封顶仪式称为"拖芜"，有时和竣工仪式一道举行。当房屋快竣工时，留出一小块屋顶不填土，举行封顶仪式。届时，亲戚朋友都来主人家，象征性地填土，表示参加了房屋的修建。来客均要带茶和酒等礼物，给主人献哈达，向主人祝贺新房落成。

乔迁仪式称作"康苏"。新房落成后，何时搬迁必须请喇嘛择算。当搬家的吉日选出后，在正式搬家前一日或当日早晨，主人家带上一袋牛粪、一桶水，一个装有茶、盐、碱等物的春钵和一张大成就者唐东杰布像去新屋，还要将"五谷斗"先搬过去，这些物品都要悬挂哈达，以示吉祥。这之后，才正式搬家具什物。搬进新屋后，要先举行祭祀灶神的仪式，由家中长者给火灶献哈达，将哈达拴系于火炉、水缸上。待新房安顿好之后，根据主人家的经济条件择吉日举行"康苏"仪式。拉萨地区的"康苏"仪式一般举行3天，日喀则一带举行5天。举行仪式时。主人家需准备大量酒食，提前邀请亲戚朋友参加。客人来参加庆贺仪式，过去多带酒、肉等礼物，现在人们多送礼金。来时，旧时首先给新屋的佛龛、梁柱、水缸献哈达后再给主人献哈达，现在主要给新房的主人献哈达。敬献哈达时，说一些恭喜的祝福话，向主人祝贺道喜。

第三节　地区与特征

从地理角度看，西藏大致可以分为藏南河谷平原区、藏东高山峡谷区、藏西及藏北"羌塘"高原湖盆区和喜马拉雅山脉地段四个大的地理区域。在这四个典型的地理单元内，地形、气候、物产等都有较大的不同，也为形成多样化的民居建筑提供了环境基础。

建筑的发展离不开资源，对于根植于本乡本土的民居建筑来说，地域资源与环境更是反映在民居建筑的各个方面：本地气候环境、地形地貌影响着民居建筑的选址与布局；本土盛产的建筑材料支撑了民居建筑的快速发展，又引发了相应工艺与建造体系的发展完善；当地文化也渗透到人们生活之中，反映在建筑的里里外外。人文地理环境对民居建筑及其聚落的形成、发展、类型、职能、分布等方面施以重要的影响。

民居建筑不可避免地受到自然环境的制约，但人类的建造活动不是完全由环境所控制的，这种制约也能充分激起人类社会对自然环境的能动改造与适应。以地域条件为纲，不仅将西藏民居作了适当的类型与谱系划分，有利于分类归纳，而且此种分类不是单纯依靠行政区划作机械分割，而是将民居与其赖以生存的地域环境有机统一起来，民居建筑的物质特征与其所处的地域和所传承的文化基因、社会生活观念又浑然一体了。

一、藏南河谷地区民居及其特征

（一）地域概况

藏南河谷地区是指位于西藏南部冈底斯山脉和喜马拉雅山脉之间的河谷地区，因雅鲁藏布江及其支流流经这一地区，经常年累月的作用，形成了许多宽窄不一的河谷平原。主要包括：雅鲁藏布江流经的日喀则、山南河谷地区和拉萨河、年楚河、尼洋河河谷地带。这些江河谷地宽5～8公里，东西延绵数百公里，平均海拔3500米左右，地势平坦，土地较为肥沃，居住人口和可耕地占全西藏的一半左右，是西藏的粮食主产区，具有悠久的农耕历史，也产生了悠久的定居文化，其中雅砻河谷的泽当和琼结还是藏族文化的主要发祥地。从行政区划看，这一地区主要包括拉萨市的拉萨城区，墨竹工卡、林周、达孜、堆龙德庆、曲水、尼木等县；山南地区的贡嘎、扎囊、琼结、乃东、桑日、加查、曲松等县；林芝地区的工布江达、朗县等县；日喀则地区的日喀则市、谢通门、南木林、昂仁、拉孜、萨迦、白朗、江孜、仁布等县市区域。

藏南河谷区降水较少，年降水量在400~500毫米左右，气候干燥。森林资源稀少，建筑用土石材较为丰富。

（二）民居建筑特征

该地区民居建筑以土石结构的平顶碉房为主，造型多方整稳重，装饰朴素。风格较统一，在不同地区存在较小的差别。如在拉萨地区，用色较为简单，崇尚白色，以白土为主要的外装修材料，在墙面常做手抓纹饰，在窗框部位采用牛头黑边点缀，也有在檐口橼木及女儿墙上涂刷红色灰浆的习惯，整体风格清新典雅（图7-3-1、图7-3-2）；在日喀则地区，民居建筑用色较为奔放，喜用深褐色、红色，风格较厚重；在山南地区，由于当地石材较多，民居建筑外墙多不作抹灰处理，直接以清水石墙外露，有很好的肌理效果（图7-3-3、图7-3-4），整体风格粗犷，富有质感（图7-3-5、图7-3-6）。

二、藏东高山峡谷地区民居及其特征

（一）地域概况

三江流域所在的藏东高山峡谷区，主要指念青唐古拉山脉以东的横断山脉峡谷地区，包括西藏自

图7-3-3 萨迦民居

图7-3-1 拉萨民居

图7-3-4 江孜民居

图7-3-2 尼木民居

图7-3-5 扎囊民居

图7-3-6 洛扎民居

治区的昌都和林芝部分地区。此地山脉近南北走向，由于金沙江、澜沧江和怒江的分割，形成了一道道南北纵横的大峡谷。在该地区，第四纪古冰川遗迹普遍存在，高山深谷，地势险峻，山顶与谷底高差可达3000多米。山顶大多为终年不化的积雪，山腰为茂密的原始森林，谷底为四季常青的农田果园。这里气候较为湿润，年平均气温在10℃以上；年降水量在1000毫米左右，有的地区可达4000毫米左右。林芝地区林地面积为246万公顷，占土地总面积的53.01%；森林覆盖率为46.09%，活木蓄积量8.82亿立方米，占西藏全区木蓄积量的64.9%，是全国最大的原始林地。该地区具有热带、亚热带、暖温带、寒温带和湿润、半湿润气候带的各种森林植被，是世界生物多样性最典型地区。木本植物有上百种，几乎从亚热带到寒温带的各种针叶、阔叶树种均有分布，林木主要有云杉、冷杉、铁杉、高山松、落叶松、柏木、白桦、青冈等。

（二）民居建筑特征

1.林芝民居建筑特点

从民居的建筑形式出发，林芝民居可以分作两种主要类型：一是以林芝、米林、工布江达、朗县等地为主的石墙（或土墙）坡顶民居；二为波密、察隅林区出现的圆木或半圆木井干式建筑和干阑式建筑，后者中的干阑式建筑与喜马拉雅南麓地区的类似。

由于林芝地区降雨量大，气候湿润，在民居建筑上，往往舍去西藏其他地区大量采用的平屋顶而采用双坡屋顶或歇山坡屋顶，以利迅速排水。坡屋顶的屋架采用当地木材制成大木结构，屋面采用木板或石板制作，在门巴族、珞巴族居住的南坡温暖地区还有用芭蕉叶或茅草覆盖的屋顶。在林区多用木板瓦，隔年翻面使用，少见石板瓦屋面。这种坡屋面防水性能较好，适合降水量大的林区使用（图7-3-7）。坡屋面的使用还大量出现在喜马拉雅山脉南坡的吉隆、聂拉木、亚东和山南地区隆子、措那等县，均是适应气候的产物。

同时，由于林芝地区林业资源丰富，也使得该地区民居建筑中更为普遍地使用木材。特别是在森林茂密的波密、察隅等地还出现圆木或半圆木的井干式建筑（图7-3-8）。

（1）坡屋顶构造

林芝民居的坡屋顶是其显著特点之一。与内地坡屋顶不同的是，这里的坡屋面需首先做好平屋顶，在此基础上再搭好木屋架，然后铺设木板瓦或石板瓦屋面。坡屋顶下的平屋顶是采用黄土铺筑而成，与西藏其他地区所见的黄泥屋面类似，只是由于没有防雨水的要求而土层较薄，只为满足室内保暖和堆放杂物的要求。

坡屋顶采用木屋架承重体系。在平顶上架设立杆和斜杆组成屋架，并支承于外纵墙和山墙之上。山墙不全砌满，只是砌出中间高、两侧低的墙墩，上立小柱支撑屋架。这样既减少墙体用材并减轻重量，又可解决屋顶阁楼的采光通风问题，是一种因地制宜的方法。因为林芝地区空气湿度较大，需要保证瓦屋面的通风干燥。屋架固定之后需在其上铺设檩木，檩木为圆木，直径150毫米左右。木瓦屋

图7-3-7　林芝米林四队某石墙双坡顶民居山墙

图7-3-8　林芝波密某单层井干式坡顶民居墙面构造

面的檩木间距一般为1.5米，石板瓦屋面的间距较小，以不超过60厘米为宜（图7-3-9）。

木板瓦形制

屋面木板瓦一般选用红松等耐腐性能较好的木材，为避免雨水的渗透造成腐蚀，不采用锯材，而是把原木锯成2米左右的长段后，顺木纹方向将其劈成厚约3厘米左右的薄板。由于是顺纹劈开并没有破坏木材的长纤维，雨水可以顺木纹向下排走，避免了雨水的存积。在铺装木板瓦片时，为了避免铁钉遇水生锈而造成木板腐蚀，同时也为了便于间隔数年翻动瓦片，一般不采用铁钉固定瓦片，而是采用石头压顶的方法将木板压在屋面上，这就形成了在木瓦屋面上摆放各种石块的景象。

（2）小木作装饰

林芝林区建筑装饰较为繁复，装饰构件以木为主，做工精细，多用雕饰和彩绘，常常多种色彩同时使用。重点装饰门窗、阳台、柱廊、檐部等（图7-3-10）。

2. 昌都民居建筑特点

昌都地区民居建筑的历史十分悠久。考古发掘表明，早在新石器时代这里就有人类的活动，其中卡若遗址的发掘为远古的藏文明提供了有力的证据。卡若遗址中发掘的建筑遗留生动地向我们展示了几千年前先民们的居住形态，我们甚至可以从中找到今天的擎檐屋、井干式木屋、藏式碉房的雏形。

清末粮务丁耀奎入藏时所写游记中记载，"有绿营营官驻扎大堡，墙最高，非云梯不登，然非石碉"，"有土著头目筑居高崖，俯视一切，形胜山脉，兼而有之，其余庄堡皆踞山腰，三五成村，零星散布"。在洛隆有"公馆两处，规模宏大，周楼如城，容人数千，且广宽田土"，"硕般多有汉讯官，有蛮营官，有土城，有僧寺，有公馆甚宏敞，楼居三层，周绕房层三百余间，可容万人"。边坝"除喇嘛寺峻守碉墙外，其余公馆衙署民房皆狭揪不值一扫，但喇嘛寺石墙矗立，非云梯不能登，非开花不能冲"。

这或可为我们了解当时昌都地方的居住形态提供一点线索：

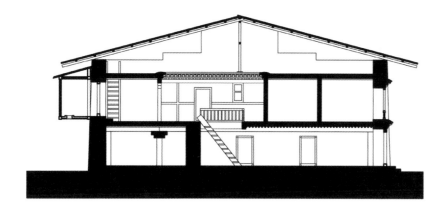

0 1 2 3 4 5m 图7-3-9 米林四队某坡顶民居剖面图

图7-3-10 波密民居木作装饰

1）当时昌都夯筑土墙的技术已非常成熟，能建造高大的堡垒性建筑。

2）当地地势复杂险峻，需选取有利地形建房。

3）民居常建造于山腰之中，既有组团布局，也有零星散布。

4）民居建筑体量较小，形制较简陋。

同样，由于昌都部分地区的林业较为发达，有的民居除基础必须采用石材外，几乎所有的房间墙体均采用木材，包括有的屋顶也用木板加盖，成为典型的井干式建筑。

总体来讲，昌都民居类型可分为如下几类：第一类是木梁柱承重、石墙体不承重的碉房，又称擎檐屋；第二类是墙柱混合承重的土木平顶碉房，常以土筑版墙为承重墙体；第三类是井干式木结构民居。

（1）擎檐屋

在已有四五千年历史的"昌都卡若"遗址，考古学家已经发掘出与现今擎檐屋非常相似的房屋，不仅外表形式，而且建筑的结构构造、内部交通组织等都与今天的擎檐屋非常接近。

擎檐屋的特点在于其建筑外围的立柱粗大，直接托住二层屋檐外挑部分，形成主要的承重结构，而墙体不承受除自重之外的其他荷载。这种民居结构在昌都、类乌齐、丁青、察雅一带居多。建造时，先要放好墙线，再挖好地基并垒好地基墙础，然后再立柱架梁，形成类似木头框架的结构，但柱与柱头或梁与梁之间，不用卯接和钉子固定，而是自然相接，然后再用方石砌墙。在昌都的才维一带，不仅平房是柱梁承重，而且二层甚至三层都是如此。一根长柱子不仅要托起二层的大梁，有的长柱子还要托起三层的大梁。内柱则是柱上加柱，不直接拉通。这种在墙外立柱托起大梁的结构，是昌都民居的一个重要特点，在西藏其他地方是较为少见的（图7-3-11、图7-3-12）。

图7-3-11 类乌齐擎檐屋（图片来源：徐宗威.西藏传统建筑导则.2004）

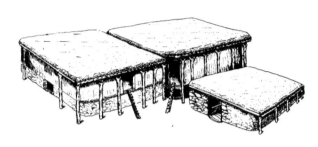

图7-3-12 昌都卡若遗址"擎檐屋"发掘复原图 （图片来源：西藏自治区文物管理委员会 四川大学历史系.昌都卡若.1985）

（2）夯土版筑民居

墙体采用夯土版筑技术，特别是在贡觉三岩一带尤为突出。这里的版筑工艺很高，能够建造多层建筑并保证墙体垂直。这也印证了古人对昌都地区夯土墙高超技艺的记载不虚。

夯土墙体对材料要求较高，首先是黄泥和砂子的配比要合适；其次对土的湿度也有一定的要求；施工工艺较为复杂，需要特定的打夯工具。一般采用木板作模板，在墙体的两侧夹上墙模，用绳索缚紧后就可以填土，几个人同时夯打。打完一板后（一板大约30厘米左右，即是墙模板高度），再移动模板到合适位置继续夯筑（图7-3-13）。

夯土墙体较厚，具有很好的热工性能，室内冬暖夏凉。但夯土墙也有其缺点：一是不耐雨水冲刷，在雨水作用下磨损较快；二是墙体容易开裂，所以经常在墙内添加木板或石板等，用作抵抗墙体拉力的"墙筋"，有的也在墙体内添加秸秆、碎石子，但添加后者主要是为了增大墙体的承载能力。

（3）井干式民居

井干式木结构是最为古老的居住建筑形式之一，其本质是一种木墙体承重结构，又称木楞房，这种建筑的雏形可追溯到新石器时代的卡若遗址。根据考古发掘，昌都卡若遗址中的井干式结构的制作大致为：先在四周穴壁上涂抹一层掺石子的草拌泥；然后嵌进木板和原木，空隙间填以小石子

图7-3-13 昌都夯土版筑平顶碉房

等，再用草拌泥填缝这是一种非常古老的建筑技术（图7-3-14）。

目前，井干式住宅主要分布在云南北部、四川南部和西藏东部地带。在藏东主要分布在林区，如昌都地区江达县、贡觉县等。在昌都，人们又称其

图7-3-14 昌都温达贡乡井干式民居（图片来源：俞孔坚.曼陀罗的世界.2004）

为"崩康"。得益于榫卯结构的使用及拼接技术的进步，现在的井干式结构更注重美观。将原木一分为二伐成两块，横向平置，圆形向外，平面向内，在转角的交接处将接头做成凹形榫，互相咬接，叠垒架成井字形的建筑，直到所需的高度为止，房梁就直接放在木板墙体承重。内部结构上采用梁柱体系，井干式的木结构作为外部承重与围护部分，窗户则在半原木中间挖洞而成。

三、藏西及藏北高原湖盆地区民居及其特征

（一）地域概况

藏西主要指阿里地区西部地方，即普兰、札达等县，属藏西北半农半牧区。该地气候恶劣，常规的建筑材料如石头、木材等资源严重缺乏。藏北主要包括那曲与阿里北部地区，又称"羌塘"，在藏语中意为"北方广阔的平原"。该区域位于西藏自治区西北，以冈底斯山脉、念青唐古拉山为界，与

藏南河谷地区相衔，总面积占西藏的三分之二。这里平均海拔4500米以上，多为浑圆而平缓的山丘地貌，从丘顶到平地的相对高差往往仅有100～400米，为西藏主要的牧业区。从行政区区划看，属于藏北"羌塘"草原的有：那曲地区的那曲、双湖特别区、申扎、尼玛、安多、班戈、当雄等县；阿里地区的措勤、改则、革吉、日土、噶尔等县；日喀则地区的仲巴等地。

此区域气候恶劣，海拔高，年平均气温在零摄氏度以下。由于羌塘地区的生态环境特别脆弱，在没有能力去保护和培育草场的条件下，人们不得不采取游动、迁移的办法，轮流使用草场，由此产生了草原游牧生活。在随季节不断迁移的游牧过程中，移动的牛毛帐篷是最为适宜的居住方式。

藏民族本来就是由游牧民族发展而来的，更顿群培在《白史》中说道，现在所有的藏民族之中，牧民的生活方式、语言及传统习俗等方面最接近远古时期的藏民族。《柱间史》记载，"藏王聂赤赞普的颇章，当初未用土石砌筑，而用鹿、虎、豹皮做帐房"；《新唐书》"有城郭庐舍，不肯处，联橇帐以居；其人或随畜牧而不常厥居，贵人处于大毡帐，名为拂庐"。可见帐篷早已成为藏北草原典型的居住方式。

（二）民居建筑特征

1. 藏西民居

在历史上，该地区民居建筑发展缓慢，十分简陋。在札达和普兰地区，人们利用当地独特的土林地质条件，创造出最具地方特色的窑洞式生土民居建筑形式，在窑洞式民居的基础上又发展出房窑结合式民居；在河谷地带或与周边区域商品贸易较为发达的地段，由于物品资源较多，也有部分土木结构的独院平顶式民居的出现。

（1）窑洞民居的选址与分布

窑洞民居主要分布在札达县与普兰县境内。其选址都为依山而凿，其一是因为山体土林的土质更适宜挖掘洞穴；其二是山地居高临下，更具防御性，有利安全；其三是高原气候恶劣，冬天严寒，

多大风，选择山地更有利于躲避寒风，争取更好的日照。

从现存遗迹的布局看，窑洞民居的分布非常集中，一般是数个或数十个窑洞成组团排列在同一崖面，并且在同一崖面上分层布置，上下层层叠叠，集聚成一定的数量规模，窑洞布局也随崖体崖面的曲折而变化，显得错综复杂（图7-3-15）。

在一个窑洞聚落内部，民居窑洞总是与寺庙和贵族、统治阶层的洞窟相互结合，融为一个整体结构。以大型的古格故城、皮央、东嘎等窑洞群为例，王宫、寺庙洞窟位于最高层，僧人窑洞位于中部位置，而数量最多也最简单的普通民居窑洞则如众星捧月一样位于较低的位置，为上部建筑服务。这既凸现王权和宗教特权的至高无上，也图解了整个聚落的防御体系。

（2）窑洞民居的形制

从平面看，窑洞有方、圆、长方形多种，以方形平面最多，见方在4米左右，该尺寸与单柱的平顶房屋平面相近。从规模看，有独立单孔窑洞构成一个居室的，也有3～5个组合成一个完整的多孔单元。通常的做法是以一个主要窑洞为中心，在其四周开凿子窑、灶台、粮食储藏间及各种用途的壁龛。

窑洞的剖面均为平拱窑顶，略微起拱，拱脚部位呈圆弧形。净高2～2.5米左右，有单层的窑洞，也有带台阶的两层窑洞。单孔窑洞面积一般在16平方米左右，通常只有一间，平面形式多样，但以正方形为多，尺寸在4米×4米左右。常见在窑洞四周挖掘一些小龛洞以为储藏空间之用。

双孔窑洞常见为双洞并置，之间相互连通，在各洞周围凿龛洞为储藏间。有的双洞处于不同标高之上，之间以台阶联系，丰富了空间变化（图7-3-16）。

2. 藏北"羌塘"草原民居建筑特征

（1）牦牛帐篷形制

牦牛帐篷便于搬迁、防腐防潮、经久耐用，并

图7-3-15　阿里皮央窑洞群

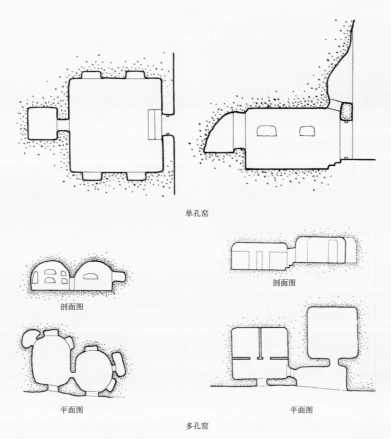

单孔窑

剖面图

平面图

多孔窑

剖面图

平面图

图7-3-16　单孔窑（上）多孔窑（下）
（摘自：西藏工业建筑勘测设计院.古格王国建筑遗址.1985）

且取材方便、制作简单，慢慢地青藏牧民发展并完善出简形、繁形多种帐篷形式。简单的为圆锥形，繁式为梯台形，除此之外，帐篷还分兽皮帐篷、布帐、牛毛帐、夏季帐篷和冬季帐篷等（图7-3-17～图7-3-19）。而牛毛帐篷是最为经济、适用的一种类型。

帐篷平面形式大致分为长方形、正方形或多边形，面积从数平方米至数十平方米不等。在居住时间相对较短的牧场，如夏季牧场，人们常采用平面简单的简式帐篷；在停留时间较长的牧场或者有重大活动时则采用繁式帐篷，以获得较大的居住空间。用于大型活动的大帐篷，有数十根柱子，面积逾百平方米，可容百人。

（2）牦牛帐篷制作

牛毛帐篷主要由帐体——牦牛毛织成的粗氆氇、木梁柱构架以及用来固定帐篷的绊索组成。牛毛氆氇主要靠手工编织而成，大部分家庭都能制作，基本为黑色和灰白色，以黑色为多。手工织成的氆氇宽约30厘米，先使用毛线缝成较大的几块，然后再缝成帐篷的帐体。虽然牛毛具有防腐、防晒、防潮的功能，但由于高原气候恶劣，顶部部分常年阳光直晒和雨水冲刷，损坏较大，常常需要隔几年便将顶部旧的氆氇逐步向下移位，然后换上新的。帐体内部的梁柱构架采用硬木制成，帐内中心位置设置柱子，简单的帐篷采用2根柱，繁式帐篷常用6～9根柱不等。在选定的合适地点铺开牛毛氆氇帐体，然后以主梁在中间、次梁和边梁在两边的顺序架立起梁柱，帐体即被撑张开来，然后用木橛将帐体上下缝制的绳索钉牢在地上，并用小木杆顶起绳索，通过绳索的张力维持帐篷的空间形态。在钉木橛的过程中，要注意根据以后使用的朝向、采光、风向等条件调整帐体的方位。帐内中心高度一

图7-3-17 夏季帐篷

图7-3-18 冬季帐篷

图7-3-19 那曲民居夏季帐篷

般为2.2米左右，边围高度1.2米余。大型帐篷中心高度可达3~4米。牛毛帐篷一般设于平地之上，但为了帐房的冬季保暖，有的地方往地面下挖0.5~1米，形成半地穴式帐篷，以利防风和保暖。一般牦牛帐篷上很少装饰，只有少数用一些宗教图案作装饰。

（3）牦牛帐篷功能

在帐篷搭建好之后，人们在帐体边缘压上土石用以防风、防虫等，还像处理穴房那样环绕帐篷挖一道小沟，用以防水。由于青藏高原强烈的日照，在炎热的夏日中午，帐内温度很高，人们在帐顶位置专设了一块活动的牛毛氆氇，通过它可以调节帐

内温度、湿度，增加采光，加强通风效果。此外，帐内"烧炕连灶"的设计可以保证在寒冷或阴湿的天气下保持帐内恒温，与此同时，牧民把干牛粪或囊装的干羊粪沿帐内沿排布时，它们可以很好地阻隔寒风的侵袭。

随着纺织技术的提高，大量棉布制的帐篷出现在藏北牧民的生活中。这种帐篷室内凉爽，外观美观，携带方便，并且裁剪方便。人们常在白色帐篷上用各色布料剪裁拼贴成云朵、花卉、动物、宗教图案等，将其装饰得异常美观。从彩色帐篷中折射出藏北牧民尽管身处恶劣环境，但依然热爱生活，热爱美的精神追求。

四、喜马拉雅山脉南麓民居及其特征

（一）地域概况

喜马拉雅山脉地段位于西藏南部的我国同印度、尼泊尔、不丹、锡金等国接壤地带，如吉隆南部、樟木、洛扎、错那、墨脱等地。喜马拉雅山是东西走向的山脉，东西长2400公里，南北宽约200～350公里，基本上将西藏高原南侧的东西两端连接起来，平均海拔6000米左右，是世界上最高的山脉。喜马拉雅山脉是西藏高原南侧不可逾越的自然屏障，由于众多高峰阻隔，把印度洋暖湿气流也阻挡在外，这就造成了整个西藏高原的严寒、干燥的恶劣气候，并且对整个亚洲的气候都有重要影响。

这段山脉往西部海拔较高，气候干燥寒冷，植被稀少；越往东部海拔越低，气候越温和湿润，森林资源丰富。按地理条件的不同，这段山脉地段还可分为喜马拉雅山脉北麓和喜马拉雅山脉南麓两大部分。

喜马拉雅山脉北麓主要包括：日喀则地区的吉隆县北部（马拉山脉以北），聂拉木县北部，定结县，岗巴县，亚东北部地区（帕里及帕里以北），康马县；山南地区错那县北部（波拉山口以北），洛扎县西北部等地。这些地方海拔高，气候寒冷干燥，全年降雨量很少，有的仅为150～300毫米，日照时间长，无霜期短。这里植被稀少，木材缺乏，但有较为充足的石材资源，包括花岗岩和页岩。民居建筑形式主要是平顶碉房，注重保暖。

喜马拉雅山南麓地区主要包括：日喀则地区的吉隆县南部（马拉山脉以南），聂拉木南部的高山峡谷区，亚东南部地区（帕里以南的下司马镇）；山南地区的错那南部的峡谷地带（波拉山口以南的勒布一带），洛扎东南部；林芝地区的墨脱县，察隅县。这些地区气候普遍比较湿润，气温较为暖和，全年降水较多，植被生长好，有的地区现有大量的原始森林存在，自然资源比较丰富，但是这些地区也多高山峡谷，起伏很大，垂直高差悬殊。交通不便，十分不利当地人们的生活和建设。

（二）民居建筑特征

1. 喜马拉雅南麓西段民居

该地段一方面降水量较大，多采用坡屋顶以利排水，另外一方面气温仍较低，建筑注重保暖。墙体大部分采用块石砌成厚墙，并且开窗较小，在一层甚至不开窗。山墙也全部砌满到顶，注重屋顶的封闭性，而不像林芝坡屋顶仅仅砌出垛子，留出通风空间（图7-3-20）。

2. 喜马拉雅南麓东段民居

东段气候温和，在局部地区甚至属热带亚热带气候，为了适应湿热气候，该地域盛行干阑式住宅。建筑多为两层，竹木结构，屋顶覆盖木板、茅草或芭蕉叶。建筑一层做架空层，层高在1.5～2米左右，可堆放农具杂物和少量粮食；二层铺设木地板，以隔绝潮气，是房屋的主要使用空间。处于夏热冬暖气候地带的住宅，不再像南麓西段民居那样需要抵御寒风的厚墙和封闭的屋顶（图7-3-21）。

图7-3-20 南麓西段，错那门巴族坡顶民居

图7-3-21 南麓东段，墨脱门巴族干阑式民居

第四节　实例与遗存

一、石砌民居

（一）德林康萨（寺院公房）

公房主要用来出租给城里的居民，大都是院落式建筑。建筑不分主楼和配楼，整个院落同样高2层或3层，各个房间都较规则，有一柱间、两柱间、一柱半间等多种房间供选择。院落周围的一圈回廊既解决了交通，又形成了一个完整的交流休息空间。

在以前，公房由政府或寺院出资修建与维护，出租所得的收益上交政府或寺院。不仅出租给无房者居住使用，也把临街商铺出租给商人，形成商住结合的形态。政府公房还提供房间给政府的僧俗官员使用。政府公房由一个称为"索朗列空"的机构进行日常管理，寺院公房则由寺庙委托专人负责。

公房大多数底层用石墙，二层以上采用土坯砌体，这是拉萨老城区民居常见的建造方式。室内采用阿嘎土，地面和屋面则多采用黄土，规格较低的室内也采用黄土，但由于日常维护不佳，黄土屋面极易渗漏、长草。门窗及室内的木梁架都做得比较

简单，远没有贵族的院落那样豪华（图7-4-1）。

（二）扎其夏（城市住宅）

由商人或较富裕的平民建造，由于建造者的经济能力和社会地位远不如地方政府的大贵族和高级僧官，所以私宅规模一般都比较小，大都是两层的方形建筑，也有在建筑内部设置回廊或天井的，但规模都很小，制作也较粗糙。建筑的结构在一层采用石墙体，二层用土坯砌体，一方面减少自重，另一方面也节约造价。还有更为简陋的私宅，全部采用土坯砖砌筑，多为一层的平房，功能简单，地面和屋顶用黄土铺设（图7-4-2～图7-4-4）。

（三）格孜夏

格孜夏位于拉萨老城区小昭寺南侧，处在小昭寺街和一条巷道的交叉口，是一座比较典型的城市民居。该建筑规模较小，平面接近方形，在建筑内部设置天井及回廊。建筑共上下两层，一层主要有面向小昭寺街的3间商铺和供外来人员租用的出租房；在南面临近小巷的一侧设有入口；二层则为房主全家生活起居的主要场所。噶厦政府时期，房主的父辈从康区来到拉萨并修建了此建筑。当时一楼

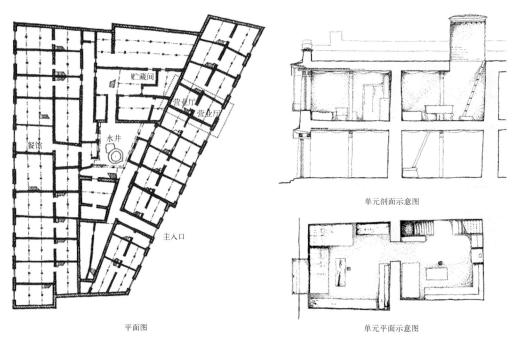

平面图　　　　　　　　　　　　　单元剖面示意图

单元平面示意图

图7-4-1　商住结合的德林康萨（寺属公房）（图片来源：Knud Larsen. 拉萨历史城市地图集. 2005）

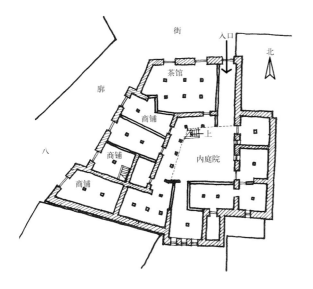

图7-4-3 扎其夏内庭院及回廊

图7-4-2 扎其夏平面 （图片来源：Knud Larsen．拉萨历史城市地图集．2005）

图7-4-4 扎其夏西北角外观

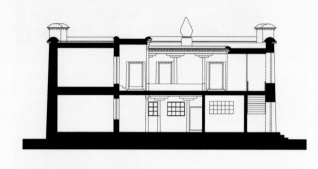
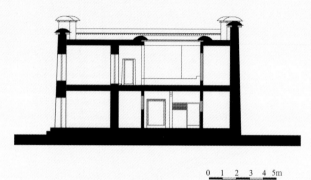

图7-4-5　格孜夏剖面实测图（2004年）

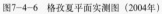

二层平面图

北

一层平面图

图7-4-6　格孜夏平面实测图（2004年）

作为马厩，二层作客房，有远道而来的住店客人，便将马拴于一层，客人则到二层的房间休息。

　　建筑采用石砌墙体，外面涂刷白石灰浆，除普通的藏式窗户外，并无其他装饰，檐口亦很简单，为单层。楼面原采用阿嘎土夯筑，屋顶用黄土铺设，现已部分改为混凝土材料。二楼围绕天井有一圈回廊，廊柱为传统的木柱，有简单的雕饰和彩绘装饰，栏板为土坯砖砌筑的矮墙，面

刷深灰色涂料。二层回廊由于有良好的采光和日照，主要供主人一家在此休息、玩耍，是最具生活气息的场所。佛堂则处在回廊北侧，属于整座建筑中最为重要和最为隐秘的位置。佛堂楼面抬起，比回廊和其他房间均高出约50厘米，这种布局直接反映了宗教信仰在民居日常生活中的崇高地位，图示化了精神空间与世俗空间的序列关系（图7-4-5～图7-4-7）。

图7-4-7 格孜夏二层回廊

图7-4-8 樟木夏尔巴某民居外观

图7-4-9 樟木夏尔巴某民居室内

（四）樟木夏尔巴人双坡民居

在传统夏尔巴民居中，主要以片石砌墙，以木板搭成楼面，屋面木檩子直接支承在石砌山墙上形成双坡屋面；由于气候较为潮湿，建筑不喜封闭，常建造阳台和外廊，形成半室外空间。受加工条件限制，木结构构造较为简单，装饰较少，少有彩绘。楼上空间一般分隔成3间，分作厨房、卧室和储藏室，楼下堆放零星什物或圈养牛羊。室内陈设简朴，厨房设在中间，在房间中间石块搭砌的火坑，是全家的生活中心。室内陈设有酥油桶、铝锅和各种炊具碗杯等，由于室内为木地板，喜席地就食（图7-4-8、图7-4-9）。

二、窑洞民居

房窑组合式民居是指在窑洞之外附设平顶房屋，组成前房后洞的形态。根据前侧建筑的不同又分为单层和多层，常见为两层，多为有一定经济能力的家庭采用。阿里地区夏季较为温暖，夏季月平均气温12.3℃，最高25.7℃，冬夏温差大。房窑组合式民居建筑很注意冬、夏居室的布置。冬居设置在窑洞内，充分利用生土材料的热工优势，注重保温；夏居室设在窑前平顶建筑内。民居中常见敞廊，夏季常作为起居，冬季作为采暖之用，方便活动。

图7-4-10 扎西次仁窑洞民居，
伴有卵石之窑洞墙体

图7-4-11 扎西次仁窑洞民居
洞内佛龛

　　札达县托林镇托林居委会扎西次仁家的房窑结合式建筑比较独特，是在窑洞建筑顶部加建平顶建筑与回廊，形成一个两层的结构，现已废弃，只作粮食储藏间使用（图7-4-10～图7-4-12）。

　　据现年74岁的扎西次仁讲，在以前挖建该类窑洞时，并未采用特别的工艺技术，就是使用一种从印度进口的"多孜"（十字镐）掘土成洞；然后收集牛粪、树枝熏出烟油，利用烟油的黏性，保护土质墙面与屋顶不脱落，地面一般不作处理，只需素土夯实即可。

　　这种土窑，夏凉冬暖，但高度较低，采光不足。在旧社会，大部分人都住窑洞，特别是人口较少的人家，只有那些人口较多，有充足的劳动力的人家，或者选择不到合适的地方挖掘窑洞时才用土坯盖筑简单的单层住宅。现在由于新农村建设，大部分的窑洞被填埋以便修建新居。

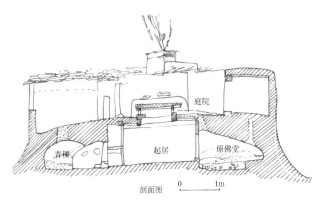

剖面图　　0 1m

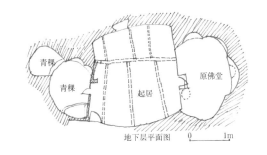

地下层平面图　　0 1m

图7-4-12　扎西次仁窑洞民居实测图（2010年）

三、木构民居

（一）米林南伊沟珞巴族民居

珞巴族分布在西藏东南部的珞渝地区和米林、墨脱、隆子等县，目前处于我国实际控制区内约3340人，我国珞巴族绝大部分人口还生活在印度非法占领下的广大地区。珞巴意为南方，这符合珞巴族居住于西藏东南部的事实。珞巴族总共20多个不同自称的珞巴族部落，与门巴族呈大杂居小聚居的形态。他们的居住形态随所处的环境而略有不同，但总体来讲都属于"干阑式"竹木结构建筑。

从珞巴族的大量传说以及一些生活习俗和少量文献记载看，珞巴族的祖先曾经过穴居的阶段，此后还曾有过筑巢栖息的历史。珞巴族的建筑择地，一般都选择地势高爽、有一定的坡度、接近生产用地和水源之地，因而住宅多建在河溪两岸的半山坡上。村落的布局是以氏族或其支系而聚居的，村庄中心一般设在较宽敞的广场或未婚男女青少年夜宿的长形公房。

珞巴族民居的建筑结构形式有两类：第一类是服务于整个家族居住的或作为公房的"一"字形长屋，长数间至数十间不等，其称谓也因部落的不同而不尽相同，如崩尼部落称为"南塔"。第二类是适应个体小家庭，能住上一户或两三户的小栋房。这些类型的建筑又可分为"干阑式"和"平地式"。

"干阑式"的公屋，是由离地约两米高的数十根圆木柱做底架，再在底架上搭建而成。它分为3层，底架下层放柴火及作畜圈，中层住人，顶棚上堆放辣椒、工具等杂物。与门巴族的干阑式房屋类似，建筑骨架采用木结构，二层楼板处置横梁，上铺木板；屋顶上搭成人字形屋架，上覆茅草、稻秸、棕叶等物。入口处用小圆木或竹子铺设阳台，以独木梯联系上下。家中男性长者常居于紧靠阳台的第一间房子，第二间用作客房，其余为妻子、子女居住（图7-4-13～图7-4-15）。

图7-4-13　米林南伊沟　珞巴族民居的阳台敞廊

图7-4-14　米林南伊沟珞巴族民居

西立面　　　　　　　　　　　　　　北立面

0　1　2　3　4　5m

图7-4-15　米林南伊沟珞巴族民居实测图

　　珞巴族民居室内陈设简单。屋子的中心为火塘，火塘上方吊有一个3层的木架。距离火塘最高的那一层一般用木板制成，悬吊在顶棚上，主要用于熏干谷物；距离火塘最近的那一层用来熏烤鱼干和肉类，中间层堆放烤好的肉类或其他食物。火塘灶石上架陶锅或铜锅，旁边放置炊具与各类食具。火塘周边是家人睡卧、吃饭的地方，家人围绕火塘按规定的次序就座。一般在地板上铺垫竹席、藤编

物或兽皮，晚上靠火塘睡卧取暖，绝大多数部落都是席地而卧。珞渝北部靠近藏区的部分博噶尔部落喜欢睡在用竹子做成的矮床上，床上以兽皮作垫，以氆氇呢长衣或棉毯作铺盖，应该是受到相邻藏族生活起居习惯的影响。居室靠墙处和屋角一般放置生产工具、竹篓竹筐、酒葫芦等物。

（二）墨脱门巴族民居

　　墨脱门巴族民居多为长方形，大门朝东。中间

层房屋分正屋和偏房，正屋面积略大，南侧设灶塘，用土石砌成，灶台低矮，弯腰才能操作。夜晚全家在正屋歇宿，客人一般留宿偏房。有的家庭房屋大，在正屋的东南角又隔出一小屋，内设灶塘，作为煮酒的地方，客人多时，家人可宿于此。一般都在室外修有仓房，不与住房连接。仓房方形，约8—10平方米，中有隔断，便于不同品种的粮食存放。仓房由四根木柱支撑，木柱与仓房之间用光滑圆木板相

隔，防止老鼠沿木柱爬进仓内。仓房与住房保持一定距离是为了防火，可见粮食对他们的重要性。

随着时代的进步，墨脱门巴民居正在发生一些改变：以往在屋顶上常用的茅草、木板已被镀锌铁板所取代，以提高屋面防水性能；原来以竹为结构主材，现在多以木材为主材；原来大门朝向严格向东，现在也有部分朝西，注重方便（图7-4-16、图7-4-17）。

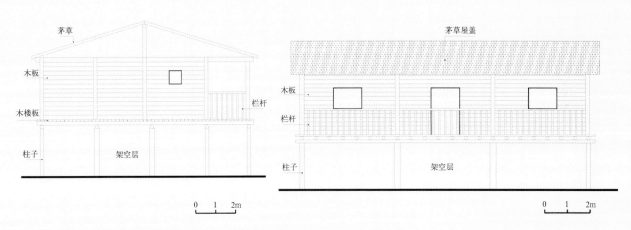

图7-4-16　墨脱门巴族干阑式民居（摘自：徐宗威.西藏传统建筑导则.2004）

图7-4-17　墨脱门巴族干阑式民居

西藏古建筑

西藏古建筑

第八章 林卡建筑

西藏林卡建筑分布图

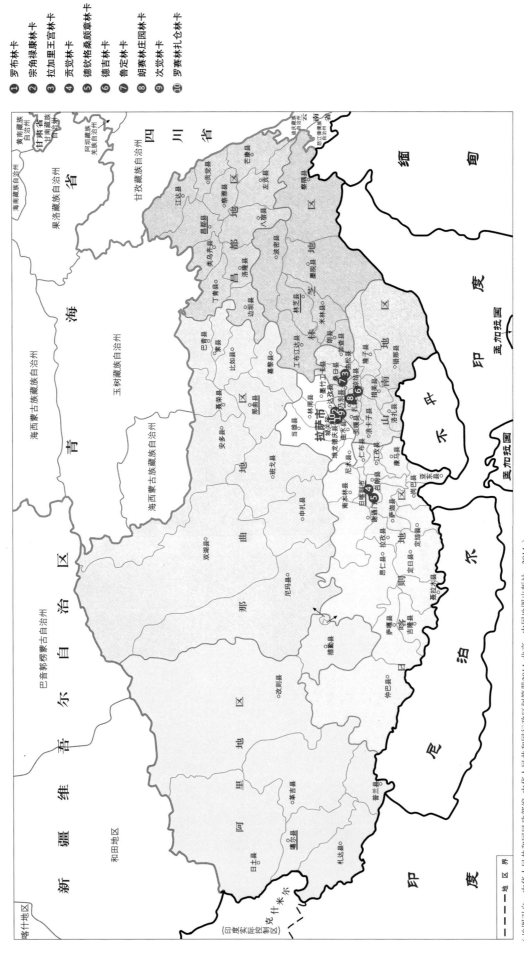

（地图引自：中华人民共和国民政部编. 中华人民共和国行政区划简册2014. 北京：中国地图出版社，2014.）

图8-1-2 措美宗遗址旁林卡

"林卡"一词源于藏语的音译，在藏语中，"林"是绿洲之意，即郁郁葱葱、林草茂盛的地方；"卡"是用土石围成墙专门保护的意思，林卡从词源字面上来解释是："由用土或石砌成的墙体围合而成的一片林地。"因此"林卡"通常意指西藏"园林"。本章除梳理林卡的历史沿革和发展脉络外，有关造园思想、风格特征等部分的编写主要是偏重林卡中"园林"方面的含义。

第一节 历史的演变

西藏林卡在它一千多年的发展演变过程中，功能上发生了很大的变化。最初林卡主要是利用围墙将人们刻意栽种的林木保护起来，为人们提供柴火和木材，与中原地区"苗圃"的功能非常相似。后来随着在林卡中的休闲和宗教等活动逐渐增多，人们开始在林卡中引进、培植新的树木、花卉品种，有意识地营造良好的环境，逐渐与中原地区的"园林"概念比较近似，这个时期林卡实际上是现在所说的狭义上的"林卡"，成为西藏园林的代名词。当园林功能被注入后，人们在林卡中的敬神和娱乐活动就越来越丰富了。尤其在新中国成立后，广大的藏族同胞得到了自由，生活水平得到了翻天覆地的变化，人们把林卡的概念外沿扩展，那些城市郊外的树木繁盛的空旷地段，常被民众作为休闲避暑的地方，也被称为林卡，一种自然林卡。此时我们所说的林卡就是广义上的林卡（图8-1-1、图8-1-2）。

图8-1-1 山南雪康庄园林卡

一、林卡建筑的成因

西藏的历史悠久，由于地理气候原因，藏族人民自古就崇尚自然，热爱自然。对自然采取的是亲近、讴歌，并上升为自然崇拜。在吐蕃王朝之前（7世纪前），藏族人民是以游牧和狩猎为主的方式生活，人们逐水草而居，或根据狩猎的情况进行迁徙，对固定土地的占有意识不强烈。当松赞干布统一了全藏，建立了吐蕃地方政权后，推崇佛教，加强与周边文化的交流，尤其是汉文化对西藏的影响深远，西藏在政治、经济、文化、艺术等各方面都取得了极大发展，此时西藏已经形成了农耕畜牧和狩猎游牧两种经济结构形式。而正是农耕文明的出现，让土地的价值被人们认可，对土地的占有量就是财富和权势的象征。旧西藏的土地掌握在三大领主（官家领主、贵族领主和寺院领主）手中，而他们利用"谿卡"这一基层行政机构对土地实行组织管理，这是林卡形成的前提条件。

西藏农耕文化的发展带来了西藏人民的定居生活，同时在特定的文化背景和气候条件下，形成了特色鲜明的西藏建筑形式。对于传统的藏式建筑虽然从外观看大多采用的是石材砌筑，但其内部结构主要是由木构架搭建而成的，还有木质的门窗、家具等，木材作为主要的建筑材料，需求量非常大。另外建成建筑的木质材料会进行更换，尤其是采用平屋顶形式的屋面，承载阿嘎土所用的木椽和小木枝，过一段时间就需要更换。

由于西藏地处青藏高原西部及南部，有3/4的土地是丘陵、山地、荒漠、戈壁和沙漠，只有1%的土地为种植业可耕地，其平原所占比例很小，主要分布于江河与湖滨沿岸，这些平原是藏区人口相对集中的地区，也是农牧业发达地区。同时高原气候寒冷，长冬短夏，长达半年为强劲的西风气流所控制，空气稀薄。在这样严酷的地理、气候条件下，动植物生长环境非常恶劣，除林芝、昌都等少数地区外，森林、树木资源较少。另外，历史上西藏地区交通不便，多利用牦牛作为运输工具，长途

运输不方便。从外地运送材料成本大，时间长，因此木材相对比较珍贵。由于冬长夏短，气候寒冷，在没有现代设备时，取暖和烧火做饭也需大量的柴火。在大量的林木需求下，有权有钱的贵族或寺院都专门人工种植树木，并专人管理。为了防止树木被动物损伤和标识边界，于是在林地周围用石头或土坯砌墙围合起来，这就是林卡建筑最初期的原型（图8-1-3）。因此我们说林卡是缘于对于木材、柴火的需求应运而生的，其最早的功用相当于"苗圃"，而非"园林"，这也是林卡建筑最初的成因。

二、林卡建筑的演变

（一）自然林卡的形成

在西藏地区有一个非常古老的风俗——煨桑。"桑"为藏语的音译，以烟火祭祀的意思，煨桑即是烟祭。据说最初是部落里的男子们出征或狩猎回来，部落的首领、长者和妇女儿童便在寨子外面的郊野，燃一堆柏树枝和香草，并不断向出征者身上洒水，用烟和水驱除掉因战争或者其他原因沾上的污秽之气。苯教兴起后，烟祭成为一种重要的宗教仪式，是在用烟献祭，祈神求愿。7世纪佛教传入藏区后，经过莲花生大师"化苯为佛"的吸收革新，烟祭等许多苯教祭祀仪式与佛教相结合。在吐蕃王朝的牟尼赞普时期（8世纪末），烟祭被纳入佛教的"四大供养"之中，成为藏传佛教的正式仪轨之一。13世纪以后，藏传佛教又把藏历的每年五月十三日定为"世界烟祭节"。在这一天，人们聚集在山头、河岸或者郊野，全都燃起烟火，请喇嘛诵念经文，供奉代表整个世界出世的和在世的所有鬼神的"四大宾客"，消灾祈福。最初这一活动因为是敬神，所以庄严肃穆。后来，藏民在敬神中加入了游乐活动即僧俗民众一起到郊外，一面举行烟祭，一面举行摔跤、赛马、跳舞、演戏等游乐活动，这就是自然林卡的雏形（图8-1-4）。

一个民族有一个民族的特点和爱好，而这些特点又是当地的生活环境、地理气候等因素综合影响的结果。西藏特有的环境气候造就了藏族人民独特

图8-1-3 拉萨乃琼夏宫林卡

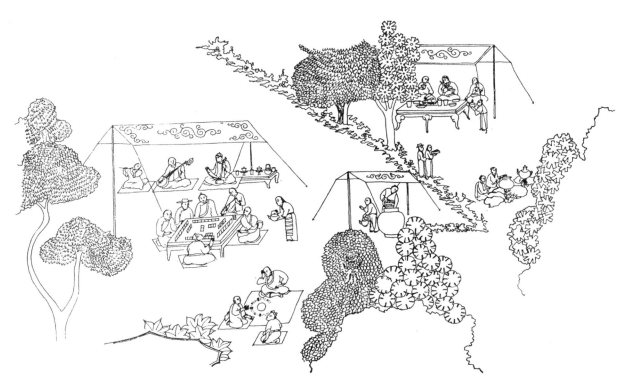

图8-1-4 自然林卡（资料来源：《布达拉宫》）

的性格特征和生活习性，恶劣的条件使得他们更加热爱大自然。新中国成立后，林卡逐渐演变成淡化敬神而注重游乐的野外踏青活动场所，人们穿上节日盛装，或合家而出，或邀请亲友共赴，备办帐篷、佳肴，到鲜花盛开、树繁草茂的地方，搭帐架灶，烧茶喝奶，尽情歌舞欢娱，投入大自然的怀抱。

（二）庄园林卡的产生

9世纪中期，吐蕃王朝崩溃，进入部落分立时代。13世纪初叶，卫藏、阿里、塔布、工布地区出现了封建领主的土地经营制。公元1253年后，元朝确立了十三万户体制，同时将西藏13万户的政教大权赏赐给萨迦派首领八思巴，建立萨迦地方政府，开始了西藏政教合一的地方政权制度，而其他藏区则开始了700余年的土司制度。在政教合一制度和土司制度的地方政权统治下，确立了藏区封建领主制，从而出现了专供领主这一特殊阶层所居住的建筑。在西藏，称这种建筑形式为庄园，而除西藏外的其他藏区则称土司官寨或衙门。西藏的庄园实际上是贵族府邸（住宅）和官府、寺院派出的专门从事管理人员的居所，按其所有制形式大体可分为贵族、官府、寺院三种类型。林泰碧、陈兴所著高等院校艺术设计教材《中外园林史》中描述，庄园建筑为了安全保卫的需要，一律以高墙围成大院，重要的房舍如主人居室、经堂、仓库等都集中在一幢碉房式的多层建筑内。环境非常封闭，当然也很局促。因此，比较大的庄园一般都要选择邻近的开阔地段修建园林作为领主夏天避暑居住的游憩之用，类似于汉族的宅园或别墅园，这就是庄园园林。据现有资料，有记载的藏区最早的园林是甲马赤康庄园园林。《藏族社会历史调查》记载，"……门前的跳神场，城外的赛马场和林卡，是供贵族们娱乐的场所"。关于甲马赤康庄园园林的规模及特征尚未查到记载，现在已成为遗址。

14世纪，由朗氏家族主持的帕竹噶举派取代了萨迦地方政权，建立新的政教合一帕竹地方政权掌管西藏地方。帕竹地方政权统治时期，是藏区经济

恢复上升时期，也是藏区封建农奴制社会进入全盛的发展时期。封建领主在修建庄园的同时辟地造园，已经相当盛行。几乎大户的庄园均有林卡。《达赖喇嘛传》记载："14世纪初，西藏山南地区兴建、扩建了许多封建庄园。帕竹首任第悉大司徒绛曲坚赞对这种封建庄园非常重视，予以大力支持。帕竹地方政权建立以后，这种封建庄园在西藏成为居于统治地位的社会制度。"庄园建筑在这段时期得到蓬勃的发展，庄园园林也随着庄园建筑的蓬勃发展而不断出现。

（三）宗山林卡的出现

帕竹地方政权首任第悉大司徒绛曲坚赞在执政期间，一方面在经济上扶植新生的封建庄园；另一方面在政治上进行一项重大改革，即废除了元朝遗留下来的前后藏设立十三万户，在所管辖地区建立大致相当于县一级的权力机构——宗，兴建专供宗本（相当于县官）管理行政事务的宗山。据《西藏王臣记》中载，帕竹地方政权大司徒绛曲坚赞在卫藏的重要枢纽地方，如贡嘎、扎噶、勒乌、桑珠孜等处共兴建了十三大宗。各宗的宗山建筑一般建在关隘的山顶，依山而建，建筑群随山势布置，平面多为不规则形状，具有较强的控制性和防御功能。一般在宗山所在的山下都会修建有宗本府，并在地势平坦之地建造供宗本等官员使用的园林——宗山林卡。历史上记载的宗山林卡为数不多，其中14世纪中叶修建的桑珠孜宗山有四大林卡：扎西根则、甲措根则、嘎玛根则、鲁定根则。在桑珠孜宗南边的林苑中生长着柿子、睡莲、白莲、青莲等，花朵艳丽，飘逸芬芳，这在西藏地区是非同寻常的。宗山东面的甲措根则是各种树木的混合林，枝繁叶茂，果实累累，枝头上各种鸟儿云集。从这些描述中可以看出，宗山林卡以种植树木花卉为主，带有明显自然林卡的特征。除桑珠孜宗山林卡外，其他的宗山建筑也有林卡，如拉孜宗山林卡（图8-1-5）、琼结宗山林卡（图8-1-6）、曲水宗山林卡、贡嘎宗山林卡等。可惜这些宗山林卡已毁，只在一些史书上有零星的记载。

图8-1-5 拉孜宗山林卡

图8-1-6 琼结宗山林卡

图8-1-7 哲蚌寺罗赛林扎仓辩经场（林卡）

（四）寺院林卡的出现

15世纪初，宗喀巴大师的宗教改革中强调闻思（学习），在寺中设立教理学院，定出学习制度，各学院中还有规定的考试制度，学成给予学位职称。辩经是西藏僧人学佛的重要方法之一，在大师宗教改革影响下，在前后藏的四大寺院以及其他教派的大寺院中，建立了许多供僧众集会辩经的户外场所——辩经场，选在寺院附近的林地内，成为早期寺院林卡。这种户外的辩经方式与释迦牟尼创建佛教时"日中一餐，树下一宿"的生活方式和佛祖释迦牟尼在旷野处所的菩提树下说法、成道的故事有关。15世纪初所建立的拉萨三大寺（甘丹寺、哲蚌寺、色拉寺）的辩经场，以及15世纪中叶修建的昌都强巴林寺的辩经场等都属于这种类型。如哲蚌寺罗赛林扎仓辩经场（图8-1-7）。这里曾经是早年达赖喇嘛亲自主持辩经的处所，因此在场地正北面的三层台阶上，坐北朝南建置开敞式的小建筑物，作为达赖专用的辩经台。辩经场周围矮墙围绕，场内成行成列的柏树、榆树，辅以红、白花色的桃

图8-1-8 洛扎拉隆寺前林卡

树、山定子等。场中植物成行成列栽植，以体现佛经中所描绘的西方净土"七重罗网、七重行树、花雨纷飞"的景象。辩经场的这种布置方式成为以后各寺院辩经场的主要模式。

辩经场作为藏传佛教寺院建筑群的一个组成部分，它的主要功能并不在于游憩而是用作喇嘛聚集辩经的户外场地，也是林卡的一种类型，称为寺院林卡（图8-1-8）。在藏区也有很多寺院不建造专门的辩经场，不过一般情况下，每一座寺院都留有一些广场或院落，作讲经说法的场所。

随着政教合一制度的进一步巩固，寺院建筑得到迅速的发展，出现了专为活佛、法王等高级僧人建的高级住宅。这些住宅往往也都附有与庄园林卡相似的林卡。如萨迦寺的平措颇章、卓玛法王宫、拉萨次觉林寺的次觉寺林卡。有些大型寺院既有活佛住宅林卡，又有辩经场，有的甚至几个，如山南扎囊县桑耶寺（图8-1-9～图8-1-11）。

从吐蕃王朝分裂后期到帕竹地方政权统治时期，在藏区已经陆续出现供封建领主、宗本和寺院僧侣所使用的庄园林卡、宗山林卡、寺院林卡。这3种类型园林的形成出现，标志西藏传统园林已经初具雏形。

（五）行宫林卡的出现

17世纪末，格鲁派首领五世达赖喇嘛重掌西藏政教大权，并在哲蚌寺建立甘丹颇章政权，最初其机构体制沿袭帕竹时期的第悉制度。18世纪，清朝中央设立了驻藏办事衙门，并授权七世达赖喇嘛与驻藏大臣共同处理西藏地方事务，从此西藏政教合一制度进入更加巩固的阶段。这段时期在庄园园林、宗山园林和寺院园林基础上，出现了行宫园林。行宫园林是作为政治和宗教上的最高领袖达赖和班禅的避暑行宫，分别建在拉萨和日喀则的郊外。拉萨的行宫林卡就是位于西郊的著名的"罗布林卡"（图8-1-12），日喀则的行宫园林共有两处：东南郊的"贡觉林卡"和南郊的"德钦颇章林卡"。罗布林卡一方面吸收了庄园园林、宗山园林和寺院园林注重绿化的特点，造成树繁草茂的自然气氛；另一方面继承了辩经场体现净土圣境的造园手法，同时又有提高和发展，把"极乐国土"的具体形象通过造园的手法展现出来。在山南曲松一带的拉加里王系是西藏历史上一支独立的地方割据势力，其先祖为吐蕃王室后裔鄂松的嫡系。10世纪后该王系逐渐形成并发展起来，18世纪也在原王宫"甘丹拉孜"旁修建了夏宫，作为王府避暑消夏游乐之处。

图8-1-9 桑耶寺辩经场大门

图8-1-10 桑耶寺辩经场

图8-1-11 桑耶寺林卡

图8-1-12 罗布林卡大门

在甘丹颇章政权统治时期，由于政教合一制度的完善、藏传佛教文化和封建农奴制经济的发展，辟地造园相当盛行。造园活动以庄园园林和寺院园林最为活跃。据统计，在西藏民主改革以前，仅拉萨市内就有大小园林79处之多。特别是20世纪四五十年代以来，拉萨很多贵族从拥挤的老城里搬出，在城郊新建带有园林的住宅。这些园林承袭了藏式传统园林注重绿化的特点，又体现一定的佛教氛围。

至此林卡从最初的"苗圃"逐渐发展演变成了西藏园林，并形成了庄园园林、宗山园林、寺院园林、行宫园林等丰富的林卡类型。

三、林卡建筑的分布

林卡建筑的分布主要集中在西藏的中部拉萨市及周边地区，西藏南部的山南地区、日喀则地区等，藏东地区有些林卡，而藏北和藏西无论是史料记载或是实地田野调查，林卡建筑相对较少。这种分布状态是受自然地理环境、气候条件、农耕文明，以及政治、经济和文化原因影响的，究其原因可以从前文所述林卡建筑的产生与演变中得到答案。

（一）受自然地理环境、气候条件影响

西藏东部的林芝和昌都地区，因为自然气候条件较好，森林覆盖面积较多，当地居民更加喜爱自然的山林环境（图8-1-13）。人们通常选择在林间平地、溪流岸边，在大自然的绿色怀抱中玩耍、休闲歌舞，当地人称之为"耍坝子"（图8-1-14）；在藏北那曲地区和藏西阿里地区气候更加严酷，地理环境主要是广袤的高海拔草原（图8-1-15），过去生活在这里的人们主要以畜牧为主，在草原上逐草而居，极少在固定的地方修建永久性的居住建筑。节日或庆典时常会选择水草丰美的地方搭建帐篷，然后边吃边喝，尽情地歌舞，同时进行赛马等

图8-1-13　林芝地区良好的森林资源

图8-1-14　林间树荫下的娱乐

图8-1-15　那曲地区高海拔草原

运动比赛项目。在西藏的中部拉萨市及周边地区及藏南地区的地理环境和气候条件正适合农耕生产，这些区域有林卡建筑产生的条件和需求，因此形成这种分布是必然的。

（二）政治、经济和文化等原因影响

拉萨作为西藏地方的政治、宗教、经济、文化中心，历史上是地方政权所在地，也是宗教领袖以及贵族们的聚集地，因此拉萨市及周边的林卡数量很多，很多重要的林卡也都集中于此。除罗布林卡外，还有雪策林卡、尧西林卡、香卡林卡、冲拉林卡，以及位于拉萨河中间小岛上的甲玛林卡等。日喀则是后藏的政治、宗教、经济中心，必然带动整个日喀则地区的发展，而山南地区也曾是帕竹地方政权中心，因此这两个地区也有较多的林卡分布，这说明政治和经济因素在林卡发展中的重要作用。

第二节　布局与功能

把林卡作为与中原地区园林相对应的西藏园林，既丰富了中国园林种类的多样性，又对中国园林体系是一个补充和完善。林卡建筑中既有在独特民族文化背景下的显著特征，又有在文化交融过程中，吸收和借鉴内地文化的部分。

一、林卡建筑的选址

林卡建筑只有地方政权统治者的行宫林卡——夏宫，以独立的形式造园建设并存在，林卡内有功能较为丰富的建筑来满足生活、摄政的需求。其他类型的林卡建筑则都是依附于主人的庄园、寺院，并成为其中的一个部分，而不是以单独的建筑形式出现或存在。那么林卡的选址首先就是寺院或者庄园的大的选址关系（有关寺院、庄园的选址原则在前面的章节中另有介绍），然后是林卡与相依附的建筑之间的空间关系。这与江南私家园林类似，但由于土地所有制的不同，西藏的土地都掌握在林卡的主人（领主）手中，因此林卡的选址的灵活性和自由度就大得多，不一定紧邻主体建筑。这就是林卡在选址布局方面存在一定的特殊性，与中原地区园林不同。

（一）与水相近

林卡建筑从它最早雏形期的"苗圃"功能，到后来有明确"园林"含义的造园，都特别注重人与自然环境的和谐关系。要使林卡有良好的自然环境，植物的种植显得尤为重要。植物生长需要水，靠近河流的地方微气候条件更是适合植物的生长，尤其是在气候条件恶劣的西藏地区。因此林卡往往尽可能地靠近水源，以便于取水灌溉，或引水入"园"。有些建于半山的寺院或庄园，为让林卡与水相近，不惧路远，把林卡建于山脚河边的滩地。如山南的敏珠林寺林卡（图8-2-1）便是建在山脚下的小河边上。

（二）与林相伴

西藏地区地处高原，自然条件对于动植物的生长环境较为恶劣，因此在林卡的选址上尽可能选择在自然条件较好的地方。俗话说孤木难成林，在江河岸边、向阳的山坡有充足的阳光，那些原本有树林生长的地方，说明该区域较为适合植物的生长。如果有良好的外部大环境，就更便于营造较好的内部生态环境。因此林卡选址常与林相伴，也是为了植物更好生长的需要（图8-2-2）。

（三）与人相亲

林卡建筑是提供人们休闲娱乐的场所，考虑在其中要进行一定的活动，所以林卡建筑基本选择在地形较为平坦的地方（图8-2-3），或在山脚下，或于河道旁，从史料和实地调研中均未见有修建在高山之上的林卡建筑。

二、林卡建筑的功能

林卡建筑的功能归纳起来主要有：消夏避暑、

图8-2-2　山南雪康庄园林卡

图8-2-1　敏珠林寺林卡

图8-2-3　敏珠林寺林卡

休闲娱乐；主持政务；学佛静修、研修佛法；提供柴薪、储备木料几个方面。不同类型的林卡其功能内容偏重略有不同。比如行宫林卡（夏宫）的主要功能是消夏避暑、主持政务、休闲娱乐、学佛静修、养育培植；而庄园林卡的主要功能就是休闲娱乐、提供柴薪之用；寺院林卡的主要功能为通过辩经研修佛法、休闲娱乐、提供柴火。

（一）休闲娱乐

在林卡内，休闲娱乐是所有类型的林卡都具有的功能，无论王室林卡、贵族林卡或是寺院林卡，都会在其中进行各种以休闲娱乐为主的活动（图8-2-4）。这主要是由于在冬长夏短的高原，对于酷爱户外生活的藏族人民非常宝贵的是要珍惜大自然的恩赐；6~9月间正是温暖明媚的时节，在林卡中休闲娱乐是藏族同胞在高原气候和生存环境中养成的一种生活习惯。

（二）主持政务

林卡的主持政务的功能是行宫林卡（夏宫）所特有的功能。西藏地方政权的统治者为达到消暑的

图8-2-4 林卡内的休闲娱乐

目的，选择环境优秀之地修建夏宫，并且专门栽种大量的名贵树木和花卉植物（有的品种甚至从国外引进），营造出良好的微气候条件。为满足处理政务的需求，在行宫林卡内修建了一系列的颇章建筑及配套建筑，这样地方政权的统治者在行宫林卡内就既能消夏避暑，同时又主持政务活动（图8-2-5）。

（三）参修学习

在夏宫中，良好的微气候环境，清幽的环境氛

图8-2-5 罗布林卡的达旦明久颇章

图8-2-6　色拉寺辩经场僧众辩经

围，提供了一个潜心学习、专研佛理的场所。寺院中的辩经场也是僧众们交流学习、论辩提高的主要场所。因此参修学习也是林卡建筑的功能之一（图8-2-6）。

（四）提供柴薪

林卡提供柴薪的这个最原始的功能，始终都是林卡建筑的一个重要的功能。就是能像汉地的苗圃一样，为使用者提供烧火用的柴薪，以及修建房屋的建筑材料储备。另外林卡中大量的移植引进的植物花卉，为丰富西藏地区植物种类起到了有益的推动作用。

第三节　类型与特征

一、林卡建筑的类型

西藏地区的林卡建筑是在自然林卡的基础上发展起来的，从最初的取柴、祭祀、竞技等比较简单的功能，发展到避暑、休闲、辩经、歌舞、庆典等比较综合的功能。旧西藏官府、寺院和贵族拥有绝大多数的土地、森林、草原、牛羊和农牧奴。按财产隶属关系西藏古建筑中的林卡建筑可分为官府林卡、寺院林卡和贵族林卡三类。

（一）官府林卡

官府林卡是指那些为西藏地方政权的最高统治者修建、营造的林卡。由于主人政治上位高权重，同时又是宗教领袖，集政治、宗教权威于一身，这类林卡都是单独修建，那些为统治者消夏避暑行宫林卡，常又被称为夏宫。官府林卡往往规模宏大，配套建筑数量多，功能也较为丰富。建筑雄伟豪华、装饰精美。院内的植物品种繁多，为引进稀有植物花卉品种，很多珍稀植物是不惜代价从外地甚至是国外一点一点移植进来的。行宫林卡、宗山林卡等都属于官府林卡。这类林卡的代表就是拉萨的罗布林卡、乃琼夏宫；日喀则的贡觉林卡、班禅新宫林卡；山南的拉加里夏宫、鲁定林卡、德吉林卡，其中最为著名的就是罗布林卡。

（二）寺院林卡

寺院林卡是指归属于寺院的林卡，特指为寺院上层僧侣服务的林卡，多为活佛的园林和僧人的辩经场。这类活佛使用的林卡与贵族林卡相近，只是权属为寺院，是寺院建筑中的一部分。辩经场是寺院僧众学研佛法的场所，成为寺院建筑中扎仓的一个组成部分。寺院林卡具有代表性的有：哲蚌寺罗赛林扎仓辩经场、次觉林林卡、扎什伦布寺林卡、昌珠寺林卡、拉孜曲德寺林卡等。

（三）贵族林卡

贵族林卡是指服务于地方政权的上层统治者、贵族的林卡，它们是西藏数量最多、分布最广的林卡类型。但这类林卡往往是贵族庄园的一部分，很少单独出现。林卡内的配套建筑数量很少，功能比较简单，主要是起居室和储物的库房等，主要供贵族家庭享用。林卡内都有种植大量的植物花卉，郁郁葱葱、生机勃勃。贵族林卡具有代表性的有：尧西林卡、朗赛林庄园林卡、帕拉庄园林卡、克松庄园林卡、桑珠孜宗林卡等。

二、林卡建筑的规模

林卡建筑的规模主要根据主人的地位不同而差别很大，无论政治或者宗教的地位越高，其林卡的规模往往也越大。作为地方政权的统治者，政教合一，他们的林卡规模宏大、气势恢宏，如著名的罗布林卡，占地达36公顷，林卡内的附属建筑也非常丰富，达400多座。龙王潭林卡也有近15公顷，其中还有40多亩的水面，并有阁楼、石拱桥、塔等众

多建筑类型在其中。作为五世达赖喇嘛消夏林苑，德吉林卡内的原有建筑虽大多已毁，但现仅存的5000多平方米林地，也足见当时林卡的规模。普通的庄园林卡规模虽也有大小不同，但总体上就要小很多，有的林卡仅几百平方米。

三、林卡建筑的风格

青藏高原地理特征以山地为主，气候寒冷多风、空气稀薄，自然生态条件较为恶劣。在这种特殊的严酷自然环境和以藏传佛教文化为主的独特地域文化背景下，孕育和生成了世界屋脊之上的西藏传统园林——林卡。在一千多年的发展演变中，随着文化交流的进行，林卡建筑也受到周围文化的影响，尤其是内地中原文化的影响。但在西藏传统文化和藏传佛教思想的作用下，林卡建筑呈现出独特的造园思想和艺术风格。

（一）崇尚自然的造园思想理念

人类在长期适应和改造环境过程中会对一定的地理环境结构有所偏好，理想景观模式是经过积淀并升华为符号化的文化图景和心理景观模式。自然崇拜意识是西藏传统文化的重要部分，对于自然的崇拜意识不断积淀并内化为西藏传统文化中重要的生态文化观和特有的地理环境观，投射到现实生存环境中，通过林卡得以充分体现，从而在造园精神和艺术特征上形成鲜明的民族特色和地域特点。由此而形成的林卡体现出注重绿化、布局明朗、淡于山水、精于建筑的造园特点。同时在园林选址、平面布局、园林构景、要素运用等方面也独具高原藏区的地域特色，与汉式园林崇尚儒道思想、追求诗情画意、重于山水雕琢、苦心经营空间有明显的差异。藏式传统园林在意境构思上追求树繁草茂的自然氛围，更加体现出对自然的尊重、人与自然的和谐共处。

按藏传佛教教义所勾勒的世界为蓝本孕育的理想景观模式，形成藏民族对符号化空间的偏好，转化为对真实空间环境象征性构造的追求，以建筑空间的形式显现出来，获得超脱虚幻之感。林卡建筑是自然崇拜意识借助象征手法表达佛国仙境的载体，按这样的理想景观模式立意构园，促使西藏林卡形成自身的景观艺术特色，在罗布林卡的营造中就体现得淋漓尽致。

（二）以植物种植为主，修建建筑为辅

林卡以大面积的绿化和植物造景所构成的自然风光为基调，包含着自然式和规则式两种布局方式，但以自然式布局为主导和主体，因而仍属于自然风景式园林。

林卡建设不像内地的园林营造，把亭、台、楼、榭等各种建筑形式都纳入其中，作为重要的景观元素和造景手法，而是主要以种植植物、营造生态环境为主。林卡内的建筑很少，只是一些为在林卡的休闲活动而设的辅助用房（相对占林卡建筑总数中的绝大多数的庄园林卡和寺院林卡而言，行宫林卡例外）。

为更好地达到良好生态环境效果，林卡中除了种植西藏原有的"霍珍"（绣球花）、"洋菊梅朵"（洋菊花）、"达斯梅朵"（百合花）、"甲色梅朵"（西蕃莲花）、波斯菊"张大人花"、月季、吊金钟、"帮锦梅朵"、"格桑梅朵"等，还从外地，甚至国外引进了许多新的耐阴、耐寒、耐旱的花卉，常绿灌木、乔木树种。如红叶李、红花槐、雪松、龙爪槐、珍珠梅、大叶榆、刺槐、洒金柏、万年球、千头柏球、黄刺玫、榆叶梅、塔柏、铁梗海棠、连翘、金叶女贞、红叶小檗、草花、红三叶、美国兰草等新品种。尤其是在行宫林卡中，更是在植物种植上极尽心思，花大力气，使林卡内花团锦簇、生意盎然。

（三）开放、自然、专属、空寂的风格特征

人与自然同生共存的自然观，以缘起性空论为核心的藏传佛教美学思想是西藏传统园林的造园思想基础。林卡建筑在发展演变过程中，逐步形成了"开放、自然、专属、空寂"的风格特征。

林卡的开放性主要是指其空间的开敞性。林卡除了为限定空间范围在最外面用矮墙围合以外，整个林卡都是开放性的，没有更多的限定围合，里面

的建筑也仅仅是配套的，数量较少。这样人们可以更好地与自然接触，尽情地感受大自然，这也是林卡的另外一个特征——自然。随着佛教的传入，以宗教方式将自然崇拜意识纳入教义，自然崇拜意识借助寓意手法，没有过多的人为修建，体现的是对自然的尊重。

林卡是西藏传统园林，其本来属性特征反映了当时的社会状况。旧西藏的土地掌握在三大领主：官家领主、贵族领主和寺院领主手中，而他们对土地的管理是实行谿卡方式的，林卡是领主们建于他们自己领地内，供他们休闲娱乐之用的私有财产，林卡成为领主们财富的象征，林卡的主人和邀请的客人在林卡内喝酒吃肉，肆意歌舞，普通藏族同胞们是无法享用的。因此林卡具有专属性。

《维摩经》佛国品中曰："不着世间如莲华，常善入于空寂行。"林卡中不似汉地园林那样追求诗情画意，更多的是对佛学教义的推崇。缘起性空论产生了对空寂的审美观，林卡内只有自然的树木花卉，"空旷"的环境更是理想景观模式体现。

第四节 实例与遗存

藏式传统园林从最初的自然林卡到作为苗圃的林卡雏形，发展演变为庄园园林、宗山园林、寺院园林和行宫园林，从萌芽期逐渐进入形成期，留下了不少记载与丰富的实物遗存。但因林卡本多依附谿卡、寺院等主体建筑，现保留不多，有建筑者更少，实例部分记述林卡建筑之一角。

一、罗布林卡

"罗布林卡"的藏文语意是"宝贝园林"，也是达赖喇嘛的夏宫，位于拉萨市西郊、布达拉宫西约两公里处的拉萨河畔，是一座林木参天、花团锦簇的园林。从七世达赖喇嘛格桑嘉措初建以后，每世达赖喇嘛都进行不同程度的扩建，逐渐形成了占地为36万平方米的园林，这里殿堂亭榭林立，有大小房间共400多套（图8-4-1）。

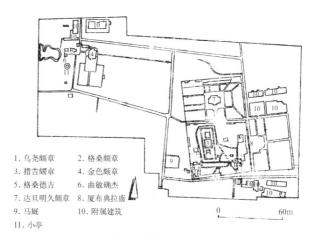

1. 乌尧颇章　　　2. 格桑颇章
3. 措吉颇章　　　4. 金色颇章
5. 格桑德吉　　　6. 曲敏确杰
7. 达旦明久颇章　8. 厦布典拉康
9. 马厩　　　　　10. 附属建筑
11. 小亭

0 　　　　　　　60m

图8-4-1　罗布林卡平面图

从七世达赖喇嘛以后，每世达赖喇嘛在未执政之前，均在此习文、学经、修法。执政后，每年夏天仍驻足此地，所以人们称罗布林卡是达赖喇嘛的夏宫，在藏族僧俗群众的心目中，罗布林卡与布达拉宫一样，占有崇高的地位。

罗布林卡除茂密的树木、花草之外，建筑按其自然区域可分为五个部分：以格桑颇章为主体的建筑群为第一部分；以措吉颇章为主体的建筑群为第二部分；以金色颇章为主体的建筑群为第三部分；以厦布典拉康为主体的建筑群为第四部分；以达旦明久颇章（新宫）为主体的建筑为第五部分。

（一）以格桑颇章为主体的建筑群

包括乌尧颇章、格桑颇章、缺扎、曲然、康松司伦等建筑。

罗布林卡所在地，原是一片流水潺潺、林木茂密、飞禽走兽时而出入的荒芜之地。据藏文献记载，七世达赖喇嘛格桑嘉措当政时期，常常患病在身，这片荒芜之地中有一眼清泉，七世达赖喇嘛每年夏天常到此沐浴，治疗疾病。当时的驻藏大臣代表清廷出资，专为七世达赖喇嘛修建了供其洗澡后休息的房子，即乌尧颇章，或称凉亭宫。乌尧颇章坐北向南，为2层平顶藏式建筑，规模很小，是罗布林卡最初形成时的第一座建筑。

格桑颇章位于乌尧颇章东侧，是七世达赖喇嘛于1751年兴建的，七世达赖喇嘛以自己的名字加以

图8-4-2　康松司伦

命名，称为格桑颇章。

　　缺扎位于格桑颇章东北30米处，这是达赖喇嘛习读经书的地方。曲然位于格桑颇章北80米处，为一层平顶建筑，是大喇嘛辩经场、讲经场，都是八世达赖喇嘛所建。

　　康松司伦（威镇三界阁）位于格桑颇章东北70米处，是座2层亭台建筑，为达赖喇嘛看藏戏的小

图8-4-3　措吉颇章

看亭。20世纪中，土旦降白益西旦白坚赞摄政时将小木亭拆毁，在原址上修建了这座房子。并在前（东面）加修了藏戏台。康松司伦下层为过道，上为达赖喇嘛的看台，房间置有榻床，供达赖喇嘛看藏戏时小憩（图8-4-2）。

　　（二）以措吉颇章为主体的建筑群

　　包括措吉颇章（湖心亭）、鲁康（龙王亭）、鲁康厦（东龙王亭），仲增颇章、达赖休息室等建筑。

　　措吉颇章意即湖心殿，位于格桑颇章西北120米处，因周围被池水环绕，故有此称。早在七世达赖之前，这里自然形成了一个水塘，一到夏天，人们便到此沐浴。八世达赖喇嘛强白嘉措在执政的第四年（1784年），由当时掌办商业事务的甘丹喜热图诺们汗（即策默林）负责修建了这一湖心建筑（图8-4-3）。

　　鲁康，位于湖心殿北端，属亭阁式建筑，平面呈正方形。鲁康四周有回廊，共有10根廊柱。在此

每年举行祭祀龙王、卜算吉凶的活动。

鲁康夏（东龙王殿），位于湖心殿东侧50米处，是存放祭祀龙王祭器的地方，同时也是一个龙王供庙。

仲增颇章位于湖心亭西30米，是座藏式2层建筑，坐西朝东，主殿12柱，南北长12.5米，东西宽8.8米。仲增颇章，不仅是历代达赖的阅览室，而且曾是十三世达赖进行修持的中心场所。

在湖心亭西南85米处有一密闭院落，是为马厩。马厩南北长48米、东西宽28米。这里主要喂养达赖及其侍从的马匹，所以又叫"内马厩"。

（三）金色颇章为主体的建筑群

主要有金色颇章、格桑德吉颇章、其美确吉等建筑。

金色颇章位于罗布林卡的西端。金色颇章为3层藏式楼房，是十三世达赖喇嘛土登嘉措的近侍土旦公培负责设计，于1922年动工修建的（图8-4-4）。

格桑德吉颇章位于金色颇章西60米处，是座2层藏式楼房。格桑德吉颇章是金色颇章竣工后于1926年修建的（图8-4-5）。

其美确吉位于格桑德吉南10米处，是十三世达赖喇嘛为自己修建的圆寂房，为单层平顶藏式建筑。十三世达赖喇嘛在晚年一直以此作为他的起居室，直至在此圆寂（图8-4-6）。

（四）夏典拉康为主体的建筑群

主要有夏典拉康、噶厦政府官员办公室、"议仓"办公室等。

夏典拉康，位于格桑颇章东北220米处，是座2层藏式楼房。夏典拉康主要是诵经和进行祈福禳灾的宗教法事的场所（图8-4-7）。

（五）达旦明久颇章（新宫）

达旦明久颇章位于格桑颇章北210米处，四周

图8-4-4　金色颇章

图8-4-5　格桑德吉

图8-4-6　其美确吉

图8-4-7　夏典拉康

图8-4-8　达旦明久颇章前庭院

围墙高大，院内花草繁芜，树木成荫。达旦明久颇章的藏文语意是"永恒不变宫"，是达赖喇嘛的经师洛桑益希起的名称，由车仁·晋美松赞旺布设计，是座2层藏式平顶建筑，由佛堂、护法神殿、修行室、经堂、会客室、卧室、洗澡间等40多间房子组成。达旦明久颇章是十四世达赖喇嘛20岁时(1954年)动工兴建的，于1956年竣工（图8-4-8）。

新宫内四壁绘制连环画式的大型壁画，主题包括西藏历史和佛教典故。整组壁画自西壁至东壁，从藏族的起源开始，描绘了西藏的第一块农田、第一代藏王、第一座宫殿、第一座寺庙、第一批佛教僧人、历代吐蕃赞普传记、尺尊公主和文成公主进藏、达赖喇嘛的传记，以及以寺庙发展为主线的藏传佛教兴衰发展史、元明清以来中央对西藏地方采取管理制度、顺治皇帝为五世达赖喇嘛颁布金册金印，直至和平解放后1954年十四世达赖喇嘛、十世班禅进京参加第一届全国人民代表大会，以及1955年2月28日毛泽东主席在北京中南海接见十四世达赖喇嘛、十世班禅，并共庆藏历新年的情景。总共301幅画面以连环画形式追溯了西藏的主要历史事件，每一幅下面都注有详细的藏文说明，达到了史书的效果，是迄今为止以西藏历史为题材的最完整的壁画，更是西藏历史的见证。释迦牟尼讲经图是西藏著名的画家安多强巴大师绘制的，突破了西藏传统《绘画度量经》的束缚，开辟了西藏绘画的新纪元。

罗布林卡修建时间延续较久，其建筑分属许多时期，且越来越雄伟。室内陈设、装饰也越来越富丽堂皇，其中达旦明久颇章堪称近代西藏官邸建筑的典型代表。它的布局装饰既有浓厚的宗教色彩，同时适应官场活动的需要，又有着较过去同类建筑复杂得多的格局。1982年罗布林卡以其园林特有的特色以及其特殊的宗教地位，被列为国家重点文物保护单位。

罗布林卡最热闹的时候是全藏区每年一次的雪顿节，西藏各地的藏戏流派都汇集于此举行盛大会演。届时拉萨城内的老百姓更是举家前往罗布林卡，搭起帐篷，摆上上好的青稞酒及各种美食，歌舞欢庆达一周之久。

二、宗角禄康林卡

宗角禄康位于拉萨市中心布达拉宫山阴，是拉萨著名的传统园林建筑。藏语"宗角"意思为"宫堡后面"，这里的宫堡指布达拉宫；"禄康"意为"禄神（今译鲁神）殿"。鲁神是藏传佛教和苯教对居于地下及水中的一类神灵之统称。"鲁神"常被汉译为"龙神"，进而常称宗角禄康为"龙王潭"（图8-4-9）。

龙王潭始建于六世达赖喇嘛时期。其中的潭水坑形成得比较早，是五世达赖喇嘛时期修建布达拉白宫和第巴桑结嘉错修筑布达拉宫时，从山脚大量取土，从而形成一面积较大的潭水。传说六世达赖喇嘛曾从墨竹工卡迎请墨竹赛钦和八龙供奉于此潭水中，所以称龙王潭，该园林建筑即以龙王潭相称。

龙王潭园林依着布达拉的山势灵活布局，平面呈不十分规则的多边形状。园林东西长610米，南北最宽处303米、最窄处20.5米。中部潭水范围东西长270米，南北宽约112米，呈长方形状。潭水中有一孤岛，为不规则圆形，直径约42米，岛上建有阁楼。潭水四周则林木茂盛，一派葱绿，衬映着湖光山色，拱桥重阁，景色确乎秀丽如画，美不胜收。潭水中的阁楼，是按照佛教仪规中坛城的模式

图8-4-9　宗角禄康林卡与布达拉宫的位置关系

建造起来。阁楼3层，坐北向南。第一层平面是全对称十字形布局结构，其中心为4柱小殿，小殿之外则建一周回廊；第二、三层建筑结构相同，内部是4柱的佛殿，佛殿四周亦有一周沿廊。顶层为六角形小殿，上覆以六角攒尖屋顶。整个建筑结构合理，以斗栱承檐，富丽细腻，建筑内外构件则装饰繁华，雕梁画栋，反映了较高的设计建造及艺术水平。八世达赖喇嘛、十三世达赖喇嘛等也都曾对此地进行整治并维修。

连接潭水间小岛和四周陆地的是一座五孔石拱桥，桥长24米多，宽3.5米。循此登上小岛，于楼台眺望，园林风光，尽收眼底，亦是游园一趣（图8-4-10、图8-4-11）。

宗角禄康公园的东部是3座白色的伏魔佛塔。3座白塔前面是一排转经筒。沿着布达拉宫的西侧宫墙行走，可直接到达这里。现存伏魔佛塔是20世纪90年代重建的（图8-4-12）。

现在的龙王潭已成为拉萨第一个具有现代气息的大型公园。园内增建了儿童公园、健身设备、休息厅等设施，还可以在湖中划船，是人们过林卡和游览休息的舒适场所。

图8-4-10　宗角禄康石拱桥

图8-4-11　宗角禄康

图8-4-12 宗角禄康伏魔佛塔

三、拉加里王宫林卡

拉加里王宫遗址位于山南地区曲松县城南侧，建于13世纪，是吐蕃王室后裔家庭势力在历经萨迦和帕竹地方政权后保留下来的王权象征。现存建筑可分为早、中、晚三期。早期建筑称为旧宫，藏语称"扎西群宗"，始建于13世纪，现存最高为12米的宫墙残段和南、北大门；中期建筑称为新宫，藏语称"甘丹拉孜"，建于15世纪，为拉加里王宫遗址现存的主体建筑，由王宫、仓库、拉康（宫殿）、广场、马厩等组成；晚期建筑是用来消暑度假的林卡，称为"夏宫"，建于18世纪。

夏宫位于新宫甘丹拉孜东北方向约1000米处（现县行政大院内），北临江扎普久河，南依高崖，海拔3840米。原建筑包括宫墙、浴池及宫殿等，现多已不存。

现存部分为一基本完整的四合院式宫殿（图8-4-13），该宫院位于今县行政办公大楼东北约50米处，宫院坐北朝南，北面正房一排3间，通面阔18米，进深4米。东、西面各有厢房一间，中央为庭院。正、厢房前各设有石阶4级。正、厢房门窗皆设计成汉式格子棂窗及版门式样。正房明、次间门上垂檐及窗眉均镂刻彩绘有牡丹、莲花、凤凰、卷草等图案，明显受内地汉族文化和建筑风格影响（图8-4-14、图8-4-15）。

四、贡觉林卡

贡觉林卡又名东风林卡，位于西藏自治区第二大城市日喀则市区东北部，北依雅鲁藏布江，东临年楚河，处于雅鲁藏布江与年楚河的交汇点。贡觉林卡是西藏历代班禅喇嘛消夏避暑和进行宗教活动之地，也是班禅夏宫。

贡觉林卡是由七世班禅丹白尼玛于清朝道光五年（1825）效仿罗布林卡而建。日喀则修建德庆格

图8-4-13　拉加里王宫夏宫林卡内建筑

图8-4-14　拉加里王宫夏宫门头装饰

图8-4-15　拉加里王宫夏宫垂檐镂刻

图8-4-16　贡觉林卡大门

图8-4-17　贡觉林卡古树

图8-4-18　贡觉林卡溪流

桑颇章宫前，班禅夏宫就建于贡觉林卡内，原名德吉经堂，后因清朝道光皇帝用藏、汉、蒙、满四种文字写的"贡觉林宫"金字匾额，遂改名为贡觉林宫。贡觉林宫内有佛堂、金殿、护法神殿等建筑。宫内树木成林，并饲养有虎豹等众多野兽。每年藏历八月在此举行盛大的跳神活动。贡觉林宫于1954年楚河水灾中被毁，近年经过整饰装修，成为日喀则人民公园，后改称贡觉林卡（图8-4-16）。

贡觉林卡内幽径曲折，溪流环绕，河水碧波荡漾，溪畔古木参天。园内环境幽雅，植物自然景观极佳（图8-4-17、图8-4-18）。

五、德钦格桑林卡

德钦格桑颇章林卡位于日喀则市南郊，扎布伦寺以南，1954年与德钦格桑颇章一同兴建，是十世班禅的夏宫，也称新宫林卡，现又名南郊公园。新宫建筑富丽堂皇，十分幽雅，是避暑的好地方。宫内放置了很多西藏历史文物及艺术精品，尤以一幅

《八思巴会见忽必烈》的壁画，最为精美。整个园林拱绕着德钦颇章，园林内绿茵幽幽，杨柳依依，是游览憩息的好去处。

德钦格桑颇章林卡占地面积50余万平方米，主体建筑有班禅大师起居室、办公室、大小经堂5间，佛像100余尊。新宫建筑将西藏传统风格与现代风格融为一体，既古朴典雅，又不失雄伟奇丽。第一道大门前有4根八角朱漆大檐柱，门殿浮雕野兽、蟠龙、花卉图案。门壁两侧彩绘着动植物图案、人物以及佛教故事壁画（图8-4-19）。二门是新宫合

院的前庭，走进大门，迎面便是富丽堂皇又庄严肃穆的新宫（图8-4-20）。宫内有班禅大师的寝室、会客厅，还有经堂、佛堂、护法神殿等。

班禅新宫院内大片的草地，种植有果树和大量珍稀树木，郁郁葱葱（图8-4-21、图8-4-22），各种珍品花卉更是在夏日里争奇斗艳，景色宜人，成为日喀则市内群众四季游玩的主要林卡（图8-4-23）。每年6月，日喀则市内群众都要在这里举行盛大的游园活动，称之为"林卡节"（图8-4-24）。

图8-4-19　门壁彩绘

图8-4-20　班禅新宫林卡第二道门

图8-4-21　班禅新宫林卡

图8-4-22　班禅新宫林卡

图8-4-23　休闲娱乐

图8-4-24　煨桑炉

六、德吉林卡

德吉林卡位于山南地区琼结县琼结镇西南约2公里处白松村。五世达赖喇嘛阿旺洛桑嘉措幼时的消夏林苑。藏语"德吉林卡"意为"幸福园林"。据传17世纪初，四世达赖喇嘛圆寂后，琼结巴家族的阿旺洛桑嘉措被认定为转世灵童。由于当时执政的第巴对琼结巴家族不满，在排挤和削弱格鲁派力量的同时，利用种种借口打击琼结巴家族，当地百姓将洛桑嘉措隐藏于白松林卡而幸免于难。从此，人们便称这里为德吉林卡。

德吉林卡四周环以石砌苑墙，墙上设有探孔（图8-4-25）。苑墙平面呈东西长、南北短的长方形，面积约5000平方米。据《琼结县文物志》记载，围墙内建有达赖喇嘛的卧室和休息亭、第巴森康（官员住处）以及阿仲康巴（信差人员住处）。林卡内栽有各种花草及树木（图8-4-26）。洛桑嘉措曾在此栽种17棵杨树，其中1棵在林卡东侧，称为罗布达普，意为"宝贝马桩"，其余16棵树象征16罗汉，被称为罗汉树。今仅存11棵，高约9米，胸径约2米。明天启二年（1622年），洛桑嘉措被迎请到哲蚌寺供养，从此结束了在德吉林卡的生活。西藏和平解放前，德吉林卡一直归属琼结宗管理，专门派有专人驻守。1951年后归琼结县管理，范围缩小，仅余原有部分林地，原建筑已无存（图8-4-27）。

图8-4-25 德吉林卡苑墙

图8-4-26 德吉林卡内古树

图8-4-27 德吉林卡建筑遗址

七、鲁定林卡

鲁定林卡位于桑日县县城东南面约一公里处，为历世达赖喇嘛的"御用林卡"（图8-4-28）。鲁定林卡是18世纪时西藏地方政府封赐给"桑颇家族"的，距今已有近300年的历史。17世纪初，七世达赖喇嘛由理塘进入拉萨后，其家族随同达赖喇嘛来到拉萨，清政府封其为公爵，"噶厦"（即原西藏地方政府）之后又给了很多庄园，鲁定颇章（林卡）属当时"噶厦"政府给的其中一个庄园。七世达赖喇嘛的父亲索朗达杰曾居住于此，即今之"桑珠颇章"，简称"桑颇"。历史上，历代达赖喇嘛途径桑日去加查"神湖"朝圣之时，鲁定颇章就成了达赖喇嘛在桑日境内下榻休息的驿站，而鲁定林卡是达赖喇嘛过林卡和向众信徒讲经说法的场所。今日鲁定林卡内尚存一四方形高约一米的方台，相传

图8-4-28　鲁定林卡

图8-4-29　鲁定林卡古树

就是历辈达赖喇嘛讲经的地方，因此也把鲁定林卡称为达赖喇嘛的"御用林卡"。

西藏废除农奴制，进行民主改革之后，鲁定林卡对外开放。清澈的比巴河水潺潺环绕鲁定林卡而过，林卡内树木种类较多，这些树木有些高耸入云、有些盘根错节，姿态万千。青山、绿树、碧水和鲜花相映成趣，旁边潺潺的水声和着悦耳的鸟鸣，让人心旷神怡。鲁定林卡是桑日人们休闲娱乐及过林卡的首选之地（图8-4-29、图8-4-30）。

八、朗赛林庄园林卡

朗赛林庄园是在扎西若丹庄园的基础上发展起来的。扎西若丹庄园建在现朗赛林乡拉巴村，主楼为4层，由疆·扎西若丹创建。大约在帕竹王朝时期，经那曲杰又在扎西若丹庄园以北的开阔地方重建了一座主楼为7层的庄园，即朗赛林庄园。朗赛林庄园有双重围墙，外墙呈长方形。在内墙与外围墙之间，开筑有壕沟，具有明显的防御性能。

在朗赛林庄园围墙外南侧面，有一座风景秀丽的花果园，其面积不亚于庄园围墙内的面积（图8-4-31）。园内以苹果树、桃树、杏树等果树为主，在道旁、林中空间种有许多花色品种的花卉，鲜艳夺目、千姿百态。在花丛中还建有一亭台，更增添了园内美丽的景色。《藏族社会历史调查》记载，"……高楼的右前方，有一片葱郁的林卡，林卡内有一组别致的小院儿，是领主夏天居住的别墅。林

图8-4-30　鲁定林卡水池

图8-4-31　朗赛林庄园林卡

图8-4-32　朗赛林庄园林卡植物

图8-4-33　朗赛林庄园林卡的配套建筑

图8-4-34　次觉林卡周边建筑

卡内苍松古柏、垂柳翠竹，还有梨、苹果、桃、海棠、核桃等树木，以及牡丹、芍药、月季、黄花等高原上少见的花草。一进入夏天，草木葱郁，幽雅至极"。朗赛林庄园林卡以大面积的绿化见长，小体量的建筑点缀在郁郁葱葱的树林中；在植物利用方面，充分利用高原乡土品种，还积极引进一些高原少见的植物品种；园林选址于平坦之地，不注重叠山理水，使地势自有高低，一派树繁草茂的自然氛围。这些不仅成为以后各大庄园园林创作的主要模式，还影响了藏式传统园林中的其他园林类型的创作模式。可惜现存园林面积大大减少，里面的部分建筑及树木得以保留（图8-4-32、图8-4-33）。

九、次觉林卡

次觉林卡位于拉萨市以南大约7公里处城关区蔡贡塘乡，东依"宝瓶山"，与拉萨城隔拉萨河相对。次觉林卡是次觉林寺活佛的夏宫，是至今保持着纯原生态的天然林卡（图8-4-34）。

次觉林寺全名为次觉扎西桑丹林，是拉萨"四大林"之一。次觉林寺是由八世达赖喇嘛强白嘉措为其经师噶钦益西坚赞于第十三饶迥铁狗年（1790年）所建。次觉林坐北向南，建筑面积约7000平方米，主体建筑为经堂和佛殿。经堂内有32柱的回廊，有4柱的僧厨，还有68间僧舍。次觉林寺的母寺为后藏吉仲地方的扎西桑丹林寺，因此该寺的传承教习等完全效仿于其母寺。从噶钦益西坚赞作为第一世次觉林活佛，共传了五辈次觉林活佛，相应的次觉林拉章也建立起来了（图8-4-35、图8-4-36）。

图8-4-35　次觉林卡外转经道图

图8-4-36　次觉林卡煨桑炉

十、罗赛林扎仓林卡

罗赛林扎仓林卡坐落于拉萨市西郊的哲蚌寺，距市区约10公里，根培乌孜山南坡的山坳里，是黄教创始人宗喀巴的弟子降央曲吉-扎西班丹于公元1416年创建，是藏传佛教最大的寺院。"哲蚌"是藏语，直译为"雪白的大米高高堆聚"，简译为"米聚"，象征繁荣，藏文全称意为"吉祥积米十方尊胜洲"，它是格鲁派中地位最高的寺院。寺内原有七大扎仓（经学院），后合并为罗赛林、果莽、德扬、阿巴四大扎仓，是喇嘛教最大的寺院。现在寺内的主要建筑有措钦大殿、罗赛林扎仓、葛丹颇章、甲央拉康等，大都是明清两代陆续修建的。

罗赛林扎仓林卡也是罗赛林扎仓的辩经场，位于罗赛林扎仓旁边，四围用矮墙围绕，场内地面铺设砂石，繁盛树木规矩地排列着。在场地正北面的三层台阶上，坐北朝南有一开敞式的小型建筑物，据说这里曾经是早年达赖喇嘛亲自主持辩经的处所（图8-4-37、图8-4-38）。

图8-4-37 罗赛林辩经场

图8-4-38 罗赛林辩经场

西藏古建筑

西藏古建筑

第九章 碉楼建筑

西藏碉楼建筑分布图

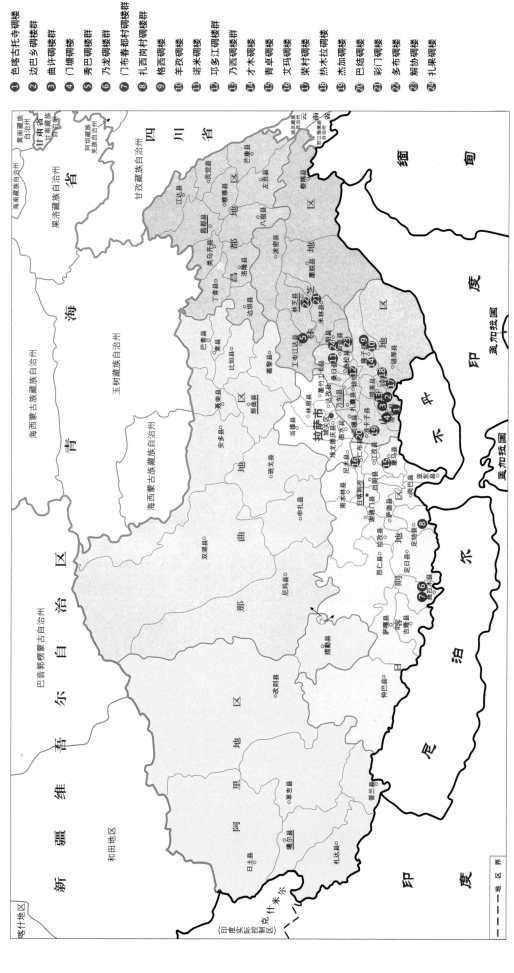

(地图引自：中华人民共和国民政部编. 中华人民共和国行政区划简册2014. 北京：中国地图出版社，2014.)

图9-0-1　洛扎曲西碉楼群

本书前述各章，是按照建筑性质或建筑使用功能，来划分建筑类型并加以介绍的。碉楼建筑作为一种古老的建筑形式和建造方式，在宫殿、寺院、庄园、民居等西藏古建筑中都有独到和融合表现。这里专门单列一章，是考虑碉楼作为一种建造方式蕴藏着悠久的历史文化，时至今日在西藏地区仍有大量的碉楼建筑遗存。这里有悖本书按照建筑性质或使用功能划分建筑类型并分章介绍的前规，敬请读者见谅和海涵。

早在4000多年前的卡若遗址中发现的六种类型建筑中，碉房式建筑就有两种，即碉房式和擎檐碉房式，这种类型建筑的出现被后来一些研究西藏建筑史的学者认为是独具特色的西藏古建筑早期母型，对后来西藏古建筑风格的形成产生了重要影响。

因此可以说西藏碉房的雏形在那个时代就已经出现了。但那个时代的碉房仅仅是一种建筑类型，其修建目的主要是，居住和防御野兽或偷盗，与真正意义的碉楼还是有很大区别的。现在我们能够看到的最早的碉楼式建筑应当是位于雅砻河谷的雍布

拉康后部的碉楼，从其建筑形式可以明显看出具有堡垒性质。作为西藏在公元前2世纪的第一座宫殿，可知在那个时期，一旦堡寨形成，也必然成为当时一个部落或小邦的政治中心和地域中心，因此，雍布拉康可以说既是这个时期的标志性建筑，同时又为西藏碉楼式建筑的发展起到了启后的作用，所以碉楼建筑的修建成为那个时期一个小邦或部落的重要标志。但真正意义上碉楼的出现应该是到了吐蕃政权以后了（图9-0-1、图9-0-2）。

图9-0-2　工布江达县的碉楼

第一节　历史的演变

一、碉楼建筑的成因

　　吐蕃从雅砻部落兴起到发展为吐蕃王朝是通过不断的战争取得的，作为军事设施的碉楼建筑也就在这一时期应运而生，法国藏学家石泰安认为，碉楼这种建筑的雏形在6世纪时代的附国和吐蕃东部的东女国就已经出现了，即一些高达9层的防御塔和住宅，其高度近25米到30米。

　　吐蕃时期，碉楼建筑不仅在西藏本地，还在现在的四川甘孜、阿坝一带建造技术也已十分发达。《隋书·附国传》中说："附国……垒石为巢……高至十余丈，下至五、六丈，每级以木隔之，基方三、四步，上方二、三步，状似浮屠，于下致开小门，从内上通……"夏格旺堆先生在其《西藏高碉建筑》一文中认为，《隋书》中的这段文字不但记述了碉楼建筑的平面形制特征，而且还记述了它们的立体结构与形状。如果我们换算丈量单位，那么一丈等于3米多，十余丈则是30～40米之间。状似"浮屠"，实为石泰安所说的"防御塔"或"塔式建筑房舍"（图9-1-1）。《后汉书·南蛮西南夷列传》

中也说当地"皆依居止，累石为室，高者十余丈，为邛笼。"《后汉书》注中又说"邛笼，今彼土夷呼为'雕'（碉）也。"

　　可见碉楼建筑在那个时期就已在整个藏区开始兴建，这一时期的碉楼在很大程度上的功能可能是与居住有关，这种具有防御性质的碉楼形式民居建筑至今在西藏和四川的一些藏区仍在沿用。

二、碉楼建筑的演变

　　在西藏大规模修建碉楼则是元末明初设立十三大宗（宗：相当于县一级机构）以后，早期宗的建筑都是在险峻的山脊之上，本身就是一个城堡，其附属建筑中就有碉楼，根据宗堡建筑的需要，一般在宗堡建筑附近又修建一些相对较远的碉楼，以起到烽燧的作用，这种建筑格局的形成奠定了碉楼群的基础。从现在我们在西藏各地见到的碉楼群中可以看出，每个宗堡的四周都修建有一些单体的碉楼，而从每个单体碉楼都能看到至少3个不同角度的单体碉楼，这些碉楼相互相连，不仅便于传达信息，而且能够及时相互支援，从而形成一个完整的防御体系（图9-1-2）。

图9-1-1　洛扎门塘卡杰碉楼

图9-1-2　林芝秀巴碉楼群

因此，可以推断，西藏古碉楼群始建年代应该早到公元前，但现存有记载的碉楼只能追溯到9世纪，大量修建应在12世纪至16世纪之间，最初大规模修建碉楼和西藏当时的战乱以及教派之争等有关，之后主要作用是用于守卫西藏边境。

在西藏社会进入相对平稳发展时期后，由于西藏特有的兵役制度，这些碉楼附近又修建了适宜居住的建筑，碉楼建筑也开始了演变，到后期出现了一些极具特色的碉楼式民居，但由于碉楼本身不适宜居住，目前绝大多数碉楼已废弃，但建筑主体仍得以保存。虽然碉楼一直不是西藏建筑的主体，但由于建筑难度大，风格独特，所以应当说碉楼建筑可以代表当时建筑的最高水平。

三、碉楼建筑的分布

碉楼在西藏的分布极为广泛，在西部阿里，碉楼也应当是早期象雄文化的一个重要组成部分。在当时从阿里到那曲、昌都北部都能见到碉楼建筑遗迹，但因种种原因，对这一大片地区的碉楼调查一直少有资料，但就从对这些碉楼的有限调查来看，从西部阿里地区的日土县沿西藏边境一直到东部的昌都都有碉楼建筑，但目前保存相对完整和集中的主要在日喀则地区的聂拉木、亚东，山南地区的洛扎、错那、措美，林芝地区的朗县、米林等地，其中尤以山南地区洛扎、错那和措美三县的碉楼最为密集，也最为壮观（图9-1-3）。

就西藏目前所知碉楼的分布，基本可以看出，是从南、西边界的密集到卫藏中部的稀疏，整个分布呈扇形结构，由于碉楼建筑在西藏和平解放后使用越来越少，随着后来的逐步废弃和拆除，现在西藏中部人口较多的农区已很难再见到碉楼了（表9-1-1）。

图9-1-3　不同外形的单体碉楼

西藏碉楼名录　　　　　　　　　　　　　　　　　　　　　　　　　　　　　表9-1-1

序号	碉楼名称	年代	详细地址	备注
1	嘎琼村碉楼		日喀则地区聂拉木县锁作乡麦嘎琼村	
2	甲本村碉楼		日喀则地区聂拉木县锁作乡甲本村	
3	松多村碉楼		日喀则地区聂拉木县门布乡松多村	
4	当确碉楼		日喀则地区聂拉木县乃龙乡当确村	
5	普日碉楼		日喀则地区聂拉木县门布乡普日村	
6	春都碉楼		日喀则地区聂拉木县门布乡麦都村	
7	查松碉楼		日喀则地区聂拉木县门布乡查松村	
8	罗布碉楼		日喀则地区聂拉木县波荣乡罗布村	

序号	碉楼名称	年代	详细地址	备注
9	扎西岗碉楼		日喀则地区定结县萨尔乡扎西岗村	
10	青卓碉楼		日喀则地区康马县雄章乡青卓村	
11	藏扎碉楼		日喀则地区康马县南尼乡藏扎村	
12	查那强碉楼		日喀则地区康马县康如乡查那强村	
13	阔曲碉楼		日喀则地区康马县康如乡阔曲村	
14	甲玛碉楼		日喀则地区仁布县查巴乡吉米村甲玛自然村	
15	艾玛碉楼		日喀则地区仁布县德吉林镇艾玛村	
16	乃龙碉楼群		日喀则地区聂拉木县乃龙乡乃龙村	
17	羊孜碉楼		山南地区隆子县列麦乡羊孜村	
18	加热碉楼		山南地区隆子县热荣乡加热村	
19	才木碉楼		山南地区隆子县雪萨乡才木村	
20	卡玉碉楼		山南地区措美县措美镇玉美村卡玉自然村	自治区级
21	乃西碉楼		山南地区措美县乃西乡乃西村	自治区级
22	堆荣碉楼		山南地区错那县觉拉乡年扎村邦嘎麦村	
23	祥钦白卡碉楼		山南地区错那县曲卓木乡洞嘎村尼木西自然村	
24	荣村碉楼		山南地区错那县库局乡荣村	
25	雄达碉楼		山南地区错那县局库乡桑玉村	
26	郭巴碉楼		山南地区错那曲卓木乡洞嘎村	
27	热木拉碉楼		山南地区错那县曲卓木乡曲卓木村	
28	巴尼碉楼		山南地区加查县洛林乡哪索村	
29	卡萨顶碉楼		山南地区加查县拉绥乡岗主巴村	
30	藏木碉楼		山南地区加查县拉绥乡藏木村	
31	耶拿碉楼		山南地区加查县坝乡定贡村	
32	江若碉楼		山南地区加查县洛林乡江若计巴村	
33	若米碉楼		山南地区加查县安绕乡若米村	
34	吐加碉楼		山南地区加查县洛林乡错古村	

序号	碉楼名称	年代	详细地址	备注
35	杰加碉楼		山南地区浪卡子县多却乡杰加村	
36	巴结碉楼		山南地区浪卡子县卡龙乡巴结村	
37	支巴碉楼		山南地区浪卡子县卡龙乡学庆村	
38	巴日碉楼		山南地区洛扎县边巴乡巴日村	自治区级
39	白日碉楼群		山南地区洛扎县边巴乡巴日村	自治区级
40	格堆碉楼		山南地区洛扎县边巴乡雪玛村	自治区级
41	麦秀碉楼		山南地区洛扎县边巴乡麦秀村	自治区级
42	美秀碉楼		山南地区洛扎县边巴乡麦秀村巴拉自然村	自治区级
43	那木碉楼		山南地区洛扎县边巴乡雪玛村	自治区级
44	塞美碉楼		山南地区洛扎县边巴乡雪玛村	自治区级
45	设布碉楼		山南地区洛扎县边巴乡白日村	自治区级
46	索热碉楼		山南地区洛扎县边巴乡雪玛村	自治区级
47	植邢碉楼		山南地区洛扎县边巴乡白日村吾雪自然村	自治区级
48	门当碉楼		山南地区洛扎县洛扎镇门当居委会	自治区级
49	亭碉楼		山南地区洛扎县拉康镇亭居委会	自治区级
50	雍碉楼		山南地区洛扎县拉康镇门切居委会	自治区级
51	次麦碉楼		山南地区洛扎县洛扎镇次麦居委会	自治区级
52	果雄碉楼		山南地区洛扎县洛扎镇嘎波居委会	自治区级
53	瓦玉碉楼		山南地区洛扎县嘎波居委会瓦玉村	自治区级
54	成玉碉楼		山南地区洛扎县色乡曲许村	自治区级
55	措玉碉楼		山南地区洛扎县色乡色村措玉自然村	自治区级
56	曲吉麦碉楼		山南地区洛扎县色乡色村玉若自然村	自治区级
57	曲许碉楼		山南地区洛扎县色乡曲许村	自治区级
58	桑玉碉楼		山南地区洛扎县色乡桑玉村	自治区级
59	色村碉楼		山南地区洛扎县色乡色村	自治区级
60	色乡碉楼		山南地区洛扎县色乡所在地	自治区级

碉楼建筑

序号	碉楼名称	年代	详细地址	备注
61	阿儿碉楼		山南地区洛扎县色乡色村阿儿自然村	自治区级
62	查村碉楼		山南地区洛扎县森格乡查村	自治区级
63	开雪碉楼		山南地区洛扎县森格乡木村	自治区级
64	木村碉楼		山南地区洛扎县森格乡木村	自治区级
65	乃碉楼		山南地区洛扎县扎日乡乃村	自治区级
66	帕村碉楼		山南地区洛扎县边巴乡雪玛村	自治区级
67	白岗碉楼		山南地区琼结县加麻乡扎西村	
68	琼嘎碉楼		山南地区曲松县曲松镇琼嘎村	
69	翁果日碉楼		山南地区曲松县邛多江乡江塘村	
70	扎陇碉楼		山南地区曲松县邛多江乡扎陇村	
71	沃卡碉楼		山南地区桑日县增期乡雪巴村	
72	秀巴碉楼群		林芝地区工布江达县巴河镇秀巴村	自治区级
73	拉让碉楼		林芝地区工布江达县加兴乡拉让村西	
74	工达梗碉楼		林芝地区工布江达县仲萨乡那岗村嘎丝麦自然村	
75	塞让拉吉碉楼		林芝地区工布江达县仲萨乡塞让村	
76	德觉碉楼		林芝地区工布江达县巴河镇仲当村德觉自然村	
77	堆麦碉楼		林芝地区工布江达县巴河镇堆麦村	
78	连巴嘎拉沟碉楼		林芝地区工布江达县巴河镇孜木宗村嘎拉自然村	
79	昂巴宗碉楼		林芝地区工布江达县江达乡昂巴宗村	
80	同果碉楼		林芝地区工布江达县娘蒲乡同果村北	
81	彩门碉楼		林芝地区米林县扎绕乡彩门村	
82	多布碉楼		林芝地区林芝县八一镇多布村	
83	解协碉楼		林芝地区朗县仲达镇解协村	
84	古入朗杰碉楼		林芝地区朗县仲达镇堆许村	
85	增达碉楼		林芝地区朗县仲达镇卓岗村	
86	简宗碉楼		林芝地区朗县仲达镇卓岗村	

序号	碉楼名称	年代	详细地址	备注
87	久安碉楼		林芝地区朗县仲达镇卓岗村	
88	玉贡碉楼		林芝地区朗县仲达镇卓岗村	
89	旦巴碉楼		林芝地区朗县仲达镇卓岗村	
90	达久碉楼		林芝地区朗县仲达镇卓岗村	
91	洛果碉楼		林芝地区朗县仲达镇达贵村	
92	安波康达碉楼		林芝地区朗县仲达镇达贵村	
93	朗卡碉楼		林芝地区朗县仲达镇达贵村	
94	扎果碉楼		林芝地区朗县仲达镇达贵村	
95	尼汪岗碉楼		林芝地区朗县仲达镇达贵村	

注：编者调查统计。

第二节　布局与功能

一、碉楼建筑的选址

碉楼的选址根据其功能和类型而有一定的区别，一般而言，单体的具有烽燧作用的碉楼都修建在山脊之上（图9-2-1），碉楼间相对距离较远，如洛扎县门塘的卡杰碉楼和贡布江达县巴河的秀巴碉楼；而组合的具有居住功能的碉楼一般都修建在山坡地势较为平坦的地方，这种碉楼附近还开垦有一些农田，在附属建筑中还会有牛羊圈，如洛扎县曲西的甘卓碉楼；作为管辖一片地方碉楼的城堡或宗府选址则都是修建在一座独立的山巅之上，如洛扎县的森格宗等。

二、碉楼建筑的布局

碉楼是一种防御性军事建筑，这一点从其建筑布局就能够看出，以整体保存较好的洛扎县杰顿珠碉楼群为例，这是一个以杰顿珠宗为中心的庞大碉楼群，作为其中心的杰顿珠宗位于整个碉楼群的中央，杰顿珠宗完全是一座城堡建筑，修建于一座突兀的巨大山岩之上，山岩三面临崖，仅东北侧修有

图9-2-1　修建于山脊上的碉楼

通道，而通道是由壕沟相阻，其上建有吊桥，吊桥上下由门碉控制。与城堡相距100米之内的山坡上密集建有十余座组合碉楼，同时所有可通往城堡的山脊、谷口都建有具有烽燧作用的单体碉楼，这些

图9-2-2 洛扎县边巴乡的一组组合式碉楼

碉楼根据山势和通行条件而疏密不同，修建最密是在城堡北侧的一个山谷内，仅在这一长约600米、宽300余米的山谷中就有碉楼十余座。在这一层碉楼之外，修建的碉楼相对距离就要远得多，而且基本上是以单体的烽燧碉楼为主，从而从整个碉楼群的整体平面布局来看形成一种辐射状分布。

三、碉楼建筑的功能

根据目前调查的碉楼，其主要功能还是防御性的军事设施，因为从碉楼的结构和建筑形式来说，每一座碉楼既是从属于整个碉楼群的单体设施，同时也是一个独立的防御单位，无论是单体的烽燧式碉楼还是组合的碉楼，它本身就是具有一个完整的防御系统，从食物库房到取水暗道，再到碉楼本身高低不一的射击孔无不体现出其独立的防御功能。

如果加以细分，那么单体碉楼主要的功能还是以烽燧作用为主，组合碉楼则是以抗击为主（图9-2-2），而分布在碉楼群各处的掩体则带有一定的进攻作用。如洛扎县边巴、拉康两地遗存在大量掩体在碉楼间的布局，能使人感到其攻则能战，退之能守，运用自如的军事功能。

第三节 类型与特征

一、碉楼建筑的类型

这里从两个方面对碉楼建筑进行分类。一方面

继续按建筑性质分类；另一方面按建造方法分类。

一是按碉楼建筑性质分类，主要分为官碉、民碉、烽火碉，其中烽火碉楼专门用于传递战事信息，官府碉楼主要用于地方官府的运营安全防御，民居碉楼主要用于保护平民百姓的居家生活。

二是按碉楼建造方法分类，可以分为夯土和石砌两种。

夯土碉楼主要分布在西部，如阿里地区和日喀则地区，其中集中分布在日喀则的聂拉木县境内。夯土碉楼基础石砌，地表以下一般深30～50厘米，地表以上砌石部分高度在1米左右，墙厚150厘米左右，之上夯土，土质一般为黄土夹碎砾石，每一个大夯层高度70～100厘米不等，一个大夯层由若干个高10厘米左右的小夯层组成，夯墙向上逐步收分，高度4～8层或9层，到顶部一般只有40厘米左右，相对早的碉楼在大夯层之间还夹边玛草或石板，这种夯筑方式一般认为是吐蕃时期夯土建筑的特色（图9-3-1）。

夯土碉楼现存完整的很难再见，但在聂拉木境内仍存有一些遗址，虽经多年风雨侵蚀，个别现存残高仍在20米左右。

根据目前所掌握的资料，夯土碉楼在西藏碉楼中所占比例最多不超过10%。

石砌碉楼是西藏最多的一种碉楼，这类碉楼全部由片石砌筑，石材取自当地的山上，石料基本不经过加工，碉楼的基础一般深不超过50厘米，墙厚150厘米左右，逐层收分，高6～9层，个别可能达10层以上，从墙体保存完整的碉楼看，绝对高度一般也就是26米上下，顶部墙体厚度50厘米左右。

二、碉楼建筑的形式

碉楼形式可基本分为单体碉楼、组合碉楼、碉楼群三种。

（一）单体碉楼

这类碉楼主要修建在山脊或山头上，单独存

图9-3-1 措美县鲁美夯土单体碉楼

图9-3-2 洛扎县曲吉麦单体碉楼

在，与相邻碉楼最近距离不少于500米，单体碉楼平面大多呈"凹"字形，另外还有多边的"亚"字形、"十"字形和圆形、半圆形等，单体碉楼占地小者3米×4米，高26米左右，大者7米×8米、9米，高不到20米，就目前调查和发现的单体碉楼多数为小型的，此类碉楼更多的作用应当是烽燧，也就是烽火台（图9-3-2）。

（二）组合碉楼

组合碉楼由2～5座相邻的单体碉楼以及相连的附属建筑组成，这些附属建筑一般修建年代比碉楼本身要晚，主要是一些更适宜于居住的建筑，其高度一般在3层以下，多为2层，也有一些单层建筑，与当地的民居一样，这些附属建筑一直到现在仍有一些在使用（图9-3-3）。

组合碉楼的出现可能与西藏特有的兵役制度有关，屯兵在这些碉楼附近又修建了适宜居住的建筑，在一些地方碉楼建筑也因此开始了演变，到后期出现了一些极具特色的碉楼式民居。

（三）碉楼群

这里所说的碉楼群是指由多个单体碉楼和组合碉楼围绕一个城堡（后期是宗）形成的占地2～5平方公里的十几个或几十个碉楼组成的碉楼群以及修建在碉楼附近的掩体墙共同组成的建筑群体（图9-3-4）。在调查中笔者所见到的最典型碉楼群是山南地区洛扎县的杰顿珠宗碉楼群，特别值得一提的是这种修建在碉楼上部呈扇状分布的掩体，其上部与山坡齐平，从上向下基本看不出这一工事。掩体高2米左右，每1米左右建有下部宽60～80厘米

图9-3-3 洛扎曲西的一座组合式碉楼

图9-3-4 洛扎县从边巴乡到拉康镇途中的碉楼群

宽，上部稍窄、进深50厘米左右，高1.5~2米的藏身掩体；掩体墙长10~40米、50米不等，有的掩体墙在藏身洞上部建有进深40~50厘米，60厘米见方的一个方洞，用途不详。

三、碉楼建筑的结构

根据目前对碉楼的调查，特别是第三次全国文物普查时山南地区对洛扎、错那、措美三处碉楼集中地区的调查，可以将碉楼结构分为三种类型。

第一种是小型单体碉楼的结构，小型单体碉楼底层为3米×4米~4米×6米的长方形，墙体基础墙厚1.3~1.5米，向上逐层收分，碉楼层高20米以上，为碉楼中相对较高的。底层石砌厚墙分出3~4间狭小房间，二层以上错层布局（图9-3-5）。上楼下楼的木梯是一根砍出锯齿样脚踏的原木，且原木不进行固定，便于随时抽走，而有些碉楼则是在墙体上砌入石条，形成悬空的阶梯，错层中的小房间作上下楼梯间使用，四面墙体错落分布内大外小，多呈三角形的射孔，相对碉楼所建山体中的缓坡射孔也较多。由于墙体收分很大，到五六层后整层不再分隔房间，射孔也相对较大，基本可以算作窗口，但这类窗口外沿修建较长的椽木，椽木上铺木板或石板，之上放置大量直径15厘米左右的砾石，用于砸攻入碉楼近处的敌人。在战争减少后，这种窗口上砾石的摆放

逐步成了一种装饰，如色喀古托碉楼上就有这种装饰。

在山南地区的调查中还发现一种碉楼的最上一层窗口专建有一种砸石口（图9-3-6），由于发现这种修有砸石口的碉楼是保存较为完整的碉楼，所以无法确定是否所有的碉楼都有这种结构。砸石口建在碉楼的最高一层，每一面有五六个，这是在墙体上开出宽60厘米、高70厘米左右的窗口，窗口外侧下沿两侧各支出一根长约70~80厘米、直径10厘米左右的木棍，木棍顶放置宽20厘米左右的木板或石板，其上向上收分砌石，下端形成一个60厘米×40厘米的端口，这样向下砸石块时外面的人无法用弓箭射击砸石块的人（图9-3-7）。

第二种是中型碉楼的结构，这类碉楼多位于地势较为平坦的山坡或农田附近，以组合碉楼居多，碉楼单体体量较大，底层平面面积6米×6米或更大一些，在其四周建有一些单体小碉楼，但总体规模比前文所述碉楼群面积要小。此类碉楼一般高5层左右，不设错层，房间布局更适合居住，从现存一些中型碉楼的遗迹来看，似乎还有牛羊圈和厨房等附属建筑。此外，在这类碉楼附近一般都修建有石砌掩体，在通向河流的坡面或碉楼附近建有取水暗道（图9-3-8），这类暗道有的直达河渠，有的则是挖有水井。暗道内砌有很小的采光孔，如直通水井则在暗道内每隔五六米有一处放置油灯的小龛。有的小单体碉楼也建有此类取水道。

图9-3-5　错层式碉楼的楼层入口

图9-3-6　碉楼顶部投石孔

图9-3-7 碉楼附属建筑之掩体

图9-3-8 砌筑于崖壁岩缝间的碉楼取水暗道

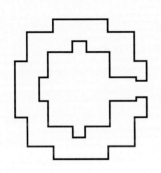  

图9-3-9 不同类型的单体碉楼平面示意图

第三种是以城堡为中心的碉楼群，目前调查中最典型的是洛扎县的杰顿珠宗、朵宗、森格宗，浪卡子县的卡热宗、措美县的当巴宗、错那县库局碉楼群。这些碉楼群由少则数十座，多则百余座碉楼组成，以城堡为中心，外围碉楼内密外疏，入口面向城堡，外侧射孔相对密集，沿碉楼中心辐射状分布掩体，城堡建高墙及角楼，角楼根据地形有方形、半圆形、圆形等。同时因城堡建在距河渠较近的山巅上，所以又在通往河渠处修建明、暗两种取水道，似是平时用明道、战时用暗道。城堡内修建大量屯兵场所，形成易攻易防、退守自如的防御体系（图9-3-9）。

第四节　实例与遗存

中国古代的史书讲碉楼，还有邛笼、石巢等称谓。《后汉书·西南夷列传》有："冉駹羌众皆依山居止，累石为室，高者至十余丈，为邛笼。"唐章怀太子李贤注曰："邛笼，碉也。"

根据周小林先生多年的调查和统计，在历史上碉楼广泛分布于中国西南的横断山脉地区和青藏高原地区。目前，碉楼建筑仅存800余座，外观完整的碉楼不足300座，其余500余座均已是残缺不全的碉楼遗存。西藏地区碉楼主要集中在日喀则地区、山南地区和林芝地区，数量在95处以上。阿里地区的古格王朝都城遗址中，与护城墙连在一起的防卫性碉楼有58座（图9-4-1）。在古格王朝都城遗址附近方圆百里之内的多香城堡遗址中有16座碉楼，达巴城堡遗址中也有部分碉楼。本节介绍的实例以编者调查了解到的碉楼遗存为主。碉楼作为一种建筑形式或建筑方式，在长期建筑实践中得到不断发展、演变，并在宫殿、寺院、庄园、民居等西藏古建筑中得到运用和完善。

图9-4-1 阿里碉楼

一、乃龙碉楼群

乃龙村碉楼遗址位于日喀则地区聂拉木县乃龙乡乃龙村东北约800米。由北向南分布，南北长867米，东西宽46.7米，分布面积约40488.9平方米。此次共发现14座碉楼遗址，均为夯土构筑。最北为碉楼遗址一，南北长49米，东西宽31米，高约0.48～5米；碉楼遗址二东西宽46.7米，南北长51米，高约0.45～5.2米；碉楼遗址三、四残高均为4米，南北宽3.6～5米；碉楼遗址五、六南北宽4米，东西长4～6.5米，残高0.8～5米；碉楼遗址七、八、九残高1～5米，东西长4.5～6米；碉楼遗址十至十四残高1～5米，南北宽4米。

二、下达村碉楼

下达村碉楼遗址位于日喀则地区聂拉木县门布乡下达村驻地西南约4公里，那多热藏布支流的南岸。

碉楼遗址一均用石块砌筑，残高3～5米，南北宽7.55米，东西长8.30米，该碉楼上方用夯土砌筑，北、东、南三面墙已坍塌，西墙保存较好。

碉楼遗址二仅存部分残墙。碉楼遗址三东西长9米，南北宽8.16米，门向东，靠西侧设有6阶台上二层，面阔5.7米，进深7.24米，墙厚0.52米，西、南墙各设有一枪眼，东墙有2个瞭望窗口。该碉楼遗迹东侧有两个房屋遗迹，墙高0.4～1米，墙厚0.3米，石头砌筑，整个遗址东西长24.15米，南北38米，房屋遗迹倒塌，有残墙。

三、春都村碉楼群

春都村碉楼群位于日喀则地区聂拉木县门布乡春都村驻地东约50米，海拔4379米，东南向西北分布共37座碉楼。均用夯土构筑，分布面积约3000平方米。

碉楼一平面呈方形，长、宽3.4米，高约5米。

碉楼二与碉楼一相距150米，共碉楼2座，平面呈方形，长、宽3.2米，高1～2米，有围墙一周，现仅存东面残墙，残墙长约11米，高约2米，破坏严重。

碉楼三与碉楼二相距150米，共有5座，相距10～30米不等，碉楼平面皆成方形，大小基本一致，长、宽3.4米，高2.1米，外围有残墙，但坍塌严重。另有9座碉楼位于春都村驻地东南面，其中一座位于春都村中央。春都村西北共有20座，碉楼相距30～100米不等，为夯土墙，仅存残墙。

四、扎西岗村碉楼

碉楼遗址位于日喀则地区定结县萨尔乡扎西岗村达热自然村靠东北侧。其历史沿革不详，共有2座碉楼遗址，占地面积约59.53平方米。

碉楼遗址一、二由北向南分部，碉楼遗址一东西长9.02米，南北宽6.6米，高约10米，用石块砌筑而成，往上逐渐内收，平面呈"＋"字形。门设于北墙西侧墙角，高1.5米，宽0.80米，东墙上方设有2个小窗户，西南面紧靠民房。

碉楼遗址二位于碉楼遗址一南约11米，东西长10.27米，南北宽10.03米，高6.8米，用石头砌筑而成，往上逐渐内收，平面呈"＋"字形。北侧墙角已倒塌，西北侧紧靠民房。

五、赛卡古托寺碉楼

赛卡古托寺位于山南地区洛扎县色乡所在地，这是一座以碉楼为中心逐步扩建形成的寺院，也是目前改变功能后使用至今，保存最好的一座碉楼。赛卡古托碉楼共9层，碉楼与寺院建筑完美结合、浑然天成，使碉楼更具突出和耀眼位置。据记载，这座碉楼是11世纪时苦行僧米拉日巴为其师玛尔巴

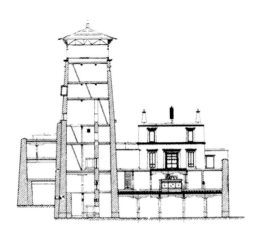

图9-4-2 赛喀古托碉楼鸟瞰及剖面图

图9-4-3 赛卡古托寺

的公子修建的,亦称9层公子堡。一层现为地下室
及储藏室,二层以上错层而上,各层面积的三分之
一均为楼梯部分,梯道左右相错。每一层都有高低
相错的射孔,但经过多年的改扩建,射孔大多已改
成窗户,而六层上的窗口前的砾石摆放则成了碉楼
的装饰(图9-4-2、图9-4-3)。

六、曲许碉楼

位于西藏山南地区洛扎县色乡曲许村委会周边
山坡上,具体分布在曲许夏、曲许努、程等三个自
然村,自西向东共有碉楼80座。调查中根据地理情
况,将曲许夏、曲许努作为上片区,共60座碉楼,
北纬:28°14′36.9″、东经:90°55′05.2″,海拔
3801米;程自然村作为下片区,共20座碉楼,北
纬:28°14′26.6″东经:90°53′37.3″,海拔3879米。

曲许村委会是洛扎县境内碉楼数量最多、分布
最集中、保存状况最好的一个村。曲许碉楼中,有
的三三五五相邻,间隔只有几米,有的孤零零占据
一个山头,遥遥相望,有的则在村落中央居高临
下(图9-4-4)。碉楼均用块石或片石砌筑,不少
碉楼带有附属建筑,附属建筑紧靠碉楼,高1~3层
不等。碉楼群的外形和构造大同小异,均为4层以
上,立面呈梯形。大部分碉楼正面建有投石槽,与
门宽相等,四面墙设有小窗口,呈三角形,内宽
外窄,用于采光和观察。大部分碉楼外墙保存较

图9-4-4 曲许碉楼群

好,残墙高9~26米不等。上片区D25与民居连在
一起,高7层,无投石槽,平面呈方形,一至三层
屋面仍被保留,现被用作杂物房,顶层保留有用片
石建造的歇山式屋面,一至五层各置有一门,朝
南。上片区D53坐东朝西,现有建筑通高5层,用
片石砌筑,建有投石槽,顺着投石槽,一至三层
建有门并层屋面保存完整,二层墙体和屋面有严
重的烟熏迹象,建筑用一堵东至西的石墙分成两
个部分,无柱子,用7根原木并排充梁。与上片区
相比,下片区大部分碉楼外墙残损严重,屋面荡
然无存,保存状况差,其中D2外墙保存最好,正
面修有投石槽,呈7层高,但屋面已毁,里面杂草
丛生。

曲许碉楼群中不少碉楼外墙完整,但屋面被

毁，里面长满杂草。现仍被当地居民使用的个别碉楼的部分屋面齐全，保存良好。

七、门塘碉楼

分布于西藏自治区山南地区洛扎县洛扎镇门塘居委会门塘沟两侧山坡上，海拔4000米以上。北纬：28°25′18.5″、东经：90°55′17.5″，海拔4030米（图9-4-5）。

门塘碉楼群从南至北排列，共发现碉楼24座。碉楼用块石或片石砌筑，分布零散，间距几百米到几十米不等，基本上互相保持一定距离，遥遥相望。其中D2保存状况最好，位于门塘居委会甲堆小组东面山坡上，坐西朝东，石砌墙，墙厚1米，南北宽8米，东西长9米，高9层，立面呈梯形，外墙依然笔直挺拔，只是建筑顶层墙体残缺不整，除八层屋面外，其他屋面被拆毁，建有投石槽，与门宽相等，直至七层。D2外墙四面建有三角形、方形

图9-4-5　门塘单体碉楼近景

小窗口若干，八层前半部和九层后半部外墙建有投石窗共有18个，前后各5个，两边各4个。投石窗凸出在外，凸现部分用木材支撑，上方为石墙，宽约0.5米，长约0.3米，高约1米，底部留有方形口子，用于投石。D17外墙保存较好，墙体抹有泥，但无窗口，屋面不存，残高约20米。

其他碉楼只剩残墙，残高4~9米不等，格局不清，里面长满杂草。

八、桑玉碉楼

位于山南地区洛扎县色乡桑玉村委会的东南山坡及鲁自然村南侧。该处共18座碉楼，其中桑玉村委会的东南及东面山坡上14座碉楼，均在东面的琼仓曲果沟西岸，离沟底高差约100米以上。北纬：28°11′13.1″、东经：91°04′51.4″，海拔3761米。保存较好的D1位于该片区的北面，有两座连体的碉楼，其中西侧高，东侧矮，两座碉楼的内部结构完全塌陷，残缺不全，残高有8米左右。D2、D4位于D1的南侧，两座均残缺不全，成了废墟。D5位于村委会南侧山脊的南端。D5处共有残缺低矮的5座，并几乎相连，其中东端保存较为完整。D6位于村委会东侧800米，于D5西北80米左右，是该片区中保存最完整的，其边长5.5米，宽4米，高约15米余，东面有若干射孔，墙中有抛石槽。墙面规整。D7至D14沿山脊自南向北分布，均残缺不全。D15至D18位于鲁自然村，其中D15位居村庄中，保存较完整。

九、巴日碉楼

巴日碉楼属于组合碉楼，位于山南地区洛扎县边巴乡巴日村以南约800米江果色布山上。北侧谷底巴日雄曲自东向西流，碉楼群中98%以上位于离雄曲河面高约20米以上，并分布较为零散，保存较差。根据调查的顺序自西向东计算，D1位居最西端，噶龙沟的东岸，名为达卡江果，残缺不全，西面残墙高约6米，边长3米。D3名为江果色布，为整个碉楼群中唯一的夯筑墙碉楼，其东墙面倒塌无存，边长3米，残高4米。D4戴俄江果位于山的半腰上，与D5久江果之间

约30米，与D6之间约20米，三座碉楼形成了三角形。D9位于整个碉楼分布片区的东面沟的西岸上，D10、D11、D12三座碉楼形成了东西一排，并分别相隔4~5米左右。D16拉宗江果独处于巴日雄曲北岸二级台地拉宗坝子上，离河面高出约8米左右，在整个碉楼群中保存最为完整，边长4米，内部设施无存，残高约7米。D15在整个碉楼群中残高最低，破坏最严重，墙体最不完整，残高仅有5米左右。

十、植邢碉楼

植邢碉楼位于山南地区洛扎县边巴乡柏日村委会吾雪自然村东面觉莫日山坡上，距村庄约800米，自西向东共有6座。

植邢碉楼群遗址墙体用块石或片石砌筑，碉楼之间的距离约100米。墙厚0.7~1.1米不等，门宽0.8~1米，墙体残高4~25米。均建有投石槽，与门宽相等，至顶层。四面墙设有小窗口，呈三角形，内宽外窄，用于采光和观察。D1外墙较完整，坐西朝东，通高约25米，门宽0.94米，墙厚1.07米，面阔6.25米，进深5.93米，外墙体抹有泥，屋面被毁不存。

碉楼建筑高4层到7层，屋面均毁，除了D1，大部分碉楼破损比较严重，只剩主体残墙，残墙最高处25米（图9-4-6）。

图9-4-6　植邢碉楼坍塌后的内部情况

十一、格西碉楼

位于山南地区隆子县三安曲林乡格西村以西4公里处公路北侧，海拔3600米。整个平面呈方形，墙体石砌而成，残留4层，总残高9米左右，厚度为1.6米。门向东，共有两层，宽仅1米，下层高3.5米，上层高6米，越往上门道越窄。墙体四面皆有射孔，呈上下交替状，孔为梯形，高约0.8米，下宽0.5米，上宽0.4米。

十二、曲吉巴碉楼

位于山南地区隆子县俗坡霞乡，与仲嘎尔曲德寺相距约200米，其南面约500米处为通往学萨乡的公路，海拔4000米。平面为长方形，墙体全用石块砌筑而成，现存7层，每层高4~5米不等，残留高约35米，厚度约1米。各层均辟有采光亮窗，窗高1.5米，宽约0.8米。除了窗户，在南、北两面的墙上还设有竖长方形的射孔和瞭望孔，有的呈上小下大的梯形，外窄内宽，上下孔交错排列。各层之间原横设木梁、木枋等，上置楼板，现均已折毁或锯去，仅存构件残部及柱洞。原碉楼内部还设有木质梯架，可上通下达，现已残毁不存。这座碉楼从外观看上去更像是一般寺院中的展佛台。

十三、羊孜碉楼

位于山南地区隆子县列麦乡，与其南曲山背上的羊孜颇章遗址隔河相对，海拔3830米。墙体用片石砌筑而成，现存7层，残高约15米。顶部多已塌毁，各楼层之间原建筑结构用木梁搭架，上置木枋，其上铺设木质楼板，各层皆有木楼梯上下通达。现仅存梁、枋残段及柱孔，其余残毁不存。最上3层尚存亮窗，窗高1~1.5米，以供通风采光。上部各层墙面上也辟有略呈三角形的射孔和瞭望孔若干，其排列顺序为上下交错，外窄内宽。后期羊孜颇章在其内部供佛，在顶檐部一周装饰了边玛草，屋檐角有圆木雕饰一对。

十四、才木碉楼

才木碉楼遗址位于山南地区隆子县雪萨乡才木村委会辖内觉昂等自然村内，共5座，编号为D1、D2、D3、D4、D5。在民主改革之后较好的碉楼一般做当地村民饲料库房使用。但是由于年久失修或长期无人管理，大多数碉楼屋面坍塌。这一带碉楼的共同特点是片石砌筑的高层建筑，平面呈方形，一般为5～7层，高10余米，面积约100平方米，东西向排列。所处的位置具有居高临下的防守性特点，各层之间残留铺设楼板的木梁痕迹。现具体简述如下：觉昂村碉楼（D1），屋面塌毁，楼高5层，高约12米。东、西两壁设三角形射孔，共12个，东3个，西9个。D2位于D1西南600米处的哲共村内，保存较为完好，向东，北偏东45°，高约20米，正方形，面积64平方米。墙厚1米，四面均设三角形射孔，共49个（东8个、南16个、西12个、北13个）。D3位于D2西约600米处嘎雄村内，为5座碉楼中保存较差的碉楼，正方形，边长6.5米，残高8.2米。D4、D5位于D3西约800米处的卡东村内，其中D4围墙保存最完好，向东（正东），楼高8层，高约16米，每层墙体设一排四孔射孔，三角形，墙厚1.1米。D5位于D4西北30米处。保存较差，墙体空鼓松散，残高约6米。

十五、扎西康桑碉楼

碉楼建筑主要分布在库局乡、曲卓木乡及勒乡（门巴族乡）一带，这些民居碉楼具体时间年代不详，据了解这些民居大部分是古代差巴楼。差巴即上税者，在帕木竹巴时期西藏开创宗制度，帕竹扎巴坚参时就有"十三宗"，在西藏各地有各自宗府的管辖区域，并派有管理者，这种几层高的建筑即是他们的居所，同时此种建筑风格正是藏区边境地区或门巴民族的建筑特征。由于几户或几十户相对分散，其分有几个居民点，房屋结构因气候的差别而略有不同，但均用片石砌墙，屋顶上覆盖木板，加压石板，房屋多为木顶、竹顶或草顶的四五层阁楼。上层隔墙用木板或竹篱筑墙。屋顶多为"人"字形或单面斜坡式屋脊。上层放草和秸秆（即防雨房），下层为牲畜圈，中层则是一家人的居所。

在错那县库局乡库局村内有保存较好的4座碉楼，分别为扎西康桑、康桑、尼玛桑、嘎巴。从东向西编号J1-J4，其中J1至J3保存较好，至今有人居住。历史年代及始建年代不详。扎西康桑等民居建筑是具有边境民族特色的民居建筑，皆为片石砌墙，碉楼式高层建筑。底层封闭式地垄，斜坡式单面屋脊，顶层有防雨房，房顶屋面铺筑央巴片石。建筑墙体每隔一段开有窗口。

在此以扎西康桑民居为例（图9-4-7），北纬：28°04′24.1″、东经：091°40′48.1″，海拔4043米。主体建筑北依山，坐北朝南；院门朝向西，高达5层，东西长7.74米，南北宽5.6米，占地面积50余平方米。一层至四层均为一柱宽的房间，东西长6.7米，南北宽5.3米，墙厚0.65米，内部为错层式结构，以屋顶辟有通门接木梯直通顶层（图9-4-8）。南面墙体均开有三角式小窗口，高0.33米，边长0.90米。底层地垄为存放饲料等的库房；二层东西长2.94米，南北宽3.76米；三层为主人的住所、厨房等房屋；四层作为粮食库房使用，屋前设有阳台，外围木质栏杆；五层为低矮的防雨房。

目前初步统计保存较好的碉楼式民居共有5处，其中库局乡4处、曲卓木乡7处、勒乡4处。

图9-4-7 错那碉楼式民居（扎西康桑）

图9-4-8 碉楼内部用于上下的独木梯

十六、祥钦白卡碉楼

祥钦白卡碉楼位于错那县曲卓木乡洞嘎村委会尼不西自然村以南普夏沟。

始建年代及历史沿革不详。北纬：28°10′52.6″、东经：91°48′16.3″，海拔4418米。碉楼坐北朝南，南偏东15°，残高31.5米，楼高7层，片石砌筑，北高南低，依山而建。东西长为9.37米，南北宽6.43米，墙厚0.6米，内部结构倒塌。外墙保存较完整，南、北各辟有通往主体建筑的门，其中南门为正门，北门高2米、门宽1.30米，门前砌有3层石阶。碉楼南面砌有方形门楼，深0.2米，宽0.5米，每层四面墙均各建有射孔，有方形和三角形两种，其中南面6个，北面有14个，东、西两面各有4个。

据当地老人介绍，六层上原有小佛殿，现被毁。

十七、仲萨碉楼

仲萨碉楼遗址位于山南地区错那县曲卓木乡洞嘎村委会让嘎自然村内。始建年代及历史沿革不详，据当地村民介绍，传说曾是一位叫次仁旺杰的藏军将军指挥所。坐南朝北，东西长3.9米，南北宽1.5米，残高30米左右，墙厚0.6米，片石砌筑，高达10层，北面墙面上有三角形射孔，共有3个，南面正面从底层至顶层建有凹进去的门槛，宽0.4米，深0.5米。

十八、诺米碉楼

位于山南地区加查县安饶乡诺米村以北0.5公里处的山脊上，南侧紧临雅鲁藏布江，与江面的相对高差约80米，海拔3350米。平面形制为圆角方形，西、北墙体平面为方形，东、南墙体为内方外圆。高碉内部东西长4.8米，南北宽3.5米，底层面积16.8平方米。门道辟于北墙底层正中。墙体用片石垒砌而成，以泥浆作为黏合剂，墙体厚度1～1.3米，高约14米。根据残留木枋分析，高碉原为4层，每层高3～4米，每层的四面墙体都辟有射孔（或瞭望孔），底层辟有2孔，第二层为4孔，第三层为3孔，第四层为5孔，各层射孔有逐层增多的趋势。射孔有两种形状，一种竖长方形，仅有北面临江一孔，高1.3米，宽0.9米；另一种为竖三角形，内宽外窄，内高1.6米、宽1.1米，外高1米、宽0.4米。射孔的上面架设横木（也有石砌者）用以铺设楼板，楼板采用未经加工的原木铺成。高碉底层没有发现木质构件痕迹，仅见其东北、西北两角上有凸出墙体壁面的石板，可登援到上层。在临江一面墙体的瞭望孔上方，以木枋出檐，上铺石板，可挡风遮雨。高碉外墙体有连接的护墙两道，一道位于北侧，另一道位于南侧，两道护墙现存高度为4～8米之间。北侧护墙是一条南北走向的直线，长4米，墙体用石片砌建，厚约0.9米，上有两个射孔；南侧护墙先向南延伸，长度约1.6米处再向西砌建而

形成近似直角，东西延伸的长度为5米左右，墙体厚度为0.7米，辟有3个射孔。高碉北面有石砌台阶数级，可由此进入其内部。

十九、邛多江碉楼

位于山南地区曲松县邛多江乡政府所在地西南方向约2公里处的者龙村一带，在邛多江河的西岸高台地上大致呈南北一线分布有3处高碉遗址，由南至北分别编号为D1、D2、D3。现只对它们的基本特征作简要介绍，具体位置不再叙述。

D1：西靠山坡，东向河谷，海拔4310米。平面为长方形，碉楼外壁底部长4.5米，宽3.3米，墙厚0.9米。墙体用石板砌筑而成，石板间以泥浆为黏合剂，共有5层，总残高13米。内壁墙面抹有泥皮，平面为狭长方形，距地表2.7米处的西南壁上有凸出于墙面的石脚蹬，可向上攀缘。第三层楼面用石板平铺，西南角有一长方形洞口（1.2米×1米）通向第四层，该洞口备有石板以便遇敌来攻时用来封闭洞口。第四、五层都以此法形成通道。东西两侧墙体上分别辟有射孔及瞭望孔，西墙上下层射孔5个，大小为0.3米×0.15米，东墙上下层3个，大小为1.5米×1米。

D2：地处河流三级阶地前缘，与河床的相对高差为40米，海拔4300米。碉楼由主楼及附楼组成，内部平面为长方形，底部长4.3米，宽3.7米，墙厚0.8米。墙体石砌而成，共有4层，总高12米，往上逐渐缩小。距地表0.4米处的墙上设有凸出于墙面的石脚蹬。楼面用石板平铺而成，留有与D1相同的洞口上通下达。西墙有上下错落的射孔3个，东墙设射孔和瞭望孔各1个，南墙上下层射孔5个，所有射孔或瞭望孔均为竖长方形。附楼紧靠主楼北墙，现仅存西北两壁墙体，平面呈"L"形。西墙长2.7米，有上下2个长方形射孔；北墙残长5米，无射孔遗迹，两个墙体的残高为5～8米。

D3：位于河流二级台地上，坐西朝东，海拔3280米。这是一处城堡式的高碉群遗址，平面布局为长方形，南北长34米，东西宽40米，建筑面积为

1360平方米。在这一建筑群中四角建有角楼，中央设有中心高碉。北缘西北角楼平面呈长方形，总残高8米，内部结构与D1、D2相同，设上通下达的石脚蹬而不用楼梯。北墙正中有一座高碉，平面略呈正方形，内有隔墙分为东西两间，现存4层，残高9米，内部结构与D1、D2相同。西南角楼平面为"日"字形，现存4层，总残高8米。南墙中部高碉因倒塌严重，其结构不清楚，墙体残高1～5米。上述各角楼和中心高碉的四面墙体上均设有密集的射孔和瞭望孔，平面都为长方形，但大小不一。在高碉群内部还有数道纵横的护墙及生活用房遗迹，其墙体皆为石砌，护墙上多辟有射孔，房屋残墙也有壁龛等设施，其上残存烟熏痕迹。

二十、乃西碉楼

位于山南地区措美县乃西乡达玛村和当巴村境内，北纬：28°13′41.8″、东经：091°11′37.6″，海拔3745米，在乃西共发现10座，其中达玛村内3座，当巴村内3座（龙嘎果山平缘）及扎日村内2座、太巴村内2座。2007年洛扎至措美一带古碉楼被公布为自治区级文物保护单位。始建年代大约14世纪，整个碉楼以土石砌筑，方形高层建筑，一般高5～7层，面积50余平方米（图9-4-9）。

措美县乃西乡和洛扎县紧临不丹等国，为加强边防，原西藏统治者一面将这一带作为流放犯人的地方，一面仍不忘加强对这一地区的保卫。在准噶尔入藏或藏尼战争等时期碉楼起到防范作用。再者碉楼有居住作用，和平时期当地居民使用附近碉楼居住或当库房使用。

现存措美一带碉楼除了内部建筑及顶部坍塌外，外部结构基本保存较好，现以龙嘎D1碉楼为例：D1面朝东南，南偏东25，平面呈长方形，石砌墙体，边长8米，宽7米，其内部建筑及顶部已坍塌，墙体基本完好，高7层，总残高16米，内部墙体抹有泥皮，每层楼面以石板平铺，虽已遭破坏，但可看出内部结构为错层式，外墙体设有方形或圆形射孔。

图9-4-9 措美县乃西碉楼

二十一、秀巴碉楼

秀巴村位于林芝地区工布江达县紧临林芝县的许巴村，海拔3130米。共有5座碉楼，是一处由主楼与附属建筑组成的碉楼群。碉楼现存高度都在约八九层，总高20余米。碉楼平面为多边形，底部四边长4.5米，每边中间凸出部位向外延伸近1米、进深1米，每层高度在2.5～3米不等，楼层之间以椽木相隔。主楼高碉的周围建有数个适宜居住的附属建筑。

西藏古建筑

西藏古建筑

第十章 桥梁建筑

西藏桥梁建筑分布图

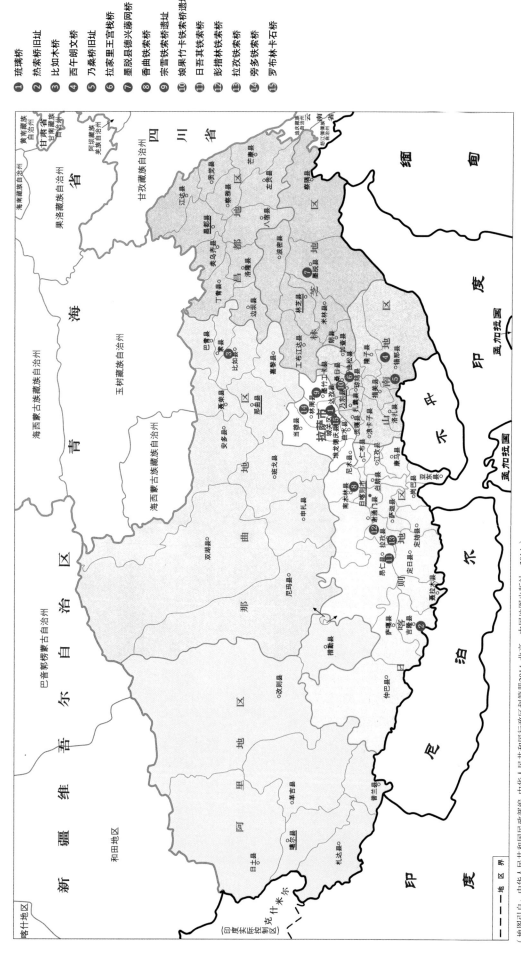

① 琉璃桥
② 热索桥旧址
③ 比如木桥
④ 西午朗文桥
⑤ 乃桑桥旧址
⑥ 拉家里王宫栈桥
⑦ 墨脱县德兴藤网桥
⑧ 香曲铁索桥
⑨ 宗雪铁索桥遗址
⑩ 娘果竹卡铁索桥遗址
⑪ 日吉其铁索桥
⑫ 彭措林铁索桥
⑬ 拉孜铁索桥
⑭ 旁多铁索桥
⑮ 罗布林卡石桥

（地图引自：中华人民共和国民政部编.中华人民共和国行政区划简册2014.北京：中国地图出版社，2014.）

图10-0-1 西藏多跨单梁简支木桥

图10-0-2 阿里地区铁索桥（徐宗威摄）

　　西藏地处青藏高原，境内山岭纵横绵延，江河沟壑交错密布，交通极为不便，如何跨越这些河流沟壑是需要解决的一个重要问题。6世纪以前，生活在这片辽阔土地上的藏族人民，长期过着原始的农耕和游牧生活，以部落为单位聚居，需要经常跨越山水迁移漂泊。但及至上丁二王之前（汉代之前），西藏的史书还没有出现过关于桥梁的记载。受生产力水平和技术条件的限制，在当时虽有桥梁但也应限于诸如独木桥之类跨度较小、取材方便、建造工艺简单的桥梁（图10-0-1、图10-0-2）。跨越河流

主要依靠涉水、冰封时节踏冰过河和舟楫摆渡等简单易行的方式，其中西藏独有的牛皮船和马头船直到今天还在大量使用，成为一道美丽的风景线。

　　史料中最早提到西藏桥梁的建造是在《贤者喜宴》中："吐蕃英明七臣中，首位明臣茹勒杰，烧木成炭智慧之业，炼矿采取金银铜铁，钻木成孔做犁扼，垦荒开渠导溪水，双牛耕作开垦草滩，建造桥梁渡人过河。从此开始耕种庄稼。"吐蕃是西藏社会、经济的一个繁盛的时期，这一时期吐蕃与外界接触频繁，政治经济等各方面的交流和对外征战

图10-0-3　布达拉宫壁画对金桥的描绘（丁长征摄）

需要大量调动人员、物资，顺应这种交通运输的需要，在西藏开始逐渐出现真正意义上的桥梁。并且随着材料和技术的发展，发明建造了各种不同类型的桥梁。《西藏王臣记》中也记述了这段历史：雅砻王统第九代赞普布德贡杰时期，由茹勒杰及其子拉布国卡执政，他们采矿冶炼出了铁等金属，还做了很多遇水架桥的善事。根据这些史料的记述，可将西藏的建桥史追溯到该时期，即大约7世纪左右。并且在吐蕃也是西藏桥梁建造水平迅速发展的一个时期，并达到一个高峰。进入元代以后，中央政府开始了对西藏的管理，政治经济联系日渐紧密，西藏同内地往来频繁，一方面需求量的进一步增加，另一方面在交流中不断引入技术和方法，使桥梁建造的数量和水平都得以不断提高，这一过程一直持续到近代。

桥梁的取材和建造方式，受多方面条件的制约，如材料、工艺技术水平和桥梁跨度等。藏族人民在长期的实践中，充分发挥其聪明才智，充分利用当地各种不同的材料建造出了不同类型的桥梁。很多桥梁桥形优美，结构合理，可靠耐用，时至今日人们仍然还在沿用过去流传下来的方法建造桥梁。这些桥按材料和建造方法的不同大致有木桥、索桥、石桥等形式，另外也有少量的其他类型桥梁，如栈桥和钢桥。而其中最有西藏特色的应当是木桥和索桥，特别是广泛使用的溜索，现存的西藏古代桥梁中多以这三种形式为主。其中的伸臂木桥

为藏区所独有，溜索和现存的古代铁索桥也大部分集中在藏区。

除了作为交通通道外，桥梁还被西藏的人们注意到了其装饰的作用。据《西藏王统记》记载，公元632年松赞干布在位时，曾在拉萨布达拉宫周围建造了几座宫殿，分别让王妃们居住。为了方便往来，在各宫殿之间架设了铁桥——布达拉宫金桥，装饰华丽，铃声铿锵。布达拉宫的壁画中就描绘了这一华丽的情景（图10-0-3），这些桥的装饰作用远大于交通作用。作为古代拉萨的门户之一，现存于宇拓路的琉璃桥采用了琉璃瓦盖顶，雕梁画栋，装饰精美。1904年随侵藏英军入藏的英国记者兰登称，琉璃桥与龙王潭、拉鲁府（或称札希林卡）、却吉康林卡及拉萨大街一起，被西藏人及入藏内地人视为拉萨五大美景。

第一节　木桥

西藏大部分地区的林木资源相对比较丰富，特别是藏东南地区，覆盖着大片的原始森林，是我国四大林区之一。受材料和工艺的制约，在没有掌握金属冶炼技术之前，取材和加工制作都方便且结构简单的木桥应该是西藏地区最早的桥梁形式。藏文史籍记载了松赞干布在位时期，将都城从山南穷结迁至拉萨。他们在曲水县渡过雅鲁藏布江，沿拉萨河抵达拉萨，一路上架桥修路。在古董噶尔城西南7里（今东嘎乡）的堆龙河上，他们建造了一座长约100米的单梁简支木桥——池萨姆桥，可通行人畜车辆。英国人F.M.贝利在《无护照西藏之旅》一书中记述了他于1913年8月5日在通过一座木桥跨越了今林芝措高附近的巴河，桥长85码（约25.9米），建在4根巨大的木桩上，木桩由4根木头捆在一起立在地台上，整个桥总共有四五个这样的地台。张其勤在光绪末年所撰《炉藏道里最新考》中，描述了他于光绪三十二年（1906年）作为文员赴藏，途经昌都时曾感慨道："道里绝险，故已为生平所未经，然尤以桥梁为最。番人之桥多架木为

图10-1-1 单梁简支木桥

之，两端堆乱石为基，以之架桥，损败破坏；人行其上，摇动偏侧，危险万分。然番官利其毁而复修，借以聚敛民财，故虽严饬修理，终不肯使之坚固，殊可恨也。"美国驻华外交官、藏学家罗克希尔（W.W.Rockhill又译柔克义）在记述其在拉萨和西藏腹地旅行经历时，称西藏的桥梁多为木制，可见木桥在西藏是相当普遍的。

西藏地区古代的木桥主要有两种类型：一是起源于独木桥的单梁简支木桥，有单跨（图10-1-1）和多跨两种形式（图10-1-2）；二是藏区独特的伸臂桥。除此之外，还有独特的木制栈桥。

一、单梁简支木桥

早期人们受技术水平的限制，只能在河流两岸将场地平整后，对树木进行简单加工建造成独木桥，结构简单，架设速度快。吐蕃在与西北唐朝军队作战时，常就地取材建成这种木桥，供军队辎重通行，今天在很多偏远地区还可以看到这种简支木

桥。为了跨越更加宽阔的河流，受单梁简支木桥的启发，在河中建造桥墩，然后将木梁架设在桥墩上，形成了多跨简支木桥，受材料限制，一般仍采用单梁的形式。河中的桥墩多采用石砌而成，或采用类似打桩的方法将木柱牢固地支承在河床上，也有下部采用石砌上部采用木柱的方法形成桥墩。建造桥墩多选在枯水季节，一般利用围堰等方式将

图10-1-2 多跨单梁简支木桥

河水截流改道后建造，而在部分水流四季不断的河流，则采用抛石的方法建造。河流宽阔的地方一般水流缓慢，这种桥形比较多见。

热索桥旧址

热索桥旧址位于日喀则地区吉隆县中尼边境第48号界桩西南侧约200米处，西距今中尼边界界桥热索桥（新桥）约200米。

热索桥又称为"热索桑巴桥"，扼守于吉隆河谷山口，是古代吐蕃与尼婆罗、北天竺的交通咽喉。源于吉隆盆地北缘马拉山的吉隆藏布，由北向南在热索桥与东北至西南流向的东林藏布汇合，注入尼泊尔境内。

热索桥的建筑式样为二墩一孔平梁木桥，桥体总长度约30米，桥面距河面高度约6米。桥面由纵横排列的大木组成，两面用铁索连成护栏。桥墩系利用两岸的天然巨石为墩，上以石块堆砌平整，并用泥浆作为黏合剂。整体设计简洁实用，充分考虑到分流排泄的实际功能。

由于近代遭泥石流的袭击，桥体现已冲毁，仅在中尼边界的尼方一侧尚可观察到原桥墩残体：巨石体积约80～85立方米，顶部残余有砌石及腐朽木枋痕迹，石片之间留有泥浆黏合剂，砌石层残长约3米，残高0.5～1米。中方一侧桥墩已不存。现存部分仅余当年桥头堡遗址（图10-1-3）。

二、伸臂木桥

伸臂木桥的出现略晚于寺院的建造年代，大约在7世纪末叶。其建造是受中原地区传入的斗拱启发，主要由桥墩、伸臂和桥面三部分组成（图10-1-4）。建造时桥墩建造方法大致和简支木梁桥相似。桥墩建造到伸臂第一层伸臂纵木的位置，先放置2～4层小横枋，然后放置第一层纵木。第一层纵木一般向上斜挑一定的角度，数量根据桥的宽度而定，材料选用直径粗大的原木。第一层纵木放置完毕后，在上部放置第二层横枋，然后放置第二层纵木，第二层纵木在第一层纵木基础上外伸1～2米。如此反复逐层继续向上架设横枋和纵木，直到需要

图10-1-3　热索桥残存桥头堡遗址（蒙乃丰摄）

图10-1-4　单跨伸臂木桥

的伸臂长度，其层数少则2～3层，多则5～6层。最后在伸臂之间用原木合龙并铺设桥面，形成完整的桥梁。木构件之间的固定一般采用牛皮绳或木钉固定。这种桥梁可以有单跨或多跨，一般建造在谷深河窄、水流湍急的地方（图10-1-5），单跨简支桥跨度已经不能满足要求，但河中又缺乏建造桥墩的条件，于是通过这种方式来加长跨度。为了进一步加长跨度，还将伸臂和拱桥结合，进一步形成了独特的拱形伸臂木桥，飞架在高山峡谷之间，犹如一道彩虹。独特的桥形充分体现了藏族人民的聪明才智，说明他们不但已经具备了高超的建桥技术，同时在力学方面的知识也达到了相当高的水平。

（一）比如木桥

比如木桥（图10-1-6）建造时代为明代，位于那曲地区比如县城西北怒江一橄榄形河洲的西端两面，全长146米，分为南、北两部分。南桥全长

图10-1-5　位于索县的伸臂木桥（韦蛟摄）

图10-1-6　比如木桥（杨正龙摄）

91米，在中间和两端设三个桥墩，用圆（柏）木和大块卵石建成，底部全长9.55米，宽约6.9米，架设到高出水面一定高度时继续加高两端，使中间形成宽约1.95米的凹槽，再在凹槽内架设圆木，相向层层平铺伸出，至大约小于一根整圆木的长度时，平铺圆木一层形成桥面。桥面所用圆木均经加工，每层6根，共6层，桥墩的四面均竖立圆木加固。北桥全长51米，桥面宽2.05米，由于距离较短，桥面的建造从一个桥墩单向伸出，直达对面的桥墩，桥面所用圆木也仅3层，桥墩未用圆竖木加固，而是采用圆木的粗大根系加固。圆木直径12～20厘米。木桥的桥墩已有500多年的历史，后虽经两次维修而桥墩的主体结构仍屹立于怒江中。木桥跨度大，结构形式独特，建造技艺较高，是藏式伸臂桥的典型代表之一，在西藏桥梁建筑史上具有重要地位。

（二）西午朗文桥

西午朗文桥（图10-1-7）位于西藏山南地区错那县卡达乡西午村委会久多自然村东约100米。桥的创建年代不详。该桥由岩石形成天然引桥，其

图10-1-7　西午朗文桥（强巴次仁摄）

北侧长9.5米，南侧长24米，桥孔是由山泉长年冲刷形成，宽0.6～1.8米的峡壁，岩石最宽处2.6米，最窄处0.6米，高22米，两侧均为90°的峭壁，桥面砌有一些卵石，其上横铺栈棍木，再在上纵置木棍，上面铺有小石头和土。

（三）乃桑桥遗址

乃桑桥遗址（图10-1-8）位于山南地区错那县库局乡桑玉村南200米的娘母江河上，北面为格尔山，南面为加萨驼曲山。相传是莲花生大师去往

图10-1-8　乃桑桥遗址（强巴次仁摄）

洛扎圣地的第一座桥，桥跨度为10.25米、桥宽为2米，是一座藏式伸臂木桥，伸臂共有三级（第一级有7根木头、第二级有5根木头、第三级有4根木头），桥板横向排列，排列紧凑，栏杆为松树榫接，三根五栏，垂直于桥面，与新桥南面8米处有叠压式飞檐以减轻主桥的压力，桥杆之间的距离为3米。20世纪80年代后该桥曾经过维修，后在其附近架设了新桥，该桥遂无人使用。

三、木栈桥

西藏栈桥常见有两种形式，分别为立柱式和悬臂式。在西藏东南地区，山高坡陡，道路常被悬崖峭壁阻断，为了通行而架设栈桥。架设时一侧在峭壁上凿洞，另一侧设木支柱，支柱垂直立于下部地面或斜向支撑于峭壁下部另凿的洞口，然后将横梁两侧分别支撑在立柱和石洞上，纵向铺设木板形成栈桥。另一种则是架设在植被茂密的地方，由于通行时需要清除植被形成的道路，但植被生长迅速，经常需要清除，造成通行不便。为了通行顺畅于是在地面设立柱，架设高出植被的栈桥。印度的孟加拉籍学者萨拉特·钱德拉·达斯（Sarat Chandara Das）记述其清末在拉萨和西藏腹地旅行经历的《Journey to Lhasa and Central Tibet》一书中，记述了这种栈桥，采用竹子架设，称为竹子走廊。悬臂式栈桥主要用于加宽道路，悬臂式横梁大部分架设于悬崖边的平地部分，部分悬挑出路面，然后在横梁的悬挑部分上铺设模板，同原道路一同形成较为宽阔的路面。

拉加里王宫栈桥

拉加里王宫位于山南地区曲松县城西北的台地上，由旧宫"扎西群宗"、新宫"甘丹拉孜"和夏宫三部分建筑群组成。各建筑分别建于不同的年代，其中早期建筑约始建于13~14世纪左右，中期建筑主体部分始建于15~18世纪，晚期建筑约始建于15世纪末。

其中的王宫主体建筑位于台地边缘，一侧为悬崖，栈桥就架设于王宫外墙和悬崖之间（图10-

图10-1-9 拉加里王宫栈桥

1-9）。采用直径约30厘米的圆木作为横梁，其中一端伸至王宫外墙，另一侧悬挑于悬崖外1.2米左右，圆木上直接铺设夯土，形成栈桥，是一种悬臂式栈桥。

第二节 索桥

因为建造工艺相对于木桥来讲比较复杂，同时受材料的限制，索桥出现的时间应当晚于木桥。早在西汉时期，索桥的雏形——溜索桥即已出现，被称为"笮"。《新唐书》（中华书局校点本）中有关于西藏藤桥的记述："经牦牛河度藤桥，百里至列驿。又经食堂、吐蕃村、截支桥，两石南北相当，又经截支川，四百四十里至婆驿。大月河罗桥，经潭池、鱼池，五百三十里至诺罗驿。又经乞量守水桥，又经大速水桥，三百二十里至鹘莽驿，唐使入蕃，公主每使人迎劳于此。又经鹘莽峡十余里，两山相金，上有小桥，三瀑水注入泻击，其下如烟雾，百里至野马驿。"其中所言藤桥大致位置在青海玉树至那曲之间。可见西藏索桥的建造历史非常悠久，至今西藏仍有很多古代索桥经过维护后继续使用。在西藏原始的索桥有毛绳索、竹皮索、革索或藤索几种形式，后期随着金属冶炼技术的发展，产生了铁索桥，并在西藏大量建造，成为西藏索桥

的主要形式，而毛绳索、竹皮索和革索则因为强度
和耐久性差的问题而逐渐消失。因此，西藏的古代
索桥大致可以分为溜索、藤网索桥和铁索桥三种。

一、溜索

溜索因为取材和建造比较方便，在藏东南地区
非常多见，至今仍是当地百姓过河的主要方式之
一（图10-2-1）。英国人F.M.贝利在《无护照西
藏之旅》一书中称，西藏有各式各样的溜索桥，他
于1913年8月3日在今加拉帕日峰附近曾见到过一座
跨越雅鲁藏布江的溜索，由竹皮拧成，直径2～3英
寸，一个半圆形的木头拴在溜索上，当地人形象地
称其为"马鞍"，过河时把人或货物拴在"马鞍"
上滑过去，供人用的"马鞍"大约6英尺长，供马
用的要长一些。王宗仁记述其在西藏生活的文章当
中，也称20世纪50年代西藏的溜索随处可见，凡有
河的地方几乎都有溜索。

在西藏人们一般用牛皮或藤条制成溜索，横悬
在两岸陡峭的崖壁上，过河的人先将牛皮绳捆在腰
上固定好，然后在牛皮绳上系一个木质圆筒（溜
筒），把溜筒挂在溜索上。也有在溜筒下的绳索上
系一根短木或篓，过河的人骑坐在短木上，再用牛
皮绳将身体固定好，或坐在篓中。过河的方式有两
种，分别是平溜和陡溜。平溜的溜索是水平的，过
河的时候在溜筒上系一根牛皮绳连到两岸，靠过河
的人自身攀爬或对岸岸边有人拉动绳索溜到对岸，

图10-2-1 溜索

这种溜索只需一根。陡溜的溜索有一定的坡度，无
需两岸有人，过河的人利用重力自行溜到对岸，这
种溜索一般需要两根，分别采用不同的坡度一来一
往。清史记载："其制，两岸立竹，股竹为索，或
长百丈，短亦六七十丈，横截崛江，断木为筒，状
如覆瓦，系绳于上，凡村民与羌民往来，各以麻绳
连筒缚身于索，仰面，以手攀索而渡，然后登岸解
绳，虽渡牛马亦然，每处溜索二条，东西各置低
昂，以筒溜之，甚速且便。"描述的就是双索的陡
溜。清末陈渠珍在《艽野尘梦》一书中记述："中
波密山高岸陡，别有所谓鸳鸯桥者，即用藤绳两
根，甲绳则系于甲岸高处，徐降至乙岸低处焉。乙
绳则系于乙岸高处，徐降至甲岸低处焉。各悬竹
筐，人坐其中，手自引绳，徐徐降下，势等建瓴，
往来极便捷也。"其中所说的也是双索陡溜。后来
人们还用铁质的滑轮取代了木质的溜筒，在昌都地
区的溜索多用这种滑轮。至今西藏境内还有很多溜
索，除溜索的材料采用了性能更好钢索，其建造形
制还基本还沿袭了过去的方式。

清末陈渠珍在《艽野尘梦》一书中还描述了溜
索桥的架设和过河的方法："即引一老人，负藤绳
两盘至……对岸来一番人，手携毛绳。于是彼此各
持绳的一端，向上流力抛。忽两绳相交接，成一
绳。再张索桥，引渡而过。两岸原有石墩，高丈
许，中埋木柱。栓桥绳于柱上，即成桥也。对河番
人，攀缘藤绳而过。余取所携毛绳观之，其一端
系有三棱铁钩。又视老番绳端，亦系一铁球，大如
卵。……渡桥去，人依桥柱，背河而立。有曲木，
长尺许，如半月形，紧系胸间，桥绳即由此穿过。
另一细绳，系人背上。自此岸循索溜达彼岸，一人
牵引之。凡渡河之人，仰身倒下，手足紧抱桥绳，
手攀脚送，徐徐而过。对河一人持细绳，亦徐徐牵
引之。"架设溜索除了上述方法，也有采用弓箭架
设，先在箭尾拴一根细绳射向对岸，然后利用细绳
将溜索牵引至对岸。

因为溜索存在一定的安全问题，自2009年开
始，政府投入资金将溜索改造成更为安全的现代化

桥梁，今后将很难再看到这种溜索桥了。

二、藤索桥

藏东南的门巴、珞巴地区气候温暖潮湿，当地密布的原始森林中出产的藤类和竹类可以作为良好的桥索，因此藤索桥多见于该地区。除了溜索桥，当地还在此基础上，进一步发展出了藤网桥，也称藤索桥。清代典籍《归流记》中描述墨脱"花木遍地，藤萝为桥"，可见藤网桥的创建年代可上溯到更早的年代，也是当地桥梁的主要形式。原始古朴独具一格的藤网桥历史悠久，充分反映了墨脱门巴族、珞巴族人民的聪明智慧，也是我国桥梁史上创造的奇迹。建造时采用藤条或竹条编成缆索，连接于两岸的木框塔架上，再用粗藤做成的圆圈系在缆索中，最后用细藤编制桥面及护栏网，这种藤网的编制方法仅在西藏或周边部分藏区可以见到，非常独特。F.M.贝利称，在今藏南波密、墨脱等地多是高山峡谷，很多村庄周围都是陡峭的高坡，当地有多处采用藤竹混合编成的藤索桥，藤索通常由几根单股组成。《芃野尘梦》中称："波密地多藤桥，故村寨中皆牵绳为桥，高四五尺，密如网，使儿童练习也。……此桥攀渡甚难。"可见跨越藤网桥有一定的技巧，需要从小练习才能熟练掌握。20世纪墨脱县尚存一座横跨雅鲁藏布江上的藤索桥——德兴藤网桥，跨度约200米，桥身较宽，人畜都可以通行，直到20世纪90年代还在继续使用，可惜现在已经毁坏。

墨脱县德兴藤网桥

墨脱县德兴藤网桥（图10-2-2）始建时代约为12世纪，于1996年被列为自治区级文物保护单位。位于墨脱县德兴乡德兴村，横跨于雅鲁藏布江上，是西藏目前唯一保存较完整的藤网桥。该桥全长约200米，桥体悬空下垂呈半月状，系用藤条网织而成，桥横截面呈"U"形，高1.5~1.8米，上端宽0.7~1米，挽一藤圈，共计7个藤圈，藤圈以3根藤条拧挽成麻花状，直径2.5~3米，用以张撑桥面，桥体两侧分别用17根藤丝为经线，每隔10~20厘米织一纬线，底部经线为30~50根，纬线网织较之两侧面更为密集，这种添加藤丝网织的做法意在进一步加固桥身，行人过桥时也可充当扶手，过这种桥时，摇摆飘晃不定，但很安全。墨脱常年阴雨连绵，空气湿润，此桥每年要维修加固，3~5年整座桥需全部维修一遍，以便行走。该桥取材于当地特有藤条网织，同时藤索的编制方法也非常独特，会随着使用过程越来越牢固。

三、铁索桥

科学技术水平的发展，特别是金属的冶炼和使用，使西藏桥梁的建造技术得到了迅速提高，人们具备了建造铁索桥的条件。《旧唐书》记载：唐中宗李显神龙二年（706年），唐九征破吐蕃于剑川，毁其铁索桥。《册府元龟·外臣部·交侵》记载：唐德宗贞元"十年（794年）正月，南诏蛮异牟寻……大破吐蕃于神川铁桥……收铁桥以来（以外）城至一十六。"因此可以认为在7世纪，西藏地区的桥梁已经开始建造，并具备了建造铁索桥的技术。而大规模建造铁索桥应在14世纪末至15世纪（明代）。《汤东杰布传》记述了西藏藏戏的创始人、香巴噶举派僧人汤东杰布，一生遍游藏地，深刻体察藏区民众行路的艰难，年轻时就立下宏愿，要在江河上架设桥梁。在晚年的时候，终于得以实现这个愿望，架设了二十几座铁索桥，其一生最后一座桥建造在今天曲水县达嘎村，横跨雅鲁藏布

图10-2-2　墨脱县德兴藤网桥

江两岸，因为杰出功绩，汤东杰布获得了极高的荣誉，被尊崇为铁索桥活佛，并在该桥桥头东侧修建了寺庙，供奉其法体。《西藏通史》中记载：五世达赖喇嘛给西藏所有官员、贵族、喇嘛活佛的座位排列了高低次序，规定五世达赖的法座为九层垫，铁索桥活佛为五层垫，和多吉扎仁增活佛、桑顶多吉帕姆、达扎活佛、德穆活佛等黄教大呼图克图同列。张柏桢编写的《西藏大呼毕勒罕考》中记载：铁索桥活佛是清朝中央直接管理和认定的西藏36位大活佛、大呼图克图中的一个，他的转世必须经过皇帝颁赐的金瓶掣签才能正式认定。由此可见其地位的重要，也反映出桥梁建造在西藏交通中的巨大作用，铁索桥在这一时期是西藏桥梁的主要形式之一。我国目前保存下来的铁索桥中，有90%以上是在藏区，至今西藏还有很多这类古代铁索桥经过维修保养后仍然保持良好状态，历经几百年风雨仍在继续使用，如位于今天日喀则南木林县城的香曲铁索桥（图10-2-3）。

　　西藏的铁索桥由索塔、铁索和桥面组成，根据铁索的数量不同主要有双链、三链和四链几种，一般铁索数量越多，桥身也越稳定，通行也更安全。双链铁索桥宽度和跨度都比较小，一般只能供人通行，在铁索下吊牛皮条或藤条，条上铺木板或藤网，铁索同时兼作左右扶手。三链则在双链的下方在增加一根铁索，行走时相对双链而言更加稳定，但桥面依然较窄，只能供人通行。四链铁索桥分为两上索和两下索，宽度和跨度都比较大，人畜均可通行，甚至可以通行车辆。在左右上下索之间编制牛皮条或藤条作护栏，下部水平的两索之间绑木板作桥面。索塔多采用石砌而成的碉堡，在碉堡内预先埋设粗大的铁环或架设数根粗大的横木用于锚固铁索。巍峨的石堡与飞悬的铁索相配，十分雄伟壮观。一些建于村落间的小河谷上的索桥，索塔则用木柱（又名将军柱）埋置于石砌墩台中，主索系在木柱上，或跨于木柱横梁上。在悬崖深谷的河岸两侧山体往往有坚固的岩石，也有在岩石上凿洞固定铁环或横木，将铁索直接锚固在岩石上。铁索一般

图10-2-3　南木林香曲铁索桥

采用两端半圆，中部直接的环索交叉相扣而成。架设铁索是建造铁索桥的关键，由于铁索较重，架设难度很大，通常有三种方法。第一种架索方法通常用于两山壁立，水势汹涌，岩石犬牙交错，舟楫不通的峡谷上。首先在一侧岸边用弓箭系上一根长长的细绳，弓箭带着细绳射向对岸，对岸的人接到细绳后在细绳上系直径粗大、足以承受铁索重量的牵引绳拖回对岸，最后用牵引绳将铁索拖带过河。第二种方法一般应用于水流湍急的江河，两岸各一人，同时向上游河心抛掷引缆绳，绳头上系有石头或金属锤。当两条缆绳在河心铰接后，由于水流汹涌翻滚而拧绞为一，然后在缆绳上系牵引绳拖至对岸，用牵引绳将铁链牵引过河。第三种方法是用牛皮筏或木船将铁索盘于船上驶向对岸，边驶边徐徐施放铁索。由于铁索沉重，遇水急浪大，船筏往往

被惊涛骇浪吞没，舟覆索沉。后来便用船将相对较轻的牵引绳先送至对岸，再用牵引绳把铁索牵引过河。铁索过河后一端固定在索塔或岸边坚硬的岩石上，另一端连接在木轮辘上，以便绞紧主索，控制悬索的下垂度。完成铁索的架设后再用牛皮条或细藤条缠绕主索上面铺设桥面、护栏等设施，完成架设。《小方壶斋舆地丛钞》中记载了位于康区的泸定桥铁索架设："曾于东岸先系索，上小舟载铁链过重，夫得对岸辄复，久之不成……后一番僧教以巨绳先系两岸，每绳上用十数短竹简贯之，再以铁绳入简，缚绳数十丈，于对岸牵拽其简，简达铁索亦至。"架设铁索之艰难可见一斑。

（一）宗雪铁索桥遗址

宗雪铁索桥共有两座，位于拉萨市墨竹工卡县尼玛江热乡宗雪村，其中1号桥加卡村铁索桥位于隆虚藏布和秀绒藏布的汇合处，西距加卡乡约300米，2号桥宗雪铁索桥位于宗雪村南面的艺热河与秀绒藏布汇合处下端，在2号桥下游汇合的隆虚藏布各秀绒藏布形成拉萨河。

据传这两铁索桥系西藏著名桥梁大师唐东杰布大约在14世纪主持修建的。1号桥的两端桥头为石砌桥墩，铁索桥东西亘空，横跨江面，索桥全长65米，宽2.5米，距水面高约35米，铁索链是用扁铁链锻接而成的。铁环形制呈长条形，最大长35厘米、宽9厘米，最小长17厘米、宽7厘米、厚2~3厘米。2号桥两端桥头有石砌桥墩，铁索桥南北亘空，索桥全长24米，宽2.4米，距水面高约5米，铁链大小尺寸和1号桥完全相同。

该桥目前已毁坏无存。

（二）娘果竹卡铁索桥遗址

娘果竹卡铁索桥是横跨雅鲁藏布江上的最著名的铁索桥之一，是历史上连接拉萨到雅砻地区的交通枢纽（图10-2-4）。它位于山南地区乃东县泽当镇北部，今娘果竹卡渡口附近，据传系西藏著名的桥梁大师唐东杰布14世纪主持修建的。

该桥主要遗迹为南北排列的5个桥墩。桥墩均为石块砌成，略呈椭圆柱形，东西径长，南北径

图10-2-4　娘果竹卡铁索桥遗址（强巴次仁摄）

短。为了便于叙述，将轿墩南北依次编为1~5号。残存桥墩表明，在4号墩与5号墩之间以及墩以北，原也砌有一些桥墩，只是由于这些桥墩处于中流，漫长岁月的冲击早已使它们踪影不存。

该桥的两端原来还有桥头堡建筑，现在在南岸还能看到一片范围约40平方米的建筑废墟，是早先的桥头堡基址，同时又是人们纪念和瞻仰大桥缔造者唐东杰布的地方。该桥长度史书不载。现测得5号桥墩相距南岸桥头堡约110米，相距北岸约150米。如将河床变迁因素考虑在内，推测当年桥长应在150米以上，桥墩的数量应在30个以上。当时建筑这样规模的大桥，确是了不起的成就。

此桥铁索遗存表明铁索加工十分精良，成链环套成一串，坚韧耐实，反映了较高的金属加工技术。

（三）日吾其铁索桥

日吾其铁索桥（图10-2-5）位于日喀则地区昂仁县日吾其村之西南侧的现代铁索桥上游约150米处，与现代铁索桥平行。该铁索桥呈东西向横跨雅鲁藏布江，距日吾其村500米。据传日吾其是唐东杰布的家乡，日吾其铁索桥是他在雅鲁藏布江上游最早建造的一座桥梁，他创立了藏戏，并以演出募集资金修建了众多的桥梁。

日吾其铁索桥有东、中、西三座桥墩，全长90米，宽约1米，仅能容一人通过。东岸桥墩为圆柱形，高3.25米，直径3.2米，采用片石叠砌，未使

图10-2-5　日吾其铁索桥（刘世忠摄）

图10-2-6　日吾其铁索桥桥墩（刘晴摄）

用黏合剂，间以木枋及圆木相互拉结。中心桥墩分为墩基与墩身两部分，墩基全长26.9米，最宽处10.4米，基面高出江面约2.2米，用片石叠砌，其上用大河卵石覆盖并在墩基石块间铺以纵向、横向的木桩护栏，相互以榫卯连接，形状略呈船形，迎水面砌成分水尖，能起到良好的分流作用。墩基之上是用片石砌出的圆柱状墩身，高3.5米，直径5.2米，与东岸桥墩相距50米。西岸桥墩和中部桥墩类似，为墩基与墩身（柱）两部分，均用片石叠砌而成，其间以泥作为黏合剂，墩基略呈圆柱形，迎水面用卵石砌成舌形的坡状，直径14.3米，墩身为圆柱形，高3.4米，直径5.5米，西岸桥墩距中心桥墩35米。

铁索桥的4根主铁链通过上述三座桥墩，每链的长度不尽相同，有20、33、40米三种规格，均系用厚1.5厘米、宽3厘米的铁条锻打而成，在4条主链的下方用牛皮绳吊铺木板作为桥面。铁链下垂最低处距水面1.8米。

该桥建筑稳固实用，结构简洁，尤其中心桥墩的设计构造都很合理（图10-2-6）。在考虑到江水流量、流速、季节变化等因素的前提下，选择在河道中心偏西的位置建造中心桥墩，既避开了流速最大的主流，又照顾到东、中桥墩之间的跨度，同时也使中心桥墩起到了分洪缓流的作用。因而此桥历经几百年的浪涛冲击，仍然能够坚固地屹立在江水之中，一直是沟通雅鲁藏布江上游两岸地带交通的枢纽，也是日吾其一带各聚落、部落之间经济交往的必经之处，后世曾数次进行过修整，虽然后来在邻近有新桥建成，但仍作为备用的桥梁继续保留至今。

（四）彭措林铁索桥

彭措林铁索桥（图10-2-7、图10-2-8）位于日喀则地区拉孜县彭措林乡，当地海拔4300米，南距乡政府所在地约300米，大桥南约500米的山坡上即为著名的彭措林寺，大桥呈南北向横跨雅鲁藏布江。

彭措林铁索桥铁链由32～37厘米长、8～9.5厘

图10-2-7　彭措林铁索桥遗址

图10-2-8　彭措林铁索桥

米宽、2.5厘米见方的铁环衔接而成，桥面宽近2米，原铺有木板。

大桥共有4个桥墩，由南向北跨度分别约45米、124米、48米，桥墩虽大小不同，但修筑方法完全一样。桥墩由南向北依次编号为D1～D4，目前仅D2保存较为完好，其剖面呈塔形，由未经细加工的大块花岗石砌成，基座平面为圆形，直径14米，高4.5～5米。桥墩外建有绕墩周旋转而上的石阶，石阶宽1.6米，第二层直径6米，高2.8米，这一层桥墩石块内加有长1.2米，截面0.25米×0.25米见方的木柱及椽，柱、椽相互交错，用以加固桥墩，该墩之上架有梯状木枕，木枕由长2.75米，0.4米见方，枕中刻有放置铁索的槽沟。

（五）拉孜铁索桥

拉孜铁索桥（图10-2-9）位于日喀则地区拉孜县拉孜镇西侧萨迦曲河汇入雅鲁藏布江处的雅鲁藏布江上，当地海拔 4400米。因雅鲁藏布江在此折向北流并形成两条河流，故建有两座铁索桥，分别位于东西两边。

位于西边的桥据记载是由唐东杰布修建的。共有两座桥墩，桥墩间跨度为62米，由4条铁索相距约0.4米上铺木板形成桥面，两条在两边高出桥面1米左右作为桥拦，铁索是由2厘米见方、长30～37厘米、宽8厘米的铁环串成铁链制。

位于东边的一座则是由当地一名叫乌坚的商人建造的，结构和做法基本和西侧桥相似，所用的铁环是圆形直径为 2厘米的铁制成的，每个铁环长25厘米左右，宽8.5厘米左右。两座桥墩均由砾石堆砌成圆锥状，从地表至顶部高4.42米，现存基部直径4米，桥墩砾石中用长2米左右、截面30厘米见方的大木起加固作用。

（六）旁多铁索桥

位于拉萨市林周县旁多乡乡政府西侧约50米处，据记载建造时代为15世纪。该桥东西横跨于乌鲁龙河上空，全长约21米，宽1.1米，系4根铁链上，铺架木椽构成。桥两端设有两个桥墩，筑成斜坡状。目前已毁坏无存。

图10-2-9　拉孜铁索桥（李亚忠摄）

西藏很多地区都有质地良好的石材，工匠们在使用石材建造房屋的同时，也发现其是建造桥梁的良好材料。在拱桥传入西藏之前，人们就已经开始建造简单的石板桥。后受同样由中原地区传入的斗栱启发，西藏地区独创了类似伸臂木桥的石板桥，进一步增加了石板桥的跨度。这种桥采用大板块片石，逐层向外悬挑叠砌，然后充填河沙和卵石，并以大块石压实，具备了石拱桥的雏形。大约在明初，中原地区的石砌拱桥技术传入西藏，西藏开始大量兴建结构合理、桥形优美的石拱桥。明朝初年在日喀则东郊建造的苏木佳石桥，是由石台、石板梁等组成的多跨石板桥，桥长70余丈，共19孔，横跨年楚河，桥宽可通行车马。明洪武十三年（1380年）左右，在日喀则境内的查弄河上建造的一座石砌拱桥，长约40米，共6孔，拱券由花岗石砌成，拱墙用片石叠砌，内填河沙和卵石，石板护栏，与中原地区的石拱桥砌筑方法一脉相承。罗布林卡内连接湖心宫的桥为石板桥，采用花岗石雕凿成石板，架设在花岗石砌筑的桥墩上，栏杆同样采用花岗石雕凿而成，工艺精湛。萨拉特·钱德拉·达斯在《Journey to Lhasa and Central Tibet》一书中，描述了他1882年5月30日经过今天堆龙德庆县堆龙村附近的孜曲桑巴是一座漂亮的大石桥，该桥约120步长，8步宽。1904年随英军至拉萨的军医花得乐（Waddell）在《Lhasa and it's mysteries》一书中称他1904年也曾经过此桥，大约一百码长，有桥墩，为砖石结构，以坚石为栏，有5个水洞，桥下的孜曲河水流湍急。西藏在建造石桥方面达到了相当高的技术水平，可惜的是这些古代石桥大多只能见于史料记载，至今已毁坏殆尽，踪迹无存，只有罗布林卡的石桥尚在使用。分析其建造方法，应该沿袭了最初传入时的建造方法、工艺，虽经逐步改进，但变化不大。

一、琉璃桥

在今天拉萨市宇拓路旁，还伫立着一座古老的石桥——琉璃桥（图10-3-1）。琉璃桥本来建在一条小河上，是进入拉萨的一个主要门户，后来桥下的流水逐渐枯竭，但依然作为拉萨的门户，过了该桥才算进入了拉萨。达斯在书中描述1882年5月30日经过该桥时，有一喇嘛率一队卫兵把守，他们检查所有的过桥人，确定这些人进入拉萨城的目的。

琉璃桥为石筑，五孔梁桥，跨度28.3米，桥面宽6.8米。桥上两边砌有石墙，墙厚1.6米，东西两侧的墙，分别砌出5个宽为2.3～2.5米的门洞，门洞间距均为2.6米，高3.2米，门洞外侧分别置有木栏杆，高1.5米。石墙间横置9根方木梁，每根梁上竖立根瓜柱（也叫童柱），其上置8根脊檩；在四面墙的梁间，共伸出了36根出挑方木，其中东西两侧分别为13根，南北两端分别为5根，四个转角分别出一个。出挑木的里端压以横方木，其上竖瓜柱，柱上安置金檩；而在出挑方木的外端，压有一斗三升。用一斗三升结构承托方檐檩，然后再施椽、板，覆绿色琉璃瓦顶，又以琉璃筒瓦盖缝，檐口施有琉璃舌形滴水。南端歇山檐滴水破坏无余，北端歇山檐施有三种滴水，一种为梵文图案舌形琉璃滴水，一种为普通图案舌形琉璃滴水，另一种为三曲线舌形琉璃滴水。四角为龙首飞檐，屋脊中间饰有1米高的琉璃宝瓶，两端有琉璃供果脊饰。组成漂

图10-3-1 琉璃桥历史照片 （图片来源：《西藏历史地图》）

亮耀眼的汉地古建歇山式桥廊。

关于琉璃桥的建造年代，《西藏志·寺庙》中有一段记载："玉夺三巴桥，在拉萨之西一里。墙系绿琉璃瓦所盖，云建自唐时，汉人呼为琉璃桥，由此西行里许即布达拉。"文中"玉夺三巴"即为琉璃桥藏文译音，为公元641年，文成公主入藏后在建造大昭寺的同时配套兴建的，另一说建于18世纪。据建筑特征判断，现存石桥年代当较早，桥上汉式风格的歇山顶桥廊则不会早于18世纪，当时的西藏还没有具备建造石拱桥的技术，最早的琉璃桥应该不是今天见到的样子。根据北歇山檐所施的三种滴水估计，此廊在建成之后到现在，可能经过两次刨顶维修，但大木料看不出更换或动过的痕迹。

二、罗布林卡石桥

罗布林卡措吉颇章意即湖心亭，位于格桑颇章西北120米处，因周围被池水环绕，故有此称。早在七世达赖之前，这里自然形成了一个水塘，一到夏天，人们便到此沐浴。八世达赖强白嘉措在执政的第四年（1784年），由当时掌办商业事务的甘丹喜热图诺们汗（即策满林）负责修建了这一湖心建筑。并在东西两侧各建一石桥，把湖心高台与岸上连接了起来。

两座桥结构类型相同，均为简支石板梁桥，但桥长略有区别，东桥（图10-3-2）四跨，西桥（图10-3-3）三跨，东桥跨数较西桥多，但每跨跨度相对稍小，总体东桥比西桥略长。桥宽均约1.8米，每跨净跨度在1.5米左右。桥墩采用毛石砌筑而成，尺寸较大，约为1.3米见方。桥面采用整条

图10-3-2　罗布林卡石桥—东桥

图10-3-3　罗布林卡石桥—西桥

石条板直接铺筑在桥墩上，石条板长约2.8米、宽约0.3米、厚约0.2米，沿桥面宽度方向铺设6条石板形成桥面。桥侧设有石质栏杆，立柱和侧板均有精美的雕刻作为装饰。桥的各结构件和装饰件之间装配结合非常细腻，工艺精湛。

西藏古建筑

西藏古建筑

第十一章 其他建筑

西藏 其他建筑分布图

（地图引自：中华人民共和国民政部编. 中华人民共和国行政区划简册2014. 北京：中国地图出版社，2014.）

① 松嘎尔石塔群
② 冲堆石塔
③ 日吾其金塔
④ 桑耶寺塔
⑤ 白居塔
⑥ 唐蕃会盟碑
⑦ 达扎路恭纪功碑
⑧ 布达拉宫无字碑
⑨ 赤松德赞记功碑
⑩ 藏仲石碑
⑪ 桑耶寺兴佛盟誓碑
⑫ 藏王墓
⑬ 直贡梯寺天葬台
⑭ 桑耶寺天葬台

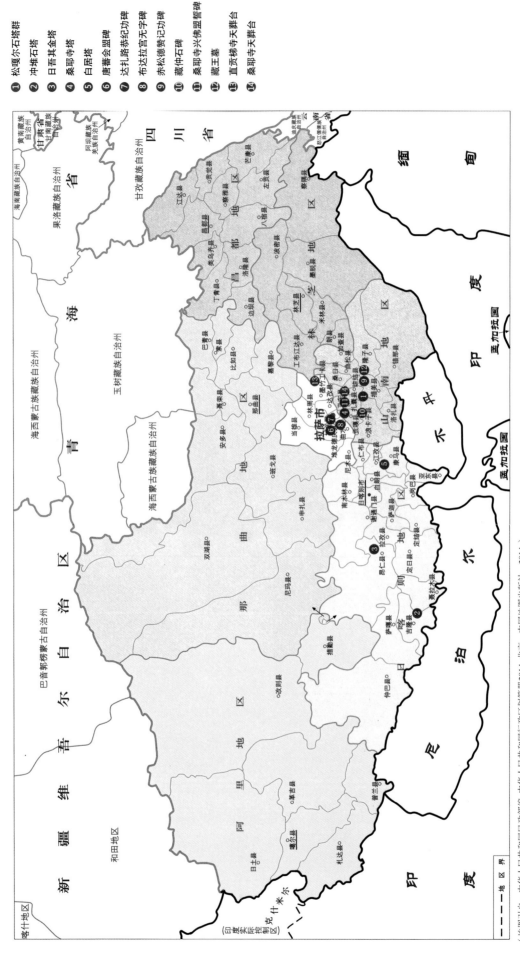

- - - - 地 区 界

图11-1-1　扎达托林寺佛塔

宫殿建筑、寺院建筑、宗山建筑、庄园建筑、民居建筑等构成了西藏古建筑的主体。而散落其间的佛塔、石牌、陵墓等其他建筑也成为西藏古建筑中的重要组成部分。这些其他建筑反映着西藏经济社会的发展和藏传佛教的精神，丰富着西藏古建筑的形式风格和文化内涵，为西藏建筑文化增添着奇异的光彩。

第一节　佛塔

一、佛塔的演变与类型

佛塔体现了西藏古建筑风格，是西藏宗教建筑的重要组成之一，佛塔作为建筑物象征着佛教和佛陀精神，是随着佛教发展到一定程度而出现的，源于印度和尼泊尔的佛塔，在其形制和内涵寓意是对古印度和尼泊尔佛塔的继承和改进。松赞干布时期

佛教正式传入西藏，佛塔也在之后作为佛教象征物得以发展（图11-1-1）。佛塔在西藏的发展可以分为7世纪发展初期，8世纪发展期，9世纪破坏期，11世纪恢复期，14世纪兴盛期。

7世纪，松赞干布时期佛塔属于发展初期，这个时期建造了西藏本土昌珠寺内第一座五顶佛塔。之后建造了拉萨红山顶白塔，大昭寺八塔等早期佛塔。

8世纪，赤松德赞时期佛塔属于发展期。这个时期佛教在西藏得以顺利发展，出现了西藏历史上第一座大型寺院——桑耶寺，并在寺内主殿四角建造了白色、红色、青色及黑色4座佛塔。在去往桑耶寺的道路上松嘎尔乡附近建造了5座石塔。这个时期的佛塔发展是西藏地区佛塔形制本土化和多元化的时期。

9世纪，西藏吐蕃后期赞普琅达姆开始了大规模的"灭佛"运动，佛教在西藏受到重创，包括佛塔在内的佛教活动和建设中断长达一个多世纪。

11世纪，印度僧人阿底峡入藏弘法，并带入印度的佛塔模型及建塔理论和技术。并依据其教派形成了"葛当曲丹"及"葛当觉顿"式佛塔。成为11~14世纪西藏佛塔形制的参照和依据，建造了直贡梯寺佛塔及萨迦北寺佛塔群等代表性佛塔。

14世纪后，在前阶段发展的基础上，佛塔的修建从实践层面逐渐上升到理论层面。佛塔的造型及修建制度形成规范，形成了具有西藏特色的佛塔造型、比例、结构及内部空间、宗教装饰等理论体系。五世达赖灵塔在这个时期修建。随着这一阶段建塔的理论体系的发展成熟，佛塔的建造也迈入一个新的阶段。

西藏佛塔的形成与发展与藏传佛教密不可分，佛塔在藏语中被称为"曲丹"，在藏文中含有供养、祀奉的意思。西藏僧俗普遍认为建造佛塔是一种积累功德的行为，也是敬神礼佛的一种重要形式。《云法白莲经》中提到："无论修建金塔银塔、宝塔、

琉璃塔……都能获得觉悟和解脱；同样无论修建石塔、檀香塔、松木塔还是砖塔，也都能获得觉悟和解脱，达到佛的境界。"

西藏佛塔的类型也是以藏传佛教思想为依据的。按照佛教的原理分为身、语、意三种，"身"之塔代表佛陀，菩萨或活佛的化身；"语"之塔代表佛陀的教诲；"意"之塔代表佛教最基本的思想精神。西藏佛塔仿照古印度的八大灵塔建造，形成了八种类型的佛塔，分别是：1.聚莲塔，藏语称"八邦曲丹"；2.菩提塔，藏语称"香曲曲丹"；3.转法轮塔，藏语称"扎西果莽塔"；4.神变塔，藏语称"乔赤曲丹"；5.神降塔，藏语称"拉帕曲丹"；6.离合塔，藏语称"严敦曲丹"；7.尊胜塔，藏语称"南嘉曲丹"；8.涅槃塔，藏语称"娘堆曲丹"。每一种塔分别代表了释迦牟尼从出生到涅槃的八大成就或者佛陀八个不同的精神境界，其中"菩提塔"、"神降塔"和"尊胜塔"是西藏佛塔最常采用的三种类型。

佛塔具有一定的宗教含义，承担相应的宗教功能。

将圆寂的大德高僧或活佛的骨灰或遗体经处理后保存在塔内，称之为灵塔。

二、佛塔的建造与材料

根据《塔式度量法》绘制佛塔图纸，由于《塔式度量法》中使用网格将佛塔比例进行了明确规定，因此用地范围一旦划定即可计算确定全塔高度、细节装饰尺度等建筑要素（图11-1-2、图11-1-3）。

开工日期须请活佛选定吉日，然后根据图纸进行施工。首先开挖基槽，基槽深度及宽度根据佛塔高度与承重确定；基槽挖好后使用白灰与黏土按比例混合均匀，填充夯实找平，在其上砌筑基础墙；砌筑基础时会伴随一定宗教仪式在最底层装藏弓箭、刀斧等武器用来震慑恶鬼以免其破坏佛塔，还

图11-1-2　洛扎卡久寺白塔

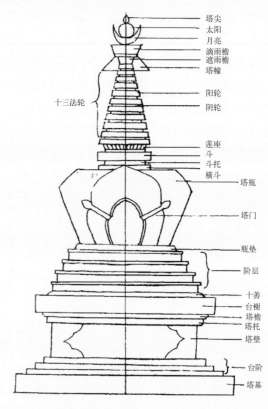

图11-1-3　西藏佛塔各部位名称图

要放置敬献土地神的宝瓶，宝瓶内放置五谷、金银、珊瑚等具有象征意义的贵重物品后倒入滚烫的酥油并封蜡。地基建造完成后将准备好的"主心木"开光后安置就位并支起固定；"主心木"又被称为"生命之木"，是佛塔的中轴线，既起一定结构作用，也具有强烈的宗教内涵；典籍中认为"主心木"最好使用红白檀木、沉香木或结果实的树木制作，但限于西藏大多数地区缺乏优质木材，通常选用柏木制作，并加工成下部断面方形，上部断面圆形的形式，其中方形部分一般在塔刹高度以下，圆形部分则在塔刹内部；"主心木"根部、中心和顶端要分别绘制十字金刚杵、菩提塔和南杰塔图案，还要将整柱涂成红色或根据其比例位置在象征佛像"头顶"、"额头"、"喉咙"、"心脏"、"肚脐"、"私处"的六个位置上书写红色经文，使"主心木"成为一根经柱。树立"主心木"后便可搭建脚手架建造地上建筑；建造塔基与宝瓶时外皮按照图纸砌筑或雕刻打磨出各层级和弧面外形，内侧则直砌无收分，基础、塔基与宝瓶之间使用木板分隔，并在木板上装藏宗教象征物；塔基处装藏被称为"擦擦"的泥塑小佛塔与五谷，宝瓶处则留有塔门待佛塔封顶后进行装藏。宝瓶砌筑完成后在顶端砌筑一个方形基座为塔斗，上面建造十三层塔刹封顶；塔刹内通常装藏一对白海螺，象征佛法之音吹遍大地，外面十三层法轮凹进去的部分被称为十三层母轮并涂红色，其他华盖、日月、宝顶等则涂金色。塔刹建成封顶后点燃柏树叶用烟熏宝瓶内部进行净化，然后在宝瓶内主心木四周放置藏传佛教经书，并在塔门后设置小供桌和佛像，装藏完毕即在塔门外加门饰封闭固定。最后举行开光仪式佛塔即可完工。

佛塔的建造材料可以分为土木材料和金属材料，土木材料如土坯砖、石材及木材等，金属材料包括铜、金银等。佛殿外的佛塔大多为土木材料，佛殿内的佛塔如灵塔等采用金银等金属材料。有些石塔采用整个巨石雕刻而成。

三、佛塔实例

佛塔遍布西藏自治区境内，主要分布在拉萨、日喀则及山南地区，形式上以单体塔和塔群为主，藏传佛教寺院内外均建有佛塔，灵塔主要置于殿堂内。

（一）松嘎尔石塔（群）

松嘎尔村位于山南地区扎囊县桑耶寺西15里的雅鲁藏布江边，这里共有大小不同5座石塔，均为整块巨石雕刻而成（图11-1-4）。石塔的建造是8世纪中叶赤松德赞为纪念莲花生大师进藏建寺弘扬佛教而在桑耶寺西边修建，根据传说这5座石塔是印度高僧寂护主持雕造的，同时建造的还有桑耶寺内的四色佛塔。

这5座塔自西向东第一座最大，为多边形底座方塔，其底座最长边4.1米，圆形塔瓶最大直径为2.5米，高1.65米，塔尖高2.95米，塔顶雕成太阳和月亮。距第一座塔向东约40米处为一小塔，底座最长边为2.15米，高3.6米。再向东约200米处的第三座小塔与第二座大小、形状均相同。其东面约35米处是一座底座为正方形的石塔，边长3.5米，高4.9米，塔底是三级阶梯状，高0.95米，圆形塔瓶直径2.3米，高1米，塔尖高2.95，塔顶也是月亮和太阳。在第四座塔的东北面约9米处的第五座塔与第二、第三座相同（图11-1-5）。

（二）冲堆石塔

石塔位于日喀则地区吉隆冲堆曲丹加桑（意即"石塔所在之处"），东南距冲堆村约1公里，西距

图11-1-4　松嘎尔石塔

"日松贡布"摩崖造像约40米。

石塔系以一白色石灰岩质整石雕刻而成。基座宽约2.6米，通高2.3米。基座为须弥座式，分3级向上叠涩收分，座体通高约30厘米。基座之上为塔座，雕成一梯形台座，下底边长1.36米，上边长1.34米，座高约30厘米。塔座之上为塔身，为一上小下大的半圆形覆钵，下部雕刻出覆莲座。塔身高约6米，其上承以塔刹。覆钵之上有一方形"平头"，高14厘米，上承相轮"十三天"，相轮高约40厘米。塔刹顶部为圆光与仰月。

（三）日吾其金塔

日吾其金塔位于日喀则地区昂仁县日吾其乡政府所在地即日吾其村的西侧，南临雅鲁藏布江，距江岸约50米，北面靠山，海拔4260米。日吾其寺及其金塔是香巴噶举派僧人唐东杰布（1361—1485年）的主要驻锡地之一，为宁玛派寺庙。其建造年代约在14世纪，距今有600多年历史。

日吾其金塔既属日吾其寺的一部分，同时是一个"塔寺合一"的相对的独立建筑。金塔平面为"坛城"（即曼陀罗）形，呈多角多边的"亚"字平面格局，这些特点与江孜白居寺万佛塔一致。塔高6层，逐层收分，顶部为塔刹"十三天"及伞盖、日月火珠等，通高35米。各层每边墙面的正中皆砌出亮窗或亮门，其大小为1.2米（高）×0.8米（宽）。塔内中空，每层均用土、石砌筑有台阶数级，可沿内壁拾阶而上，直通顶部的相轮"十三天"最高层。塔体用土坯砖砌等，外墙抹涂以泥，再刷一层白色（系用当地山上的白土制成）。塔身各层的檐下用红、黑两色涂以宽条带环绕（图11-1-6）。

（四）桑耶寺塔

桑耶寺内的白、红、黑、绿四塔分别在"乌孜"大殿四角呈直线的地方，塔与殿角相距数十米。据《贤者喜宴》记载，在"十二洲人完工后，又建白塔即大菩提塔，此塔以狮装饰，遂建成声闻之风格；红塔系长寿菩萨之风格，其上饰以莲花；黑塔以如来佛之遗骨为饰物，其形制系独觉佛风格；绿塔乃法轮如来风格，以十六门为饰物……"

白塔位于大殿东南角，形制与北京北海的白塔略似，皆用石块、石板砌成，因塔体全为白色故名

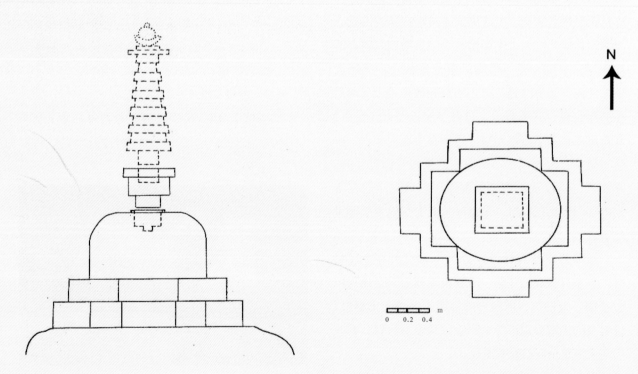

图11-1-5　松嘎尔石塔立面及平面图

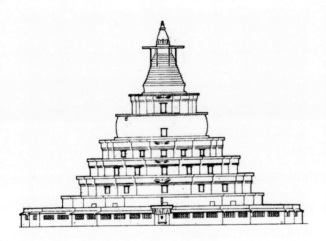

图11-1-6 日吾其金塔立面

图11-1-7 桑耶寺白塔

"白塔"。在塔基的方形围墙上，立有108座小塔，塔身方形，在腰部以上逐层收分如阶梯，上有覆钵形塔腹，但覆钵扁平而宽大，没有龛门。宝刹上置十七环相轮。在转经道旁有十六罗汉石像，分别雕刻在边长为0.74米的方形石板上（图11-1-7）。

红塔位于大殿的西南角，造型十分特殊。塔身用砖石砌成，形方而实圆，状如覆钟，腰部以上呈环状纹，上部为覆钵形塔腹，宝刹之上置两段相轮，上为七环，下为九环，塔身为土红色并泛有光泽（图11-1-8）。

图11-1-8 桑耶寺红塔

黑塔位于大殿的西北角，塔形也很特殊，塔身如三叠覆锅，刹盘上托宝剑。第二级相轮七环，上即瓶盖和宝珠。塔身为条砖砌成，全为黑色（图11-1-9）。

绿塔位于大殿的东北角，平面呈四方多角形。塔基较高，沿阶数级而达第一层，四面各有龛室三间，内有塑像，每面都有明梯通往二层。二层每面只有龛室一间，亦各有塑像。第三层为覆钵形的塔身，上置相轮宝刹，刹身很长。相轮分为三级，每一级自方形托盘上置相轮九环，中间一段为第二级，有相轮七环，第三级有相轮五环。伞盖上承宝瓶和宝珠。塔身为绿色琉璃砖砌成。砖为土加粗砂烧制，质地坚硬，釉色苍郁而富光泽（图11-1-10）。

（五）白居塔

白居塔位于日喀则地区江孜县白居寺错钦大殿右侧，属于寺院内佛塔。在大殿建成之后的1425年或1427年开始修造，历时10年完成。

白居塔规模宏大，总高度42.4米。塔基占地直径62米。全塔共108个吉祥门，76间龛地（其中一层10间；二层16间，另有4间是一层塑像的上部；三层20间；四层10门间；五层塔肚4间；六、七、八、九层不分间）。全塔共9层，塔肚以下共5层，

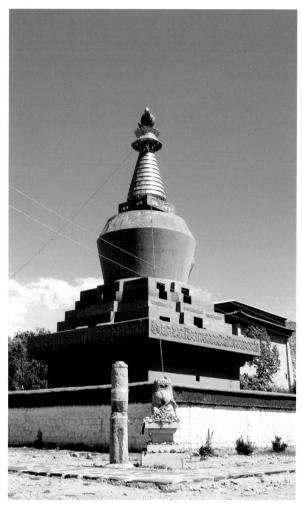

图11-1-10　桑耶寺绿塔

图11-1-9　桑耶寺黑塔

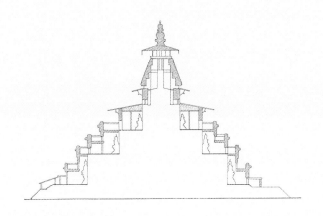 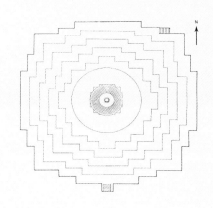

图11-1-11 白居塔立面及平面

一层下为塔基设有龛室，一、二、三、四层各分成数量不一龛室，外形上呈四面十二角。第五层为覆盆状塔肚，塔肚上第六层呈四方形，内不分间，七层为十三天部分，第九层为塔顶伞状部分。九层以上即为金幢部分。在建筑构造上也极为科学，塔心为实心，每一层围廊构成环绕的转经路线，毗连的各神龛之间互相独立，由下而上，龛室面积逐渐变小，最终可直抵塔顶（图11-1-11）。

第二节 玛尼堆

玛尼堆，藏语中称"玛尼夺蚌"，"夺蚌"意思为"石堆"。玛尼石为刻有六字真言、佛像或其他宗教内容的石头。在西藏一些地方与远古遗迹如石器点、墓葬等伴生的列石、立石有可能是西藏玛尼堆的雏形，因为列石一般都是立在靠近神山、圣湖的附近，与后来的玛尼堆放置位置基本相同，随着佛教在西藏的传播，西藏的原始宗教仪式很多都为藏传佛教所用，因此堆放刻有宗教内容的玛尼石作为某种标志的形式也由此传承下来。带有宗教意义的玛尼堆更多的是用于祈祷，是一种对神、佛的祭祀，在供奉玛尼时多数人会口诵经文或祝词，祈祷山神等自然神保佑、赐福。

一、玛尼堆的选址

玛尼堆根据其功能和含义分布在下列不同的位置。

第一类在山脊处。通过围绕玛尼石转经及朝拜，祭祀山神和神灵。

第二类在路边、桥梁、渡口、湖边等重要或险要路段。经过的行人可以通过添加玛尼石或者念诵经文而获得保佑（图11-2-1）。

第三类在寺院内及周边。寺院内的玛尼石会放置在专门的佛龛或者镶嵌在墙壁上；寺院周边的玛尼堆主要放置在转经道上，规模较大。

第四类在乡镇和村庄中。由于有些村落远离寺院，因此会设置玛尼堆作为朝拜和转经象征物，替代寺院的部分功能。

第五类在天葬台附近。由于天葬有强烈的宗教含义，因此天葬台附近的玛尼石刻主要与神灵有关。

二、玛尼堆的功能

（一）祈愿朝拜

玛尼石堆作为一种物质载体被赋予宗教含义，也具有了神的属性。一方面加强了玛尼堆作为地界的标志，使得玛尼石堆不可以被轻易移动；另一方面使其也可以脱离本身标志物的功能而成为宗教象征物，成为重要活动前转经祭祀的场所。

（二）地界标志

作为地界的标志是玛尼堆产生的最初的功能。在远古时代，部落之间各自拥有相对独立的领地，在确定的边界线上堆放石堆是早期解决领地边界问题的主要方式，包括在山脉的山脊上堆放石堆表明以山脊为界限划分领地（图11-2-2）。

（三）指示标志

由于玛尼堆的形态和色彩在地域广阔的西藏高原上具有非常强烈的标志性，玛尼堆的另一个衍生功能是作为交通及方向的指示，例如在重要地段或有一定危险性的路口、山口以及没有方向感的草原。

三、玛尼堆的形式

玛尼堆的形式主要分为三种。第一种是堆砌成石堆，规模的大小较为随意，主要根据场地的大小，转经线路而确定。第二种为长条形，堆砌形式较为整齐，长度可达数百米以上（图11-2-3）。第三种为砌筑成有台阶的塔式，或做成圆锥体。玛尼堆形态上最大的特点是动态而持续增长的，形态也较为自由，没有固定的形制。

四、玛尼石刻的内容

玛尼石刻是在玛尼堆基础上发展起来，主要是宗教的产物和表达的载体。玛尼石刻的内容以佛教内容为主，主要表现内容包括佛像、神像、咒语、佛塔及经文等。具体内容见表11-2-1。

玛尼石刻内容　　　　　表 11-2-1

佛像	释迦牟尼，无量光佛等各种佛像
神像	观音，文殊等各种菩萨；神母，牛头法王等护法神
画像	松赞干布，莲花生，格萨尔王等历史人物；噶玛巴，宗喀巴等法师
咒语	释迦牟尼，药王八佛，莲花生，观音，文殊，金刚持，万寿佛，度母等
经文	甘珠尔经
其他	佛塔，八吉祥，六长寿等图案

图11-2-1　纳木错湖边玛尼堆

图11-2-2　路边玛尼堆

图11-2-3　阿里地区玛尼石堆

第三节 陵墓

一、丧葬文化

西藏丧葬文化最基本的内涵是"灵魂不灭"，认为人的生命不会终结，肉体死亡之后，灵魂可以转世，进入新的生命轮回周期。西藏最原始的丧俗有五种主要形式，分别为土葬、水葬、火葬、塔葬和天葬。在佛教传入西藏后，为强调生命轮回，为保存高僧活佛的肉身以供人朝拜，而出现了塔葬（灵塔）形式，塔葬因此也是一种高规格的丧葬形式。土葬是西藏最古老最传统的一种丧葬方式，多采用石板棺墓（图11-3-1）。火葬是将圆寂之人放至架好的柴堆及桑草之上火化。水葬是将因病故去人的尸体绑扎在木板上送至江河之上。天葬是一种特殊的丧葬形式，藏传佛教认为天葬体现了大乘佛教思想中的"布施波罗蜜"精神，是最彻底、最具菩提心和功德的施舍。

迄今为止西藏高原发现的墓葬，空间上涉及上部阿里三围到下部朵康六岗的高原大部分区域；时间上从西藏新石器时代开始，大约至13世纪前后。早期的属于西藏新石器时代晚期发现的墓葬种类，有以石材料砌筑的石棺墓、石丘墓以及竖穴土坑墓。到距今约3000年以前的西藏早期石器时代至吐蕃早期，在继承前一时期的墓葬营建方式基础上，开始逐步形成具有一定章法的墓葬建制。这种墓葬建制主要属于吐蕃时期，发现于高原西南部的日喀则地区、中南部的林芝、山南等地的大型墓葬群或墓地。吐蕃王朝时期主要的墓葬类型有石棺墓、偏室洞穴墓、封土石室墓（包括直穴式和穹隆顶式以及具有封土的王侯级别以上的大型墓葬）。

偏室洞穴墓和封土石室墓是开始出现并流行于吐蕃时期的墓葬种类。封土石室墓东起昌都，西达后藏日喀则的昂仁，南面沿雅鲁藏布江流域，北抵藏北那曲等，可说几乎遍及西藏高原全境。这种墓葬最主要的特征是在地表建有明显的墓丘封土标志，建筑方式以土、石混合砌建、堆垒或夯筑墓丘，形状以平面呈梯形、立面呈立体形的墓丘最为常见。属于这种墓葬的有著名的琼结藏王墓地、朗县列山以及拉孜查木钦等众多墓地。

二、藏王墓

藏王墓系指吐蕃王朝时期藏王们的墓葬群，位于西藏山南地区琼结县城琼结河南，范围包括木惹山南麓和东嘎沟口（图11-3-2）。墓地东西长约2075米，南北宽约1407米，面积约305万平方米。关于藏王墓建于琼结的原因，6世纪初，聚居在雅砻河谷的雅砻部落崛起，先后兼并了邻近部落，逐渐统一了西藏。松赞干布继位后，虽迁都拉萨，但琼结一带毕竟是吐蕃的发祥地，将藏王的陵墓也建在富有根基的琼结也就不难理解了。

图11-3-1 曲松县的井嘎唐古墓群

图11-3-2 藏王墓平面示意

藏王墓的建筑、分布、墓内情况等，在藏文资料《西藏王统记》、《智者喜宴》、《西藏王臣史》等中都有详略不一的记载。藏王墓群的确切墓葬数目及其墓主，历来说法不一。据《西藏王统记》记载，此处原有墓葬21座，但目前能看到的只有16座。一部分位于墓地西面的木惹山麓和河谷台地，有墓冢10座；一部分位于东嘎沟口，有墓冢6座，两区相距800米。根据考古发掘，初步能确定墓主的有9座，分别是：松赞干布墓、芒松芒赞墓、赤德松赞墓、赤松德赞墓、赤祖德赞墓、赤德祖赞墓、朗达玛墓、赤都松芒波结墓、牟尼赞普墓。

藏王墓的封土形制一般分为两种，一种是方形平顶，另一种则是梯形平顶，其中方形顶者居多。墓群中封土最大的墓是赤松德赞墓，为方形平顶，边长180米；最小的是朗达玛墓，亦为方形平顶，但边长仅为30米。藏王墓封土半数达10米以上，其结构大多数是以土、木、石夯筑而成，夯层一般厚0.07～0.28米，内有坚固圆木。

三、吉堆古墓群

吉堆墓地位于西藏自治区山南地区洛扎县洛扎镇吉堆南面约300米吉堆日山腰处。共发现49座，另有11个祭祀坑，墓葬均为石板夹层的夯土封土，墓群形成以1号墓为中心的扇形布局，所有墓葬封土均呈覆斗状。1号墓在墓群中规模最大，位置最高，与山下河谷中的平地相对高差约100多米，其封土堆高7米，底边长宽46米×44米，顶边长宽34米×34米。墓前有7层石砌平台，每层平台长宽46米×2.5米，平台两侧有垒积石块的祭祀坑11个。整个墓区中，封土边长宽18米×14米以上的墓有14座，其余墓地的封土堆底边长宽一般为12米×10米左右（图11-3-3）。

四、列山吐蕃古墓

列山墓地位于林芝地区朗县金东乡列村东北约1.5公里的列山南山坡上，海拔3200米。墓地南面有金东曲河从东向西流入雅鲁藏布江。列山墓地的

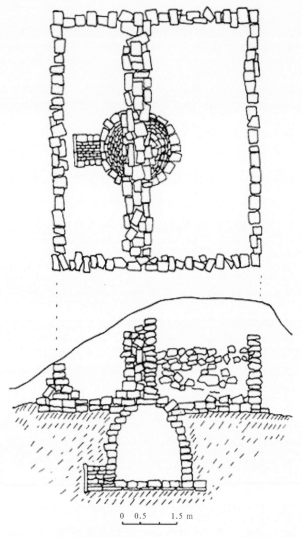

图11-3-3　单体墓平面及剖面

建造年代为吐蕃（7～9世纪）或更早。

列山墓地规模庞大，极为壮观。高大的封土犹如一座座巨垒，坐落在山间。墓地分东、西两区，中间有深沟和山梁隔断，相距约1.5公里。东区东西长约12000米，南北宽约650米，面积约78万平方米，共有封土墓163座，呈扇形分布。还发现殉马坑、房屋祭祀场所及石碑座等。西区面积较小，约35000平方米，共有封土墓21座，呈曲尺形分布。

列山墓地以大、中型封土墓为主。大型封土墓坐落于山脚中央，居高临下。小型封土墓多分散在大墓周围及墓地边缘。其形制可分为梯形封土、方形封土、圆形封土、亚字形封土四种。其中，梯形

图11-3-4　列山古墓群

图11-4-1　洛扎卡久寺院外的擦康

封土是墓地中最多的一种封土类型。封土及墓穴为石、土、木结构。主要采用夯筑技术，除版筑法外，还有分节隔垫石板或圆木夯筑的方法。夯土层数因墓主人身份地位的不同呈递增趋势，身份地位越高，夯土层数越多，夯层之间越密实。穴底使用阿嘎土，应为西藏使用阿嘎土的最早例证。墓葬具有两种，一种是用石板拼砌的长方形石棺；另一种是用石板或石块叠砌的穹隆墓穴。亚字形封土墓模仿了佛教坛城的形状，显示了墓主的宗教信仰。死后殉马是西藏地方原始苯教丧葬仪轨的表现形式，但墓地中无殉马坑的墓葬仍占绝大多数，说明墓地的使用延续了一个相当长的时期。殉马坑和亚字形墓的发掘，表明了原始苯教和佛教这两种宗教文化对当时社会丧葬礼制的影响。

图11-4-2　道路中间设置的擦康

第四节　擦康

　　"擦康"是指专门摆放"擦擦"的建筑，又名"本康"。擦康一般位于寺院附近、村寨道路的中央或者交叉路口等显著位置，便于信众朝拜。在离寺院较远的村庄，擦康成为朝拜的中心，擦康的四周镶嵌玛尼石或转经筒，信众以此为中心进行朝拜，绕擦康转一圈就等于向无数佛菩萨叩拜（图11-4-1）。

　　修建擦康的目的有佑护、消灾、祈福和拜佛朝圣等多种意义。由于体量较小，建设较为简单，成本较低，因此在民间其建造范围较为普遍，除道路

图11-4-3　洛扎提吉寺院外的擦康

之外，在村头、寺院等人员聚集处也都可以修建擦康（图11-4-2、图11-4-3）。但是修建擦康有一套完整严格的程序和仪式，包括相地、净地和诵经等。

　　擦康的建筑形制一般呈方形，宝瓶状，也有长

图11-4-4 擦康细部

图11-5-1 拉萨直贡梯寺山顶上的天葬台

方形。建筑体形较小，外涂白色及红色。作为放置"擦擦"的建筑，在建造擦康过程中将"擦擦"装入建筑物内，最后封口，有的只保留一小口。此外，在信众转经的过程中，也会向擦康上放置"擦擦"或者石子。

根据《察哈尔格西文集》记载擦康的建造方法，擦康的选址很有讲究，在潮湿、容易受风雨侵袭的悬崖、家畜圈等不干净的地点，不能建擦康。在不起疑心，地基坚硬，看起来令人愉悦的地点是建擦康的理想选址。

在擦康建造方面也有较多步骤。修建较大型的擦康建筑时，首先，准备好建擦康需要的一切必要的材料，择吉日清晨，将石、木等建筑材料摆放在地上，用安息香熏香净化，主持仪轨的人洒自芥子念诵咒，将材料净化。其次，找两位身体健全、名字吉利的男子，扶住中间的柱子，固定中梁，再由主持者念诵吉祥经，在梁柱上系上哈达等，以建立良好的因缘。仪式结束后，逐步将其余的木架，擦康的外墙，屋顶等建筑局部完成。擦康开门的方向，中部梁木两端所指方位的地名以吉利为佳。擦康的内外都要用白土粉刷，擦康内靠后墙处要装宝瓶（图11-4-4）。

第五节　天葬台

天葬是西藏的一种传统而普遍的丧葬方式，其起始年代尚不能确定，但至少可以肯定在吐蕃时期就已经有了天葬这种葬式。在人逝世后，根据死者的生卒日期，由寺院的僧人通过一定的宗教仪式，择定出葬的日期和地点。

之后按照选定吉日送往固定的丧葬台。尸体到了天葬台以后，由诵经师为亡灵诵经并举行庄重的仪式，之后由天葬师处理尸体，并由鹫啄食。以食尽最为吉祥，说明死者没有罪孽。

天葬体现了西藏特有的宗教文化观念和自然环境观。从宗教层面上，藏传佛教徒认为在天葬中的秃鹫是"空行母"的化身，人死后的灵魂通过它们可以投生到"六道轮回"中最理想的境界——"人界"或"神明界"。因此藏民族认为天葬具有佛教中的施舍和利他的精神。高原气候严寒，终年冻土，不利于土葬；以及游牧的移动性也不利于固定地点的丧葬，这促进了天葬这种回归自然的丧葬方式。

天葬的场所称为"天葬台"或"天葬场"。一般都设在有寺院附近的山顶上（图11-5-1），在西藏有哲蚌寺、色拉寺、直贡梯寺、桑耶寺、扎什伦布寺等一些著名寺院附近都有不同规模的天葬台，其中直贡梯寺、桑耶寺天葬台是世界著名的天葬台。除此之外，西藏地区还有许多的小型天葬场，主要位于深山僻壤，不容易被世人发现。

有的天葬台设在已有的巨石上，巨石顶部平整光滑，并且有几处石洞，是天葬师用以砸碎骨头。有的天葬台是人工建造，中间为一块大平板石，四周砌上小石头，再设置一根或四根木桩用于固定尸体。天葬台一般没有具体的建筑，只是在天葬台附近建有煨桑炉。

第六节　石碑

石碑是一种重大历史事件的特殊载体，也是西藏历史发展的见证。石碑出现在吐蕃王朝的强盛时期，在吐蕃王朝瓦解之后，立碑活动随之停止。之后大约5个世纪，在元代西藏归属祖国之后，特别是明、清两代中央政府西藏施政以及各种联系活动的增多，出现了对于某些重大活动的纪念性的石碑。石碑按碑面可以分为铭文碑和无字碑，按功能可以分为纪念碑、记事碑，以及宣扬佛教的寺碑等。铭文碑作为一种记录的载体，其铭文内容反映了立碑当时特定的历史背景历史事件及语言特征等，因此也是研究西藏历史和文字的重要史料。由于石碑的政治特殊性，大部分发现的石碑分布在拉萨，另外一些石碑分布在重要的寺院和藏王墓。

一、石碑的形制

石碑的形制在发展中不断改变，吸收和融入了内地的做法，石碑的形制由碑帽，碑身及碑座三部分组成。有的碑座采用龟的形式，碑身正面和侧面上下都有收分（图11-6-1）。

图11-6-1　唐蕃会盟碑立面图

二、石碑实例

西藏的石碑主要集中在拉萨市区大昭寺和布达拉宫以及藏王墓附近，为纪念性的铭文碑、无字碑和宣传佛教的石碑。

（一）唐蕃会盟碑

该碑坐落于大昭寺门前偏北方向，距离大昭寺约10米。设立目的为唐王朝和吐蕃政权似舅甥般，会盟立誓，信守和好。立碑时间为唐穆宗长庆元年（822年）。石碑为常见形制，由碑帽、碑身和碑座三部分组成。

碑身高3.8米，上端长0.7米、宽0.35米，下端长0.88米、宽0.39米。截面长方形，下大上小，碑正面向西，上刻汉藏两体对照文字，左半藏文，横书，77列；右半汉文，直书，6行，正楷，存464字。藏汉两体文义相同，是同一盟约，两种文本。碑有龟形基座，石龟高0.86米，长2米，宽1.5米，石龟头部微露，四肢收拢，整体雕刻得古朴生动，龟甲如六角形，不很规则地分布在四周和背部，背部的甲片已基本磨平。石龟下为高0.1米的长方形基座，与石龟为一块石头雕凿，长1.68米，宽1.4米。石碑的风格、形制明显受到内地碑制的影响，又有一定的变通和创造（图11-6-2）。

（二）达扎路恭纪功碑

该碑位于布达拉宫对面，设立目的是为吐蕃王朝纪念其将领达恩兰扎路恭打入唐都长安一事。立碑时间为唐代宗广德元年（763）。石碑形制由碑帽、碑身和碑座三部分组成。碑帽为庑殿顶加宝珠，碑身长方形，上下收分，碑座为三层台阶叠涩。碑身正面、北面、左面刻有藏文。正面碑文记述了达恩兰扎路恭发展升迁的经历，背面碑文记述了吐蕃王室对于恩兰功绩的认可以及所封赐的奖励（图11-6-3）。

（三）布达拉宫无字碑

此碑位于拉萨市布达拉宫脚下，设立目的为纪念布达拉宫重建竣工。该碑形制与达扎路恭纪功碑一致，由碑帽、碑身和碑座三部分组成。碑帽为庑殿顶，碑身长方形，碑座为三层台阶叠涩。碑身无字。对于建筑物落成的纪念碑一般都会铭文叙述建筑物的建设背景等，但是碑身无字，至今仍无研究定论（图11-6-4）。

（四）赤松德赞纪功碑

该碑坐落于琼结宗山，立于8世纪末，为赤松德赞后人立。碑的形制为碑座、碑身、碑帽三部分，三部分用榫卯结合。碑通高5.24米。碑座为自然龟形石块，宽2米，深1.5米，高0.2米；碑身高4米，上下收分。碑正面向北，刻有铭文。碑帽长方形，庑殿顶，四角上翘，宽1.2米，厚0.94米，下有0.19米的宽边。中央上面为素面重珠，高0.51米，直径0.43米。碑文内容为赞颂吐蕃王朝的礼教与武功，以及赤松德赞一生的丰功伟绩（图11-6-5）。

（五）藏仲石碑

藏仲石碑位于西藏自治区山南地区扎囊县扎其乡以西1公里处藏冲村委会藏冲小庙院内，年代为吐蕃时期。石碑由碑帽、碑身、碑座三部分组成，三部相接为石榫结构。碑身立于一风蚀较严重的龟座上，碑帽为类似庑殿顶样式，其顶部似多级塔状形式。碑身高1.46米，碑宽0.36米。碑身北面刻有藏文，共12行，拼写不规范，风蚀较严重，字模糊不清。除了碑身外，它与吐蕃时期石碑赤松德赞纪功碑类似，从风蚀严重的情况来看，龟座年代甚至更早更远（图11-6-6）。

（六）大昭寺无字碑

位于拉萨市大昭寺前，立于大昭寺前"永远遵行"碑（即劝恤种痘碑）后面。碑身碑首台高1.84米，碑身宽1.04米、厚37厘米。碑座长1.2米、宽

图11-6-2　唐蕃会盟碑正面及背面

图11-6-3　达扎路恭纪念碑

图11-6-4　布达拉宫无字碑

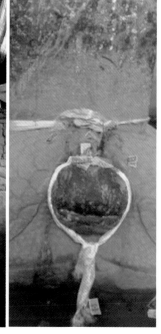

图11-6-5　赤松德赞纪功碑

图11-6-6 藏仲石碑原貌与现状

图11-6-7 兴佛盟誓碑

67厘米、高63厘米。碑座正面中心剔地浅浮雕动物图案，后面则剔地浅浮雕一对狮子，形式朴实生动。碑首圆形，长1.25米、厚0.4米、高0.85米，首、身接连处以上0.2米处有穿，径13厘米。据碑制情况分析，立碑石年代约在明朝时期。

（七）桑耶寺兴佛盟誓碑

此碑立于山南地区扎囊县桑耶寺"乌孜"大殿东门外右侧，保存完好。由碑座、碑身、碑帽三部分组成，通高4.9米。碑座呈束腰圆形仰覆莲座，莲瓣纹大多剥落不清。碑座直径1.84米，可测高度0.7米，碑座一部分被镶入"乌孜"大殿外墙内和周围的石块护座里。碑身基本呈长方形，上宽0.84米，下宽0.88米，上厚0.4米，下厚0.46米，高3.6米。碑身有藏文21列，刻字较深，极为工整。碑文内容反映了吐蕃王室为了与苯教势力所代表的大贵族集团进行斗争，大力扶持佛教势力的历史事实。参加盟誓的有赞普父子与小帮王子、王妃、诸大臣和武将等。

碑身与碑座采用榫卯相套，其缝隙灌铸铜水。碑帽呈长方形，四角上翘，边长1.56米，高0.6米，素面元饰。碑帽顶部四角各有一个小圆坑，后来，在其中部加有铁皮太阳和月亮图案（图11-6-7）。

第七节　煨桑炉

在西藏寺院、村落内或附近，也有在建筑屋顶上，设有煨桑炉。炉体中间宽两头窄，通常为白色或黄色。佛教传入吐蕃之后融合了西藏地区传统桑烟祭祀的仪式，建煨桑炉以便煨桑供奉神灵。煨桑炉通常建在高约一米的白色底座上，建筑形状多为圆形，其位置一般都在主殿或集会大殿的门前，或寺院前方，或在转经道上，以便信徒经过烟祭净化之后，才进入寺院佛殿内朝拜。桑烟祭祀时希望通过烟雾上升，以使信众的心愿可以上达天界（图11-7-1）。

图11-7-1 洛扎提吉寺院内的煨桑炉

第八节　水井

井作为公共取水的设施，其周边也成为居民日常交流的地点，并逐渐演变为举办特殊仪式的地点。在藏历新年初一能取到第一桶水被视为吉祥，这一天取水的时候需要隆重的仪式，以敬拜水神，在水井边燃桑烟、献哈达。

水井分为居民区的生活水井以及寺院里的水井。过去拉萨居民住房大多为贵族或活佛的独立宅院，这些水井就挖在这些院子中央，较为著名的有拉萨冲赛康的顶固曲美，该水井实际是一眼涌泉，水量较大，在泉水形成的小溪中还生长着鱼，过去在此处取水时不允许使用打水桶，只能用水瓢舀水（图11-8-1）；位于大昭寺现广场北侧的水井用圆形石墙砌筑，如需使用该水井之水洗衣服，不能直接在井边，而必须将水提到围墙之外的老湖边（位于现西藏自治区藏医院）；另一处较有名的水井是位于冲赛康南的古秀东果，该水井因井边的一棵苹果树而得名，水井水位也很高，在此打水时只用水瓢就能舀到水。拉萨市的水井除了平时满足附近居民用水外，在传昭大法会期间，要给近3万名僧人供水，这是一年中供水量最大的时期。

在日喀则地区，大部分水井是圆形的，约7~8米深，有的深达十多米。井壁由石头砌筑，井口用方形木框制作，有些有年代的井壁是用青石板制作的。由于井较深，取水需要靠吊桶，所以家家户户都有一个吊桶。其中两处有名的水井是位于日喀则市的冲卡莫钦和普巧曲美。这两处的井的特点在于，井口呈方形，与日喀则一带绝大多数的圆形深井有区别并位于院落的外面。冲卡钦莫井由两口方形浅井组成，两口井相距数米，但据传水质却明显不同。现在只有一口仍得以保存，另外一口已淹没在新建的房屋中。普巧曲美古井缺乏记载，实物也已难以寻觅。

寺院中水井较为知名的是大昭寺内庭院的一口古井和昌珠寺内一口古井。由于自来水的逐渐普及，水井的作用越来越小，很多水井已经被填埋或者消失。

图11-8-1　拉萨石砌古水井

第九节　磨坊

在西藏农区和部分牧区，人们利用山间流水的落差，沿河流建造水磨坊，利用水流产生的水能，加工糌粑及面粉等（图11-9-1）。《旧唐书·吐蕃传》中有"公元650年，吐蕃向唐朝请求造酒、碾、硙、纸、墨之匠，并许焉"的记载，这其中的"碾"和"硙"就指磨盘和水磨。藏史中也有文成公主进藏时曾教当地吐蕃人建造水磨的记载。

水磨坊选址一般在山间的泉水边，或河流沿边的草地上，通过挖掘水渠，使水流穿过磨坊的下部。

磨坊多由石材砌筑，基本为单层建筑。平面一般为正方形布局，3.3米×3.3米，磨坊中部放置磨盘等器具。也有的磨坊平面呈矩形，多出的部分可以容纳一个人睡觉的空间，以供看守磨坊的人居住。磨坊开有洞窗，但窗洞一般较小，仅提供室内

图11-9-1 山间泉水边的水磨坊

图11-9-2 磨坊底层的木转轮

图11-9-3 磨坊工作场景

足够光线。

　　磨坊的水渠源头设有控制流量的闸门，水流通过从高到低的木槽注入磨坊底层，推动连接磨盘中轴的木转轮，木轮设计为可逆时针转动，与转经的方向一致。磨坊上层设有大小相等的上薄下厚同心圆石质磨盘。磨盘四周是糌粑蓄池，磨盘上方吊有盛青稞的布袋，布袋底部装有出料管并与磨盘接触，随着石盘的转动，青稞自动均衡地通过磨孔落入摩擦面（图11-9-2、图11-9-3）。

西藏古建筑

西藏古建筑

第十二章　营造技术

图12-0-1　打阿嘎土

　　西藏古建筑是西藏人民智慧的结晶，也是藏汉民族团结和文化交流的历史见证，在长期的建筑实践中，西藏人民适应自然、艰苦劳作，不断与周边各民族交流借鉴，取长补短，创造了具有当地民族特色、地域特点、文化特点的建筑营造技术和方法（图12-0-1）。

第一节　住居习惯与建筑

　　西藏古建筑风格与结构形式具有较强的地域性。历史上，地处海拔4000米以上的牧区，其基本建筑形式是帐篷，少数土木结构的建筑，其结构也比较简单；海拔3000～4000米之间的农区，建筑结构和功能比起牧区相对复杂；而海拔2000～3000米之间的林区，兼有农区和林区建筑的风格和特色。

　　西藏古建筑中的寺院建筑，有着庞大、宏伟、复杂的石木、土木柱网承重结构体系。为解决佛殿层高问题，一些佛殿多用两三根木料对接成为长柱，展示着西藏古建筑高超的建筑技艺。

　　西藏地区农耕文化与草原文化逐渐形成了西藏地区独特的居住习俗，对西藏古建筑的布局、陈设、尺度、装饰等细部产生着深远的影响。围火塘生活是西藏地区农、牧民传统生活习俗，白天在此做饭、起居、待客，夜晚围火塘取暖住宿，生活在以火塘为中心的空间中，是传统藏族人民的居住特点。

　　毡帐一般面积3～5平方米，边长约1.5米，顶高一般2米左右；农区的民居建筑一般由一根柱子面积的房间组成，房间柱距及层高一般2.2～2.5米。这种较小建筑空间尺度与雪域高原寒冷气候，木材及燃料相对匮乏有着直接的关系，并逐渐形成西藏地区历史上的传统居住尺度。

放牧牛羊是西藏地区传统产业，也是西藏地区人民生活的必需。皮毛解决衣着问题，牛奶羊奶制作奶茶和酥油，牛羊肉自用或出售，而牛羊粪晾干后作为生活燃料，牛羊粪制作成粪饼张贴于墙上晒干，这也成为西藏古居住建筑一种特色。

西藏古民居建筑开间较小，为便于防盗，底层一般不开窗或开很小的窗。通常建筑二层以上供居住使用，越往上层越被视为重要的房间，所以越往上一般开窗越大，有着良好的通风及采光。这种狭小的建筑空间、柱距与层高略等的尺度习惯，形成了西藏古建筑的另外一个显著特点。西藏古建筑的楼梯一般较陡，由于楼梯口需设置过道，所以一般梯子高度大于梯子水平长度。西藏古建筑楼梯斜度一般大于45度。

西藏地处中原地区与印度两大文化区之间，历史上亦受到西亚乃至阿拉伯文化的影响，地处世界屋脊的西藏地区有着足够的时间和空间，碰撞、融合着外来文化与本土文化，并培育出独特的西藏建筑文化。

一、劳动习俗

在长期的劳动中藏族人民养成了一种伴随劳动而歌唱的习惯。经常可看到农民收割、播种、耕地、除草，牧民放牧、挤奶、打酥油，建筑工匠砌石、背土、铲土等劳动时伴随着歌声或舞蹈。在"阿嘎"打制过程中，歌声能使繁重而机械的体力劳动变得轻松、活泼，既提高劳动效率，又能使劳动者保持良好的精神状态。打"阿嘎"时所进行的伴唱伴舞形式成为西藏地区特有的人文景观，并延及至今。

打阿嘎土时，年轻的藏族男女通常是十几个人排成数队，每个人手中拿着一根木制的工具，他们唱着歌、按照一定的节奏前后左右移动步伐，同时用手中的工具敲打着脚下的碎石和泥土。早在唐代就有史书记载，这种劳动歌舞源于古老的劳动号子，后来增加了简单的上肢动作，原地旋转和队形变换，成为一种男女交替，载歌载舞的劳动歌舞形式。

打"阿嘎"时的歌曲大多取材当地民歌，歌词内容极其丰富、幽默，有颂歌、情歌，有景物抒发，有讥讽生活趣事等多种题材。其中多以参加劳动人员的生息地的民间词曲为主，有时也会出现不同村子或不同乡镇之间的施工者们难以默契配合的情形。

二、民俗做法

（一）台地处理

西藏地区地势起伏较大，多为高山峡谷的山地而少有河谷平地。藏区先民运用了沿坡地层层建房或包山而建的营造方法。

根据地势的高低，沿坡地层层建房，先在坡地从下而上开辟出一些高度等于一层建筑、进深大于等于一个柱距的台地，从最下的台地开始建房，底层建筑的进深为台地的进深，二层的进深是底层建筑和二层台地进深之和，依次进行各层建筑的营造，若需进深更大，亦可由二层开始出挑（图12-1-1）。包山建筑是将建筑建在山顶，建筑包山而建。从山顶四面山坡往下处理成若干层台阶或台地，层层往上建房，至山顶形成了一座规模宏大的建筑。军事城堡、宗山、宫殿等大型建筑多用此类营造方式。

这是一种很好利用坡地进行建筑营造的方法，

图12-1-1　阿里古格王宫地垄墙

不仅最大限度地减少了土石方工程量，并且创造了气势非凡、壮丽雄伟的西藏古建筑。反映了高原先民巧于因借、顺应地势的朴素自然观。

（二）保温隔热

西藏地区海拔高，夏季昼夜温差大，冬季气候严寒。建筑外墙由于结构原因通常较为厚重：做收分的石墙体上部厚度不小于0.5米，底层厚度更达1米以上；不做收分的土坯墙厚度亦在0.7米以上，夯土墙厚度则不小于1米。厚重的墙体既能保证建筑结构稳定，又使建筑墙体具有较好的保温隔热性能，尤其是土坯墙与夯土墙体具有较高的热容比，有利于抵御外部严寒和温差变化。建筑屋面通常经多道工序铺设而成，卵石、黏土以及阿嘎土层总厚度达0.4～0.5米，同样具有较好的保温隔热性能。此外西藏古建筑外窗通常不大，特别是北向主要以小窗为主，且多设有木板窗扇可在晚上关闭，使建筑内部热量不易流失。

（三）建筑通风

西藏古建筑采用外围护墙体与内部柱网框架混合承重体系，平面布局对外封闭、对内开敞，并且可以通过院落、天井、退台等形成丰富多变的内部空间。在不少体量较大的西藏古建筑中，有的内部设置院落营造良好的小气候环境；有的通高几层的天井形成拔风空间，较为有效地解决了封闭大进深建筑的通风问题。

（四）建筑采光

西藏古建筑通常外围封闭，主要通过立面开窗和在内部设院落与天井的方式解决采光问题。由于西藏地区白昼太阳辐射强，夜晚气温低，因此建筑采光既要获得足够室内照度并通过采光间接取暖，又要采取一定遮阳措施。传统西藏建筑通常南立面开窗较大，尤其是南立面正中或入口上部设大窗，并在窗檐设有遮阳，较高规制的建筑东南侧还会设置转角大窗；建筑内院四周通常设柱廊或朝向内院开窗，以保证更多房间可获得直接采光；天井顶部凸出屋面加顶，顶部以下四周设1～1.5米高的侧窗，既能较好解决室内采光问题，又具有一定拔风效果。

三、模数尺寸

西藏民间度量长度习惯使用人体尺度作为长度单位，包括以下几种单位：

指：一个指头长度。

拃：拇指与中指伸开之间的距离，又称"卡"。

肘：曲肘伸掌，中指尖到肘弯底的距离。

庹：张开双臂，左右手中指尖之间的距离，相当于一人高，又称"排"。

在西藏古建筑中亦使用和人体尺度相关的单位作为基本模数单位。据传其来源是8世纪莲花生大师来西藏修建桑耶寺时，以他的一拃长度（藏语"却托"）作为标准单位长度。但普通人的一拃达不到该长度，因此后来人们在普通人一拃长度的基础上增加一拇指节的长度（一寸）作为基本长度单位，称为"穹都"。西藏古建筑尺度单位主要包括以下几种：

穹都：一拃加一寸，相当于一市尺。

寸：一拇指节长。

分：四分之一寸，藏语称"嘎玛"。

半分：二分之一分，藏语称"哼"。

此外还有用来丈量土地等较大量度的尺寸单位：

庹：七穹都长度，与民间尺度庹相当。

步弓："一步弓相当于四肘长，约合五市尺。"该单位与古时弯弓射箭时的张弓尺度相关。

与中原地区古建筑通过"以材为祖"的模数制区分建筑等级类似，西藏地区古建筑也通过控制建筑基本尺度划分建筑等级，通常寺院和其他公共建筑柱网、层高、梁柱高径、斗栱及其他重要装饰构件尺度要比民居大，建筑整体规模和造型更加恢宏雄伟。

第二节　构造类型

西藏古建筑具有完备的建筑结构体系，并且持续稳定地在西藏地区发展，基于生产方式的不同，西藏古建筑构造形式在发展中逐步完善，并不断融

图12-2-1 刚做好的阿嘎土屋面

图12-2-2 乃昔寺平屋顶

入周边民族建筑构造中的一些特点、风格，但其主体风格和结构形式，一直稳定发展，延及至今。柱网结构体系广泛应用于西藏各农业及半农半牧地域的民居、寺院、宫殿、宗山、林卡、庄园等建筑中，成为西藏古建筑主流的承重结构技术。毡帐结构体系主要施用于以畜牧业为主的藏北、半农半牧的西藏丘陵地区。中原地区梁架结构主要见于藏汉合一建筑中的顶部坡屋顶的梁架中。

一、平顶建筑的结构体系

青藏高原大部分海拔在3000米以上的地区，年平均降雨量小于600毫米，且木材资源相对匮乏，因此营造平屋顶建筑成为一种理性选择。平屋顶建筑通常只需要对屋面进行一定防水处理即可满足高原地区的需要，耗费木材少，造价相对低廉，并且可以利用屋顶空间作为露台使用，尤其是对于建造在地势起伏变化较大的山地上的建筑来说，宝贵的屋顶平台空间是藏族人民生产生活场所的重要组成部分。

（一）承重体系

平屋顶建筑的承重体系是土木、石木或土、石、木混合承重体系（图12-2-2）。建筑的外围使用石材、土坯砖或夯土墙形成线形平面承重体系，同时也作为建筑外围护结构，自基础墙起向上砌筑或夯筑，直到女儿墙高度；建筑内部空间则主要使用梁柱木结构构造形成点式平面承重体系，从而获得开敞、灵活、可拓展的室内使用空间。

通常外墙在石材基础墙之上砌筑，盛产石材地区的建筑外墙一般通体使用石材砌筑并做收分；普通民居广泛使用土坯砖在石材基础墙上砌筑墙体，或在石材砌筑的下碱或首层墙体上砌筑土坯砖至女儿墙，土坯墙不作收分处理；夯土墙也广泛应用于建造外墙，通常卫藏地区夯土墙不作收分处理，而藏东地区夯土墙由于夯筑工艺不同，可做出收分效果。西藏地区木结构体系相对中原地区木结构较为简单，没有复杂的榫卯结构，主要使用硬木暗销连接不同木构件；通常在石质柱础之上树立木柱，木柱之上有设栌斗的，也有省去栌斗仅刻出栌斗外形的，柱或栌斗之上承托一至二层弓木，再在其上设梁，梁上垂直于梁的方向密排椽木，最后在椽木上做楼屋面层；多层藏式碉楼通常不设通柱，柱子受木材运输条件限制一般高2~2.5米左右，每层柱子在该层楼面上对准下层柱子轴线设柱础立柱。建筑朝向一般采用长边南北向，短边东西向的做法，内部梁的搭设通常沿柱列东西走向布置，只有在较大厅堂内部设立天井、中庭或开敞内院时，建筑内部梁架根据中间开敞空间的四个方向分别线形布置，即天井南北侧建筑内梁走东西向，天井东西侧建筑内梁则南北走向布置（图12-2-3、图12-3-4）。

（二）内部空间特点

平面布局自由灵活：以石、土、木混合结构体系营造的平屋顶藏式碉楼具有外围墙体封闭、内部空间开敞的特点。与中原地区建筑以四柱之间为空间单元不同，平屋顶建筑内部空间以每根柱子及其四周空间作为空间计量单位，称为"一柱房间"；

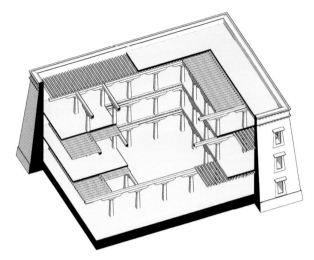

图12-2-3　藏式碉楼结构体系

图12-2-4　藏式碉楼内的庭院

双向跨度很小的房间，仅靠外围承重墙体即可搭椽封顶，其内部无柱，被称为"半间"；当外围承重墙围合的内部空间跨度较大时，则通过增设梁柱的方式拓展使用空间，并根据室内柱子数量计量房间大小，如一般民居卧室为"两柱房间"，而"四柱房间"则可作为厅堂使用。以此类推，单体建筑内部空间可借助线形平面外围承重体系围合面积的增加与内部点式平面梁柱结构体系的重复出现进行拓展，并且由于平屋顶建筑不受坡屋顶建筑坡度、坡高和跨度等条件的限制，理论上可以进行无限延展，具有高度的空间灵活性与可拓展性，如目前面积最大、柱子最多的拉萨哲蚌寺措钦大殿使用近200根柱子营造出面积超过2000平方米的内部空间，这在中原地区，乃至世界建筑史中也不多见。

单体建筑也可设置内外两重承重墙，墙体平面形成回字形布局，如扎囊县桑耶寺中心主殿平面布局方式等；两重承重墙之间还可设若干隔墙，形成多个房间，如拉萨布达拉宫的白宫和红宫平面布局；这样的承重体系可以使建筑获得更好的稳定性与结构整体性。单体建筑之外还可加建小房间或小的单体建筑，乃至多个单体建筑并列紧靠共用一面承重墙，这时共用承重墙便成为承重内墙，如曲松县拉加里王宫西侧宫殿部分与东侧寺院部分通过共用承重墙连接在一起，从而营造出一体的建筑形象

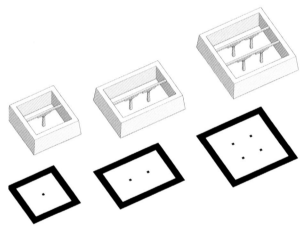

图12-2-5　平面空间构成

和连续的内部空间。

通过单体建筑内部空间的拓展与多个单体建筑之间的组合，平屋顶建筑的平面可以按照功能要求与地形条件灵活布局、自由拓展，营造极具民族特色的外部立面形象与内部使用空间（图12-2-5）。

剖面空间丰富多变：建筑可以营造较大进深的内部空间，但这就带来建筑内部通风采光的问题；而其外围护墙体与内部柱网框架混合承重体系又为其创造丰富多变的内部剖面空间、解决通风采光问题创造了条件。一般藏式建筑中不设通柱，每一层在施工时均以前一层作为操作面铺设楼面、设立柱础、搭设梁柱，因此每层均可根据需要设置天井、中庭，并可在

天井或中庭四周做出层层退台的效果，天井顶部通常封顶并做高侧窗凸出屋面以满足通风采光需要，只有较大跨度的中庭设通柱直接承载屋顶荷载（图12-2-6、图12-2-7）。寺院中比较昏暗的大厅与明亮的天井或中庭空间，结合其四周的各层围廊可以营造出非常强烈的宗教氛围，尤其是天井中几层楼高的佛像在前方高侧窗透射进的阳光照射下显得分外庄严肃穆。

二、坡屋顶建筑结构体系

西藏地区坡屋顶建筑主要分为两类，一类是受中原地区坡屋顶建筑影响，在寺院、宫殿等大型建筑的平屋顶建筑体系上建造的金顶或琉璃瓦屋面；另一类是林芝、昌都和喜马拉雅山南坡等气候温润、雨量丰沛地区根据当地气候条件营造的坡屋顶建筑（图12-2-8）。

（一）平屋顶上坡屋顶

西藏少雨干旱地区多采用平屋顶形式。但寺院等建筑为提高建筑等级和宗教活动需要，在平屋顶上建筑坡屋顶，尤其是金顶坡屋顶常见于重要殿堂和大型寺院中。通常是在屋面层上对齐下方柱子轴线立柱，在柱上搭建梁檩，构造与中原地区抬梁式结构基本相同，屋顶形式一般采用歇山式，也有少数使用六角盝顶的；坡顶下建筑空间高仅2米左右，通常不作其他用途；此外西藏个别地区以及甘、青、川、滇等地也有用筒瓦或绿琉璃瓦铺设的屋顶。这些坡屋顶下通常施斗栱，做法与中原地区类似，但对比例、细节、形制的控制不甚严格。

（二）多雨地区坡屋顶

林芝、昌都、喜马拉雅山南坡等地年平均降水量一般大于600毫米，且木材资源比较丰富，因此多采用坡屋顶以利于防水排水。屋架系统与中原地区成榀屋架不同，采用与山面垂直的纵向屋架体系，从脊檩到檐檩各架逐渐降低，其上铺设顺水、椽子和屋面，从而形成坡屋顶，形式一般与悬山顶相似。屋顶下部建筑体系与平屋顶建筑基本相同，也是外围线形平面承重墙体系结合内部点式平面梁柱体系构成建筑平面，梁走向与纵向屋架走向一

图12-2-6 拉加里王宫中庭通柱

图12-2-7 林芝工布古庄园天井

图12-2-8　夏鲁寺坡屋顶

致，外观如同在平屋顶藏式碉楼上加建坡屋顶，如林芝工布古庄园等。

三、毡帐

据《柱间史》等藏文史书记载，第一代藏王聂赤赞布的"颇章"最初并非使用土石建筑，而是以兽皮做帐房。其他史料也从各个方面印证藏族是从游牧民族发展而来，因此，制作、搭建、运输方便的帐篷自古以来就在藏族牧民生产生活中扮演着必不可少的角色。帐房即帐篷，藏文称"顾"，在古代不仅是西藏牧民生活居所，"帐"也作为计量单位用来统计牧民人口。此外帐房还广泛应用于宗教与商贸集会、军队扎营、贵族出巡等群体活动中，

集居住、佛堂、议事、交易等功能于一身，充分体现出它在藏民生活中的重要地位。常见的帐房有牦牛毛、布制两种，史书上亦记载有兽皮、丝绸、孔雀翎毛等材料编制搭建的帐房，但数量稀少。

（一）牦牛毛帐房

牦牛毛帐房以牛毛氆氇编制搭建而成，外观呈黑色，因此近代文献一般称为"黑帐"，广泛分布于西藏那曲、阿里、日喀则等地牧区，青、甘、川藏族牧民也普遍使用牦牛毛编制搭建帐房，但相比卫藏牧区帐房体量较大（图12-2-9）。

通常牦牛毛帐房平面有方形、长方形、六边形、八边形和十二边形等，边长4～7米，面积从5平方米到40平方米不等，大型宗教或商贸集会帐篷

图12-2-9　牦牛毛帐房

面积甚至可达100平方米。最常见的居住用长方形帐房外形类似四坡屋顶，根据帐房大小不同，内部使用2～4根长约3米的坚硬木杆排成一列作为立柱，柱顶拉绳以支撑帐幕，再用20～30根牛毛拉绳将帐幕各边角拉伸至四周，并将端头以小木桩固定在地上。拉绳分为上周与下周，上周用来张拉帐顶四角，并在拉绳中部用木棍支撑，以形成内部空间；下周用来张拉帐幕下沿，以免帐幕掀起，冬天还可在边沿压土或石块保证帐房密闭性，夏天则有意掀起帐幕边沿以利通风。帐房内部中心空间高度在2米左右，外围空间1～1.5米高。通常入口位置在帐篷短边中间，并在入口外侧设护幕作"门"，夜间用绳栓门保证安全。帐篷中柱之间开狭长天窗将两坡帐幕分开，以绳网相连，天窗宽10～15厘米左右，可以用来采光与排烟，并在一侧设有护幕以在夜晚或雨雪天气遮蔽天窗（图12-2-10）。帐房内部

图12-2-10　牦牛毛帐房天窗

图12-2-11 牦牛毛帐房内部灶台

图12-2-12 牦牛毛帐房内部陈设

四周除门口以外使用草泥块砌筑高约0.5米的矮墙用来防止雨水倒灌或野兽钻入，那曲等冬季严寒地区也有深0.5～1米的半地穴牛毛帐房以保温防寒。帐房中央设有火塘，四周铺羊毛或织物坐垫以供坐卧，正对门口位置为长辈、贵宾位置，火塘右、左侧分别为男、女铺位，晚辈儿童坐于靠门一侧(图12-2-11、图12-2-12)。

（二）布帐房

布帐房的出现要晚于牦牛毛帐房，最早可追溯到6世纪初藏王朗日松赞时期。由于青藏高原气候变化大，紫外线强烈，因此布制帐房寿命通常远远短于牦牛毛帐房，更多用于西藏各地夏天临时集会或远行宿营。

常见的布帐房主要分为仅由顶盖布搭建的简易帐篷和由顶篷、围帘共同组成的大型帐房两种，前者称为"亚布"，或"伽亚布"，即飞鸟之意，后者藏语称为"古尔"。"亚布"通常平面为矩形，面积从2米×4米到6米×8米不等；内部使用两根长2米左右的木棍做中柱，柱顶使用横木棍搭接做成骨架，帐幕覆盖其上但不开天窗，四周用绳子张拉并在端头用木桩固定即可；讲究一点的也使用木棍支撑张拉帐顶的上周绳索以获得更宽敞的内部空间，下周绳索张拉帐幕下沿保证密闭性。"古尔"是比较完整的布制帐房，平面亦为矩形，面积从2米×3米到6米×12米不等，也有更大规模的只用于行政或宗教功能帐房。小型的"古尔"顶篷与围帘一起

缝制，大一点的用高2米左右的中柱搭建起顶篷后再用6根拉绳张拉顶篷四角和柱顶，并将绳子另一端用木桩固定在帐房四周3～4米远处的地面上；然后将围帘挂在顶篷四周，并将围帘下沿各角和边沿用木桩固定在地上；夏天宿营时帐篷四周要挖好排水沟以免雨水倒灌。比较讲究的帐房顶上还要再搭设一个帐顶，既能更好地保护主体帐房，又能彰显帐内主人高贵的身份。

除此之外还有一种称为"举古尔"的简易锥形帐篷。"举"即施舍，主要供步行朝圣者和苦行僧长途跋涉宿营使用。其内部仅树立一根2米高左右的木杆，帐幕覆盖其上，形成底面直径2～3米的圆锥形空间，搭建和携带都比较方便。

第三节 建造技术

一、基础

西藏古建筑基础做法和建筑场地地质情况密切相关。基础通常砌筑于事先挖好的基槽中，但位于靠山或山顶基地等地下有坚实山石的位置则通常不开凿基槽，仅在基础部位清除浮土浮石至岩石层，凿平底部即砌筑基础；河谷平原地区需沿墙体位置开凿基槽，宽度略大于墙体，深度根据土质情况有所不同，如地基是砂卵石等较为坚固的土层，基槽深度通常不深，但至少应挖凿1米左右（2～3穹都），且深于冻土层。基槽底部多为夯实基底，以

一层较大石块作为底石，并用碎石和泥浆塞缝夯实，再砌筑上层石块填缝夯实，基础砌筑出地面两层大石块高度即为室内地坪标高，再在其上砌筑或夯筑墙身；卫藏地区则有卵石层铺设基础的做法，选用直径在10～15厘米左右、大小均匀的卵石铺设基底并夯打密实，再用粗砂填缝，卵石铺设至距离地面30厘米左右处换为大石块砌筑基础墙（图12-3-1）。基础墙所用砌筑石块形状通常较长，并纵横双向搭接砌筑，再用泥浆与小石块填缝。基础处作为粘接材料的泥浆通常为黏性较好的土质，且泥浆使用量一般既要保证结构整体性，又不会导致结构强度下降。

二、地垄墙

西藏地区有很多建筑，尤其是宫堡常在山顶、靠崖或靠坡位置修建，这些建筑基础一般以地垄墙的形式进行建造。做法是根据山顶地形垂直于等高线使用块石砌筑多道地垄墙，其间形成狭窄的纵向空间；然后在最外端外墙处横向连接，如地垄墙方向进深过长，也在隔一定距离设置横向连接墙以增强其整体性。地垄墙厚一般根据山体地形、整个建筑高度和上部墙体收分要求确定，高层宫堡如布达拉宫地垄墙厚达3～4米，一般城堡也要做到1～2米厚左右。地垄墙外侧横墙要留孔，或者做小型窗户解决通风问题。这些位置的地垄墙实际上起到基础墙的作用，砌筑至室内标高后往上按照外墙做法砌

图12-3-1 砌筑卵石保护建筑外墙

筑。砌筑地垄墙不仅有效保证山顶宫堡结构的稳定性，而且相对于整体抬高地形的做法节约人力物力，还为宫堡营造出高于实际建筑层数的雄伟外立面，是极具西藏山地建筑特点的构造方式。

三、墙体构造

西藏古建筑墙体大多整体或部分作收分处理，主要是外墙面收分，内壁通常不收分；内墙墙面则无收分斜率，但上层内墙通常比下层薄，做双向内收。通常大型建筑石墙体收分10%左右，其他建筑收分在5%～10%之间，其中山地建筑石墙体收分相对较大，而民居石墙体收分相对较小，但至少收分2%～3%左右。夯土墙如做收分其斜率要比石墙体收分小，而土坯墙则不作收分处理。墙体砌筑或夯筑前首先根据建筑总高度h及收分率k确定外墙底部厚度t，一般规定房屋顶部墙厚t'约为2穹都（40～50厘米），则有t=t'+hk。西藏古建筑墙体施工时不使用标杆或吊线锤辅助施工，墙体收分斜率基本依靠石匠师傅的经验凭眼力进行控制。建筑墙体按照施工方法和建筑材料分为以下几类：

（一）墙体砌筑工艺

1. 石材墙体砌筑工艺

西藏古建筑中用于砌筑墙体的石料既有毛石，也有经过粗加工的石块，用石形状主要分为块石和片石，极个别石材资源缺乏的地区使用大卵石替代块石。块石（或卵石）的重量以一个人能够背运为限，通常规格为15厘米×25厘米×35厘米，平均重量20～30千克；片石则常用来找平、填缝，厚约2～5厘米。

砌筑工艺分为纯块石砌筑和块石片石组合砌筑。块石砌筑先砌四角块石，在两角墙体内外拉线定位，再砌筑中间石块；每砌筑一层后要夯打一次，工具是用粗大圆木锯成一米多高，安两个把手，两人全力抬起后向下夯打，如果砌筑质量不过关，则墙体经不住夯打会出现坍塌，因此夯打工序既可以起到加固密实作用，又可以起到检验砌筑质量的作用（图12-3-2）。块石片石组合砌筑类似块

石砌筑，只是每砌筑一块石材前先使用片石垫平，石材就位后其左右亦使用片石填缝，同样夯打密实，这种砌筑方法墙体更加坚固，外观肌理也相对美观（图12-3-3）。砌筑石材与塞石片时使用泥浆起粘接作用，尤其是卵石砌筑时需要大量泥浆找平并粘接（图12-3-4、图12-3-5）。不管哪种砌筑方法均应注意错缝搭接，尤其是转角及内外两皮或多皮石块间应选用较长的石块使之"咬茬"，以免出现通缝。布达拉宫等重要大型建筑墙体砌筑时还会在墙体某些部位平放大枋木以起到拉结和均匀下沉作用，但由于其比例与整座墙体相差悬殊，实际效果未必理想。

原则上砌筑过程应保证每层砌体基本处于同一水平面之上，但是在藏东和四川省藏族地区的一些建筑在分层砌筑的同时，有意在四个墙角稍作抬高，砌筑的每层石块在墙面上看起来两角处略微上翘，中间下凹，使沉重的石墙体也有中原地区建筑中"生起"做法所带来的轻盈飘逸之感，而且这种做法能够使砌体向中心靠近，增强结构稳定性。

2．土坯墙砌筑工艺

土坯墙相对于石材墙体具有造价低廉、取材方便、砌筑难度小的特点，是西藏地区，尤其是卫藏地区使用最广泛的砌体形式，距今两三千年前的墓葬中即有土坯砖的使用痕迹。除了民间建筑使用土坯墙建造主体建筑外，布达拉宫、罗布林卡等较高规制的寺院宫殿建筑也采用土坯墙砌筑内部隔墙、窗间墙和其他辅助墙体。土坯砖的制作为湿做法，先将泥土闷水踩踏均匀，加入砂石作为骨料和匀，再在木模内壁抹上泥浆以便于脱模，将和好的泥料置入木模后用手挤压均匀，抹平表面，最后脱模风干即可。早期土坯尺寸较大，有12厘米×24厘米×48厘米、11厘米×22厘米×44厘米、10厘米×20厘米×40厘米等几种规格，19世纪末后在农村地区逐渐出现制作、运输和砌筑较为方便的小尺寸土坯砖。

土坯砖的砌筑不作收分处理，均为直砌。当用作建筑外墙面时通常砌筑在石材基础或墙体上部，比如在石材基础砌出地面40~50厘米以上后再以土

坯砖砌筑墙体；或者墙身下碱部位以石材砌筑，上身以土坯墙砌筑（图12-3-6）；条件较好的庄园或城镇民居则使用石材砌筑一层或一二层墙体筑二层以上墙体，带有收分的石材墙体与上部直砌的土坯墙体为藏式建筑的外立面带来了特殊的美感。通常土坯墙的厚度取决于土坯砖的尺寸和砌法，如砌筑一砖厚墙体厚度在40~50厘米之间；但外墙部位或承重部位土坯墙通常砌为一砖半厚度，即厚60~70厘米左右，这种厚度的土坯墙具有较好的承重强度，还有较好的保温隔热性能，最主要的原因是藏式传统建筑石材基础和墙体厚度最少为70厘米左右，以保证石块之间互相咬茬从而获得较好整体强度，而在石材墙体之上砌筑土坯墙体交接处均不作收台，以免积存雨水侵蚀墙体或盗贼攀登，砌筑时两种材质的墙体重心如出现太大偏差又会造成结构失衡，因此上部土坯墙体也往往以70厘米左右为最合适厚度；隔墙部位土坯墙相对较薄，通常厚20~25厘米；不需要隔声或底层架空需要采用轻质墙的部位则使用立式砌法或侧立砌法，厚度同土坯砖厚度，在10厘米上下；此外走廊柱间挡雨矮墙也采用土坯墙砌筑，但外层要刷成黑色并使用青油和酥油刷面磨光作防水处理，藏语称为"黑色墙"。土坯墙砌筑和普通砖墙砌筑方法类似，顺、丁砌法均应注意错茬以免出现通缝，一砖半厚土坯墙则使用一顺一丁砌法。土坯砖之间采用黏土作找平及粘接材料，拉萨等地常使用稀泥巴以增强其粘结性能，但水分过多易浸湿土坯，不宜在夏天尤其是雨季使用；山南地区则常使用干泥巴，虽然粘结性较弱，但适于雨季施工；有的地方在两层土坯砖之间铺设3厘米厚、15厘米宽、1~2米长木板以增强墙体整体性并防止不均匀沉降。砌筑完成后以黏土勾凹缝，最后粉刷墙体或黏土抹面即可（图12-3-7）。牛粪砖砌筑方法和土坯墙基本相同，但只适用于非承重墙体，自承重高度也仅限于一层高（图12-3-8）。

（二）墙体夯筑工艺

夯土墙工艺是藏式建筑中最古老也是使用最普

图12-3-2 块石砌筑墙体

图12-3-3 块石片石组合砌筑墙体

图12-3-4 石板砌筑格萨尔城堡碉楼墙体

图12-3-5 太昭古城卵石砌筑墙体

图12-3-6 石砌下碱上砌筑土坯砖

图12-3-7 土坯墙体砌筑工艺

图12-3-8 牛粪砖墙砌筑工艺

图12-3-9 夯土墙遗址

遍的建筑工艺，它的出现与应用要早于石墙砌筑工艺，广泛应用于宫殿、寺院、城堡、民居乃至城墙等建筑形式中。夯土墙既可以建造高达六七层的朗赛林庄园，又可以营造萨迦南寺大殿这样上千平方米的大型空间；在西藏人民保卫西藏，抵抗英国殖民者入侵的光荣历史中，坚固的夯土城墙在侵略者枪林弹雨的洗礼下仅留下些许弹痕；如今在西藏各地尚可以看到有上千年历史的夯土遗址。但夯土墙的坚固耐用源自其自身较大的密度，夯筑工艺又要求墙体有一定的厚度和体积，因此夯土墙通常自重大，体形笨重，比较浪费空间；此外夯土墙体底部容易酥碱，且基本无法防止和补救，因此有些夯土墙会出现由于酥碱严重、强度丧失造成的自然倒塌现象；夯土墙的墙角及门窗洞口通常不易将线脚留齐，转角部位土质容易脱落，室内抹灰也容易空鼓脱皮，尤其是夯土墙上的彩画不易保存（图12-3-9、图12-3-10）。夯土墙主要用料为黏土，并掺有砂石作为骨料，但砂石比例不应大于素土量的10%，且应掺和均匀，以免影响夯土墙整体强度；黏土含水量通常在30%～40%（质量）之间，并应保证土料可以紧捏成团，轻捏又可以散开。夯筑原理与主要工艺基本与中原地区类似，但卫藏地区的夯筑施工方法与藏东昌都和川滇等地区建筑夯筑工艺有所不同，工艺分别如下：

1. 卫藏地区夯筑工艺

夯筑工作从石砌基础开始，首先准备好包括夹板在内的辅助工具。先在基础墙上横向放置2～3根平均直径15厘米的横木用来承托夹板，横木一端略细以便于抽出，长度为墙厚加两侧夹板厚度再加两端出头，横木两端开凿直径10～15厘米左右的孔洞，在其中分别插入4～6根相应直径的立杆；然后在两排立杆内侧分别侧立夹板，夹板尺寸高2～4穹都（60～100厘米），长7～9穹都（180～220厘米），厚2～3寸（5～10厘米）；此外还需要高同夹板、宽同墙厚的挡土板分别立于夯筑部分墙体两端，或者使用长度为墙厚加两夹板厚的顶木分别横置于墙体两端；然后使用绳索将立杆成对捆绑结实，使用顶

图12-3-10 夯土墙体细部

图12-3-11 夯筑施工

木固定两端的亦将其与立杆绑紧；由夯筑师傅使用吊线锤调整垂直度后即可开始装土分层夯实，每次装20厘米厚松土后上人踩踏，并使用夯杆夯打。夯杆重量5千克左右，长6～7穷都，约一人高，中间细两头粗，细径5厘米左右，两头粗径10厘米以上，一头断面方形，一头断面圆形；夯筑墙体时应特别注意夯打密实边角，整个夯打过程由多名藏族工人合作完成，过程载歌载舞富有节奏，既统一了步伐，又具有民族特色。夯筑完第一板墙体再平移夯筑工具夯筑下一板墙体，有已夯筑完成的邻接墙体时挡土板或顶木只需用于一端，以此类推直至夯筑完首层，风干一天后即可夯筑第二层；夯筑第二层前先从一侧轻轻敲出横木置于首层墙体上，提升其他夯具按同样方法捆绑结实即可开始夯筑；夯筑墙角时上下板墙体互相搭接咬茬，以提高转角墙体整体性；有时在上下两板墙体之间铺一层小石块，作用与骨料类似，避免墙体干燥过程中出现裂缝，阿里地区有的夯土墙两板之间放置一层枋木，亦可以有效提高墙体整体性。

2. 藏东及川滇地区夯筑工艺

藏东及川滇地区林木资源丰富，夹板通常使用圆木直接锯成，高1穷都（30厘米左右）、长15～17穷都（500厘米左右），厚2～3寸（5～10厘米）；直接在墙根地面上间距1.5米左右挖洞，并树立长6米左右立杆，操作时可一次性将整层墙体所用立杆全

部立好并在内侧立好夹板，在立杆一人高处用绳子成对捆绑结实，然后整层墙面一次性夯筑完成；第一层夯筑完成后解开立杆绳子顺着立杆把两侧夹板提高，接着将立杆相应高度再次绑紧即可夯筑第二层墙体，因此无须横木承托夹板。这种夯筑方法除了墙体整体性更好之外，还可以通过调整立杆斜度夯筑具有收分效果的墙体，如萨迦城墙虽然位于卫藏地区，但夯筑工艺采用藏东方法因此两侧墙面均有收分效果（图12-3-11）。

（三）木墙与草墙工艺

使用木材与草修建墙体具有自重轻盈，建造方便的特点。其中木墙主要流行于盛产木材的藏东昌都、林芝及喜马拉雅山南坡等地区，其他地区只有少数上层人士使用木材修筑墙体；草墙主要是使用稻草或边玛草捆束垒筑的墙体，常用于建筑内隔墙部位。

1. 木板墙

木板墙分为竖向木板隔断和横向木板隔断，都是在两柱间安装木质抱框和上、中、下槛，然后在中间嵌入竖向或横向木板；前者流行于亚东、聂拉木林区和卫藏地区少数住宅中，后者主要用于昌都林区的外墙部分。甘、川、滇等地藏式建筑还使用木板做护壁板，并与柜、橱、佛龛等组合固定（图12-3-12）。

2. 木骨泥墙

西藏东部及南部、甘、川、滇等地藏式建筑也

图12-3-12 林芝工布古庄园木板墙

图12-3-13 林芝工布古庄园木骨泥墙

有使用木骨泥墙作为隔墙或填充墙的，通常是在柱间立抱框，在上、中、下槛之间的空格内编竹、荆笆，然后在其上双面抹泥再罩白灰（图12-3-13）。

3. 井干墙

藏东和川、滇等地有的藏式建筑使用圆木建造井干墙体，方法是将原木去皮，上下做出平面使木料两端齐平，在转角处上下咬口扣接，使两木上下面均齐平，然后以此类推垒筑上层木材，上下层原木间用销连接；门窗口左右用立木与上下原木榫接，在开口内安装门窗；室内部分将圆木内侧曲面去掉做成平面。这种结构整体性强，抗震效果好，但消耗木材较大。

4. 草隔墙

草隔墙使用晾干的稻草或边玛草，用牛皮条捆绑成束作为主要材料。垒筑时将草束横向或竖立整齐排列成隔墙，再使用黏土抹平晾干，使用的黏土应掺粗砂作为骨料，并加稻草作筋以防干燥开裂，还要加入少量细木炭以防墙体发霉变质；然后使用细阿嘎土或帕嘎土与沙子按1∶1的比例搅拌均匀后抹面；最后用打光石英石打磨表面，一边打磨一边晾干，直到墙面坚硬光滑为止。草隔墙隔声性能良好，轻盈坚固，建造方便，并且具有一定承重强度。

（四）檐部与边玛墙工艺

藏式建筑大多为平屋顶，檐口和女儿墙部位通常进行重点装饰，如涂色或使用出挑的椽头与石片划分出清晰的界线，在浅色墙体和蓝天白云的映衬下勾勒出藏式建筑稳重优雅的天际轮廓（图12-3-14～图12-3-16）。

1. 边玛墙工艺

西藏寺院、宫殿等较高规制的建筑檐部与女儿墙外侧往往进行特别装饰，外观如同棕红色的毛毯，被称为边玛墙。边玛墙的砌筑需要准备长度至少50厘米的边玛草晒干，并将其树皮刮净以免吸水造成腐烂，然后挑选筷子粗细的边玛草使用湿牛皮条绑扎成平均直径7～10厘米、长25～30厘米的草束，绑扎时注意一头直径较大，一头较小，并用砍刀将两端截断削平。使用湿牛皮条绑扎待风干后牛皮收缩将使草束更加结实。

边玛草束加工准备完成后即可在墙体顶部施工。边玛墙底部高度与屋面水平的将屋面下椽子伸出墙面露出椽头，其高度不与屋面层同高的则在边玛墙底部墙面上安装挑出墙体的短椽头一排。椽头上放置"星星木"，"星星木"是一根与椽径大小相当、平行于墙面方向安装的长方木条，涂成红色，外表浅刻一排圆圈涂成白色；其两端背面各有一根垂直于墙面方向的木条插入墙内，木条上有孔洞，安置好"星星木"后在孔洞内垂直于地面方向插入销钉，用来插入边玛草束起到固定作用。"星星木"上面铺一层"央巴"石片后即可砌筑边玛草束。将边玛草束垂直于墙面方向，大头朝外分层摆放，内侧小头使用泥浆、石片垫平塞缝并砌入背面墙体以提高整体性；通常边玛墙部位边玛草厚度占墙体厚度的1/2~2/3，内侧其余部分仍然为石材墙体以保证墙体稳定性。一般每铺设三层边玛草束需用硬木钉上下左右垂直钉入草束内以增强整体性；砌筑过程不断使用木榔头敲打外立面以保证看面平整。边玛草铺设至设计高度后再安置一根"星星木"，其上安装外挑短椽头后交错叠压铺一层"央巴"石片起到排水作用，最后铺设圆弧形阿嘎土压顶抹青油即可。砌筑好的边玛墙为木材原色，使用绑有布条的木棍，浸泡棕红色涂料在边玛墙上拍打、风干，

循环数次后即告完成。涂料通常使用红泥、牛奶、红糖、木浆、牛胶并添加豆粉等原料熬制而成。西藏地区不同建筑边玛墙的高度亦不相同，有的仅和女儿墙同高，有的砌筑多层边玛墙，甚至将整个顶层外墙均做边玛墙（图12-3-17、图12-3-18）。

早期建筑实例与古格遗址中的边玛墙做法有所不同，如阿里古格王国遗址中的大型宗教建筑檐墙做法是外墙一直砌到女儿墙顶，在墙顶往下一米左右，即椽子高度处伸出一排长30厘米、间距50厘米的椽头，有的刻有花纹装饰；在其上沿墙面铺设木板或细木棍；再在其上垂直于墙面放置边玛草束，

图12-3-14 古建筑的女儿墙部分

图12-3-15 藏式建筑檐

图12-3-17 布达拉宫边玛墙

图12-3-16 檐口下的木质的排水槽

亦使用木钉加固，直到砌筑到墙顶再和土坯墙顶共同做压顶及防水层。边玛草束看面拍平刷棕红色，外观与卫藏地区边玛墙基本一致（图12-3-19）。

一般认为边玛墙工艺源自西藏民居屋顶与院墙顶堆放干柴的做法，牧区也有堆放牛粪或干草块燃料的，这样可以节省堆放用地，并且墙顶的干柴还能降低风速，改善内院小环境。久而久之这种浅色墙体顶端使用深色木柴勾边的做法便成了西藏古建筑不可或缺的审美要素（图12-3-20）。

2. 墙体中的其他檐部工艺

西藏地区普通民居受等级和经济条件所限无法砌筑边玛墙，女儿墙一般使用土坯砖或石材砌筑。在屋面层挑出的椽头上先铺薄木板，其上铺设央巴石片，然后砌筑女儿墙体，女儿墙顶再伸出短

椽头并覆盖木板和央巴石片，最后用泥巴和砂石做成半圆形压顶。女儿墙四角还砌筑L形墙垛，内侧有穿孔石片用来插风马旗。土坯砖砌筑的女儿墙像边玛墙一样没有收分。根据教派信仰和当地风俗不同，有的女儿墙仿照边玛墙涂成棕红色或棕色，也有涂成黑色的，或保持和墙体同色，仅以出挑短椽头和片石投下的阴影作为划分线条，也别具特色（图12-3-21）。

四、木构梁架体系

西藏古建筑的承重结构体系是石木、土木或土、石、木混合结构体系，石墙或土墙主要在建筑外围或内部隔墙处承载垂直荷载，而室内空间部分则由木结构的柱、梁承载屋面及楼面荷载；由于藏

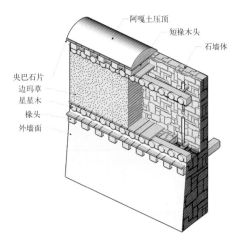

图12-3-18 典型边玛墙构造

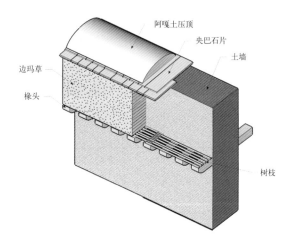

图12-3-19 早期边玛墙构造

图12-3-20 民居墙顶堆放柴草

图12-3-21 桑耶寺不同材质檐部

式建筑以平屋顶为主要形式，因此梁上直接铺放椽子承托楼屋面荷载，只有金顶坡屋顶或林芝等地区坡屋面建筑中使用檩条。建筑中使用的木结构构件一般限于人畜的拖运能力，长度在3米以下，因此室内柱距及梁距都在2～2.5米左右，除天井、中庭等跃层部位或宗教大殿层高较大外，一般室内净高也在2～2.5米上下（图12-3-22）。

图12-3-22　两柱间柱梁状况

图12-3-23　桑耶寺柱础

（一）柱、梁、椽

柱、梁、椽通常是根据尺寸预制好的构件，之间通过榫卯和暗销连接，安装前木匠会先在平地上反向仰面进行预装检查，确定搭接严密、质量合格后方入场施工。各部分制作与安装工序如下：

1. 柱

西藏古建筑柱式既富有民族特色，又结合了汉式建筑的栌斗等构造手法。柱子通常分为柱础、柱身、柱头栌斗及弓木几部分。柱子作为室内空间意匠的重要组成部分也是木雕彩绘的装饰重点，不同的做法和装饰既起到美观效果，又反映建筑用途和等级秩序。

柱础部分为石材制作，早期建筑柱础露出地面，如桑耶寺和昌珠寺某些部分使用覆盆形柱础等，元代以后柱础通常用石块做成，埋入地下（图12-3-23）。

柱身多为木材制作，但萨迦南寺也有石材柱身，柱子断面分为圆形、方形、小八角形、多折角形和束柱等，柱身均做收分。通常圆柱使用最为普遍，也最能充分利用木材，去皮后稍作加工，大头在下小头在上做出收分，广泛应用于包括民居在内的多种建筑形式；方柱需对圆柱进行加工，一般应

用于寺院、宫殿中比较重要的房间，有些大型殿堂，如布达拉宫东大殿的方柱，四面中部1/3处凸出3厘米左右并与角部连接做成琴面，显得体形更加硕大浑厚；小八角柱断面为方柱抹四角，仅见于桑耶寺早期主殿内使用；多折角柱的断面形状与佛教坛城相同，具有浓厚的宗教寓意，广泛应用于寺院或其他建筑的经堂部分，做法是在方柱外侧用胶水粘贴和柱面等宽或窄于柱面的木板，使断面形成多种折角坛城形状，如方柱四面贴与柱面等宽木板形成八折角柱、贴略窄木板形成十二折角柱、每面加贴不等宽两层木板形成十六和二十折角柱等，柱子上下两端及中部还要加铜或铁箍进行固定；束柱仅见于布达拉宫宫城南门后檐和僧官学校正门，以及白居寺大门处，做法是使用直径最粗的圆柱作中心柱，四周再用直径较小且不等的圆木围合环抱，外圈圆木上下各设穿销穿过中心柱及对面圆木，并加铁箍进行固定；此外多层佛殿，如桑耶寺中心佛殿入口处有前后双柱的形式，柱心距等于墙体厚度，可以提高其承载能力，在康马县列尼桑珠寺大殿回廊还有左右双柱的做法（图12-3-24～图12-3-26）。

寺院及大型建筑柱子顶部一般做栌斗，平面形状与柱子相同，大小与柱底相同。但民间建筑及其他次要建筑也有省去栌斗，改在柱头下刻一道深槽，雕出栌斗形状的做法。

图12-3-24　布达拉宫束柱

图12-3-25　拉加里王宫柱头

图12-3-26　萨迦南寺石质柱

线，外形如同元宝，又称为"元宝木"；上层弓木长度通常大于半个柱距；弓木上往往是木雕彩画的装饰重点，通过装饰手法和两端曲线造型即可对其大致断代（图12-3-27）。

2. 梁

梁的断面通常为矩形，民间也有做成圆形的。梁的布置方向与房屋朝向垂直，如藏式建筑一般为南北朝向，梁则沿东西方向布置；每根梁长等于东西向柱心间距；每两根梁在柱子及其弓木正上方通过凹凸榫头搭接，并与弓木分别钻孔以硬木暗销连接。比较重要的殿堂或大厅为增加室内净高，在梁上垂直于梁的方向布置两重短椽，再在其上布置檩条，这样可以在不增加柱子及梁尺寸的同时获得了额外的室内净高。梁与墙搭接时通常入墙深度大于等于1/2墙厚；与石墙搭接时梁端底部使用长条石或厚木板做梁垫，与土坯墙或夯土墙搭接则要垫长1米以上、厚10厘米的木板以防局部压强过大破坏墙体。

弓木安置在栌斗或柱子上部，名字来自藏语"修"，即弓的意思，也称为托木。弓木将上部梁的荷载传递到柱子上，通过增大承载面提高了梁的承载力，和中原地区建筑中"替木"的功能类似，但立面外形又和"雀替"相像。一般建筑柱头仅设一根弓木，宽度大于2/3柱径到1柱径，和柱子之间通过各自打孔，插入暗销固定。寺院和大型建筑比较讲究的做法是做两层弓木，下层较短，两端做成曲

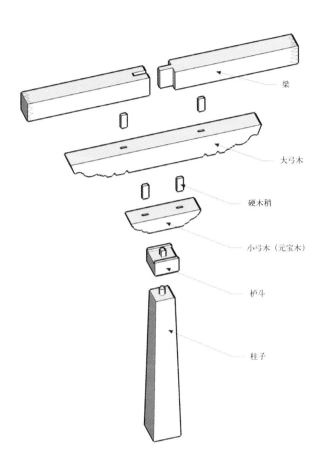

图12-3-27 柱子结构

标注：梁、大弓木、硬木稍、小弓木（元宝木）、栌斗、柱子

图12-3-28 昌珠寺柱梁椽结构与色彩

图12-3-29 简易椽子

3. 椽

通常中原地区坡屋顶建筑中梁上垂直于梁的方向为檩条，但藏式建筑为平屋顶，梁上垂直于梁的方向水平布置的成排木质杆件直径较细，用来直接承托楼屋面，并且杆件端部通常在檐部成排伸出，与中原地区坡屋顶建筑椽头类似，因此通常称该位置构件为椽。

寺院等大型建筑椽断面一般为方形，或建筑内部断面圆形，伸出立面部分加工成方形，早期断面尺寸较大，椽间距也在三到四椽径以上，明清以后断面边长在10~15厘米左右，间距为一椽径左右；民间椽条断面多为圆形，以尽可能充分利用木材，直径约10厘米，间距稍大，平均每梁跨内可安置7根。椽通常是搭接在梁上，相邻两梁跨的椽端头交错布置。阿里古格古城的红庙、白庙也有通过燕尾榫连接梁椽的。椽与墙体搭接时入墙深度不小于20厘米，或直接伸出墙外露出成排椽头，椽与墙体交接处要设垫板以增加受力面；阿里古格古城红庙、白庙在入墙椽底部再垫短椽头，伸出墙外部分雕刻兽头，将结构构件与建筑装饰有机结合在一起。（图12-3-28、图12-3-29）

（二）斗栱

西藏古建筑中的斗栱相对来说没有中原地区斗栱形制严格，也没有太多的等级限制，主要分为坡屋顶檐下斗栱和挑梁式出跳斗栱两类。

1. 坡屋顶下斗栱

施于坡屋顶下的斗栱比较少见，仅在一些早期建造的佛寺大殿屋顶下有实例，一般多为五踩，少有七踩，很少用昂。通常认为是汉藏交流过程中汉族工匠将斗栱施工技术引入西藏后建造或仿造的斗

图12-3-30 大昭寺檐下斗栱

栱类型，这种斗栱无论在形制上还是色彩上与中原地区斗栱有一定差距，很多地方尺寸并没有严格按照中原地区斗栱以材为祖或以斗口为单位的做法进行操作，但是整体上还是与中原地区斗栱相像，体现了汉藏两民族在历史上不可分割的文化联系。目前认为斗栱的最早实例是元代夏鲁寺斗栱，与稍晚的白居寺措钦大殿及塔瓶下斗栱形制均为七踩三下昂做法，出昂为华栱做假昂嘴，与当时中原地区做法一致，一般认为是内地工匠所做；此后大昭寺、布达拉宫、扎什伦布寺等的坡屋顶下斗栱尺寸及构造均有所变化，仅求比例与外形相像，更多倾向于装饰效果；很多构件经过简化处理，如仅在华栱端头钉一块斜向木块代替昂，当地称"披风"，里拽则无栱，仅伸出枋木；有的斗不做斗耳斗栱，仅取斗形做上下栱木之间的垫木；这些斗栱一般认为是当地匠师仿照中原地区斗栱所制（图12-3-30）。

2. 挑梁式出跳斗栱

这种斗栱广泛用于承托大型建筑的檐口、腰檐、门窗和各种建筑围墙大门的雨棚等。做法是在墙面伸出挑梁，梁端置坐斗，其上有的只放置一层瓜栱承托多个升子；有的放置一斗三升瓜栱，其上叠放一至多层万栱，有时相邻斗栱的万栱较长相连为一体，万栱上再横排多个升子，数量根据其下万栱长度从五个到七八个不等。瓜栱和万栱较厚，曲面通常做成富有藏族特色的形状，形似弓木；整朵

斗栱通常平行于墙面，少有垂直于墙面的华栱，均不做昂。用于围墙门口承托雨棚的斗栱左右各设置一朵，有的对称，有的不对称，不对称的做法通常是瓜栱或万栱向门的一侧加长，起到强调入口的作用。

五、楼地面及屋面

西藏地区建筑均以碉楼作为建筑基本形式，通常高2～3层，也有高达7层的大型庄园，每层施工时均以下面一层作为操作面进行施工，不设通柱，而是在每层重新安置柱础立柱架梁，因此每层楼面均是连续楼面。由于气候环境不同，卫藏地区多采用平屋顶屋面，而多雨的藏东及喜马拉雅山南坡则普遍适用坡屋顶屋面。

（一）平屋顶屋面与楼面

平屋顶楼屋面均在前一层梁架与椽木之上进行施工。做法是先在椽木上密铺直径5～10厘米、长度为两椽中线间距的半圆木条以覆盖椽缝，与望板功能相当，铺设时圆面向下，从下向上透过椽子间隙仰望，排列整齐富有韵律感，藏语称"丁直"，即密铺之意，也有直接使用圆木条铺设的；讲究的做法在两椽子间斜向45度排列木条，下一椽距间反向45度排列，以此类推形成席纹，和椽子一起刷上象征五方佛的色彩。民间做法限于人力财力，仅使用直径不规则的枝条或劈柴密铺。木条铺设完毕后

图12-3-31 民居黏土屋面

在其上铺一层直径10厘米左右的扁平状卵石，光滑的卵石可以在铺设上层黏土时自动跑平，如果铺设碎石则难以均匀铺开。铺设木条和卵石层有利于楼面与屋面内部通风透气，一旦屋面漏水可以迅速散发水分以免腐蚀木结构。随后在卵石层上平铺约25厘米厚稀泥黏土垫层，闷水踩踏夯筑平整后厚度10~15厘米左右，民居屋面不做阿嘎土层的话平铺层应在30厘米左右，压实厚度20厘米。垫层稍干后即可铺设屋面土做防水层，藏语称"萨托"，要求土质有一定黏度，但不宜过大，以免干燥开裂（图12-3-31）。

较高规制的建筑屋面采用阿嘎土铺设（图12-3-32~图12-3-34）。由于阿嘎土是一种风化石，往往呈块状，需要先将阿嘎土块敲碎，并按颗粒大小分为粗细两种；大颗粒直径3~4厘米左右，用来铺设底层，小颗粒直径1厘米左右，并掺入小石头作骨料以提高整体性和耐磨强度。首先在垫层上铺设15厘米厚粗阿嘎土层，一边踩踏一边夯打平整，并不断洒水使阿嘎土起浆。粗阿嘎层夯打3天左右达到标准后再铺5厘米厚细阿嘎土层，过程与粗阿

图12-3-32 阿嘎土屋面及屋面檩条做法

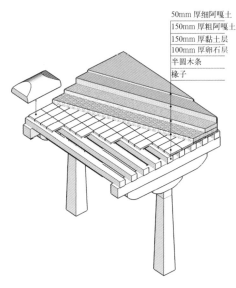

50mm 厚细阿嘎土
150mm 厚粗阿嘎土
150mm 厚黏土层
100mm 厚卵石层
半圆木条
椽子

图12-3-33　阿嘎土屋面构造　　　　　　　图12-3-34　阿嘎土屋面保养

嘎土层类似，至少应夯打4天至一周，屋面阿嘎土层还需做出泛水以及排水沟，并在女儿墙根开洞用木槽将雨水引出屋面。使用的夯打工具是一块直径约20厘米，厚3～5厘米的圆饼状石块，重2～3千克，中间穿孔插入长约1米的木棍做柄，夯打时垂直提起再自然下落；通常屋面夯打过程需要数十人排成行列，根据节奏一齐前进或后退进行夯打，过程载歌载舞整齐划一，大型建筑屋面甚至需要上百人同时操作，场面壮观而活泼，这样的劳动过程本身也成为西藏地区富有民族特色的非物质文化遗产的重要组成部分。夯打完成后表面基本平整，但仍比较粗糙，待面层干透后需使用光滑的卵石打磨表面一至两天，最后涂刷榆树皮汁和青油若干次，每次间隔一两天。如果是新建建筑，夯筑阿嘎土屋面通常应在建成一年后进行施工，以免新建建筑结构尚不稳定发生变形，造成屋面开裂。阿嘎土屋面完成后平整光洁，如同水磨石面，具有一定强度和防水性能，每年要涂刷青油保养。通常认为阿嘎土屋面适用于年降水量600毫米以下的地区，而林芝、昌都等年降水量600毫米以上地区则做坡屋面。

楼面铺设方法与屋面类似，但要在铺完垫土层后在下层柱顶位置挖去垫土至卵石层，与下层柱轴线对齐放置石块作为楼层柱础，然后立柱、安梁、布椽等。楼面阿嘎土层通常在做完屋面阿嘎土层后，即封顶施工，或在室内装修完成后施工，通常只做一层细阿嘎土；室内阿嘎土面层使用过程中使用羊皮或氆氇打蜡，并涂青油进行保养。

林芝、亚东等林木产地的楼屋面则用木楼板代替木条铺设在椽子上，一是因为林区木材资源丰富，二是这些地区均做木板或石板坡屋面，屋面漏雨可能性较小，一般无需对楼面作特别通风透气处理。木板上不铺卵石层，而是铺设一层草本灌木，藏语称"苏卢"，在其上打泥巴层，泥巴相对卵石层上的黏土层干燥一些；四川甘孜州等地则有在灌木层上铺泡土层的做法。

（二）坡屋面

藏东林芝、昌都和藏南喜马拉雅山南坡等降雨丰沛地区一般采用坡屋面排水，卫藏地区坡屋面则主要用于建造金顶，甘、青、川、滇等地藏族寺院也有用筒瓦或绿琉璃瓦做坡屋面的。

1．金顶坡屋面

藏族寺院金顶通常做三架或五架歇山顶，上铺镏金铜瓦，阳光下闪闪发光分外壮丽。做法与中原地区抬梁式构架类似，但略有差别：先在平屋面上对齐下层柱子轴线立高2米左右的柱子并在各柱脚

图12-3-35　喇嘛岭寺金顶施工

上钉方椽,檐口有的不做飞椽,仅在椽头底面锯掉一块做出檐椽与飞椽外形,椽子上铺望板后再铺镏金铜瓦(图12-3-35、图12-3-36)。

2. 多雨地区坡屋面

比较丰沛的年降水量和高产的木材让藏东林芝、昌都,藏南喜马拉雅山南坡以及川滇等地的藏民普遍选用坡屋面形式建造屋顶。与抬梁式建筑与山面平行的成榀屋架体系不同,这些建筑屋架采用纵向屋架承重,即脊柱及脊柱顶部东西向脊檩为一个屋架,金柱、檐柱分别与金檩、檐檩各自形成屋架,这些柱子与檩条直径均在20厘米左右;再在檩条上按照坡面方向平行于山面铺设直径与檩条相同的斜梁,或称为顺水,相当于抬梁式建筑的椽子铺法,其上再放置直径15厘米左右横椽,相当于抬梁式建筑的挂瓦条。各个木质杆件之间连接方式比较简单,没有榫卯,仅使用扒钉固定或牛皮绳子捆扎结实(图12-3-37);由于这些地区山高谷深,没

设一周地栿联系,柱顶设一圈额枋,其上放置斗栱;三架歇山屋顶在前后斗栱上置三架梁,其上设童柱支撑脊檩;五架歇山屋顶在前后斗栱上置五架梁,其上在脊檩、金檩下立三根童柱,童柱通常做叉手固定,三根童柱上不设三架梁直接置檩条,檩

图12-3-36　甘丹寺金顶坡屋面

图12-3-37 林芝工布古庄园坡屋面节点

图12-3-38 木板坡屋面上压石块

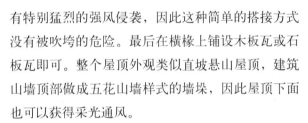

有特别猛烈的强风侵袭，因此这种简单的搭接方式没有被吹垮的危险。最后在横椽上铺设木板瓦或石板瓦即可。整个屋顶外观类似直坡悬山屋顶，建筑山墙顶部做成五花山墙样式的墙垛，因此屋顶下面也可以获得采光通风。

木板瓦通常选用红松等抗腐蚀性较好的木材，并用砍刀顺纹劈成厚3～5厘米左右的板子，这种木板与锯成的木板相比纹路保持完整，有利于排水。铺设时第一层木板之间留出10厘米左右宽的间隙，再用第二层木板覆盖间隙铺设；铺木板瓦不能使用铁钉固定，以免雨水腐蚀铁钉顺钉孔进入屋面，当地人普遍用石块压顶的方法固定木板瓦，既能满足使用要求，又便于每隔两年将木板瓦翻面施工，这样可以增加木板瓦使用寿命至10年左右（图12-3-38）。

在察隅县最南端与云南交界的地方，以及其他省份的藏民聚居地区，如甘孜州的木雅地区、阿坝州的大、小金川，以及青、甘、滇等地坡屋顶普遍使用石板瓦覆盖屋面。这种石板地质学上称为页岩，开采时能打出40～60厘米宽、80～100厘米长的石板，最适宜制作石板瓦。铺设时先平均铺设较大的石板，剩下的零散缝隙使用大小合适的石板进行覆盖，这种做法藏语称为"加布玛"。

六、门窗与梯

西藏古建筑门窗多为木质，且由于层高较低，

门窗相对狭小，但开洞较小的门窗也带来保温效果好、对外防御型强的优点；门窗上通常设木质过梁，或在木质过梁上再铺设石板或石梁；门窗还常被施以木雕、彩画等工艺进行特别装饰。台阶与楼梯则作为垂直交通联系构件常应用于连接西藏古建筑的室外空间及室内空间，是营造灵活多变的平面与剖面空间的重要手段。建筑外墙上的门、窗、台阶、楼梯均是西藏古建筑外立面上不可或缺的组成要素。

（一）门

传统的藏式门洞通常比较矮小，民居中较低的门洞只有1.5米左右高，较高的也很少超过1.7米，即使是寺院宫殿等建筑门的高度也不超过1.8米。较矮的门洞既有宗教上趋吉避凶的原因，也满足了战乱时期住宅防御功能的需求。门的构成元素一般包括：门扇、门框、门枕、门槛、门脸、门楣、门帘、门套等（图12-3-39、图12-3-40）。

一般民居门为单扇门，宽0.6～0.8米，有些需要出入牲畜的宅门通常门洞宽1.2米，中间设置可拆卸的中梃，右边门扇仍然是0.8米供人们日常出入，牲畜进出时卸下中梃，开启左右两扇门以让牲畜或货物通过。宫殿、寺院等建筑门多用双扇、多扇门，单扇门宽0.8～1米，也有1米以上的。门扇为木质拼板门，即在门板后加横向木条，用门钉由外向里将木板和横木钉牢，钉头做得较大且光滑，磨光以起到装饰作用；门扇正面还加镂空花纹装饰

图12-3-39　朗瑟琳庄园大门及其斗栱

图12-3-40　门框及其装饰

的铁皮，称为"看叶"，既起到美观作用，又能提高门的耐磨性；为方便门扇开启关闭，门上安装有门叩环和门锁镣，即相当于中原地区建筑大门上的"铺首"，藏语称"责巴"；门面通常涂油漆以免风吹日晒对门板的破坏，色彩以红色为多，也有黑色、黄色，此外还可以印上花纹、猛兽等有宗教色彩的图案。

门框分为内门框和外门框。内门框由两根框柱和上面的平枋组成以固定门扇，宽度在15~30厘米之间，并用木雕和彩绘进行装饰；外门框只有门洞两侧的两根框柱，起固定整个门的作用，宽度较窄，也有的门不设外门框。

门枕起到安装固定门轴下端的作用，通常有木质或石质两种，水平置于门框柱内侧下方，方向与门扇垂直，一半在门内开孔放置门轴，另一半露在门外。门枕中间与门框相齐处开有凹槽插放门槛。

门槛是在门框下面紧贴地面的一条横木，与中原地区大门形制相同，高度在10~30厘米之间，分为木质、石质两种。

门脸是藏式大门的装饰重点，极具民族特色。门脸为木质，在门框之外，宽度通常为5~15厘米，分为内外两层，靠近门框的内层常做彩绘或雕刻莲花，外层则堆雕小方格组成凹凸纹理，称为"堆经"、"松格"或"叠经"。

门楣实际上起雨篷及遮阳作用，位于门过梁上方，长度等于或略长于过梁，并用一层、两层或更多层短椽层层挑出并在其上刷漆或绘制彩画；门楣两端的短椽向两侧逐渐倾斜至45度；挑出的短椽外端自下而上削成楔形，并向上略微倾斜，称为"飞子木"；每向上一层短椽比下层多挑出一截，个数也比下层多两个，隔层之间以平铺木板分隔；最上层短椽之上铺设木板之后再放上一层央巴石片，然后用黏土或阿嘎土压顶做成斜坡以利排水。

门楣或门上通常做门帘。门楣帘置于门楣盖板以下，色彩以红、白、蓝、绿、黄几种象征五方佛的色彩为主，也有使用镂空花纹铁皮制作的，宽度较窄。门框帘有两种，一种布制门框帘用于内门起到装饰和阻挡视线的作用，尺寸与门扇相当；另一种用于进户门，尺寸略大于门扇，使用布料或牛毛编制而成并绘有寿字符、法轮及其他吉祥八宝等宗教题材图案。

门套为窗洞两侧外墙上的涂刷装饰，通常是一对从门过梁下方高度至地面的黑色梯形，上小下大，有些地区在梯形上端向外一侧绘出如同牛角的一对尖角。

（二）窗

传统藏式建筑的开窗样式比较多样，但大多数洞口尺寸较小，只有南侧窗户尺寸相对其他方向较大，受层高限制窗台高度仅有20~60厘米左右，以尽可能增加采光面积。

藏式建筑窗扇开启方式以平开为主，兼有固定窗。开启方向外开居多。早期窗扇仅为不透光木板，晚上关闭以挡风保温，白天开启通风采光；后期窗扇受中原地区建筑影响也设窗棂格并贴窗纸，尤其是青、甘、川的西藏古建筑窗棂做法多受汉、回做法影响。超过0.8米宽的窗洞通常设中梃开双扇窗，大宅上层窗洞也有宽度超过1米的，尤其是正门上方通常开通间大窗，窗扇有四到八扇；而底层库房或畜棚处只开类似射箭孔的通风孔，高50厘米左右，外壁宽15厘米，内壁宽40～50厘米左右，仅设一两条竖窗棂。

窗框用来安装固定窗扇，形状为矩形，宽度5～10厘米之间。窗楣、窗帘与门楣、门帘做法类似。窗套是在窗洞两侧及下方外墙面上涂刷U字形装饰，与门套类似，为上小下大的黑色梯形图案，有些地方在上端向外侧分别绘出一对牛角。深色的门套和窗套在浅色墙面上看起来增加了门窗在立面上的比例，使得土、石材质的藏式建筑立面比例更加和谐匀称（图12-3-41）。

还有一种做法即转角窗，据说只有达赖的宫室可以使用这种做法，但历史上并无明文规定，且山南朗色林庄园也有转角窗；然而即使如此，这种做法仍然只局限于规制比较高的建筑中使用。转角大窗通常开在建筑东南角，如布达拉宫白宫顶层的达赖寝殿东日光殿，在早上和白天都能接受日照采光，只有大昭寺主入口三楼的转角窗有设置在西南角的，主要是为方便达赖在此观看宗教仪式，否则西南角的转角窗容易接受西晒，不利于改善室内环境（图12-3-42）。

（三）梯

西藏地区地形复杂，建筑用地往往高低起伏需要各种台阶作为垂直交通手段连接空间；藏式建筑基础墙通常砌出地面一定高度后作为室内地坪标高，因此建筑入口距离地面较高，需要设置台阶方便进出；藏式碉楼建筑多为多层建筑，上下也需要设置各种楼梯方便垂直交通联系。西藏古建筑不同建筑部位的台阶与楼梯主要分为石砌台阶和木质楼梯两类。

图12-3-41　藏式木窗

图12-3-42　朗色林庄园转角大窗

1. 石砌台阶

石砌台阶作为联系不同标高室外空间的建筑要素主要应用于室外，也有用于建筑入口的，如朗赛林庄园等，宽度根据建筑规模和地形条件，从1米到10米以上不等。砌筑台阶前先根据台阶走势与高差砌筑多道基础墙，墙顶密铺木材，再在其上铺设块石或石板作为踏面，台阶最外侧墙体砌出台阶面1米左右，并随台阶走势砌筑成逐级上升的墙垛，高级建筑如布达拉宫还要在墙垛外侧做边玛墙，远远看去错落有致，富有极强的韵律感。因台阶下基础墙之间有空隙，因此台阶侧面外壁上通常需开设上窄下宽的细长通风口，以免内部木质构件腐烂（图12-3-43）。

2. 木质楼梯

木质楼梯通常用于建筑入口、建筑内部及屋顶平台等处用来连接不同标高建筑空间。常见的木质楼梯坡度较陡，入口处的木质楼梯坡度大于等于1:1，有单排、双排和三排等形式，室内连接楼层之间的楼梯坡度则往往在1:0.5左右，多用单排单跑。楼梯构造比较简单，在楼帮出开槽插入木踏板，再在梯帮上安置木扶手；由于梯段较陡，扶手一般不与梯帮平行，上端距离踏面较远，下端较近甚至直接与梯帮相连，或在下端设置望柱，但望柱不在楼梯底部，而是在第一级或第二级踏面高度；踏面要包铁皮，扶手端头处包铜皮，以使其经久耐磨，金属构件制作精致，花纹美观，也是楼梯的装饰构件（图12-3-44、图12-3-45）。藏东盛产木材地区室内楼梯也有两跑折角楼梯的做法，坡度、栏杆、望柱等形制均与汉式做法相近，如林芝工布古庄园两跑楼梯（图12-3-46）。

图12-3-43　布达拉宫室外台阶

图12-3-44 布达拉宫内木质直梯

图12-3-45 敏珠林寺入口木楼梯

图12-3-46 林芝工布古庄园两跑折梯

第四节 建筑材料

历史上，西藏地区交通不便决定了建筑材料运输十分困难，但特殊的地理环境也为西藏地区提供了大量当地建筑材料。由于青藏高原海拔高地质条件变化大，地质情况和气候环境不尽相同，各地选用建筑材料和施工方法也各有不同。如卫藏地区盛产土、石，但木材不足，建筑多以石砌、土坯或夯土方式建造；而林芝地区气候温润，建筑楼屋面、外围护结构等广泛应用木材。不同气候环境下使用的不同建筑材料和不同的造建工艺，使西藏古建筑丰富多彩。

一、石材

西藏地区盛产石材，其作为建筑材料相对于土、木具有坚固耐用、保温隔热、耐水浸、抗风化的优点，不仅常用来砌筑基础和墙体，还常用于石雕、石质栏杆等装饰领域，此外在桥梁、边坡支护当中也常加以应用。

（一）块石

块石是理想的墙体砌筑材料，尤以拉萨等地出产的花岗石为佳。块石砌筑的墙体结构坚固且保温隔热性能优越，内部空间冬暖夏凉，但造价通常较高，且砌筑难度大，对于块石稀少地区只有较高规格的宫殿、寺院或高级居住建筑大量使用，普通建筑则常使用块石砌筑基础墙、外墙下碱或首层外墙。

（二）片石与石板

片石与石板开采自沉积岩层，其中片石通常厚2～5厘米，藏语称为"央巴"，主要覆盖于墙体檐口、窗台、墙肩等部位以防雨水侵袭墙体或窗口，还常用于块石墙体砌筑中，用以填缝。石板通常厚5～10厘米，在花岗石资源缺乏的地区也用来砌筑墙体，如林芝格萨尔碉楼等，藏东少数地区与其他省份的藏式建筑亦使用石板铺设坡屋面。

（三）卵石

卵石通常不宜砌筑墙体，但在块石和片石资源缺乏的昌都地区察雅香堆镇和芒康县的有些地方却可以利用河边采集的大块卵石砌筑房屋，且可以砌筑得相当工整。卵石砌筑墙体需要较多泥巴作为粘结材料，并使用部分块石或片石砌筑墙角以加强结构整体性和稳定性。另外卵石还用于铺设楼面与屋面基层；在卫藏地区也用于铺设基础，但需要夯打密实并用粗砂填缝。

二、黏土

黏土容易采集，加工方便，是藏式建筑常用的材料之一，但干燥后容易开裂，因此常与稻草、砂石等配合使用。在建筑中黏土除以夯筑或制作土坯砖砌筑的方式建造墙体外，还作为各种砌筑墙体的粘接材料以提高其整体性；黏度合适的黏土也用作防水层铺设屋面，即使使用阿嘎土铺设的屋面也需要使用黏土铺设基层。此外黏土还作为抹面材料或饰面基层用于墙体内外壁的饰面施工中。

三、阿嘎土

阿嘎土用于藏式传统建筑的历史久远，具有较好的吸水性和整体性，主要用于高级建筑楼地面层及屋面层以增强防水性能。阿嘎土是藏语音译，属于土石相兼的微晶灰岩，主要成分为碳酸钙，其性状呈团块或块状结构，积淀层呈淡棕或灰白色，为含砂姜、脉纹状石灰新生体的土层或石灰胶结层。阿嘎土质地较轻，有机质含量1%～2%，呈中性到碱性反应，主要储藏于西藏地区一些半土半石山包上部1～2米厚的地层中。拉萨附近的曲水、林周、达孜等县、山南地区的扎囊县等均有储藏与开采。阿嘎土根据积淀层色彩细分为白阿嘎土和红阿嘎土，其中白阿嘎土用作建筑楼屋面品质较高（图12-4-1、图12-4-2）。

帕嘎土与阿嘎土成分类似，也是风化石土质，颜色呈乳白或土黄色，相对阿嘎土土质较为细腻，主要用来处理高级建筑内壁面，特别是用作壁画基层。经过打磨的帕嘎土墙面平整坚硬，光洁明亮，具有良好的抗裂与抗湿性能。

图12-4-1　块状阿嘎土

图12-4-2　细阿嘎土

四、木材

西藏地区林木资源丰富但分布不均，优质木材如落叶松等产于山南、林芝等海拔相对较低，气候温润的山谷地带；卫藏地区则主要分布有杨属、沙棘属等耐腐与防虫性较差的树种。西藏古建筑中木材使用较为广泛，其中规制较高的建筑重要承重构件，如梁、柱、椽等多采用西藏云杉（Picea spinulosa）、高山松（Pinus densata）、冷杉属木材（Abies spp.）等制作，其他辅助构件或一般建筑木材多就近采伐杨属木材（Populus spp.）、沙棘属木材（Hippophae spp.）、柳属木材（Salix spp.）等以节省运输所耗人力财力，如有木质地板则采用核桃木（Juglans）、柏属木材（Cupressus spp.）等硬度和耐腐蚀性较好的木材。林芝等林木产地还广泛使用木板作为建筑外围护结构、内隔墙，以及代替瓦件覆盖坡屋面。此外木雕工艺广泛应用于门、窗、斗栱、弓木等部位，使木材成为西藏建筑艺术的重要载体。

五、砖瓦

由于西藏地区缺乏木材和燃料，烧制砖瓦很困难，高山阻碍交通不便，又难以从中原地区大量运输砖瓦。历史上只有拉萨、日喀则和山南地区的极少数重要寺院，曾经使用砖瓦作为建筑材料，其琉璃瓦件烧制地点在拉萨附近的墨竹工卡。有学者认为，吐蕃王朝迁都拉萨之后才开始使用砖瓦，且仅在大昭寺和桑耶寺使用，最早用瓦的则是夏鲁寺；除大昭寺红砖表面没有釉质，其他砖瓦均为在红色底胎上施釉烧制而成。

六、金属

应用于西藏古建筑上的金属构件主要为铜镏金装饰构件，也有铜锡合金和铁质构件。金属装饰构件广泛应用于较高等级的宗教建筑或世俗建筑中具有宗教色彩的部分，包括金顶、法轮卧鹿、金属法幢以及装饰于边玛墙、门把、锁扣、门板、楼梯

上，以及室内装饰所使用的金属构件。这些金属构件在阳光或酥油灯光的映射下熠熠生辉，成功地营造出藏地佛国神秘的宗教氛围。

七、织物

藏民族有史以来主要的生产方式即为游牧业，直到今天西藏的那曲、阿里以及青、甘、川藏民中也有很多牧民以帐篷作为日常住居。搭建帐篷的材料通常有牛毛、兽皮、布料、丝绸等织物。

（一）牛毛

牦牛毛是藏族帐篷中使用最为普遍的材料。牛毛取材方便，氆氇编制简易，还具有防腐、防晒、防潮的良好性能，尤其是经常年帐内酥油烟火的熏烤后，可以在高原强烈阳光和多变的气候条件下使用十来年之久。编制氆氇前先剪下牦牛身上最粗的毛捻成毛线，然后将毛线分为经线和纬线编制成宽25～30厘米的帐布，最后将帐布缝制成合适大小即可用于搭建帐房。编织好的牛毛氆氇比较粗糙，具有良好的透气、排烟性能，而编织空隙之间的细微牛毛还可以起到防止雨水渗透的作用（图12-4-3、图12-4-4）。

（二）布料

布料帐篷藏语称为"古尔"，也有简易布料帐篷称作"亚布"，材料为棉质布料，自重较牛毛氆氇轻，携带搭建更加方便，通常用于大型集会，盛行于阿里等气候干旱地区。布帐篷一般使用白色大布片缝制，并用黑布或蓝布压边10厘米左右，以起到加固作用并有一定装饰效果，此外还可以在帐篷上做一些具有宗教色彩的装饰图案。

（三）兽皮、丝绸等

兽皮、丝绸以及孔雀毛作为帐篷材料比较少见，只应用于部分贵族出行和特定场合中。

八、其他材料

（一）边玛草

取自西藏地区的一种荆草（也有说为一种柽柳枝）。用边玛草砌筑边玛墙，是西藏古建筑檐口部

位极具特色的构造，边玛草生长在海拔4000米以上的高原，由于环境恶劣，生长缓慢，因此质地坚硬，使用在建筑上具有不易弯曲、耐腐蚀性强的特点，并且由于自重轻，除使用在边玛墙上以有效减轻檐口部位荷载外，还用于垒筑草束隔墙（图12-4-5）。

（二）牛粪砖

牛粪砖也是藏区建筑特有的建筑材料，具有自重轻、保温隔热性能优良、造价低廉的优点，通常用来作为藏式建筑中木框架结构部分的填充墙或内隔墙。牛粪砖的制作方法与土坯砖类似，通常使用牧区采集的牛粪和黏土按1∶1的比例配制搅拌，根据强度和重量需要可适当调整黏土比例，搅拌过程需加入稻草起拉结作用，还可加入粗砂起骨料作用以改善其抗压强度和结构整体性。最后将搅拌好的材料塑形晒干即可。做好的牛粪砖须按批次进行抽样检验，通常将多块样砖从2米高处自由落地以检测强度，合格率达到80%方可入场施工（图12-4-6）。

图12-4-3 牦牛毛毪氇

图12-4-4 毪氇搭接编制

图12-4-5 边玛草

图12-4-6 牛粪砖

西藏古建筑

西藏古建筑

第十三章 装饰工艺

图13-0-1 壁画，观音菩萨

在千百年的历史发展中，西藏古建筑与雪域高原辽阔壮丽的自然景观融为一体，形成了独特和鲜明的建筑艺术形式与风格，它们呈现出和谐优美的状态。重要建筑屋面上使用镏金的歇山构架屋顶，建筑外墙上使用艳丽的大面积的色块，屋顶和檐口下装有法轮、金刚、宝幢、宝瓶等铜质饰件，梁、柱、斗栱等结构构件上有精美及鲜艳明亮的雕刻、彩绘，建筑内壁有大量反映西藏历史和宗教故事的精美壁画……这些都是西藏古建筑装饰艺术的具体体现（图13-0-1）。

西藏古建筑装饰艺术，在造型上讲求平衡、统一；在色彩上形成对比，富有韵律；在材料上因地制宜，就地取材；在工艺技术上，手工劳动，粗犷简洁，最终形成了独具特色的装饰手法和艺术风格。

第一节　装饰色彩

初次进藏的人总会感叹于建筑装饰中大面积和纯粹鲜艳的色彩带给人们的视觉冲击，更引发人们对于这些色彩运用的好奇。

一、色彩与自然环境的统一

西藏建筑色彩的形成因素是多方面的，主要有海拔高、空气稀薄、日照强烈等自然环境因素，地广人稀、交通不便等地域因素，风俗观念、生活习惯等文化因素，以及宗教信仰对它的影响等。有书称"藏式传统建筑艺术是西藏地区宗教艺术、文化艺术和建筑艺术的综合体现"。

西藏地处青藏高原，平均海拔高度4200米，空气清新、稀薄，光线极强。在阳光照射下，任何物体的明暗对比都十分强烈，植物、山水等自然景观也呈现鲜艳纯粹的色彩。长期生活在这样的环境中，人们也习惯并喜欢这种色彩，甚至形成了直接而热烈的性格特征。在建造建筑时，也会赋予其明亮纯粹的颜色。再者，建筑大都顺应自然山势布置，建筑色彩与自然环境互为参照、和谐动人，也使得气势更加宏伟磅礴，从而达到"天人合一"的境界（图13-1-1）。

古代西藏地区交通不发达，建筑装饰受到当地的地理环境、地质与土壤条件的制约。但西藏人民创造性地开拓和选用当地自然生态材料用于建筑装

13-1-1　布达拉宫色彩处理局部

饰。例如，白墙的表层涂料主要取自当地白土，再加入牛奶、蜂蜜、白糖、奶粉和少量青稞面粉调和而成；红墙的表层涂料主要依靠药散、红糖和一种用树皮熬成的色汁；用于室内墙壁、构件上的色彩，其颜料大多来自本地区的矿物和植物材料。正因为大量使用当地矿物和生物等自然生态材料，西藏古建筑与周围自然环境显得格外协调一致。

二、宗教信仰和当地习俗的反映

西藏古建筑运用色彩，常用色彩主要有红、黄、白、黑四色。它们代表着不同的寓意和象征。最直接的寓意是，红色象征护法，黄色代表脱俗，白色有吉祥之意，黑色则代表驱魔逐邪。

在高原生活中接触最多的颜色是白色，例如雪山、白云、羊群、牛奶等。白色在藏民心中被赋予了纯洁、忠诚、正直、善良的意义：对行善事或有利于他人的事称为"白事"，对直言不讳的公道话称为"白话"。有一条藏族谚语表达小伙子向姑娘求爱时的最纯洁和最真诚的爱情："洁白的瓷碗、洁白的牛奶，我的心是否真诚，你看看碗里。"充分反映了白色在西藏人民心中的崇高境界。白色还是幸运、吉祥、喜庆的象征，在祈福的宗教仪式中，人们向空中抛洒沾着白粉的糌粑；拜访贵客，敬献白色的哈达；姑娘出嫁，如遇瑞雪飞扬，则视为美满顺达的吉兆。由此可见，西藏古建筑中大量采用白色，其寓意也是祈求吉祥（图13-1-2）。

藏族的色彩崇拜中，"红"最初是指代表肉类，象征着杀戮。古时吐蕃将士出征时身着红色战袍，有时还把面部涂红以显勇猛和凶悍。因此，供奉煞神的护法神殿的外墙必涂以红色。时至今日，藏族设宴仍分荤席和素席两种，在平常情况下的宴用荤席，藏语称"玛尔炯"，直译为"红宴"；在举行庆典和宗教节日时则设素席，藏语称"尕尔炯"，直译为"白宴"。随着红色在寺院中的大量使用，以及寺院政治、经济地位的大幅度提升，以致建立政教合一制度，红色又变成了一种专用色，成为权力和等级的象征（图13-1-3）。

黄色的寓意是脱俗和繁荣。寺院处墙使用比较多的色彩是黄色。表示走进寺院就意味着脱离了世俗，更表示期盼宗教事业的繁荣发达。藏传佛教各教派，由于宗教信仰和仪轨的差异，色彩使用不尽相同，甚至各教派的俗称与建筑的主体颜色相关。藏传佛教发展至今形成了"宁玛"、"萨迦"、"噶举"、"格鲁"四大教派：宁玛派俗称"红教"，该派僧人推崇红色，穿戴红衣红帽，在建筑立面上也偏爱红色；萨迦派故俗称"花教"，该派部分寺院常用红、蓝、白三色相间涂墙，立面用色个性十分鲜明；噶举派俗称"白教"，相传该派原祖修法时穿白色僧衣，建筑立面上多用黑白二色；格鲁派俗称"黄教"，是藏传佛教中最大的一个教派，该派上层僧侣均穿戴黄色衣帽，寺院建筑外墙也多用黄色。

黑色的寓意是驱魔逐邪。佛教世界中心和三界

图13-1-2　悬挂在山坡上的五色经幡

图13-1-3　西藏古建筑比较典型的窗

之说，无色界、色界、欲界。通俗讲，无色界是天界天堂，那里充满阳光和鲜花；色界是人和生物生活的中界；欲界是魔鬼生活的黑暗的地狱。黑就是不明佛法，混沌、丑陋、凶残。魔鬼和黑色会给人带来恐惧和威慑，将黑色涂在建筑的外墙，特别是门套、窗套上，期望达到驱魔逐邪的作用。

三、藏汉文化交流与融合的表现

在长期的发展过程中，西藏建筑受到周边地区特别是中原地区汉族建筑文化的影响，并借鉴和吸收了周边地区和民族的建筑技艺和建筑文化。西藏吐蕃王朝时期，实行藏汉和亲，唐朝文成公主和金城公主先后入藏，促进了汉藏经济、社会和文化方面的交流。

两位唐朝公主入藏，带去了中原地区周易思想和博唐数理知识，对西藏古建筑的选址产生了深远影响。带去的汉族工匠和营造技艺技，对西藏古建筑建造方法和装饰艺术都发挥了积极作用。如西藏地区的寺院和宫殿等较高等级的建筑，有些采用了曲线形汉式歇山屋顶，并覆黄色琉璃瓦，后发展成镏金屋面。在重要建筑上使用金黄色，既有西藏地区传统习俗，又有中原文化的特征和影响。建筑内部，梁、柱、斗栱、雀替及其他木构件上的雕刻、彩绘，以及佛教壁画、造像风格等也可看到中原地区建筑文化的影响。

第二节　装饰工艺

西藏建筑装饰使用材料主要有木材、石材、灰泥、金属、矿物、植物、织物，对应的装饰手法有木刻、石刻、泥塑、铜雕、镏金、彩绘、布饰等。本节针对这些不同的装饰手法，简要介绍其制作工艺。

一、木工艺

木材质主要运用在西藏古建筑中的梁、柱、斗栱、雀替、檐口、门窗、边玛墙等部位。宫殿、寺院、庄园、林卡等等级较高的建筑，木构件既是承重结构，更凸显了装饰特色。

木雕作为西藏古建筑的装饰手段之一，主要有圆雕、浮雕、镂雕等方式，单独使用或几种技法并用。在裸露的木构件上雕刻出佛像、经文、经堆、花卉、水草、祥云等图案，使得构件的装饰效果远大于人们对其承重作用的感受。为了保护木构件，大多建筑都会在其表面施以彩绘和油饰，当这些彩绘和油饰采用明亮、鲜艳色彩的时候，木构件的装饰效果更为突出（图13-2-1），颇具艺术魅力。

二、石工艺

石材的选材较为自由，西藏不同地区，石材类型各不相同，如阿里地区主要使用卵石，前后藏、昌都地区和西藏西北地区主要使用青石和较为劣质

图13-2-1　木构件上的雕刻及油饰

的玉石等。石材的装饰手法主要也是雕刻，有浅浮雕、高浮雕、线刻、阳刻等做法。建筑中出现石雕部位主要在墙面、石柱、柱础、栏杆、大门外的石兽、碑刻等处，此外还有镶嵌于墙面之中或摆放在玛尼石堆上的石板石刻，俗称"玛尼石"（图13-2-2～图13-2-8）。

图13-2-2　拉萨西郊的石刻大佛

图13-2-3　罗布林卡的石雕栏杆

图13-2-4　乌孜大殿前的石刻大象

图13-2-5　刻有佛像的玛尼石

图13-2-6　镶嵌在提吉寺大殿墙壁上的石刻佛像

图13-2-7　"六字箴言"石刻

图13-2-8　藏王墓前的石刻猛狮

图13-2-9　乃琼寺前铜质的转经桶

在西藏古建筑装饰构件中，有石雕栏杆构件。罗布林卡中栏杆多为石质雕刻的，具有浓郁的艺术装饰效果。西藏古建筑石质栏杆多取自整块石料雕刻而成，形式简单，构造与内地栏杆相仿，由柱头、栏板、地栿组成。柱头的图案有莲花宝座、宝瓶等，栏板的雕刻以人物故事、仙灵鸟兽、山水花木、吉祥图案为主题，一般采用浮雕形式。

"玛尼石"泛指在石块或石片上雕刻经文、佛像和图符等，有时还会施以对比强烈的颜色，是一种极具藏族地域特色的艺术表现形式。在建筑中，"玛尼石"主要出现在寺院的围墙、女儿墙的内壁、住宅的屋顶和门口等醒目的位置。石刻的内容有护法神灵、六字真言等经文咒语，也有虎、狮、鹏、龙等灵兽动物和其他吉祥图案，虽然其用意是祈愿吉祥、驱灾避邪，但也起到了建筑装饰的作用。

三、金属工艺

在西藏，将金属物如金、银、铜等进行雕刻造型，再将其安置在建筑上，是一种较为高级的装饰手法，多出现在寺院、宫殿、庄园等重要建筑中（图13-2-9～图13-2-12）。

金属雕刻工艺主要有"江木擦"、"布尔擦"、"锥擦"和"滴擦"四种。"江木擦"指在金属表面进行浅雕或浅镂，其纹样包括树叶、火焰图、云纹、水纹、万字符、昆虫、花卉、草木等，在这些纹样

图13-2-10　屋顶及檐口金属装饰

的间隙还可任意雕刻出粗纹和鱼眼纹。"布尔擦"即浮雕，其做法是依照草图，在所要雕刻的金属器物的外侧用錾子打出轮廓线，然后在金属器物内侧形成的沿压痕线所限定的部位用锤子从里向外敲打，使之外凸，再在凸出的一面按照原来打出的轮廓线进行细部加工，这种方法常用来雕刻佛像的宝座、莲座、靠背、佛塔的级层、宝瓶、日月法轮，以及寺院的屋顶的宝瓶、祥麟法轮等。"锥擦"是指镂雕，即在浮雕的空隙用小錾打眼穿孔。"滴擦"是指在金属主体上雕出设计好的纹饰，再在雕出的纹饰上填错黄金。

金属饰物体量较小，多被安置在建筑的屋顶、外墙、门窗及梁柱上，如建筑顶端四角的铜雕神兽、墙面上的"边坚"、门箍、门环、铺首、柱带等，这些将在文后介绍。

图13-2-11 金属"边堅"

图13-2-12 边玛墙上的铜饰件

四、镏金工艺

镏金是一种等级极高的装饰手法，只有少数重要的寺院、宫殿等建筑使用。

镏金工艺的过程较为复杂，概括如下：首先，将金块敲打成薄如蝉翼的金片，再将其切成边长为2～3毫米的碎片，在里面按比例掺入水银。然后把混合好的金片和水银熔化，倒入冷水内凝固成圆，将成圆的金子和水银与豌豆大小的石英碎石放在研体内捣磨8～12小时，使之呈黏稠状。然后在物体表面涂抹一层水银，再用手沾抹一层糊状金液。将抹好金液的物体放入牛粪火中烘烤，边烘烤边用棉花等均匀擦抹，使水银蒸发，金色显示出来。最后，用天珠或铁棒将镏金表面打磨上光并进行回色处理。

这种工艺由于造价高、程序复杂，且呈现出的效果极为华丽，一般只为寺院、宫殿等级较高的建筑所用，即将歇山屋顶整体用镏金铜皮包裹，以象征宗教、政治权利，标志等级。此外，镏金也用于前文介绍的金属饰物的处理。

五、灰泥工艺

灰泥的运用在西藏古建筑中较为普遍（图13-2-13、图13-2-14）。本章主要介绍灰泥工艺在西藏古建筑，特别是在建筑屋面、楼地面和墙面上的应用。

图13-2-13 寺院中泥塑的观音菩萨

图13-2-14 寺院中泥塑的展翼飞兽

（一）阿嘎土工艺

多数西藏建筑中，处理屋面和楼地面的面层时，常在阿嘎土中掺杂细碎石子，在夯实、涂抹清油之后，楼地面呈现出带不规则点状的土黄色，类似于现代的水磨石地面肌理，形式美观且不单调。寺院、宫殿的重要殿堂，还会将绿松石、珊瑚石、天珠等宝石铺成圆形、卐字形等吉祥图案嵌于地面，使地面更富装饰效果。如扎什伦布寺的强巴佛大殿，其入口地面上的宝石已经成为朝圣者们膜拜的地点。

（二）手抓纹工艺

手抓纹的做法主要出现在建筑的外墙面上。其制作工艺较为简单，通常是在建筑外墙表面敷设一层起保护墙体作用的泥巴，为了丰富立面，人们在泥巴未干时多用双手指尖画出弧形条纹，这种纹路形似彩虹，被称作"手抓纹"（图13-2-15）。手抓纹既能够改变雨水流向，起到保护墙体的作用，更使得建筑自然美观。这种做法被广泛应用于西藏古建筑中。

六、织物工艺

西藏古建筑，还有一种装饰物是大量存在并且应用广泛的，那就是织物。织物的形式种类较多，如牛毛牛绒制品、帆布、棉布、白府绸、丝绸等，这些织物装饰材料质地柔软，可与建筑坚硬的特点形成互补，丰富建筑形态，还可将宗教内容和吉祥图案绘制于上，增强建筑的宗教神秘色彩。建筑中常见织物分别介绍如下。

（一）经幢

除了等级较高的建筑中的铜皮镏金经幢之外，更多的经幢采用木材做骨架，外面用黄、白两色棉布做装饰，或者用空心黑色牛绒毯包装，顶部用金属饰品装点（图13-2-16）。这样的经幢看上去十分古朴粗犷，适合广大百姓使用，方便经济，易于更新。

（二）经幡

经幡又称风马旗，藏语中称为"塔觉"，是富含强烈的宗教意义的装饰饰件，几乎所有类型建筑的屋顶都会出现，是屋顶装饰的重要形式之一。

其实，挂立经幡是藏族一种古老的民间习俗，佛教传入西藏后，延续并改造了这一古老的习俗，赋予经幡宗教意义，如五种具有象征含义的颜色、印制佛教经咒等，将其悬挂在高处，随风飘扬，以祈求神灵护佑、福运升腾，形成了传用至今的"五色经幡"。"五色"指的是经幡由蓝、白、红、绿、黄五种颜色的布条组成，其中蓝色象征天空，白色象征白云，红色象征火焰，绿色象征水，黄色象征

图13-2-15　外墙上的手抓纹

图13-2-16　屋顶上和室内织制经幢

土地，象征含义固定了五色经幡的排列顺序，代表了大自然物质存在的立体排列形式，如蓝天在上，土地在下，云、水、火在中间等，以此表达对世界万物的崇敬。

经幡在每年藏历年前选择吉日更换一次，为了防止旗杆被风雨侵蚀，旗杆外用带毛的黑牦牛皮包裹起来，旗杆顶部有布制装饰，顶端是葫芦形的宝瓶装饰。除了插立在房顶上的经幡，还有很多地方都会出现经幡，如插立在街道、山口、广场上的经杆，杆身上系挂幡条；悬挂在山头或桥梁上加长的长条经幡，插立在普通家庭门前的长条经幡等（图13-2-17）。

（三）门、窗帘

门、窗帘又称"香布"，主要材料为棉布或牦牛毛编织的织物，上面绘有各色吉祥图案。每年藏历五月十五日是藏族的"林卡节"，意为"世界快乐日"，这一天门窗上部所悬挂的香布就必须要更新，此后一年时间内，任由高原上的风吹雨打日晒，将其撕裂、褪色，也不能随意换掉，要保留到翌年五月十五日才可以再换。

西藏古建筑中的寺院建筑的门廊外边缘上，还会悬挂布幔，用以遮阳（图13-2-18、图13-2-19）。这些遮阳织物大多是白色或黑色的。织物下边固定

在门廊立柱上，织物本身用色带按柱子划分成互补相连的几块，上面绘有各种符号或图案，如传统宗教符号法轮、法鹿等造型，常见的还有各种形式的吉祥图案。

图13-2-17　五色经幡

图13-2-18　布门帘

图13-2-19　牦牛毛门帘

（四）天花板

宫殿、寺院、庄园等较高级建筑的室内天花板表面一般包上布或绸制品，这些织物有不同的色彩，且绘制着有规律的图案。通过悬挂面积和方向的不同，可以起到划分室内空间、增加空间层次等作用（图13-2-20）。另外，带有宗教信息的图案也可以增强室内空间的神秘色彩。

七、彩绘工艺

藏族的彩绘历史悠久，从四五千年前的昌都卡若和拉萨贡曲文化遗址中出土的彩陶器和陶器的装饰纹中，可以窥视到西藏绘画艺术的先河。彩绘的题材丰富，内容宏大，表现形式主要有壁画、唐卡、坛城沙画和装饰画四大类，本书主要从建筑的角度，介绍壁画和木构件彩画绘制工艺（图13-2-21）。

彩绘主要采用矿物颜料，辅有植物颜料，这首先是由地域因素所决定的。颜料的原材料主要来自当地，如仁布县的白石、夏鲁寺的黄丹、拉孜县的朱砂、尼木县的绿石和蓝靛、林周县的铁红、昌都县的雄黄、后藏地区的石黄、门隅地区的紫梗树等；还有一些产自内地和邻国，如印度的花青等。这些颜料色彩鲜艳、亮度高、不易褪色，能够使画面保存数百年乃至千年。

根据原料的材质不同，其加工过程也各不相同。矿物原料主要采取研磨的方法，将其研磨至粉状，加水搅磨成稠浆，再用纱布过滤出杂质后放置澄清，自然蒸发成固体，彻底晒干后再研磨制成颜料粉末。植物原料则主要采用熬炼加工的方法，将原材料加水烧开熬炼，把熬炼出的颜料汁倒出后再加水熬炼，如此三遍，将各次的颜料汁分开。然后将汁液分别过滤，自然蒸发，再把蒸发后的颜料做成直径约1厘米大小的颗粒，晒干。三次熬炼的颜料品质递减，分别用于等级依次递减的建筑部位。制作好的各色颜料，在绘画现场加水，再调和液体的动物胶和牛胆汁来使用，以保持色泽鲜艳、经久不褪（图13-2-22）。

图13-2-21　工匠为泥塑佛像涂饰金粉

图13-2-20　天花板布装饰

图13-2-22　颜料

图13-2-23　工匠在壁画上描绘渲染

图13-2-24　扎塘寺壁画

图13-2-25　反映在壁画中的建筑样式

用色强调对比，讲究色彩艳丽，追求金碧辉煌的效果。线条随画面的区别而运用，有的线条粗犷有力、有的圆润流畅，达到传神动人的效果（图13-2-23～图13-2-25）。

木构件的彩绘过程较为简单，通常先铺底色，再绘制水纹、云纹、植物、动物等图案，最后用金线勾边，绘画完成后用清油刷涂表面，既能防止颜料脱落，也能保护木构件本身不被湿潮腐蚀，延长使用寿命。

第三节　装饰方法

一、金顶装饰

（一）金顶

西藏古建筑的屋顶主要有两种形式，即平屋面和歇山顶。歇山顶是由中原传入的汉式做法衍变而来的，一般只出现在宫殿、寺院建筑的重要殿堂和高增的灵塔殿之上，称为坡屋顶。屋顶上做装饰性歇山顶并在其表面用铜皮镏金处理，呈现出金光灿灿的颜色，称为"金顶"。

金顶的做法使建筑突出于群殿乃至城镇建筑群之上，显得气势宏伟、金碧辉煌。建造金顶有明确的资历规定和鲜明的等级制度，因此，金顶既体现了宫殿、寺院主人尊严、地位，也象征着其所拥有政教权势的大小，是建筑等级的重要标志。

壁画的制作过程较为复杂。首先，绘制壁画的墙体要先用"帕嘎土"抹平表面，待风干后再用光滑的卵石逐一打磨光滑，然后用牛胶刷涂墙面，再进行绘制。绘制之前，要先根据不同的教派、建筑功能、主人需要等确定好壁画的主要内容和位置，然后根据内容确定壁画的配置和构图。壁画讲究构图严谨、均衡，布局疏密参差，以虚济实、活泼多变。绘制过程中，首先用炭笔按照造像量度标准起稿，面部五官、头、胸、腰等各个部位的比例均有严格的要求，再用毛笔勾勒墨线；然后着色，先由浅及深地画背景，再由衣服至面部地画人物，再对画面的团块色彩进行渲染加工；之后再勾勒出轮廓线和衣服纹理，对需要的地方用金线提色；然后给神像"开眼"，完成点睛之作。最后，同样在壁画表面刷涂清油，保护壁画和墙壁本身。画面整体

图13-3-1　神兽

（二）镏金铜皮饰件

金顶上通常会设置一些金色的铜皮镏金饰件作为装饰，既强调了建筑的重要性，也使建筑更为精致、美观、夺目。

1. 神兽

金顶的四角飞檐一般装饰鳌头铜雕，借助神话中的动物，来反映建筑物及建筑物主人的高贵地位（图13-3-1）。

2. 宝瓶

金顶的屋脊上通常还装饰有宝瓶。宝瓶主要由三部分构成，底下是莲座，中间是佛铃，顶部是长寿宝瓶，根据形式的繁简程度不同，主要分为瓶式宝瓶和铃式宝瓶两种。宝瓶的每一个部位都有象征意义。其中莲花瓣象征无量光如来，圆轮象征大日如来，佛铃象征不空成就如来，宝瓶象征不动如来，顶端珍宝象征宝生如来，总体象征五种姓佛（图13-3-2）。

3. 祥麟法轮

除了宝瓶，大多数金顶屋脊中部还会装饰铜雕镏金的祥麟法轮（图13-3-3）。中央的法轮意为佛陀讲法，法轮常转，象征佛法无边，可以摧毁所有罪恶。法轮两旁为牝牡祥麟，静卧听法，当人们看见听法的卧麟，心中会生起慈悲之心而乐于佛法之事，整部作品象征佛法普度众生，表达佛法弘扬的思想，是藏传佛教寺院的标志物。此外，也有部分寺院建筑装饰双凤法轮，但极为少见。

二、屋面装饰

西藏古建筑中，几乎所有类型的建筑都会采用平屋面的形式。

（一）平屋面的材质

平屋面的材质主要有三种：阿嘎土、黄泥和堆草坡。其中，阿嘎土屋面由于取材价格昂贵，打制

图13-3-2　宝瓶

图13-3-3 铜皮祥麟法轮

费工费时，旧西藏只有寺院、宫殿和一些贵族家庭才采用；黄泥屋面，制作过程简单廉价，普遍出现在民居建筑中；堆草坡屋顶则是在平屋面上部两侧砌墙，中间架梁，顺坡铺设檩木，其上平铺木板，再盖一层厚厚的干草，以起到隔热、储存食物的作用，一般在庄园建筑中出现较多。

（二）屋面上的装饰

宫殿、寺院平屋面上主要装饰物为铜雕镏金的经幢、宝瓶、祥麟法轮等。民居屋面上的装饰物主要是经幡。

1. 经幢

经幢一般安置在寺院主殿屋面四角，或者在女儿墙的中部对称出现。宫殿、较高等级的庄园屋顶也有摆放经幢作为装饰的。寺院、宫殿屋面上的经幢多为铜雕镏金（图13-3-4），庄园屋面的经幢多为木骨架外包棉布及牛绒毯的。

2. 宝瓶

宝瓶多放置在女儿墙的中间，也有体量大、等级高的建筑，宝瓶会在女儿墙上成组出现。

3. 祥麟法轮

祥麟法轮仅安置在主立面的正中间。有的是加高中段的女儿墙，将祥麟法轮安置其上；有的则是在建筑主立面中间后退屋面边缘一段距离，建一小段片墙，再在其上安置祥麟法轮。

4. 经幡

民居的房顶四角一般都插有蓝、白、红、绿、黄五色经幡，有的还摆放牛头骨。这种能够满足人们祈福、避邪等的心理需求的物品，给外观简洁的民居增添了一抹亮色，起到了一定的装饰作用。

三、檐口装饰

藏式传统建筑以平屋顶居多，其檐口装饰也较为丰富。根据不同等级、不同类型、不同材质的建筑，檐口主要分为边玛墙檐口、石墙檐口和土墙檐口，其装饰特色也各不相同。

（一）边玛墙檐口

边玛檐墙是藏式传统建筑特有的一种装饰，一般刷涂成赭红色，用于宫殿、寺院中的重要建筑和重要庄园。

西藏古建筑中，女儿墙的高度与房屋的尊贵程度成正比，边玛墙虽然只用于重要建筑，但根据等级的不同，也有形式上的区别：根据檐口出挑的木椽层数，分为单重檐、双重檐和多重檐。单重檐边玛墙一般用于寺院的普通建筑和庄园建筑中；双重檐主要用于宫殿、寺院的重要建筑和重要的庄园建筑中；多重檐一般仅出现在等级极高的重要建筑中，象征着权利与尊贵（图13-3-5）。

边玛墙上一般装饰有金色的铜雕装饰物，称之为"边坚"。这些铜雕的图案有八吉祥图、七政宝图、动物、四大天王等，图案的寓意也是为了驱魔避邪，追求吉祥。由于其灵动的造型，金光闪闪的色彩、丰富了建筑的形式，对建筑的外立面起到了画龙点睛的作用，使建筑"活"了起来。

（二）石墙檐口

石墙檐口的立面形式较为简单，有的是将木椽挑出，形成富有层次的檐口形式，有的仅是在檐部刷涂色彩。

按木椽的出挑层数，有单檐和双檐之分。木椽及木板一般刷涂成红色，给单一的石墙面增添了明亮的色彩，形成较好的装饰效果。

图13-3-4 铜皮经幢

图13-3-5 双层边玛墙

民居建筑的檐口色彩种类较多。拉萨、日喀则地区的檐部多为黑色，墙垛或白或黑（图13-3-6）；山南地区民居的檐部和墙垛均或白或黑；阿里地区外墙多保持材料原色，檐口则涂以蓝、黄、红三色的线条或色带；琼结县民居檐部黑白相间。

（三）土墙檐口

由于材质的特性，土墙的檐口高度较低。为了形成较高较封闭的外墙效果，檐部多堆放大量的柴草和牛粪饼。其堆放方式一般有两种，一种是直接堆放在女儿墙上，另一种是在女儿墙上出挑短椽，再在其上堆放。

西藏属于高寒地区，农牧民为了取暖，通常都会把牛粪收集起来制成燃料。加工时将其做成牛粪饼，贴在墙面上晒干，待干透后将其码好放置于院墙上。牛粪饼或柴草颜色较深，堆放在浅色的墙体上，形成上深下浅的颜色对比关系（图13-3-7），富有装饰效果。

图13-3-6 日喀则民居黑色檐口

图13-3-7 建筑外的牛粪饼

四、墙面装饰

（一）外墙面

本章第一节已经介绍过白色、红色对于藏族人民所蕴含的意义和对建筑的寓意。西藏古建筑的外墙色彩以象征吉祥的白色最为多见，根据建筑的类型不同又各有差别。

1. 宫殿、寺院

由于历史上政教合一的体制，宫殿与寺院建筑多结合建造。布达拉宫就是宫殿和寺院结合建造的代表性的建筑之一。其外立面中面积最多的颜色是白色。红色作为一种象征权力和等级的专用色，一般仅用于极为重要的护法神殿和灵塔殿的外墙。在大面积洁白的建筑中将红色的部分烘托成为群体的中心，使人在视觉感受上过目不忘，产生崇拜之情。

各地寺院的外墙，大部分涂成黄色，布达拉宫西面黄色建筑里，有为达赖祝寿的修行人的住房，甘丹寺也在主建筑群的附近地方专门修建了修行室；寺院中重要殿堂一般也涂成黄色，如扎什伦布寺的措钦大殿（殿堂供体的释迦牟尼佛像为全寺最尊贵的佛像）、哲蚌寺的强巴殿（该段强巴佛为全寺最重要的本尊）、宁玛派主寺之一的山南敏珠林寺的主要建筑、巴朗曲康恰嘎曲德寺的主要建筑等（图13-3-8）；一些尼姑庙中的殿堂也是涂黄的。关于建筑墙面为黄色的来源，有人说与格鲁派（俗称"黄教"）有关。清代，"格鲁派"占统治地位之后，大型宫殿在扩建和维修中会根据需要加建"格鲁派"的殿堂，外立面多为黄色。但早在吐蕃赤松德赞时期，格鲁派还未出现的时候，在桑鸢寺建造的"布孜金色殿"以及11世纪阿底峡来阿里托林寺住过"托林金色殿"则全部是涂黄的建筑。

此外，"萨迦派"寺院的建筑外墙色彩较为特殊，以大面积的蓝灰色为主（图13-3-9）。这是由于就地取材的缘故，外墙涂料主要来自萨迦县城附近的奔波山，呈蓝灰色。

2. 庄园、民居

居住建筑的墙体多以白色为主，也有些建筑直

图13-3-8　巴朗曲康恰嘎曲德寺外墙

接将墙体材质裸露展现其本身的颜色。

日喀则地区萨迦县城周边的民居由于地域原因和受萨迦派影响的缘故，其外墙也多呈蓝灰色，并且用红、白两色涂刷出色带，形成红白蓝相间的立面色彩（图13-3-10）。

民居的外墙上一般绘有驱魔避邪的图案，以求得心理上的安抚。例如，在外墙大门两侧及院墙上绘制老虎、大鹏、蝎子、蛇等图案，其造型简洁粗犷、气势威武，如同守门的卫士。女儿墙及墙垛上多绘有日月图案、万字图案等，以祈求长寿、福运亨通（图13-3-11）。在《招福经》中是这样说的："生命太阳不落永放光芒，福运月亮犹如上弦月，种姓不变固如万字福，如此吉祥祈盼令降临。"这些具有原始崇拜的图案成为具有地方特色的装饰形式。

（二）内墙面

与中原地区的建筑不同，西藏古建筑内墙面上多绘制带有社会典故宗教或民俗寓意的图案作为历史记录也成为内墙装饰的一部分，其形式主要包括

图13-3-9　萨迦寺外墙

图13-3-10　萨迦民居色彩

图13-3-11　女儿墙

图13-3-12　朗赛林庄园的壁画

细腻精美的壁画和粗犷简单的线描画。

1. 壁画

壁画是一种视觉效果极强的内墙装饰手段，主要出现在寺院、宫殿、庄园等较高级的建筑中（图13-3-12）。壁画题材众多，涉及政治、经济、文化、历史、建筑、宗教及社会各个方面，有历史事件、人物传记、宗教教义、西藏风土、民间传说、神话故事等，绘画艺术走向精湛，壁画数量不断增加。经过画师们千百年的不断发展，壁画在本民族绘画传统的基础上吸取了汉地及印度、尼泊尔等外来的绘画技艺，形成了自己的风格和民族特色。壁画题材广泛且保存性强，具有重要的历史价值和文化艺术价值，也是考察西藏古建筑的重要途径之一。

2. 线描画

受当地条件的限制，普通民居的内墙大多直接用黄土和砂混合后抹墙，几乎不作饰面彩绘处理，但是这类建筑也有自己的装饰方法。居民天天在家中烧火做饭，起居室和厨房的墙面都被烟熏得一片漆黑，每当藏历新年时，人们用面粉在墙上点画一些吉祥图案或美好祝愿的话，来表达对宗教的崇敬和对生活的热爱。墙面与面粉的颜色呈现出明显的黑白对比，具有独特的美感（图13-3-13）。

庄园建筑作为达官贵族使用的较高等级的居住建筑，一般有5~7层，其内壁的装饰根据各层使用功能的不同而变化。建筑底层一般也为杂物库房和奴隶居住的地方，内墙几乎不作处理；二层为重要库房、厨房和管理人员的起居用房等，内壁装饰与

图13-3-13　线描画

普通民居接近，用面粉或金粉绘制简单的图案；三层以上的房间是主人起居、待客的地方，顶层多作经堂使用，这些房间的壁画装饰较为讲究。

五、梁、柱、斗栱、雀替装饰

梁、柱、斗拱、雀替等木构件是建筑内部的装饰的重要部位。寺院、宫殿的重要建筑及重要的庄园建筑中，其装饰手法主要是木雕及彩绘，其他的一般建筑，木构件的装饰手法主要是彩绘。由于建造技术的限制，西藏建筑的墙体厚重，开窗小，室内空间较为昏暗、压抑，为了增加空间的明亮感，室内一般使用明快、鲜艳、饱满的色彩。

（一）梁

西藏古建筑中，梁在整个室内空间的装饰效果最为突出。梁的主体颜色多为红色、蓝色、绿色等。在梁的表面划分成大小等同的长方格，再在这些长方格中或用镂雕的方式雕刻出佛像、动物、花卉、云纹等图案，上施金粉及其他颜色，或直接绘制梵文、经文及各种花卉、鸟兽、佛像等。颜色种类丰富，冷暖色调交相辉映，既创造出色彩动人的室内空间，还能摆脱空间的狭小感，从视觉上给人以扩张的心理感受。

（二）柱

柱式包括柱头、柱身、柱带、柱础等。装饰手法多为雕刻和彩绘。柱子形状有圆有方，也有多角柱。柱子多呈红色，在上面用蓝色、绿色、金色施以彩绘，装饰图案较多。其中，柱头部位的装饰图案为梵文、莲花等，下方用长城箭垛图案；柱身的装饰图案主要为佛像、短帘垂铃等。等级较高的建筑中，柱身上会镶有一圈或多圈宽约5厘米的带状铜雕饰物或一块类似菱形的铜制装饰物，图案为宗教法器、兽头、花卉等。形式精美，既丰富了柱子的形式，也彰显了建筑的等级（图13-3-14）。

（三）斗栱

斗栱主要出现在屋顶檐下、边玛墙及入口大门等处。装饰手法主要也是雕刻和彩绘，图案多为莲瓣、祥云等。它们多处于阴影中，亮度较底。因此多使用蓝绿色，即使刷成红色的部分也在其上用蓝绿色绘上丰富的图案及纹样，因为色调偏冷的蓝绿色在阴影中更能显现出它的光辉，自然形成较深的层次。同时，它们与大面积或白或红或黄色的暖色调外墙能够形成对立统一的特点，在阳光下格外绚丽（图13-3-15）。

（四）雀替

西藏古建筑中对雀替的装饰非常讲究。雀替共分两层，上为长弓、下为短弓。雀替装饰有简有繁，简单雀替形状为梯形，这种不加任何雕饰的雀替多见于民居或建筑底层。宫殿或寺院建筑重要殿堂内的雀替都要经过精心雕刻，尤其是雀替长弓形状种类多样，最为常见的造型为祥云形状，此外还有各种花瓣形状，多被刷成红色。长弓中心通常雕

图13-3-14 柱身

图13-3-15 室内梁柱

刻佛像，两边及边缘雕刻祥云、花卉等各种图案，并用金色、蓝色、绿色等施以彩绘，整个雀替表面显得精细、丰富、华丽，装饰效果极强。

六、廊梯装饰

（一）廊

西藏建筑的廊主要有内廊和外廊，按照所处部位的不同，又可以分为檐廊、门廊、窗廊等。廊一般为木质结构，也是由梁、柱、雀替组成。在木构件的表面，施以明亮纯粹的油饰。廊下内侧墙壁上有的施以彩绘，如宫殿的门廊彩绘一般为"财神牵象图"和"蒙人驭虎图"。这种装饰方法使得大面积运用或白或红或黄颜色的外墙面富有层次，形成美观、强烈的装饰效果。

（二）木构楼梯

木构楼梯有单跑、两并和三并等形式。木梯两侧一般都有扶手，由于楼梯坡度较大，因此扶手并不从底端做起，而是与梯段形成斜角，根据楼梯的长短，从踏步处开始做起，下端固定在楼梯帮上，上部伸出梯段较多，并在最后一级踏步处伸出斜木进行支撑。

这些楼梯多数都呈现出原木色彩，有的等级较高的建筑将其刷涂红色或黄色油漆，并在侧面施以彩绘。扶手的两端和支撑处多用铜皮加固，并雕刻成莲头等形状，形式美观。

七、门窗装饰

藏式门窗风格的形成主要是受到本土环境气

候、宗教文化的影响，另外还受到汉地和印度、尼泊尔等地的文化影响，形成了别具一格的特点。其装饰手法主要有木雕、铜雕、彩绘等，构件层叠烦琐，雕刻精美，色彩丰富。在门窗外部悬挂门帘、窗帘、帐幔等织物，既有使用功能，又可以起到装饰作用。

（一）门

按照部位来分，门包括门扇、门框、门楣、门套等。

1．门扇

门扇为木材质，常年暴露在外，为了减少阳光和风雨的侵蚀，通常要在其表面刷涂油漆进行保护。多数民居的门板只刷清漆以保留木材本身的颜色。高等级的建筑中门扇颜色以红色为主，再在其上绘人物、花纹和吉祥图案等。寺院中护法神殿的门扇装饰图案与其他佛殿不同，绘有大象皮、人皮等恐怖图案，象征其威严和法力，例如木如宁巴寺、乃琼寺等具有护法殿的大门（图13-3-16）。

为了增强木门板的横向联系，门板上用金属材料制成条形的"门箍"对其加固（图13-3-17）。门箍的做法很多，主要使用铜皮和铁皮分为几道横向箍住门板，并在其上雕刻纹样作为装饰。

为便于门的开启，门扇中央还安有金属材质所做的门环座、门环。门环座多为半球形，门环为圆形，藏民在门环上悬挂用五色哈达编织成的"金刚结"，以祈求福佑。普通民居的门环座或不做装饰或线刻简单图案；官邸、寺院的门环座多为浅浮雕的异兽造型，门环套于异兽嘴中，雕饰简单图案；极为重要的殿堂，则采用镂雕镏金的方式，将门环做成精巧复杂的形式，以显示建筑的华美壮丽（图13-3-18）。

2．门框

门框装饰的程度是受到建筑等级、规模限制的。低等级建筑的门框一般只涂色不做彩画。较高等级建筑的门框较为复杂，木构件多则6~7层。最靠近门扇的部分用颜料刷涂成3~5条不同颜色的色带，其次是两三层逐渐向外凸出的木雕，图案有卷草、佛像、堆经、莲瓣、动物、人物等。西藏古建筑门洞较为低矮，一般在门框上方增加一排短椽来拉长门的高宽比，椽头侧面多雕刻成云纹，椽与椽之间施以彩绘。

门框上一般悬挂门框帘，分为两种，一种是置于内门，起阻挡视线和装饰作用，用布料制作，尺寸与门扇相同（图13-3-19）；另一种是用于进户门，用布料或牛毛编织的织物制成，尺寸略大于门扇（图13-3-20）。门帘上有宗教题材的图案，除了

图13-3-16　门扇图案

图13-3-17　门箍

图13-3-18 门环

图13-3-19 门框帘

图13-3-20 门帘、门楣帘

保护门饰外，还起到祈福及柔化建筑立面的作用。

3. 门楣

门楣大多用木雕、彩绘的方法加以装饰，常见的图案有八吉祥、八瑞物、五妙欲、云纹、水纹、植物、动物、人物等。门楣装饰受建筑等级限制，普通民居中短椽出挑层数较少，对其的装饰也只是在短椽与木板上进行简单的雕刻与上色；较高等级的建筑门楣多用装饰自上而下依次为狮子头、挑梁面板、挑梁、椽木等五层，多出现于寺院、宫殿建筑中。

门楣上多挂门楣帘来装饰。其形式主要有带褶皱的布帘织物和镂空花纹的铁皮两种，宽度较窄（图13-3-21）。

4. 门套

与门框相接的墙面上还设有门套。门套形状呈直角梯形，上窄下宽，上部顶至门过梁处，下端伸至墙角，刷涂成黑色，以求驱恶辟邪。黑色与鲜艳的门饰形成对比，后藏地区有些门套还在上部向外伸出一对尖角，形似两只牛角一般，这是源于最早的图腾崇拜，据说能给人带来吉祥（图13-3-22）。

院门或主体建筑大门上，还经常出现斗栱，因受汉文化的影响，多雕刻为祥云状或花瓣形状，再绘制各种吉祥图案。

（二）窗

窗的重点装饰部位有窗框、窗扇、窗楣、窗套、窗帘等。

窗框装饰与门框类似，但不及门框装饰烦琐，主要装饰图案有经堆、莲花花瓣等。窗框色彩丰富，常见有红色、黄色、绿色，等级较低的建筑只刷清漆或完全裸露，保持木材原色。

窗扇内做窗格分隔，窗格形式灵活多变，如万字、灯笼格、斜格窗等，或多种图案相互交织使用。此外，木雕彩绘也是窗扇的装饰手段之一，主要图案有人物、花草等。

过梁位于窗洞上方，多被涂成蓝色，再在上面绘制龙、莲花等吉祥图案。窗楣位于窗过梁的上方，与门楣做法类似，也是由短椽出挑而成。一般为两层短椽，上层短椽一般被涂成绛红色，下层涂为绿色，短椽端部装饰彩绘花纹。少数地区窗户的窗楣仅为单层短椽，涂成绿色，且过梁位于窗楣之上（图13-3-23）。

图13-3-21 金属门楣、窗楣

图13-3-22 门、窗套

窗套位于窗洞左右两边及下部，宽度约为20厘米，与门套相仿，被涂为黑色，形状有牛脸和牛角两种形式，以求驱悉辟邪、祈求吉祥。另外，从审美的角度出发，黑色窗套与白色墙体形成强烈对比，强调了门、窗的构图感，也从视觉上增大了洞口尺寸，弥补了门、窗洞窄小造成的立面失衡感。

窗帘也分为窗楣帘和窗框帘两种。窗楣帘置于窗楣盖板下，有镂空的铁皮和带褶皱的布帘两种形式，起到隔离内外视线、防止高原强烈的紫外线对窗框及窗扇彩绘的破坏作用（图13-3-24）。窗框帘置于窗框内，多用布料制作，一般建筑使用白布外镶蓝色的边，达赖喇嘛的寝宫窗框帘用黄色绫缎，也有建筑用绿色、红色等（图13-3-25）。

图13-3-23　萨迦寺窗

图13-3-24　布门楣帘

图13-3-25　窗帘

第四节　装饰图案

前文已述，西藏绘画的题材丰富、内容宏大，类型主要有壁画、唐卡、坛城沙画和装饰画等，以下主要从建筑装饰的角度，介绍壁画和装饰画的题材和内容。

一、壁画题材及内容

壁画是一种非常广泛的绘画形式。在西藏，寺院、宫殿、住宅、工棚及各类客店都可以看到壁画。壁画题材十分广泛，主要分为佛教内容和历史画、风俗画、传说画、传统画等五类，是藏族人民经过对生活素材的选择、提炼、再创造而成的。因而，藏族壁画一方面是宗教的，另一方面是世俗的，它是一种在宗教宣传中饱含世俗情感的艺术。

（一）佛教题材

1．佛像画

佛像画可以分为喜相类和怒相类，男性类和女性类。这些神像都按规定的尺寸放大或缩小来绘制，关于象征佛的身、语、意三德的佛像、经文、佛塔都有藏族先哲撰写的尺寸理论书籍，且数量不少。画师或者雕塑师根据这些书籍中规定的尺寸进行绘画塑像活动。在壁画中有神佛菩萨、天王、度母、天女、护法神及密宗神等宗教图案。大昭寺的回廊墙壁上绘制千佛组画，形象生动、气势宏大。

2．佛传故事

佛传故事即释迦牟尼生平传记故事，包括兜率降世、入住母胎、圆满诞生、少年嬉戏、受用妃眷、离走出家、行苦难行、趋金刚座、调伏魔军、成正等觉、转妙法轮和入大涅槃等十二相成道。这类题材是壁画中表现最多的内容，几乎每座寺院都有，一般聚集在巨大的墙壁上，将故事情节一一展现，富有整体感（图13-4-1）。

3．佛本生故事

这类题材大都取自《贤愚因缘经》、《华严经》和《如意藤》等佛典。内容通过叙述佛陀作为国王

图13-4-1　佛教故事，喇嘛岭

的前生，以及婆罗门、商人、女人、象、猴等，所行善业功德的寓言故事来阐发因果报应，弘宣忍耐、施舍、精进、慈悲等佛教教义。

4．高僧大德传记

这类壁画主要是藏传佛教历代师徒辗转授教的世系肖像，以及传记人物的生平事迹。常见的人物肖像有释迦牟尼师徒三尊像，松赞干布、赤松德赞、赤热巴法王三尊像，松赞干布、文成公主、尺尊公主三尊像，宗喀巴大师师徒三尊像，达赖喇嘛、班禅喇嘛等高僧活佛像等。传记画的内容较多、面积较大，有的多达几百平方米，常常用几十以至几百幅连环画面来表现，如布达拉宫红宫第五层的《五世达赖喇嘛画传》、白居寺的《十八罗汉》、阿里的《古格王统》等系列壁画，其面积都是这类题材作品的代表。

5．宗教活动及思想

宗教活动主要有讲经、辩经、译经、跳神、弘法、传经、开光等，这类题材真实反映了寺院僧人的现实生活。如桑耶寺的《译经图》、古格白殿的《辩经图》等，都表现了当时的佛教僧俗活动的真实情况。此外，还有表现宗教世界观的"坛城"画、"须弥山"图、"六道轮回"图等，这些壁画形象地描绘了"因果报应"、"轮回转世"、"天堂地狱"、"人生皆苦"等宗教思想。

6．宗教建筑

藏式传统建筑壁画中有许多宏伟壮观的建筑形象画，如大昭寺、布达拉宫、桑耶寺、扎什伦布寺、萨迦寺等。桑耶寺全景图和落成图，精心描绘了50余座殿宇、佛塔和众多的人物形象；萨迦寺墙壁上一组生动的工程维修图，再现了当年维修萨迦寺的情景。这些壁画是难得的关于藏式传统建筑营建的形象资料，具有重要的研究价值。

（二）历史题材

这类壁画以史实为依据，着重表现历史上重大的政治事件和活动。其中讴歌藏汉民族经济、文化交流的作品，尤有特色，引人注目。在布达拉宫、大昭寺、罗布林卡等建筑的墙壁上，都绘有文成公主进藏的故事。画面通过"使唐求婚"、"五难婚使"、"公主进藏"等形象，生动地描绘了唐贞观十五年唐蕃联姻的历史事件。大昭寺、布达拉宫中的"欢庆图"，再现了文成公主抵达拉萨时，吐蕃人民身着节日盛装，载歌载舞的欢迎场面。布达拉宫白宫东大殿内"照镜子"壁画，描绘的是公元710年金城公主下嫁吐蕃的历史。

（三）风俗题材

西藏的风俗壁画带有淳朴浓厚的生活情调和民族色彩，从各个方面反映了藏族人民丰富的生产劳动、文化娱乐、体育竞技和婚丧嫁娶等活动。大昭寺主殿西壁南侧一组庆贺图中有歌舞、乐器演奏、竞技表演等，其场面非常热烈。布达拉宫壁画中有赛马、射箭、摔跤、抱石等各种民间体育活动。桑耶寺主殿回廊中有一组民间杂技，如马技、倒立、攀索、气功表演等，人物形态栩栩如生。

（四）传说题材

传说题材有的以特定的历史事件为基础，有的则为虚构，在一定程度上反映和表达了人们的愿望。这类题材中以藏民族的起源说"猴子变人"最为著名。在古代西藏山南地区的贡布日山，猕猴与罗刹魔女结合，生下六个猴儿，后繁衍至五百，得以神粮饲之，遂变为人。布达拉宫白宫东大殿、罗布林卡达旦米久颇章小经堂的"猕猴变人"壁画中有罗刹魔女向猕猴求婚、神灵力主通婚等内容，是难得的故事壁画珍品。

（五）传统壁画

西藏古建筑装饰中许多所绘的图案及形式内容都已经约定俗成，被人们广泛接受和传承。这些图案内容也多与宗教有关，当然也有世俗内容的图案，图案绘画艺术具有浓郁的民族特色。

1．《圣僧图》

《圣僧图》又称《防火轮图》，是藏传佛教的传统壁画之一，由海水、莲花、鸟、经书和宝剑组成，这些花鸟等物都具有独特的意义（图13-4-2）。

2．《六长寿图》

这个图案一般绘于寺院殿宇或活佛、僧人居住的小楼门口的墙壁上。画面上有老人、仙鹤、鹿、树木、河水、岩石等，这些素材都被认为是吉祥长寿之物，整幅图给人一种祥和宁静的感觉（图13-4-3）。

3.《长寿老人图》

这个图案常绘于殿宇或住宅内。整个画面呈现出一种静谧和平、其乐融融的氛围。

4.《十象图》

《十象图》又称《九住心图》。图案由僧人、大象、猴子、兔子、火焰、绫罗、钺、白螺、宝镜、桃树等组成，用来比喻学习佛法的九个阶段（图13-4-4）。

5.《阿孜热牵象图》及《蒙人驭虎图》

这个图案有它的特定位置，旧西藏这个图案出现在大户人家大门内门廊两侧墙壁上，如今一般较为讲究的藏族家庭门廊内侧也画这个图案。

这个图案表达的思想是：阿孜热牵象图（图13-4-5）为招财进宝的意思，其朝向对准门内。蒙人牵虎图（图13-4-6）为邪恶出门，其朝向对

准门外，这两个朝向绝对不能出错。

6.《和睦四兄弟图》

《和睦四兄弟图》又称《敬长图》、《和气四瑞图》，是一种常见的图案。常绘于活佛寝室或小殿堂的壁面上，也出现在藏柜面板上。此图根据一个民间故事绘制而成。故事中讲到，四个动物生活在一个好地方，为谁最先来到、谁是这里的主人引起一场争执，最后大家认为相互和好相处最为现实。绘画是把它们和睦相处的这一结果场面用绘画形式表现出来，藏族家庭装饰中出现这个图案，表达了人们希望团结和睦、幸福吉祥的美好心愿（图13-4-7）。

7.《七政宝图》

七政宝又称"国政七宝"或"轮王七宝"，一般出现在寺院墙壁和僧舍、俗人的住宅等。这个图案是根据佛经中所说的古代轮王统治时代国力强盛、天下安泰的标志。其象征意义是四方归一统，国君具备为黎民百姓带来幸福安康生活的治国才能（图13-4-8）。

图13-4-2　圣僧图

图13-4-3　六长寿图

图13-4-4　十象图

图13-4-5　阿孜热牵象图

图13-4-6　蒙人牵虎图

图13-4-7　和气四瑞

图13-4-8 七政宝图

图13-4-9 八瑞物图

金轮宝：金轮的图案、色彩、形状与法轮相同，象征着轮王至高无上的尊严，金轮的转动可以使其他六宝随之。

白象宝：白色大象肌肤如玉，两根象牙挂在嘴头上，额头宽大光亮，用珍宝织成的头饰打扮得高贵典雅。白象力大顶万斤，冲向沙场，所向披靡。

绀马宝：绀马身上光亮的藏青色毛，美如孔雀羽毛，绀马一声嘶叫传向四面八方。机智的绀马善解骑士之心，驰骋如疾，一日能转世界三周。

神珠宝：神珠宝的蓝色光芒可以照亮八十由旬之远的地方。神珠可以解除四部洲存在的所有贫困，让众生的心愿如愿以偿。

玉女宝：玉女体姿婀娜，心灵聪慧，语言温和，具备贤女八德，娴熟六十四项技艺。玉女身着盛装，美德无比，人人无不倾心，是众生悦意的"珍宝"。

臣相宝：也称"主藏臣宝"，是轮王的左膀右臂，辅佐国王治国安邦。臣相必须具备恭敬国王、有胆有识、深信业果、德才兼备的特点。

将军宝：也称"主兵宝"。是英勇善战、机智灵敏的将军，具备无畏铠甲、能彻底消灭敌人的威名。

8.《八瑞物图》

藏族把镜子、奶酪、长寿茅草、木瓜、右旋海螺、牛黄、黄丹和白芥子这八种物当成吉祥品。这八瑞物的名字来源于释迦牟尼出家后，苦行六年里神仙送给他的物品，从那以后人们将表示祝愿的八种物叫"八瑞吉祥物"。"八瑞物"图案出现在唐卡、壁画、家具等物品上，作为吉祥装饰（图13-4-9）。

镜子：天母送给释迦牟尼显示正道的镜子。

奶酪：妙生女神把五百头黄牛乳中提炼出来的精华献给了释迦牟尼。

长寿茅草：婆罗门贡送给释迦牟尼的吃了没有烦恼、长生不老的长寿茅草。

木瓜：树母神送给释迦牟尼的木瓜，吃了可以摆脱烦恼、长生并升到天界。

右旋海螺：天神之王把右旋海螺送给释迦牟

尼，以摧毁世间一切不正确的见解。

牛黄：护地神送给释迦牟尼的牛黄，表示从烦恼、痛楚、恶趣苦和毒箭中解脱出来。

黄丹：地母送给释迦牟尼的黄丹，表示未解脱轮回的一切众生会脱离轮回。

白芥子：密主金刚手给释迦牟尼的白芥子，能破除天魔与死魔，可以获得金刚身。

9.《八吉祥图》

八吉祥图，藏语称"扎西达杰"，是藏族绘画里最常见而又赋予深刻内涵的一种组合式绘画精品。大多运用在壁画、金银铜雕、木雕形式中，这八种吉祥物的标志与佛陀或佛法息息相关（图13-4-10）。八吉祥图及其含义如下。

宝伞：古印度时，贵族、皇室成员出行时以伞避阳，后演化为仪仗器具，寓意为至上权威。佛教以伞象征遮蔽魔障，守护佛法。藏传佛教亦认为，宝伞象征着佛陀教诲的权威。

金鱼：鱼行水中，畅通无碍。佛教以其喻示超越世间、自由豁达、得以解脱的修行者。藏传佛教中，常以一种金鱼象征解脱的境地，又象征着复苏、永生、再生等含义。

宝瓶：藏传佛教寺院中的瓶内装净水（甘露）和宝石，瓶中插有孔雀翎或如意树。既象征吉祥、清静和财运，又象征俱宝无漏、福智圆满、永生不死。

莲花：莲花出淤泥而不染，至清至纯。藏传佛教认为莲花象征着最终的目标，即修成正果。

白海螺：佛经记载，释迦牟尼说法时声震四方，如海螺之音。故今法会之际常吹鸣海螺。在西藏，以右旋白海螺最为尊崇，被视为声名远扬三千世界的象征，也象征着"达摩"（动人的乐曲）回荡不息的声音。

吉祥结：吉祥结原初的意义象征着爱情和献身。按佛教的解释，吉祥结还象征着如果跟随佛陀，就有能力从生存的海洋中打捞起智慧珍珠和觉悟珍宝。

胜利幢：为古印度时的一种军旗。佛教用幢寓意烦恼摹根得以解脱、觉悟得正果。藏传佛教更用其比喻十一种烦恼对治力，即戒、定、慧、解脱、大悲、空、无相、无愿、方便、无我、悟缘起、离偏见、受佛之德加持的自心自情清静。

图13-4-10　八吉祥图

图13-4-11　几何图案

法轮：古印度时，轮是一种杀伤力很大的武器，后为佛教借用，象征佛法像轮子一样旋转不停，永不停息。

这八种图案可以单独成形，也可以绘制成一个整体图案，这种整体图案在藏语中称"达杰朋苏"，意为宝瓶状吉祥八宝图。

二、建筑装饰的图案

除了壁画，西藏古建筑内外无一不经过细致的装饰画处理，如外墙面上彩绘、雕刻，建筑内部梁柱等木构件上以及天花板等部位的雕刻、彩绘等。这些装饰画的图案，有很大一部分在前文介绍的壁画内容中进行了介绍。此外，总结西藏建筑中的装饰图案，按其表现内容可以分为几何图案、植物图案、动物图案、文字图案及传统图案等。

（一）几何图案

几何装饰图案是以三角形、方形、圆形、菱形等简单几何形为基本形，通过不同方向上的扭转、交错组合形成图案单元。复杂的几何图案，还在图案中融入直线、圆弧和方格等元素，再通过套叠、扭结、连接等各种组合方式派生得出。常见的几何图案有日月符、云纹、水波纹、几字纹、长城纹、菱形纹、网格纹等，这些图案或单独存在或复合构成，常作为一种边饰图案运用于建筑的雕刻、彩绘及织物装饰之中（图13-4-11）。

图13-4-12　日月符

1．日月符

太阳和月亮是藏传佛教中重要的星相象征，日在上，月在下，日月一起象征日月交辉。常用红色或金色绘太阳代表阴性的智慧，白色绘月亮代表阳性的方法和慈悲。日月符是受苯教影响的地区常见的装饰符号，常绘于女儿墙或大门上（图13-4-12）。

2．堆经

"堆经"是西藏古建筑中一种特有的装饰手法。在重要殿堂的门框上雕刻出一种向外堆砌的小方格，成组的小方格整齐排列，凹凸不平的堆经是层层堆叠的佛经经卷的形式，藏语中称这对图案为"白玛曲杂"，是西藏古建筑中一种特有的装饰手法，常用于梁、门窗框的装饰（图13-4-13）。

3. 吉祥结纹

佛教寺院中门窗上使用的香布、门廊上的大型遮阳织物，常用吉祥结纹配合不同的色彩来进行装饰，吉祥结又称无尽意结，是藏族八吉祥宝之一，图形由对称的直角和缠绕的线条组成，象征实相存在的本质，有连绵不断的意思（图13-4-14）。

4. 水波纹、云纹

水波纹、云纹常作为壁画的配饰出现，在建筑中，主要用于梁、柱头、雀替及斗栱上，是受汉式建筑的影响，取其厌火之意（图13-4-15）。

5. 长城箭垛纹

长城箭垛纹一般用在藏柜、佛龛、方桌等雕饰花纹中，图案显得庄重、规整，有较好的装饰效果（图13-4-16）。

（二）植物图案

植物图案是藏族吉祥图案中非常重要的一类图案，常以具象图案或抽象纹样的形式出现于建筑壁

图13-4-13 经堆(喇嘛岭寺)

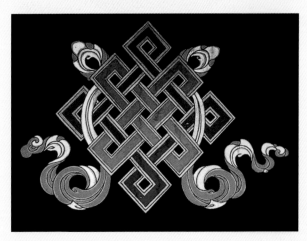

图13-4-14 吉祥结

喇嘛岭寺

拉加里王宫

图13-4-15 云纹

图13-4-16 长城纹

画、装饰彩绘及各类雕刻之中。常见的图案有莲花、木瓜、长寿茅草、石榴、格桑梅朵、奶酪、松柏、如意树、牛黄等，纹样有狗鼻子纹、忍冬纹、卷草纹、宝相花、缠枝藤纹、福禄寿三多纹、牡丹纹、菊花纹、梅花纹等。下面简要介绍几种比较常见的植物图案。

1. 莲花

"莲花"是吉祥八宝中最知名的吉祥图案之一。莲花不生长在藏区，因此在藏族吉祥绘画中，只有它程式化的画法，其形式有很多种，可以被描绘为四瓣、八瓣、十六瓣、百瓣、千瓣，可以盛开或是没有盛开，盛开的莲花可以是白色、黄色、蓝色，其中以白色和粉红色莲花最为常见。莲花图案作为装饰在西藏古建筑中出现频率极高，除了绘画外，还常以雕刻的形式出现。例如高等级的寺院建筑中，大厅的柱头常做成莲瓣的形式，再如建筑的门窗框常雕刻莲花堆经图，莲花瓣与堆经图案成对出现，并且要求不能错位，装饰效果极为独特（图13-4-17）。

2. 四季花图案

四季花图案一般出现在藏式大柜面板上，一个面板画一季花，共计四扇面板，其装饰效果很好，深受藏族农牧民喜欢。

图13-4-17 莲花纹样

图13-4-18 长寿茅草　　　　　　　　图13-4-19 狗鼻子纹

3. 长寿茅草

长寿茅草又称枯夏草，其生命力非常顽强，被砍伤、晒干后一经遇水，马上便会再发出新芽来，因此藏族人民视其同金刚萨埵般永恒不朽，用它来象征或祈求长寿，是藏族民间常见的装饰图案（图13-4-18）。

4. 狗鼻子纹

狗鼻子纹，也称"回旋纹"，"卷草纹"。纹路与汉式建筑中的卷草纹有很相似的特点，是藏族地区特有的装饰图案。狗鼻子纹或单独或成组出现，线条圆润而流畅，粗细变化有致，在轻重急缓的变化中，显示出很强的节奏感、主要用于柱头、梁枋、帐篷的顶饰和边饰（图13-4-19）。

5. 格桑梅朵

藏语里面"格桑"代表幸福，"梅朵"是花的意思。格桑梅朵是青藏高原上最普遍、最常见的花，被藏族人民视为象征着爱与吉祥的圣洁之花。用"格桑梅朵"作为装饰图案，寄托了藏民对美好幸福生活的向往。

6. 福禄寿三多

福禄寿三多又称"三仙"，由石榴、桃子和佛手组成，寓意多子、多寿、多福，常用于唐卡图案和壁画纹样。

（三）动物图案

动物图案在藏族装饰图案中多以具象形态出现，它的题材选择上不仅包括本土文化的精髓还受到汉族文化及佛教文化的影响，图案内容主要分为以下三类：

图13-4-20 牦牛图案

图13-4-21 龙纹

图13-4-22 鹿纹

1. 西藏本土的动物图案

源于藏族本土的动物图案有猕猴、牦牛、羊、龟等。猕猴或牦牛形象在西藏古建筑中大量出现，它们是有关藏族祖先由猕猴所变及藏族为六个牦牛部落后裔的神话与传说的直接反映，从它们身上折射出早期藏族祖先化身信仰及图腾崇拜的民族心理（图13-4-20）。

2. 受汉族文化影响的动物图案

受到汉族文化影响的动物图案有龙、鹿、蝙蝠、凤、鹤等，其所含的寓意也与汉族相仿。龙是中华各民族共同敬奉的祖先，在藏族寺院、宫殿建筑中经常可以见到用龙作为主要题材的装饰图案，龙纹装饰普遍运用在柱身、梁、弓木以及大门门扇上。藏族人民将龙视为水神、财神，故龙纹常与云纹、水波纹相互配合出现，成为地位、财力的象征之物（图13-4-21）。

鹿也是宗教建筑中常见的装饰题材，相传佛祖说法，吸引出森林中的鹿来聆听，从此鹿便皈依佛法，由此还衍生出"祥麟法轮"图案，双鹿平和、顺从地默跪在金轮两侧，公鹿在右，母鹿在左，有时公鹿被画成独角的犀角鹿或犀牛，该图在寺院屋顶、女儿墙上、屋脊上随处可见（图13-4-22）。

3. 随佛教文化传入西藏的图案

随佛教文化传入西藏的图案有狮子、大象、老

图13-4-23 虎纹（喇嘛岭寺）

图12-4-24 敏珠林寺石狮（上），扎什伦布寺狮子头（下）

虎（图13-4-23）、大鹏、摩羯鱼等。狮子是"百兽之王"，是权利和威严的象征，另外狮子还是佛教文化的神兽，是文殊菩萨的坐骑，在高等级的佛教寺院建筑中，大门的门楣上常雕刻狮子头，每尊狮子头的形态体态均不相同（图13-4-24）。大象是力量的象征，尤其白象是极具神性的动物，前文介绍过的：《阿孜热牵象图》就是代表作品。大鹏又名金翅鸟或琼钦鸟，是古印度传说中的一种神鸟，其相貌丑陋，结合了人与鹰的形态，有勇猛、正义的含义（图13-4-25）。摩羯鱼为佛教中的一种神鱼，龙首鱼身，有一个长而弯的鼻子，据说是龙的一种，西藏佛教建筑屋顶檐角上常饰摩羯鱼，作用同汉式屋角角梁上的仙人走兽（图13-4-26）。

（四）文字图案

文字图案是将梵文、藏文字母或汉字符号单一

图13-4-25 金翅鸟（大昭寺）

图13-4-26 摩羯鱼（扎什伦布寺）

图13-4-27 文字装饰（白居寺）

或顺序排列所组成的一种装饰图案，常绘以不同颜色进行装饰，并在周边配饰纹样。文字图案内容主要有，吉祥文字，如福、禄、寿、喜；佛经中经典的段落或咒语，如六字真言、十相自在；有吉祥寓意的字符纹样，如"卍"字纹、"丁"字纹、"回"字纹等。

1. 六字真言

此图案是藏区使用最多、最为常见的装饰题材，它是由六个梵文字母组成，读音为唵、嘛、呢、叭、咪、吽。六字真言作为宗教思想的装饰题材，是藏传佛教最尊崇的咒语之一，有着太平、吉祥、祈福避难的寓意，通常以雕刻的方式出现在建筑构件上。例如墙身上镶嵌的玛尼石上通常都刻有六字真言，佛教寺院的天花板、柱头、斗栱、梁身、门窗框上也经常浅刻六字真言，并绘不同颜色作为装饰（图13-4-27）。

2. 十相自在

十相自在意为"十相具全"，也就是佛经所说的"自在之权"，该图案是由具有神圣力量的10个符号，7个梵文字母和日、月、圆圈3个图形组

成。每个符号代表一个自在，象征着人体的各个部位与物质世界的各个部分，还绘以五种不同的颜色予以区分，象征着宇宙世界的五种基本元素：水、火、风、地、空。图案底部有莲花底座，周边配饰莲瓣等纹样，组合成饱含宗教意义的吉祥图案，常绘于西藏寺院建筑中的柱头、弓木、椽头、枋木、经幢、门窗之上用以保佑平安，躲避灾祸（图13-4-28）。

3. 卍字纹

"卍"又称雍仲符，是藏族本土宗教苯教的密语之一，有永恒、永生、长存的含义，象征着吉祥、仁爱，在古代还被认为是太阳和火的象征。太阳神是藏族苯教最大的神灵，而"卍"作为太阳的代表，成为建筑装饰中重要的构成元素之一。"卍"字纹饰有单图也有连图，有左旋也有右旋的，用于佛像上的"卍"字纹是向左旋转的。用在建筑不同位置的"卍"字纹，表达的意义往往不同，例如画在屋基上，是祈求建造的房屋结实，绘于房门上，是为了祈求平安，抵挡天灾人祸，绘在厨房墙面上，是为了祈求灶神保佑（图13-4-29）。

4. 寿字纹

寿字纹是汉族民间极为常见的吉祥纹样，意为长寿、延年，汉文化传入藏区后，寿字纹也被藏族装饰艺术所借鉴、吸收，与其在汉文化中的意义相同，同样表达着藏族人民对健康、长寿、幸福美满

图13-4-28　十相自在　　　　　　　　　　　　　　图13-4-29　卍字符

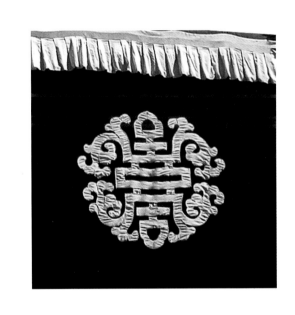

图13-4-30　寿字纹

的追求。寿字纹常用于装饰椽头、柱头、斗栱，有时同"卍"字纹、日月等图形一起用宝石铺于阿嘎土地面上，有装饰、祈福之意（图13-4-30）。

（五）传统图案

除了前文介绍的各种类型的装饰图案，西藏古建筑装饰中也有许多约定俗成的图案，这些图案内容也多与宗教有关，当然也有世俗内容的图案。

1. 五妙欲图

五妙欲图案在藏族人民生活中常见，主要绘制在柱、梁、藏柜等上面，也有雕刻在木质、金属质作品上，如酥油供灯等（图13-4-31）。主要含义

指：（1）眼识取镜，表示体形美丽的镜子。（2）耳根器官听到发出美妙音乐的乐器。（3）舌器官以舌尝味道鲜美而富有营养的食物供品。（4）触觉器官所感受的柔滑触或粗涩触，表示绸罗。（5）鼻器官以鼻腔感受的香觉表示香炉生烟。

2. 十字金刚杵图

十字金刚杵共有四种颜色，它象征众生从痛苦和贪恋中解脱地来，生活过得幸福。白颜色象征病难、烦恼和一切波折都静止；黄颜色象征繁荣昌盛；红颜色象征男女众生丰衣足食；绿颜色象征阻止一切痛苦和危难（图13-4-32）。

图13-4-31　五妙欲图

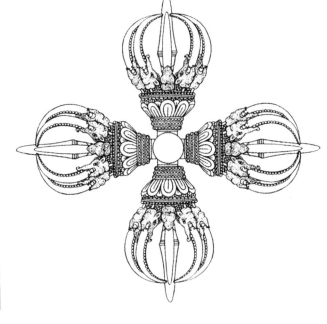

图13-4-32 十字金刚杵

图13-4-33 喜旋纹

3. 喜旋宝图

喜旋的形状与古代中国的阴阳图类似，但其旋转的中心点通常由三个或四个部分组成，以彩绘的形式出现在梁柱、椽头及墙身装饰中。常见有三种喜旋宝图案，双旋喜旋图表示智息和方法；三旋喜旋图表示上士、中士、下士，表示经过修行而得到解脱；四旋喜旋图表示喜、胜喜、殊胜喜、具胜喜，表示吉祥安乐的意思（图13-4-33）。

4. 八仙图

汉族古代神话中八位神仙各自时常携带的八件物品，作为美术装饰在藏族建筑装饰图案中出现。

这八件物品成为一种组合画在藏柜边沿作为装饰，有的在佛龛装饰中以雕刻作品出现。八仙图已经成为藏族传统建筑中的装饰图案受到藏族人民的喜爱。

5. 六昇座

六昇座图案是法座靠背正面上或绘或雕的美术作品，一般在释迦牟尼画像中佛陀的法座都是六昇座，这是一种非常高贵的待遇，法座由狮子支撑，狮子象征大无畏，因此佛的法座也称狮子座。靠背上从上至下有大鹏、龙（水精、上半身为人形，下半身为龙形）、巨鳌、少年、独角麒麟、大象。这一组象征佛教中的六般若。在唐卡画中，最讲究的佛陀法座，常常绘成六昇座，一般都以简化的靠背图案出现。

6. 风马图

风马图案，中间是奔走的马，大多一匹，也有两匹、四匹，马背上驮着摩尼珠宝，上有日月，四角有大鹏、龙、狮、虎。风马旗源于对动物灵魂的崇拜，也是藏族祭祀文化的一种形式，它代表着驱灾避祸、敬畏神灵。将风马图印在红、黄、蓝等各色经幡上，用以祭神招福，祈求平安。

西藏古建筑地点及年代索引

名称	类型	地点	建成年代	材料结构	规模	文物等级
寺院						
大昭寺	寺院建筑	拉萨市	唐	石木混合	占地面积约 2.51 万平方米	国家级
小昭寺	寺院建筑	拉萨市	唐	石木混合	占地面积约 4000 平方米	国家级
甘丹寺	寺院建筑	拉萨市达孜县	明	石木混合	2 大殿，2 扎仓，活佛拉章，23 康村	国家级
色拉寺	寺院建筑	拉萨市	明	石木混合	措钦大殿、3 座扎仓、30 个康村	国家级
哲蚌寺	寺院建筑	拉萨市	明	石木混合	措钦大殿，四大扎仓和甘丹颇章等部分	国家级
聂唐卓玛拉康	寺院建筑	拉萨市曲水县	宋	石木混合	双重寺墙，主体建筑 2 层	国家级
热振寺	寺院建筑	拉萨市林周县	宋	石土木混合	占地面积约 1.5 万平方米，由措钦大殿、热振拉章、塔群等组成	自治区级
默如宁巴寺	寺院建筑	拉萨市	吐蕃	石木混合	东西长 52.5 米，南北宽 39.4 米，面积约 2057 平方米	自治区级
楚布寺	寺院建筑	拉萨市堆龙德庆县	元	石木混合	由上、下两寺组成	自治区级
桑耶寺	寺院建筑	山南地区扎囊县	唐	石木混合	建筑面积约 2.5 万平方米，平面布局依照曼陀罗形成	国家级
敏珠林寺	寺院建筑	山南地区扎囊县	明	石木混合	建筑面积 10 万平方米，平面呈不规则长方形	国家级
昌珠寺	寺院建筑	山南地区乃东县	唐	石木混合	建筑面积 4600 平方米，有 21 座拉康和转经回廊	国家级
扎塘寺	寺院建筑	山南地区扎囊县	1081~1093 年	石木土混合	依照坛城布局，现存主殿和外围墙	国家级
色喀古托寺	寺院建筑	山南地区洛扎县	1080 年	石木混合	由碉楼及佛殿等组成	国家级
拉隆寺	寺院建筑	山南地区洛扎县	唐	石木混合	占地面积约 1.4 万平方米，主殿高 3 层	自治区级
提吉寺	寺院建筑	山南地区洛扎县	14 世纪	石木混合	坐北朝南，由四柱门廊，面阔七间、进深五间的经堂组成	自治区级

名称	类型	地点	建成年代	材料结构	规模	文物等级
枯定拉康	寺院建筑	山南地区洛扎县	唐	石木混合	坐东向西，高2层，块石砌建墙体	自治区级
增期寺	寺院建筑	山南地区桑日县	1056年	石木混合	现存原佛殿、回廊、经堂，占地面积约200平方米	自治区级
扎什伦布寺	寺院建筑	日喀则市	明	石土木混合	占地面积约23万平方米，建筑面积约15万平方米	国家级
夏鲁寺	寺院建筑	日喀则寺	宋－元	石木混合	坐西朝东，平面呈长方形，南北约75米，东西约44米	国家级
白居寺	寺院建筑	日喀则江孜县	明	石木混合	以措钦大殿和白居塔为中心，外环围墙	国家级
萨迦寺	寺院建筑	日喀则萨迦县	宋－元	石土木混合	由南北两寺组成，南寺平面似坛城	国家级
平措林寺	寺院建筑	日喀则拉孜县	明	石木混合	寺院建筑坐西向东，由主殿、护法神殿等组成，周围错落分布僧舍	国家级
曲德寺	寺院建筑	日喀则吉隆县	10世纪	石木混合	建筑面积约1800平方米，东西长60米，南北宽30米	国家级
热拉雍仲林寺	寺院建筑	日喀则南木林县	1834年	石木混合	依山而建，由大、小集会殿，拉康，护法神殿、康村组成	自治区级
纳塘寺	寺院建筑	日喀则市	宋	石木土混合	占地面积约4.5万平方米，由外、中、内三重围墙	自治区级
托林寺	寺院建筑	阿里地区札达县	11世纪	土木混合	总平面呈十字折角形包括3座大殿，拉康、贡康等10座中小型殿堂以及僧舍、经堂、佛塔等建筑组成	国家级
科迦寺	寺院建筑	阿里地区普兰县	公元996年	土木混合	主要建筑为觉康和百柱殿，两殿前有广场	国家级
扎西岗寺	寺院建筑	阿里地区噶尔县	14~15世纪	土木石混合	占地面积约570平方米，布局带有军事色彩，外围有一圈壕沟	自治区级
查杰玛大殿	寺院建筑	昌都地区类乌齐县	元－清	石土木混合	殿高3层，经堂面积约1300平方米，内有64根圆柱	国家级
强巴林寺	寺院建筑	昌都市	明	土石木混合	由杜康、印经院、扎仓、康村、塔群、辩经场等组成	国家级
桑珠德钦寺	寺院建筑	昌都地区八宿县	1473年	土石结构	建筑面积约5000平方米，由拉康、扎仓、印经院、护法神殿、佛塔、马尼拉康等组成	自治区级
邦纳寺	寺院建筑	那曲地区索县	明	石木土混合	占地面积约1700平方米，主殿高2层，面积约760平方米	国家级

名称	类型	地点	建成年代	材料结构	规模	文物等级
赞旦寺	寺院建筑	那曲地区索县	1667 年	石木混合	占地面积约 2.6 万平方米,建筑面积约 1.2 万平方米	自治区级
邦荣寺	寺院建筑	那曲地区那曲县	1153 年	石木混合	占地面积约 7 万平方米	自治区级
布久寺	寺院建筑	林芝地区林芝县	7 世纪初	土木结构	占地面积约 1600 平方米,佛殿高 2 层,重檐歇山顶	自治区级
羌纳寺	寺院建筑	林芝地区米林县	1422 年	土石结构	主殿高 2 层,遗址面积约 8000 平方米	自治区级
宫殿						
布达拉宫	宫殿建筑	拉萨市	唐 – 清	石木混合	建筑面积约 13 万平方米	国家级
甘丹颇章	宫殿建筑	拉萨市哲蚌寺	1530 年	石木混合	占地面积 5700 平方米,由前、中、后三部分组成,主楼高 3 层	国家级
帕邦喀	宫殿建筑	拉萨市	唐	石木混合	建在山岩之上,占地面积越 300 平方米	自治区级
拉加里王宫	宫殿建筑	山南地区曲松县	13~14 世纪	石土木混合	遗址分布范围近 3 万平方米,现存王宫、仓库、拉康殿、广场、马厩、围墙等遗迹	国家级
雍布拉康	宫殿建筑	山南地区乃东县	西汉	石木混合	占地面积约 120 平方米	自治区级
乃东官寨	宫殿建筑	山南地区乃东县	14 世纪	石、土木混合	现为三级土台遗址,每台面积约 3000 平方米,呈阶梯形自南向北排列	
青瓦达孜宫殿遗址	宫殿建筑	山南地区琼结县	唐	石、土木混合	包括达孜、桂孜、扬孜、赤孜、孜母琼结、赤孜邦等六座宫殿,现仅存遗址	
札玛止桑宫殿遗址	宫殿建筑	山南地区扎囊县	8 世纪	石木混合	建筑面积 200 平方米,现为废墟	
羊孜颇章遗址	宫殿建筑	山南地区隆子县	13 世纪	石木混合	包括甲喇颇章、乃丹颇章、申门颇章、亨吉康、桑雍康等主要单元,现为遗址	
贡塘王宫	宫殿建筑	日喀则市吉隆县	11 世纪	土木混合	占地面积约 15.5 万平方米,有内、外两重城垣,现为遗址	县级
萨迦王宫	宫殿建筑	日喀则市萨迦县	宋 – 元	石土木混合	萨迦南寺的组成部分,面积约 1000 平方米	国家级
白姆（女王）宫殿遗址	宫殿建筑	日喀则市白朗县	吐蕃	土木混合	占地面积约 5 万平方米,东西长 250 米,南北宽 200 米	

名称	类型	地点	建成年代	材料结构	规模	文物等级
巴钦颇章遗址	宫殿建筑	日喀则市萨迦县	11 世纪	土木混合	平面呈梯形，东底边长 13.7 米、西底边长 35 米、南北腰边长 45 米，面积约 1000 平方米	
古格王宫	宫殿建筑	阿里地区札达县	11~17 世纪	土木混合	南北长约 210 米，东西最宽处 78 米多，最窄处仅 17 米，面积约 7100 平方米	国家级
噶朗王宫	宫殿建筑	林芝市波密县	13 世纪	石木混合	建筑面积约 1000 平方米，建筑具有工布地区建筑风格，现仅存宫殿基角等遗痕	
宗山						
当雄宗	宗山建筑	拉萨市当雄县	不详	土木混合	遗址	
琼结宗	宗山建筑	山南地区琼结县	明	土木混合	由宗山、居民区和寺院三部分组成，遗址面积约 1600 平方米	
贡嘎宗	宗山建筑	山南地区贡嘎县	元	石木混合	遗址面积约 5200 平方米，由三部分组成，其中西侧为宗府	
卡热宗	宗山建筑	山南地区浪卡子县	推测帕竹王朝时期	石木混合	遗址面积约 7000 平方米	
恰嘎宗	宗山建筑	山南地区桑日县	明－清	石木混合	由宗政府办公室、会议室、住房、经堂、佛殿、官府、监狱、碉楼、暗道等组成，遗址面积约 7000 平方米	
杰顿孜宗	宗山建筑	山南地区洛扎县	14~16 世纪	石木混合	现存环形防护墙、宗府楼、碉楼等建筑遗址，占地约 1130 平方米	
桑珠孜宗	宗山建筑	日喀则市	元	石木混合	原宗府建筑为 4 层平顶宫殿式，总高 120 余米，东西向展开面 230 米，主体建筑面积 490 柱，约折合 5880 平方米，遗址范围 5000 平方米	
江孜宗	宗山建筑	日喀则市江孜县	1904 年	石土木混合	由宗府、居住建筑、宗教建筑等 10 个建筑单体组成	国家级
日土宗	宗山建筑	阿里地区日土县	元	土木混合	由城墙、碉楼、城堡、宗政府建筑组成	
庄园						
朗赛林庄园	庄园建筑	山南地区扎囊县	明，帕竹王朝时期	石土木混合	主楼 7 层，高 22 米，占地 487 平方米，建筑面积约 1440 平方米，沿围墙分布附属建筑	国家级
鲁定颇章	庄园建筑	山南地区桑日县	17 世纪	石木混合	3 层藏式平顶碉房占地面积约 900 平方米	自治区级

名称	类型	地点	建成年代	材料结构	规模	文物等级
帕拉庄园	庄园建筑	日喀则市江孜县	20 世纪 30 年代	石土木混合	庭院围合式布局形式，北侧主体建筑 3 层，南侧附属用房 2 层，面积 4274 平方米	自治区级
拉鲁庄园	庄园建筑	拉萨市	清	石木混合	3 层"回"字形布局，建筑面积 1020 平方米	国家级
平康	庄园建筑	拉萨市	1843 年	石木混合	3 层高约 10.5 米，东西长约 38 米，南北进深 29.5 米，占地面积约 1140 平方米	市级
夏扎	庄园建筑	拉萨市	19 世纪	石木混合	中部为庭院宽 24 米，进深 21 米，主体建筑位于北部，3 层约 9.5 米，两侧及南面为 2 层带连廊的辅助建筑，总建筑面积约 3700 平方米	市级
拉让宁巴	庄园建筑	拉萨市	17 世纪中期	石木混合	3 层，东西最宽处为 35 米，南北最长处为 32.6 米，占地面积 1047 平方米，建筑面积约 2000 平方米	国家级
林卡						
罗布林卡	林卡建筑	拉萨市	清	石木土混合	占地 36 公顷，三大颇章建筑，300 余间房屋	国家级
宗角禄康林卡	林卡建筑	拉萨市	清	石木土混合	占地 300 余亩，鲁神阁高 3 层	
拉加里王宫林卡	林卡建筑	山南地区曲松县	13~14 世纪	石木混合	原建筑包括宫墙、浴池及宫殿等，现仅存四合院式宫殿，面阔 18 米，进深 4 米	国家级
贡觉林卡（东风林卡）	林卡建筑	日喀则市	1825 年	石木混合	规模仅次于罗布林卡，包括佛堂、金殿、护法神殿等建筑，1954 年被水灾所毁，现为人民公园	
德庆格桑颇章林卡	林卡建筑	日喀则市	1954 年	石木混合	占地 50 万平方米，有新宫和旧宫建筑	自治区级
德吉林卡	林卡建筑	山南地区琼结县	17 世纪	石木土混合	占地 5000 平方米，原有卧室、休息亭、第巴森康以及阿仲康巴等建筑，现仅存遗址	
鲁定林卡	林卡建筑	山南地区桑日县	17 世纪	石木混合	占地约 3000 平方米	
朗赛林庄园林卡	林卡建筑	山南地区扎囊县	明，帕竹王朝时期	石木混合	占地约 1000 平方米	国家级
次觉林卡	林卡建筑	拉萨市	1790 年	石木土混合	占地面积约 400 平方米，是次觉林寺活佛的夏宫，属于自然林卡	市级
罗赛林扎仓林卡	林卡建筑	拉萨市	1416 年	石木混合	占地面积约 300 平方米，为罗赛林扎仓的辩经场	国家级

名称	类型	地点	建成年代	材料结构	规模	文物等级
<td colspan="7" align="center">民居</td>
德林康萨	民居建筑	拉萨市	清	石、土木混合	主体建筑 600 平方米	市级
扎其夏	民居建筑	拉萨市	清	石、土木混合	主体建筑 500 平方米	市级
格孜夏	民居建筑	拉萨市	清	石、土木混合	建筑规模较小，平面接近方形，在建筑内部设置天井及回廊	市级
樟木夏尔巴人民居	民居建筑	日喀则地区樟木镇	20 世纪	石木混合	建筑面积约 200 平方米，2 层	
扎西次仁窑洞民居	民居建筑	阿里札达县	20 世纪	土石木混合	窑洞建筑顶部加建平顶建筑与回廊，形成一个两层的结构，建筑面积约 100 平方米，现已废弃	
<td colspan="7" align="center">桥梁</td>
热索桥	桥梁建筑	日喀则市吉隆县	清	铁索桥	桥索长近 100 米	
比如木桥	桥梁建筑	那曲地区比如县	16 世纪	多跨木桥	由南北两座桥组成，全长 146 米。南桥全长 91 米，3 个桥墩，北桥全长 51 米，桥面宽 2.05 米，从一个桥墩单向伸出	自治区级
西午朗文桥	桥梁建筑	山南地区错那县	不详	多跨木桥	北侧长 9.5 米，南侧长 24 米	
乃桑桥	桥梁建筑	山南地区错那县	不详	单跨木桥	桥跨度为 10.25 米、桥宽为 2 米，伸臂共有三级	
拉加里王宫栈桥	桥梁建筑	山南地区曲松县	13~14 世纪	木栈桥	沿王宫外山崖修建，悬挑 1.2 米左右	国家级
墨脱县德兴藤网桥	桥梁建筑	林芝市墨脱县	12 世纪	藤索桥	长约 200 米，横截面呈"U"形，高 1.5 ~ 1.8 米，上端 0.7~1 米	自治区级
宗雪铁索桥	桥梁建筑	拉萨市墨竹工卡县	14 世纪	铁索桥	1 号桥长 65 米，宽 2.5 米，2 号桥长 24 米，宽 2.4 米	自治区级
娘果竹卡铁索桥	桥梁建筑	山南地区乃东县	14 世纪	铁索桥	南北排列的 5 个桥墩，推测长 150 米	自治区级
日吾其铁索桥	桥梁建筑	日喀则市昂仁县	14 世纪	铁索桥	由东、中、西 3 座桥墩，桥全长 90 米，宽约 1 米	自治区级
彭措林铁索桥	桥梁建筑	日喀则市拉孜县	15 世纪	铁索桥	共有 4 个桥墩，由南向北跨度分别约 45 米、124 米、48 米	自治区级
拉孜铁索桥	桥梁建筑	日喀则市拉孜县		铁索桥	由东西两 2 铁索桥组成，分别有两座桥墩，西桥跨度为 62 米，东桥跨度不详	自治区级

名称	类型	地点	建成年代	材料结构	规模	文物等级
旁多铁索桥	桥梁建筑	拉萨市墨竹工卡县	15 世纪	铁索桥	共一跨，全长约 21 米，宽 1.1 米	自治区级
香曲铁索桥	桥梁建筑	日喀则市南木林县	15 世纪	铁索桥	桥面跨距 55.7 米，桥体横截面呈"U"形，面宽 0.9 米，高 0.9 ~ 1.3 米。桥两端分别建有桥头堡	自治区级
琉璃桥	桥梁建筑	拉萨市	清	石桥	五孔梁桥，跨度 28.3 米，桥面宽 6.8 米。桥上建有歇山式建筑，形成桥廊	自治区级
罗布林卡石桥	桥梁建筑	拉萨市	清	石桥	东桥四跨，西桥三跨，每跨净跨度大约在 1.5 米左右，桥宽均约 1.8 米	国家级
碉楼						
色喀古托寺	碉楼建筑	山南地区洛扎县	1080 年	石木混合	寺院东西长 98 米，南北宽 48 米，中部碉楼 9 层，高 28 米	国家级
曲许碉楼	碉楼建筑	山南地区洛扎县	14 世纪	石木混合	分布在曲许夏、曲许努、程等三个自然村，自西向东共有 80 座独立碉楼	自治区级
门塘碉楼	碉楼建筑	山南地区洛扎县	14 世纪	石木混合	沿门塘居委会门塘沟两侧山坡上从南至北排列共 24 座	自治区级
秀巴碉楼	碉楼建筑	林芝市工布江达县	唐末	石木混合	由主楼与附属建筑组成的碉楼群，共有 5 座碉楼。碉楼现存高度都在约八九层，总高 20 余米	自治区级
乃龙碉楼群	碉楼建筑	日喀则市聂拉木县	15 世纪	土木混合	自乃龙乡乃龙村东北约 800 米，由北向南分布共 14 座碉楼遗址	
下达村碉楼群	碉楼建筑	日喀则市聂拉木县	15 世纪	石木混合	残高 3 ~ 5 米，南北宽 7.55 米，东西长 8.30 米	
春都村碉楼群	碉楼建筑	日喀则市聂拉木县	15 世纪	土木混合	自门布乡麦春都村驻地东约 50 米，东南向西北分布共 37 座碉楼，分布面积约 3000 平方米	
扎西岗碉楼群	碉楼建筑	日喀则市定结县	16 世纪	石木混合	共有 2 座碉楼遗址，占地面积约 59.53 平方米	
格西碉楼群	碉楼建筑	山南地区隆子县	14 世纪	石木混合	残留 4 层，残高 9 米左右	
曲吉巴碉楼	碉楼建筑	山南地区隆子县	14 世纪	石木混合	现存 7 层，每层高 4 ~ 5 米不等，残留高约 35 米	
羊孜碉楼	碉楼建筑	山南地区隆子县	15 世纪	石木混合	现存 7 层，残高约 15 米	
诺米碉楼	碉楼建筑	山南地区加查县	15 世纪	石木混合	内部东西长 4.8 米，南北宽 3.5 米，底层面积 16.8 平方米	

名称	类型	地点	建成年代	材料结构	规模	文物等级
邛多江碉楼	碉楼建筑	山南地区曲松县	15 世纪	石木混合	邛多江河的西岸高台地上大致呈南北分布 3 处高碉遗址	
乃西碉楼	碉楼建筑	山南地区措美县	12 世纪	石、土木混合	共发现 10 座，其中达玛村内 3 座，当巴村内 3 座（龙嘎果山平缘），扎日村内 2 座，太巴村内 2 座	自治区级
桑玉碉楼	碉楼建筑	山南地区洛扎县	12 世纪	石木混合	分布于色乡桑玉村委会东南山坡及鲁自然村南侧，共 18 座碉楼	自治区级
错那种类碉楼	碉楼建筑	山南地区错那县	宋－明	石木混合	保存较好的碉楼式民居共 13 处，其中库局乡 4 处，曲卓木乡 7 处，勒乡 4 处	自治区级
巴日碉楼	碉楼	山南地区洛扎县	13 世纪	石木混合	组合碉楼	自治区级
植邢碉楼	碉楼建筑	山南地区洛扎县	13 世纪	石木混合	分布于距巴乡柏日村委会吾雪自然村东面约 800 米觉莫日山坡上，自西向东共有 6 座	自治区级
仲萨碉楼	碉楼建筑	山南地区错那县	14 世纪	石木混合	东西宽 3.9 米，南北宽 1.5 米，残高 30 米左右，10 层	
才木碉楼	碉楼建筑	山南地区隆子县	14 世纪	石木混合	雪萨乡才木村委会辖内觉昂等自然村内，共 5 座	

（西藏地广人稀，古建筑众多，尚有大量古建筑未确定保护等级。以上统计是根据在西藏考察和调研中根据当地工作人员和居民了解到的情况编辑整理。）

参考文献

[1] 索南坚赞. 西藏王统记. 刘立千译注. 北京：民族出版社，2000年.

[2] 赵志忠. 清王朝与西藏. 北京：华文出版社，2000年.

[3] 尹伟先. 明代藏族史研究. 北京：民族出版社，2000年.

[4] 赵改萍. 元明时期藏传佛教在内地的发展及影响. 北京：中国社会科学出版社，2009年.

[5] 藏族简史编写组. 藏族简史. 拉萨：西藏人民出版社，1985年.

[6] 久米德庆. 汤东杰布传. 德庆卓嘎，张学仁译. 拉萨：西藏人民出版社，2002年.

[7] 觉囊达热那特. 后藏志. 佘万治译. 阿旺校订. 拉萨：西藏人民出版社，1994年.

[8] 黄沛翘－松筠. 西藏图考－西招图略. 李宏年，吴丰培等校订，拉萨：西藏人民出版社，1982年.

[9] 才让. 吐蕃史稿. 兰州：甘肃人民出版社，2007年.

[10] 宿白. 藏传佛教寺院考古. 北京：文物出版社，1996年.

[11] 帕白·次旦平措，诺章·吴坚，平措次仁. 西藏通史——松石宝串. 陈庆英等译. 拉萨：西藏古籍出版社，2008年.

[12] 王森. 西藏佛教史略. 北京：中国社会科学出版社，1987年.

[13] 牙含章. 达赖喇嘛传. 北京：人民出版社，1984年.

[14] 刘立千. 续藏史鉴. 华西大学出版社，1989年.

[15] 杨嘉铭，赵心愚，杨环. 西藏建筑的历史文化. 西宁：青海人民出版社，2003年.

[16] 石硕. 吐蕃政教关系史. 成都：四川人民出版社，2000年.

[17] 西藏自治区建筑勘察设计院，中国建筑技术研究院历史所. 布达拉宫. 北京：中国建工出版社，1999年.

[18] 徐宗威. 西藏传统建筑导则. 北京：中国建工出版社，2004年.

[19] 次仁央宗. 西藏贵族世家. 北京：中国藏学出版社，2005年.

[20] 汪永平. 拉萨建筑文化遗产. 南京：东南大学出版社，2005年.

[21] 陈耀东. 中国藏族建筑. 北京：中国建工出版社，2007年.

[22] 张世杰. 藏传佛教寺院艺术. 拉萨：西藏人民出版社，2003年.

[23] 星全成. 藏族传统文化及其现代化. 西宁：青海人民出版社，2002年.

[24] 西藏自治区地方志编撰委员会. 西藏自治区文物志. 北京：中国藏学出版社，2011年.

[25] 次仁央宗. 西藏贵族世家. 北京：中国藏学出版社，2005年.

[26] 王尧，陈庆英. 西藏历史文化辞典. 拉萨：西藏人民出版社，1998年.

[27] 吴从众. 西藏封建农奴制研究论文选. 北京：中国藏学出版社，1991年.

[28] 木雅·曲吉建材. 西藏民居. 北京：中国建工出版社，2010年.

[29] G－杜齐. 西藏考古. 向红笳译. 拉萨：西藏人民出版社，1987年.

[30] 噶玛降村. 藏族万年大世纪. 北京：民族出版社，2005年.

[31] 张怡荪. 藏汉大辞典. 北京：民族出版社，1993年.

[32] 西藏自治区文管委－川大历史系. 昌都卡若. 北京：文物出版社，1985年.

[33] 珞巴族简史编写（修订）组. 珞巴族简史. 北京：民族出版社，2009年.

[34] 谢启晃，李双剑，丹珠昂奔. 藏族传统文化辞典. 兰州：甘肃人民出版社，1993年.

[35] 冯少华. 西藏嘛呢石刻. 北京出版社，2009年.

[36] 李方桂. 古代西藏碑文研究. 北京：清华大学出版社，2007年.

[37] 达仓宗巴·班觉桑布. 汉藏史集. 陈庆英译. 拉萨：西藏人民出版社，1986年.

[38] 杨辉麟. 西藏绘画艺术. 拉萨：西藏人民出版社，2009年.

[39] 霍巍. 西藏考古与艺术. 成都：四川人民出版社，2004年.

[40] 张江华，揣振宇. 雅鲁藏布大峡谷生态环境与民族文化考察记. 北京：中国藏学出版社，2007年.

[41] 陈庆英，高淑芬. 西藏通史. 郑州：中州古籍出版社，2003年.

[42] 牙含章. 达赖喇嘛传. 北京：华文出版社，2001年.

[43] 王尧编辑. 敦煌古藏文历史文书. 青海民族学院，1979年.

[44] 西藏社会历史调查资料丛刊编辑组. 藏族社会历史调查（一）～（五）. 北京：民族出版社，2009年.

[45] 西藏自治区地方志编纂委员会. 西藏自治区文物志. 北京：中国藏学出版社，2011年.

[46] 张江华. 试论西藏封建农奴制度的基本类型. 民族研究，1988，6.

[47] 龙珠多杰. 藏传佛教寺院建筑文化研究. 中央民族大学博士论文，2010年.

[48] 郭敏丽. 藏传佛教的社会功能. 攀登双月刊，2010，5.

[49] 牛婷婷，汪永平. 西藏寺院建筑平面形制的发展演变. 西安建筑科技大学学报，2011年30卷3期.

[50] 周晶，李天. 西藏宗山建筑探源. 西藏大学学报，2008，12期.

[51] 王斌. 西藏宗山建筑初探. 南京工业大学硕士论文，2006年.

[52] 刘军瑞. 拉萨老城区官邸建筑研究. 西南交通大学硕士论文，2009年.

[53] 郑宇. 西藏庄园建筑及其案例研究. 清华大学硕士论文，2005年.

[54] 焦自云. 西藏庄建筑初探. 南京工业大学硕士论文，2006年.

[55] 土呷. 昌都地区建筑发展小史. 中国藏学，2003，1.

[56] 尼旦. 西藏古代墓葬遗存演变初探. 西藏大学学报，2010年25专刊.

[57] 拉毛杰. 藏传佛塔文化研究. 中央民族大学，2007年.

[58] 尼旦. 西藏古代佛塔历史沿革的初步研究. 西藏大学论文，2008.

[59] 高洁. 藏族天葬文化的伦理意义研究. 西北民族大学，2010年.

[60] 王望生. 西藏琼结县藏王诸陵调查简记. 文博杂志1989，5.

[61] 高城. 藏区玛尼石的渊源及神圣意蕴. 寻根2011（12）

后 记

2010年秋天，沈元勤同志到我办公室讲到出版《中国古建筑》丛书一事，并提出由我承担其中的《西藏古建筑》编写工作。由于西藏工作情结，更缘于对西藏建筑文化的兴趣和热爱，我一直把西藏建筑文化作为主要的研究方向之一，曾主编出版《西藏传统建筑导则》一书，在国内和国外举办近百场西藏建筑文化讲座，为弘扬和保护西藏建筑文化尽力。所以，听到这个事情，我欣然接受了邀请。

很快，我草拟了这本书的框架提纲和编写工作要求，约请了西藏大学、武汉大学、西南交大、山东建筑大学的老师，组成了编写组并明确了分工。魏伟负责第二章城乡聚落，邓传力负责第三章宫殿建筑和第四章寺院建筑，田凯负责第五章宗山建筑，陈颖负责第六章庄园建筑，雄瑛负责第七章林卡建筑，毛中华负责第八章民居建筑，蒙乃庆负责第九章桥梁建筑，强巴负责第十章碉楼建筑，黄凌江负责第十一章其他建筑，高宜生负责第十二章营造技术，吕俊杰负责第十三章装饰工艺。第一章总论由我主笔。

编写工作开始后，才感觉到这个事情比预想的要复杂，工作难度挺大。第一，远离西藏。除了西藏大学的同志，编写组的多数同志都在内地工作，进藏调研和工作比较困难。第二，不识藏文。要搞明白西藏古建筑的精髓，少不了查阅西藏历史、宗教、文化典籍，但翻译成中文的书籍很少。第三，没有经费。每次进藏调研的交通、住宿等费用很高。经费从哪里来一直都是难事。原来计划2年的编写工作时间，实际用了将近5年的时间。在这期间，大家克服了上述困难，团结协作，努力工作，表现出极高的责任心和工作热情。

2011年和2013年曾两次组织编写组进藏实地考察和收集资料，很多同志在集体考察之外，多次自行前往西藏调研。完成了拉萨、日喀则、山南、林芝，那曲、阿里、昌都等西藏7个地区（市）的考察和调研工作，收集了宝贵的基础材料，增强了对西藏历史文化的了解和认识。

为协调编写工作进度和提高编写工作质量，中国建工出版社和中国建筑学会在成都、济南、贵阳、广州、北京、拉萨先后召开了六次《西藏古建筑》编写工作会，反复讨论书稿框架提纲，研究西藏古建筑分类和章节内容，交流和探讨编写工作，听取西藏有关部门和专家的意见。

在2012年6月前后，形成了大部分章节的初稿。之后，大家按照编写工作会提出的修改意见，多次对初稿作了认真的修改完善。2013年10月，终于收齐了各章修改后的书稿。2014年上半年我对各章作了修改，调整补充了书中的图片，完成了全书文字的统稿工作。

我要向湖南大学的柳肃先生表示特别的敬意，他对书稿作了仔细的审核，并提出了宝贵的意见。其中关于民居建筑分类问题，由于西藏地区幅员辽阔、民居数量巨大、布局分散，我们没有能够按照民族或构造方式等划分类型和介绍，只是对藏南河谷地区、藏东高山峡谷区、藏西及藏北高原湖盆区和喜马拉雅高山地段等几个典型的西藏自然地段作了调查和简述，且附录了部分民居实例。缘于我们的能力所限，书中仍有诸多不尽人意之处，敬请读者见谅和不吝赐教。

在编写过程中，建工出版社的李东禧、唐旭同志做了很多服务工作。唐旭同志张罗并参加了每一次的编写工作会，在拉萨召开座谈会期间，她生病发烧仍坚持工作。陈锦、王志宏、马立东、吕舟同志以及很多建筑学界的朋友们对我编写《西藏古建筑》一事，非常关心并给予了热情的支持和帮助。

回首《西藏古建筑》编写过程，觉得很有意义，最终可以成书，离不开编写组同志们的坚持努力，离不开西藏同志的慷慨支持，也离不开建筑学界和社会各方面的诚挚帮助。在《西藏古建筑》出版之际，我代表编写组向所有给予我们大力支持和热情帮助的朋友们表示衷心的感谢。

徐宗威

2015年6月于北京

后记

四
四
三

主编简介

　　徐宗威，20世纪50年代生于北京市西城区，祖籍山西交城，硕士研究生。1995年作为访问学者赴荷兰研修城市规划与城市财政，曾任西藏自治区建设厅副厅长、中国建筑学会秘书长（法人代表），现任亚洲建筑（国际）协会副主席、中国建筑学会副理事长。

　　长期坚持西藏建筑文化的研究工作。在2001年至2004年进藏工作。之后对整理、传承和保护西藏传统建筑文化，倾注了大量的心血和精力。先后考察了西藏历史上称为卫、藏和阿里、康区的40几个县的传统建筑，纵深处走到历史上神秘的古格王国、普兰王国和波密王国，访问了农牧民家庭和寺院僧侣，对西藏地区的宫殿、寺院、庄园和民居等传统建筑，以及西藏建筑文化，做了比较系统和全面的调查和研究。2004年，曾主编出版了《西藏传统建筑导则》一书，为保护拉萨和日喀则古城付出艰辛的努力，在美国、英国、日本、马来西亚等国家和国内举办西藏建筑文化报告会近百场，受到社会各界的欢迎，对保护西藏建筑文化产生了积极的影响，为表彰他为保护西藏建筑文化所作出的突出贡献，2009年被中央政府（国务院）授予"全国民族团结模范"光荣称号。